PARAMAHANSA YOGANANDA

Das Vermächtnis des Meisters

PARAMAHANSA YOGANANDA
(5. Januar 1893 – 7. März 1952)

PARAMAHANSA YOGANANDA

DAS VERMÄCHTNIS DES MEISTERS

OTTO WILHELM BARTH VERLAG

ISBN 3-502-62664-2

Übersetzung aus dem Englischen: *Self-Realization Fellowship*

Autorisiert durch
International Publications Council
Self-Realization Fellowship

Die *Self-Realization Fellowship* wurde 1920 von Paramahansa Yogananda zur weltweiten Verbreitung seiner Lehre gegründet. Name und Emblem der *Self-Realization Fellowship* (siehe oben) erscheinen auf allen SRF-Büchern, -Tonaufnahmen und anderen Veröffentlichungen, damit der Leser sicher sein kann, daß dieses Werk von der Organisation stammt, die Paramahansa Yogananda gründete und die seine Lehre wahrheitsgetreu wiedergibt.

Inhalt

Der Weg zum Kosmischen Bewußtsein

Begegnungen mit großen Persönlichkeiten

Das geistige Erbe Paramahansa Yoganandas

Heute, ein Jahrhundert nach seiner Geburt, wird Paramahansa Yogananda als eine der überragenden geistigen Persönlichkeiten unserer Zeit anerkannt, und der Einfluß seines Lebens und Werkes weitet sich immer mehr aus. Viele der religiösen und philosophischen Begriffe und Methoden, die er vor Jahrzehnten einführte, finden heute ihren Niederschlag in der Erziehung und Psychologie, in der Geschäftswelt, Medizin und anderen Bereichen, und sie tragen in bedeutendem Maße dazu bei, von einer höheren geistigen Warte aus eine umfassendere, humanere Sicht vom menschlichen Leben zu vermitteln.

Die Tatsache, daß Paramahansa Yoganandas Lehre auf vielen Sachgebieten interpretiert und kreativ angewandt wird – unter anderem von den Vertretern verschiedener philosophischer und metaphysischer Bewegungen –, beweist einerseits die weitläufige praktische Anwendbarkeit des von ihm Gelehrten; andererseits wird dadurch auch verständlich, daß Mittel und Wege gefunden werden müssen, um zu verhindern, daß dieses geistige Erbe im Laufe der Zeit verwässert, als Stückwerk aus dem Zusammenhang genommen oder entstellt wird.

Da sich immer mehr Informationsquellen auftun, die über Paramahansa Yogananda berichten, fragen sich manche Leser, woran sie erkennen können, ob eine Veröffentlichung sein Leben und seine Lehre richtig darstellt. Als Antwort auf diese Fragen möchten wir erklären, daß Sri Yogananda die *Self-Realization Fellowship (SRF)* zu dem Zweck gründete, seine Lehre in ihrer Ganzheit zu verbreiten und deren Reinheit für künftige Generationen zu sichern. Er wählte und schulte persönlich solche aus seinem engsten Jüngerkreis, die zur Redaktion der *Self-Realization Fellowship* gehören, und gab ihnen genaue Richtlinien für die Zusammenstellung und Veröffentlichung seiner Vorträge, Schriften und der *Self-Realization*-Lehrbriefe. Die Mitglieder der SRF-Redaktion halten diese Richtlinien heilig, damit die universelle Botschaft des geliebten Weltlehrers in ihrer ursprünglichen Kraft und Echtheit erhalten bleibt.

Der Name *«Self-Realization Fellowship»* und das SRF-Emblem stammen von Sri Yogananda selbst, denn auf diese Weise wollte er die von ihm gegründete Organisation kennzeichnen, die sein weltweites geistiges und humanitäres Werk weiterführt. Sie erscheinen auf allen Büchern, Tonband- und Video-Kassetten, Filmen und anderen Veröffentlichungen der *Self-Realization Fellowship* und geben dem Leser die Gewißheit, daß das Werk von der Organisation stammt, die Paramahansa Yogananda gründete und die seine echte Lehre enthält – so wie er sie zu veröffentlichen beabsichtigte.

SELF-REALIZATION FELLOWSHIP

Einführung

In seinen schriftlichen Werken hat Paramahansa Yogananda uns ausführliche Darlegungen über alle Themen hinterlassen, die jeden geistigen Sucher auf seinem Wege zu Gott beschäftigen. Um ein möglichst breites Spektrum seines Werkes zu bieten, wurden diese Themen in drei wesentliche Bereiche gegliedert:

1. *Gott und Seine Schöpfung.* Was ist Gott, und wie entstand die Schöpfung? Warum wurden die Universen erschaffen?

2. *Der Mensch innerhalb der Schöpfung.* Was ist die Aufgabe des Menschen auf Erden? Wie soll er sich verhalten, um dauerhaftes Glück und Erfüllung zu finden und zu erkennen, daß er eins mit Gott ist?

3. *Der Weg zum Kosmischen Bewußtsein.* In diesem Teil beschreibt Yogananda den universalen geistigen Weg und geht auf die erprobten Yoga-Methoden ein, die jeden geistigen Sucher an das endgültige Ziel führen: die Befreiung seiner Seele.

Jeder Teil enthält Auszüge aus Paramahansa Yoganandas Deutungen der *Bhagavad-Gita.* Nachfolgend einige Auszüge aus seinem Vorwort zu diesem Buch:

«Die *Bhagavad-Gita* ist die beliebteste der heiligen Schriften Indiens, das bedeutendste der heiligen Bücher. Es kann als das heilige Testament der Hindus, als ihre Bibel bezeichnet werden – als das eine Buch, auf das sich alle Meister beziehen, weil sie es als die höchste Quelle aller geistigen Schriften betrachten. *Bhagavad-Gita* bedeutet «Lied des Geistes», göttliche Zwiesprache zwischen Mensch und Schöpfer über die Erkenntnis der Wahrheit. Es bezieht sich auf die Lehren, die der GEIST der Seele vermittelt und die immer wieder vorgetragen werden sollten...

Die wesentlichen Wahrheiten, die allen großen heiligen Schriften der Welt zugrunde liegen, sind in der unendlichen Weisheit der *Gita* zu finden, obgleich diese nur aus 700 kurz formulierten Strophen besteht.

Das ganze Wissen vom Kosmos ist in die *Gita* hineingepackt worden. Ihre Sprache ist von solcher Tiefe und Einfachheit und vermittelt gleichzeitig so viele Offenbarungen, soviel Trost und Schönheit, daß alle Bereiche menschlichen und geistigen Strebens mit einbezogen werden. So gewährt sie einem weiten Kreis verschiedener Menschentypen Zuflucht und befriedigt ihre Bedürfnisse. Wo sich ein Mensch auf seinem Heimweg zu Gott auch befinden mag, die *Gita* wird diesen Teil seiner Reise mit ihrem Licht erhellen...

Diese *Bhagavad-Gita*, die ich der Welt schenke, ist ein Zwiegespräch, das zwischen dem allgegenwärtigen GEIST (als Krishna versinnbildlicht) und der Seele des idealen Gottsuchers (durch Arjuna dargestellt) stattfindet... Die zeitlose Botschaft der *Bhagavad-Gita* bezieht sich nicht nur auf eine historische Schlacht, sondern auf den kosmischen Widerstreit zwischen Gut und Böse. Sie beschreibt das Leben als eine Reihe von Kämpfen, die zwischen dem GEIST und der Materie stattfinden – zwischen Seele und Körper, Leben und Tod, Wissen und Unwissenheit, Gesundheit und Krankheit, Beständigkeit und Vergänglichkeit, Selbstbeherrschung und Versuchungen, Unterscheidungskraft und blindem Sinnesbewußtsein.»

Zusätzlich zu den Erläuterungen der *Bhagavad-Gita* enthält diese Zusammenstellung Auszüge aus Paramahansa Yoganandas Vorträgen und Predigten, aus seiner *Autobiographie eines Yogi* und anderen seiner Bücher.

Yogananda hatte viele Begegnungen mit großen Persönlichkeiten seiner Zeit – solchen, die einen wesentlichen Beitrag zur geistigen Erweckung der Menschheit geleistet haben. Einige dieser Begegnungen, die er in seiner Autobiographie beschreibt, haben wir im vierten Teil des Buches zusammengestellt.

Die Mission, die Paramahansa Yogananda von Gott übertragen wurde, und sein eigener höchster Wunsch bestanden darin, seine göttlichen Erkenntnisse und seine göttliche Freude anderen mitzuteilen und Indiens befreiende Yoga-Wissenschaft allen zu vermitteln, die sich aufrichtig danach sehnen, die Wahrheit zu erkennen und Gott zu erleben. Sein Leben war diesem höchsten Ziel gewidmet. Er bringt dies wunderbar in seinem Gedicht *Gottes Fährmann* zum Ausdruck: «Deine ewige Seligkeit wünsch' ich mir nur, um sie mit andern zu teilen, um all meinen Brüdern den Weg zu weisen – den Weg zum immerwährenden Glück in Dir.»

Möge sich jeder Leser durch den in diesem Buch vermittelten geistigen Weisheitsschatz bereichert fühlen!

SELF-REALIZATION FELLOWSHIP

Gott und die Schöpfung

Deine Heimkehr

Diese Vision hatte ich während eines ekstatischen Zustandes der Gottverwirklichung. Ich sah mich auf einem kleinen Fleck der Milchstraße sitzen – um mich herum das unermeßliche Universum. Als Gott sich offenbarte, feierten alle Dinge, die vorher unbelebt schienen, Seine Heimkehr innerhalb meines Bewußtseins – in der Stätte des Lichts.

Deine himmlische Wohnstätte ist vom immerwährenden Spiel der mystischen Morgenröte erhellt.

Die Sternsysteme jagen durch endlose, dunkle Straßen der Ewigkeit, um Dein mystisches Heim zu erreichen.

Die Pfauenkometen entfalten ihr Strahlengefieder und tanzen voll wilder Freude in Deinem Garten der vielen Monde.

Der Tanz der Planeten gleitet im feierlichen Rhythmus dahin und wartet auf Deine Heimkehr.

Ich sitze am Rande der Milchstraße und schaue die Herrlichkeit Deines Reiches, das sich endlos nach allen Seiten erstreckt.

Die himmlischen Festlichkeiten entfalten ein strahlendes Feuerwerk von Meteoren, die von der verborgenen Schar Dir gehorsam ergebener Kräfte durch das blaue Gewölbe geschleudert werden.

Meteoriten hüpfen, leuchten, erlahmen und fallen zur Erde nieder – närrisch vor Freude.

Jedes Wesen, jedes Ding und jedes Atom erklärt Dich freudig zum ungekrönten König der Universen.

Dir zu Ehren werfen die Bäume täglich Blüten herab, Dir spendet die Schale des Himmels den Weihrauch feuriger Nebelschleier.

Deinen Tempel zu erhellen, tragen die Leuchter himmlischer Mächte die brennenden Sterne.

Weil Du Dich verborgen hieltst – durch die Unwissenheit Deiner Untertanen verbannt –, lag Dein Haus der Materie im Dunkeln.

Nun ist das Dunkel gebannt, und alle düsteren Zimmer in Deiner Residenz der Ewigkeit sind hell erleuchtet, nachdem sich die Kunde von Deiner Heimkehr verbreitet hat.

Himmlische Lichter sind aufgeflammt, Freudenfeuer planetarischer Nebel verkündigen Deine Ankunft.

Die eifrigen Wächter Sonne und Mond warten geduldig auf Deine Heimkehr.

Und ich laufe ungestüm, tanze in meinem kleinen Körper auf meiner kleinen Erde oder gleite über die Milchstraße und verlocke jedes Atom im Raum, jeden Winkel des Bewußtseins, mir ihre Tore zu öffnen und Dein Licht voll erstrahlen zu lassen, bis die Finsternis für immer aus Deinem kosmischen Reich verbannt ist, das ohne Dich eine einsame Wüste der Materie war.

Eine neue Sicht vom Ursprung und Wesen der kosmischen Schöpfung

(1940)

Heute will ich den Ursprung und das Wesen der kosmischen Schöpfung aus einer neuen Sicht erklären. Das Bild, das ich hier entwerfe, wird sich von allem unterscheiden, was ihr bis jetzt in Büchern gelesen habt. Es wird mir vom Unendlichen eingegeben, während ich zu euch spreche.

Alle Kenntnisse, die es auf irgendeinem Gebiet der Wissenschaft oder Kunst gibt – und das schließt das Geheimnis der Atome und die Geschichte des Universums und der Menschen ein –, sind als Schwingungen der Wahrheit bereits im Äther vorhanden. Von diesen Schwingungen sind wir ständig umgeben, und es ist möglich, sie unmittelbar zu empfangen. Das geschieht durch die allwissende intuitive Kraft der Seele. Um eine Wahrheit zu entdecken, brauchen wir nur unsere Aufmerksamkeit nach innen – auf die Seele – zu richten, deren Allwissenheit eins mit Gott ist. Wenn empfängliche Menschen jemanden eine Wahrheit aussprechen hören, kommt ihnen diese sehr vertraut vor. Ihr erster Gedanke ist: «Das hab' ich doch schon gewußt!» Der Verstand hat ganz einfach eine Wahrheit akzeptiert, die der Seele aufgrund ihrer Intuition schon bekannt war.

Aus dieser Quelle fließen alle meine Vorträge. Wenn ich die Ideen und den Stoff für meine Vorträge aus Büchern schöpfen müßte, wüßte ich nicht, was ich tun sollte! Ich lese sehr wenig; denn ich halte es nicht für nötig. Nachdem ich ein paar Seiten eines Buches gelesen habe, fühle ich aus den Schwingungen bereits heraus, was für Wahrheiten es enthält.[1]

Große Seelen, die der Menschheit tiefe geistige Wahrheiten enthüllen, gewinnen ihre Kenntnisse, indem sie sich unmittelbar auf die Schwingungen einstellen, die von diesen Wahrheiten ausgehen. Ebenfalls vibrieren die Schwingungen aller Erfindungen, die der

[1] «Für den Kenner Brahmas haben die gesamten Veden keine größere Bedeutung als ein Wasserspeicher in einer überschwemmten Gegend.» (*Bhagavad-Gita* II, 46)

Mensch bereits gemacht hat oder künftig noch machen wird, im Äther. Wenn sich ein Erfinder richtig konzentriert, kann er intuitiv die Ideenschwingungen für seine Erfindungen auffangen. Der Entdecker solcher Ideen mag behaupten, er habe dies oder jenes erfunden, aber eigentlich hat er gar nichts erfunden. Er hat nur etwas entdeckt, das schon da war: das Muster der im Äther verborgenen Schwingungen.[2]

Der Anfang des kosmischen Traumes

Damit ihr euch ein geistiges Bild davon machen könnt, wie Gott das Universum ins Leben rief, müßt ihr euch vorstellen, daß ihr schlaft und friedlich von einem unermeßlichen Raum träumt. Wohin ihr auch blickt, seht ihr nichts als den endlosen Raum. Ihr fühlt ihn als unendlichen, beseligenden Frieden, der von einer allwissenden Intelligenz durchdrungen ist. Genauso war es, als die höchste Intelligenz sich überlegte: «Lange habe Ich in diesem Zustand verharrt – allein, von Frieden erfüllt, in Meine eigene Seligkeit und Weisheit, in Mein

[2] Ein bekanntes Beispiel gibt John J. O'Neill in seinem Buch *Prodigal Genius* (1944). Er erzählt, wie der große Wissenschaftler und Erfinder Nikola Tesla (1856–1943) das Prinzip des kreisenden Magnetfeldes «entdeckte» – eine Entdeckung, die seine zahlreichen Drehstrom-Motoren und weitere Erfindungen ermöglichte und die Grundlage für die heutigen Energie- und Industrienetze bildet. 1882 spazierte Tesla mit einem Kollegen um die Zeit des Sonnenuntergangs in einem Park von Budapest und zitierte Gedichte, als er plötzlich erstarrte und in einen tranceartigen Zustand verfiel. Zur Bestürzung seines Freundes begann er von einer inneren Vision zu berichten: «Sieh doch, sieh doch, wie ich es umkehre», sagte er immer wieder mit vor Begeisterung bebender Stimme. Der Freund meinte, Tesla habe den Verstand verloren; doch der große Erfinder erklärte nachher, daß er tatsächlich «gesehen» habe, wie ein Drehstrom-Motor funktioniere: «Ich habe das Problem gelöst. Siehst du ihn nicht hier vor mir,wie er fast lautlos läuft?... Nie mehr werden die Menschen schwere Sklavenarbeit verrichten müssen. Mein Motor wird sie befreien, er wird für die ganze Welt Arbeit leisten.» Während der folgenden Monate durchdachte Tesla seine Pläne bis ins einzelne; sechs Jahre blieben sie in seinem Geist gespeichert, bis er in der Lage war, sie in die Praxis umzusetzen.

eigenes Bewußtsein versunken. Nun aber will Ich Mir einen Kosmos erträumen.»

Dann begann diese göttliche Intelligenz, das heißt der GEIST, schöpferisch tätig zu werden und Seine Ideen bewußt zu Traumgegenständen zu verdichten. Er teilte Sein Bewußtsein auf und sonderte Seine Kraft von Seinem absoluten Wesen ab. Sein Bewußtsein spaltete sich in Sein unmanifestiertes Wesen, welches der schwingungslose GEIST ist, und in Sein manifestiertes Wesen, die kosmische Energie, die aus einer unendlichen Anzahl Seiner verschiedenen Gedankenschwingungen oder Denkprozesse besteht.

Wir wissen, wie das Denken vor sich geht. Denken wir an ein Pferd, sehen wir den Gegenstand unseres Gedankens nicht; doch wenn wir von einem Pferd träumen, sehen wir es bildhaft vor uns, weil unser Gedanke stärker verdichtet ist. Und wenn wir ein Pferd mit unseren physischen Augen erblicken, ist unser Denken noch mehr verdichtet und stellt sich auf die gröbsten Schwingungen der Gedanken Gottes ein, die eine für die Sinne erfaßbare Form hervorrufen.

Sobald der GEIST bewußt zu träumen begann, das heißt, als Er Seine Intelligenz oder Denkkraft in viele Dinge aufteilte, entstand das Gesetz der Dualität oder der *Maya*. Als der GEIST Sein Bewußtsein durch die Erschaffung der Dualität spaltete, löste sich ein Teil dieses Bewußtseins vom GEIST und wurde zu einer tätigen intelligenten Kraft, die sich rastlos Ausdruck verschaffte. In der Natur sehen wir zahlreiche Beispiele dafür. Wenn ein Ahornsamen in fruchtbaren Boden gelegt wird, fängt er an zu keimen, wächst höher und breitet sich aus, bis er die Gestalt eines mächtigen Baumes angenommen hat. So war es auch, als Gott die Saat Seines Bewußtseins willentlich in den Boden der Tätigkeit senkte und sie zu einer gewaltigen Schöpfung aufschießen ließ.

Wir dürfen jedoch nicht vergessen, daß Gott alles träumt – daß diese kosmische Schöpfung nichts anderes als eine Verdichtung von Gottes Traumgedanken ist. Die erste Abspaltung des GEISTES war ein reiner Denkprozeß. Dann entstand, von der Gedankensaat Seines Bewußtseins projiziert, das Licht – kosmisches Licht. Bewußtsein und Licht sind ein und dasselbe, nur hat das Licht eine größere Dichte. Der Gedanke an Licht ist feiner als der Traum vom Licht, ebenso wie der Gedanke an Feuer ein rein geistiger Begriff ist, der Traum vom Feuer hingegen ein wahrnehmbares Bild.

Nachdem Gott dem Licht durch Seinen Willen eine Traumexistenz verschafft hatte, betrachtete Er das von Ihm Geschaffene. «Nun», dachte Er, «das ist eigentlich nicht genau das, was ich wollte – nichts als ein Licht, das sich über den ganzen Weltenraum ausbreitet. Es müßte etwas Greifbareres da sein.» Deshalb verlieh Er dem kosmischen Traumlicht die Fähigkeit, bestimmte Formen anzunehmen. Auch hier dürft ihr nicht vergessen, daß die Schöpfung ein *Traum* ist. Wenn ihr die Traum-Vorstellung weglaßt, wird euch diese Schöpfung hoffnungslos verwirren.

So begann sich also Gottes Traum-Licht über den weiten Raum des Universums auszudehnen. Dieses Licht ist der Stoff der ganzen Schöpfung, der Gott kraft Seiner Gedanken und Seines Willens eine bestimmte Ordnung gab: Er schuf das feinere Licht der Lebenskraft, der «Biotronen», wie ich sie nenne, und verdichtete dann die Biotronen zum gröberen subatomaren Licht der Protonen und Elektronen. Diesen Protonen und Elektronen verlieh Er eine zusätzliche Kraft, aufgrund deren sie sich zu Atomen und Molekülen entwickelten. Mit einem noch machtvolleren Gedanken veranlaßte Er die Atome und Moleküle, sich zu Gasen, zu Wärme, zu Flüssigkeiten und festen Körpern zu verdichten – die alle eine Schöpfung Seiner Gedanken waren. Zuerst kamen die Nebel oder Gase. Dann begann Er in diese Nebel eine sehr starke Kraft hineinzuträumen und befahl: «Laß diese Gase sich verdichten und Wärme, Flüssigkeiten und feste Körper hervorbringen.» Und alles geschah entsprechend Seiner Traumgedanken. Gott hatte einen Entwicklungsprozeß der *Maya* oder Täuschung begonnen, durch den Luft, Feuer, Wasser und Erde als unterschiedlich voneinander erscheinen, obwohl der einzig wirkliche Unterschied nur in den Gedanken Seines Traum-Bewußtseins liegt. Dann sprach Er: «Wir wollen uns nun an dieser Meiner Traumschöpfung freuen.»

Die Entwicklung der Intelligenz

Gott wollte nicht, daß die Materie zu etwas wurde, was sich von Ihm unterschied; deshalb durchdrang Er sie mit einer Traum-Intelligenz, die im Laufe der Evolution stufenweise erwachen und erkennen sollte, daß Materie und Geist (die Ideenschwingungen Gottes) eins sind. Die erste Ausdrucksform dieser der materiellen Schöpfung eingeborenen Intelligenz ist auch das erste Tor, durch das die Materie wieder der Täuschung oder *Maya* entkommen und in die Freiheit des Gottesbewußtseins eingehen kann. Solange die Intelligenz in den Elementen und Mineralien eingeschlossen ist, schläft sie; um sich freieren Ausdruck zu verschaffen, wurde sie zum pflanzlichen Leben. Aus dem Schaum, der sich auf dem Meer bildete, entstanden kleine Lebewesen, und einige von ihnen entwickelten nach und nach die Fähigkeit, auf dem Land zu leben. Was zunächst als leblose Materie erschienen war, begann lebendige Gestalt anzunehmen.

Die schwächeren Lebewesen waren den aggressiven stärkeren hilflos ausgeliefert, und durch den «Kampf ums Dasein» entwickelten sich höhere, leistungsfähigere Wesen. Das «Überleben des Stärkeren» erscheint uns wie ein schreckliches Gesetz, aber von einer höheren Warte aus betrachtet, ist es nicht so. Die Tiere, die einander töten, sind nur verschiedene Ausdrucksformen der Gedanken Gottes. Während sie in ihren Körpern eingeschlossen sind, verstehen sie nicht, daß sie nur Gedankenbilder sind. Doch wenn der kleine Fisch vom großen verschlungen wird, löst sich seine Traumgestalt wieder im Bewußtsein Gottes auf, und der individualisierte Gottesfunke in ihm verkörpert sich in einer anderen Lebensform wieder, die eine höhere Entwicklungsstufe erreicht hat als der ehemalige Fisch und die der Seele größere Ausdrucksmöglichkeiten verschafft.

So ist denn der Tod das Mittel, durch das sich die Traummaterie wieder ins Bewußtsein Gottes zurückverwandelt und die darin befindliche Seele auf die nächste Stufe vorbereitet, die zu Gott zurückführt. Der Tod gehört folglich mit zum Erlösungsvorgang. Die Aufwärtsentwicklung der Intelligenz zu immer wirksameren Ausdrucksformen geht so lange weiter, bis sie die höchste Stufe im Menschen erreicht hat. Nur ein menschliches Wesen hat die Fähigkeit, seiner eingeborenen Göttlichkeit Ausdruck zu geben und Gott bewußt zu erkennen; dann ist es aus Gottes Traum der *Maya* erwacht.[3]

[3] Der menschliche Körper mit seinen einzigartigen okkulten Zentren in Wirbelsäule und Gehirn war eine besondere Schöpfung Gottes, die es der Seele ermöglichen sollte, ihrer Göttlichkeit Ausdruck zu geben.

Die Wiedergeburt ist eine Folge von Träumen innerhalb eines Traumes

Wenn ihr darüber nachdenkt, wie diese Welt dem Tod unterworfen ist und daß auch ihr euren Körper wieder aufgeben müßt, erscheint Gottes Plan recht grausam. Ihr könnt euch dann kaum vorstellen, daß Er barmherzig ist. Doch wenn ihr den Todesvorgang mit den Augen der Weisheit betrachtet, erkennt ihr, daß er letzten Endes nur ein Gedanke Gottes ist, der durch einen Alptraum der Verwandlung wieder zur seligen Freiheit in Ihm zurückführt. Heilige wie Sünder erhalten im Tode Freiheit – und zwar je nach ihrem Verdienst in größerem oder kleinerem Maße. In der astralen Traumwelt[4] des Herrn – dem Land, das die Seelen im Tode betreten – genießen sie eine Freiheit, die sie in ihrem irdischen Leben nie gekannt haben. Deshalb solltet ihr einen Menschen, der durch die Täuschung des Todes geht, nicht bedauern; denn bald wird er frei sein. Wenn er diese Täuschung einmal überwunden hat, erkennt er, daß der Tod gar nichts Schlimmes ist. Er sieht ein, daß seine Sterblichkeit nichts als ein Traum war, und freut sich darüber, daß er jetzt in keinem Feuer mehr verbrennen und in keinem Wasser mehr ertrinken kann; er ist frei und geborgen [5]

Doch so groß ist das täuschende Verlangen nach materiellen Dingen, daß er nach einer gewissen Zeit des Freiseins vom Körper wieder auf die Erde zurückkehren will. Auch wenn die Seele weiß, daß der Körper der Krankheit und dem Leid unterworfen ist, wird dieses Wissen durch das trügerische Verlangen nach irdischen Erfahrungen umnebelt und das menschliche Bewußtsein getäuscht. Deshalb verkörpert sich der Mensch nach einer karmisch vorherbestimmten Zeit in der Astralwelt wieder auf Erden. Und er geht, wenn der Tod kommt, vom grobstofflichen Traum dieses irdischen Lebens

[4] Die Astralwelt ist die feinstoffliche Sphäre oder der «Himmel» hinter der grobstofflichen Welt.

[5] «Kein Schwert kann das Leben zerstören, kein Feuer kann es verbrennen, kein Wasser kann es ertränken, kein Wind kann es je verweh'n. Die Seele ist unergründlich, ist ohne Anfang und Ende, allgegenwärtig und unverletzbar, unnennbar, unsichtbar und unberührt, unfaßbar durch Worte oder Gedanken; die Seele ruht fest gegründet im eigenen Selbst. Du weißt es, warum also trauerst du?» (*Bhagavad-Gita* II, 23–25)

erneut in den feinstofflichen Traum der Astralebene ein, um dann wiederum in diese Welt zurückgezogen zu werden. So kehrt er ständig auf die Erde wieder, bis er sich kein neues Leben dort mehr wünscht.

Geburt und Tod sind die Tore, durch die ihr von einem Traum in den anderen wandert. Ihr tut nichts weiter, als daß ihr zwischen dieser grobstofflichen Traumwelt und der feineren astralen Traumwelt hin- und hergeht – zwischen diesen beiden Zimmern, in denen ihr Alpträume und Freudenträume erlebt.

So ist also die Wiedergeburt eine Reihe von Träumen innerhalb eines anderen Traumes – das heißt, es sind individuelle Träume der Menschen innerhalb des größeren Traumes Gottes...

Nehmt das Leben nicht so ernst

Diese Welt ist ein schrecklicher Aufenthaltsort; es gibt keine Sicherheit hier. Was sollen wir da tun? Wir dürfen das Leben nicht mehr so ernst nehmen. Man kann die Täuschung überwinden, wenn man sich ständig an diese Weisheit hält: Alles, was sich hier abspielt, ist nichts anderes als Gottes Film. Wir sind die Darsteller. Wir müssen unsere Rollen gut spielen, doch wir dürfen uns nicht zu sehr mit dem Schauspiel identifizieren. Die Meditation zeigt uns den Weg zu dieser inneren Freiheit. Es ist der einzige Weg, der uns erkennen läßt, daß diese Welt ein Traum ist, daß der Herr den ganzen Kosmos aus Seinem Geist heraus geschaffen hat. Und obgleich Er diese Traum-Erde erschaffen hat, zeigt Er uns auch den Weg, der da hinausführt.

Alles, was uns an Schrecklichem in dieser Welt geschieht, können wir auch in einem Alptraum erleben. Ihr habt sicher schon solche Erfahrungen gemacht. Wenn ihr im Traum fühlt, daß euer Bein unter einem Auto eingeklemmt ist, scheint euch der Schmerz ebenso wirklich, als wenn das Bein tatsächlich verletzt wäre. Doch wenn ihr aufwacht, lacht ihr und sagt: «So etwas Dummes! Das war ja nur ein Alpdruck.» Genau das wird geschehen, wenn ihr in Gott erwacht. Er wird euch aus diesem Alptraum aufrütteln und sagen: «Was ist mit Dir? Du hast bloß geträumt, daß du leidest und stirbst.» Dann wird Er euch die Wirklichkeit zeigen. Dieses Erlebnis schenkt Er schließlich der ganzen Menschheit. Wie wunderbar das ist!

Gottes Traumschöpfung ist nicht dazu bestimmt, euch Angst einzujagen; sie soll euch vielmehr zu der Erkenntnis verhelfen, daß sie gar nicht wirklich ist. Warum also vor etwas Angst haben? Jesus sprach: «Steht nicht geschrieben in eurem Gesetz: ‹Ich habe gesagt: Ihr seid Götter›?»...

Wenn der Verstand euch sagt, daß das Leben ein Traum ist, ihr das aber noch nicht voll erfaßt und auch Gott noch nicht gefunden habt, seid ihr weder in der Welt noch frei von ihr. Das ist ein trauriger Zustand. Laßt euch nicht länger von dieser Täuschung gefangen halten. Strengt euch aufs äußerste an, um zu Gott zu gelangen. Was ich euch sage, ist eine praktische Wahrheit und entspricht dem gesunden Menschenverstand; ich schenke euch eine Lebensweisheit, die euch von jedem Gefühl der Kränkung befreit. Habt vor nichts Angst. Wenn der Tod kommt – dann gut! Was geschehen muß, wird geschehen. Laßt euch von diesem Traum nicht einschüchtern. Sagt euch: «Ich lasse mich durch Krankheit, Armut und Unfälle nicht schrecken. Segne mich, o Herr, damit ich erkenne, daß alle Prüfungen, die Du mir auferlegst, nichts als Täuschungen sind, und laß mich durch positives Handeln und durch meine innere Verbundenheit mit Dir über sie siegen.»

In der Meditation schwinden die täuschenden Träume dahin

In der Meditation bemüht ihr euch, jenes reine Bewußtsein zu verwirklichen und zum Ausdruck zu bringen, das die Widerspiegelung oder das Bild Gottes in euch ist. Schüttelt die Täuschung des Körperbewußtseins ab und auch das damit zusammenhängende körperliche und geistige Verlangen nach «unnötigen Notwendigkeiten». Lebt so einfach wie möglich; dann werdet ihr erstaunt feststellen, wie unkompliziert und glücklich das Leben sein kann. Befreit euch also aus eigener Kraft. Sonst wird der Tod euch überraschen, und ihr werdet zu der schmerzlichen Erkenntnis gelangen, daß ihr noch sehr abhängig und wenig bereit seid, diese Welt zu verlassen. Doch wenn ihr durch richtige Lebensführung, richtiges Denken und Meditieren dem Unendlichen entgegeneilt, werden sich die Träume von Leben und Tod in der ewig neuen Freude des Unendlichen auflösen. Meditation bedeutet also, daß man für die Welt stirbt, ohne zu sterben. Das ist eine neue Definition, die mir der Herr eingegeben hat.

In der Meditation tut ihr bewußt das, was ihr unbewußt jede Nacht im Schlaf tut. Wenn ihr den Körper mit all seinen Schmerzen und Sorgen betrachtet, sagt ihr euch: «Was soll das alles? Ich werde bestimmt aufwachen und sehen, daß all dies nur ein böser Traum ist.» Die Antwort darauf erhaltet ihr jede Nacht, wenn ihr schlaft, denn diese Traumwelt und dieser Traumkörper mit all seinen Schmerzen und Leiden verschwinden von der Leinwand eures Bewußtseins. Wäre das Leben nicht ein Traum, könntet ihr sogar im Schlaf nicht davon loskommen. Jede Nacht verläßt euer Bewußtsein den Körper, um euch daran zu erinnern, daß ihr nicht der Körper seid. Und was ihr jede Nacht unbewußt im Schlaf erfahrt, das könnt ihr bewußt in der Meditation erleben.

In tiefer Meditation müßt ihr euren Geist ruhig und friedlich halten, ohne einzuschlafen oder das Bewußtsein zu verlieren – so, wie es im traumlosen, unterbewußten Tiefschlaf geschieht –, und in die feinere Welt des Überbewußtseins eingehen. Dort habt ihr den Körper vergessen und genießt den Frieden und die Glückseligkeit eurer Seele, eures wahren Selbst – die Vereinigung eurer Seele mit Gott. Ich erlebe diese selige Freiheit in der *Samadhi*-Meditation. Wenn ihr euch über die Täuschung erheben und euer wahres Selbst erkennen wollt, müßt ihr meditieren lernen. Und wenn ihr an diesem Bewußtsein nicht nur in der Meditation, sondern auch während der Tätigkeit festhalten könnt und euch von täuschenden Erfahrungen nicht mehr beeinflussen laßt, habt ihr euch über diese Traumwelt Gottes erhoben. Dann wird der Traum für euch vorbei sein. Deshalb auch betonte der Herr Krishna, daß ihr unter allen Umständen euren Gleichmut bewahren müßt, wenn ihr die Freiheit des GEISTES erlangen wollt: «Wer in Freud und Leid ruhig und ausgeglichen bleibt, wer sich durch sie nicht aus der Fassung bringen läßt, der allein ist bereit für das ewige Leben.»[6]

[6] *Bhagavad-Gita* II, 15.

Der Schöpfer
(Aus der Bhagavad-Gita)

Kapitel VIII, Vers 17–18

(17) Wer weiß, daß der Tag Brahmas tausend Zyklen [Yugas] währt, und die Nacht Brahmas ebenfalls tausend Zyklen, ist ein wahrer Kenner von «Tag» und «Nacht».

(18) Wenn der Tag Brahmas dämmert, erhebt sich die ganze Schöpfung aus dem Zustand der Nicht-Manifestation und wird wiedergeboren; wenn die Nacht Brahmas anbricht, sinkt die ganze Schöpfung in den Schlaf der Nicht-Manifestation zurück.

Brahma, der Schöpfer und Herr über die Zeit, ist jene Ausdrucksform Gottes, die in der Schöpfung tätig ist. (*Brahman* oder *Para-Brahman* bedeutet Gott als das Absolute, Transzendente.)

> Denn tausend Jahre sind vor Dir wie der Tag, der gestern vergangen ist, und wie eine Nachtwache.
> Du lässest sie dahinfahren wie einen Strom; sie sind wie ein Schlaf, gleichwie ein Gras, das doch bald welk wird,
> das frühe blüht und bald welk wird und des Abends abgehauen wird und verdorrt.[1]

Krishna weist auf die unermeßlichen Zyklen oder *Yugas* hin, um seinem Jünger Arjuna einzuprägen, wie töricht die Menschen sind, wenn sie sich als einen Teil der Welt der Erscheinungen betrachten und sich von einem Zyklus zum anderen mechanisch im Kreise bewegen.

Die Bibel erwähnt den Zyklus der Nacht der Nicht-Manifestation und des Tages der Manifestation wie folgt:

[1] Psalm 90, 4–6.

Und die Erde war wüst und leer, und es war finster auf der Tiefe, und der Geist Gottes schwebte auf dem Wasser [der Schwingung].
Und Gott sprach: Es werde Licht! und es ward Licht.
Und Gott sah, daß das Licht gut war. Da schied Gott das Licht von der Finsternis
und nannte das Licht Tag und die Finsternis Nacht. Da ward aus Abend und Morgen der erste Tag.[2]

Kapitel IX, Vers 4–6

(4) Ich, der Unmanifestierte, durchdringe das ganze Universum. Alle Wesen wohnen in Mir, doch Ich wohne nicht in ihnen.

(5) Schau mein Göttliches Mysterium, in dem es so scheint, als seien alle Wesen nicht in Mir enthalten, noch wohne Mein Selbst in ihnen; und dennoch bin Ich allein ihr Schöpfer und Erhalter!

(6) Verstehe es so: Wie sich die Luft frei in der Unendlichkeit des Raumes [Akasha] bewegt und ihr Dasein im Raume hat [obgleich die Luft sich vom Raum unterscheidet], so haben alle Wesen ihr Dasein in Mir [doch sie sind nicht Ich].

Diese Worte sind ein Teil der höchsten Weisheit, des höchsten Mysteriums, die Krishna Arjuna zu offenbaren versprach (IX, 1). Der Gedanke, daß die «Schöpfung, obwohl sie von Gott durchdrungen ist, Ihn weder enthält noch Sein wahres Wesen offenbart», ist befreiend für alle Gottsucher, die keinem Daseinszustand in der Welt der Erscheinungen verhaftet sind, sondern ihr ureigenstes Wesen nur im Namenlosen Ursprunglosen finden.

Dieser ganze kosmische Traum und alle seine Lebewesen werden durch den reinen, unverzerrten Strahl hervorgerufen, der vom Bewußtsein Gottes ausgeht. Doch Sein gestaltloses, unendliches Bewußtsein bleibt ewig transzendent und wird in keiner Weise von den vorübergehenden Traummanifestationen begrenzt.

[2] 1. Mose 1, 2–5.

Wenn die Menschen den Himmel, die Berge und das Meer betrachten, können sie die Göttliche Gegenwart in ihnen nicht wahrnehmen. Der feine Lichtstrahl des Schöpfers bleibt den menschlichen Blicken verborgen. Weil Er überall gegenwärtig ist, scheint Er nirgendwo zu sein.

Obgleich alle Wesen aus Gottes Substanz gebildet sind, ist Er weder in ihnen enthalten, noch wird Er durch sie begrenzt. Diese Deutung erklärt den scheinbaren Widerspruch dieser Verse, daß der Herr die Welt zwar durchdringt, doch nicht in ihr enthalten ist.

Gottes geheimnisvolle Kraft (*Yogam Aishvaram* – Göttlicher Yoga) und Sein schwingungsloses kosmisches Bewußtsein bilden die Grundlage für alle Wesen, die auf der Schwingungsebene existieren, obwohl die Wesen nicht sichtbar in Ihm existieren noch Ihn beeinflussen. So wie die verschiedenen gegensätzlichen Szenen auf der Filmleinwand durch einen Lichtstrahl hervorgerufen werden, ohne den Lichtstrahl selbst zu verändern, so beeinflussen auch die Filmbilder der Schöpfung den Lichtstrahl Gottes nicht, der sie erzeugt.

Und wie der Wind, der in alle Richtungen des unendlichen Himmels weht, den Himmel nicht verändern kann, so lebt auch das mächtige Panorama der Schöpfung in Gottes ewigem Bewußtsein, ohne es zu beeinflussen.

Ähnlich wie die wechselnden Traumbilder das eigentliche Wesen des Träumers nicht verändern, so beeinflussen auch die flüchtigen Traumszenen des kosmischen Traumes mit ihren erregten, leidenschaftlichen Menschenmassen, die in ihm arbeiten und spielen, den Göttlichen Unveränderlichen Träumer nicht.

So besteht das Paradoxon der Schöpfung darin, daß Gott in allen Menschen als die Seele existiert, daß Er sie erschafft und erhält, aber Selbst nicht in ihr Dasein verwickelt ist; und daß die menschlichen Wesen, obgleich sie von Gott durchdrungen sind, von der kosmischen Täuschung übermannt werden und Geburt und Tod unterworfen sind. Ein wahres Mysterium!

Schließlich sind alle Spekulationen über die letzten Geheimnisse Gottes und der Schöpfung zwecklos. Die nüchterne Tatsache ist die, daß der Mensch hier und jetzt die schmerzlichen Prüfungen irdischen Daseins bestehen muß. Gleich dem Gefangenen, der fortwährend Pläne schmiedet, um seine Freiheit wiederzuerlangen, bemüht sich auch der weise Mensch, dem Gefängnis der Sterblichkeit zu entrinnen. Wenn die Zeit gekommen ist, wird der Herr einem wahren Gottsucher mit Seinen eigenen, unaussprechlichen Worten alle Geheimnisse des Himmels und der Erde enthüllen.

Was ist Gott?

Was ist Gott nun eigentlich? Wenn Gott nicht gleichbedeutend mit Glückseligkeit wäre, wenn uns die Vereinigung mit Ihm kein Glück, sondern nur Leid brächte oder wenn Er uns nicht von unserem Leid befreien könnte, würden wir uns gewiß nicht nach Ihm sehnen. Denn wenn wir durch Gott nichts gewinnen können, haben wir auch kein Interesse an Ihm. Was sollen wir mit einem Gott anfangen, der uns ewig unbekannt bleibt und sich uns nicht wenigstens ab und zu einmal *im eigenen Innern* offenbart?

Ganz gleich, was für einen Gottesbegriff unsere Vernunft formulieren mag, ob wir Gott für «transzendent» oder «immanent» halten: Solange wir Ihn nicht wirklich erleben, bleibt Er nur eine verschwommene Vorstellung für uns. Wir wahren sogar einen «sicheren Abstand» von Gott und stellen Ihn uns vielleicht als eine Persönlichkeit vor oder vertreten lediglich die *Theorie*, daß Er in uns sei.

Eben weil unsere Vorstellungen so vage sind und es uns an wahrem Gotterleben mangelt, wissen wir nicht, wie nötig wir Ihn haben und worin der praktische Wert der Religion liegt. Graue Theorie oder verschwommene Vorstellungen haben keine Überzeugungskraft. Sie können keine tiefgreifende Änderung in unserem Leben bewirken und uns nicht dazu bewegen, Gott zu suchen.

Der Beweis für Gottes Existenz liegt in uns

Was sagt nun die Universalreligion über Gott aus? Sie behauptet, daß der Beweis für die Existenz Gottes in uns selbst liege und eine innere Erfahrung sei. Wahrscheinlich kann sich jeder an irgendeine Zeit seines Lebens erinnern, da er sich im Gebet oder in einem Gefühl tiefer Andacht von den Fesseln des Körpers löste und alle zwiespältigen Empfindungen (Lust und Schmerz, kleinliche Liebe und Haß) aus seinem Bewußtsein schwanden. In solchen Augenblicken ist unser Herz von reiner Glückseligkeit erfüllt, und wir erfreuen uns einer unerschütterlichen Ruhe, Seligkeit und Zufriedenheit.

Wenn solche Erlebnisse auch selten sind, so besteht doch kein Zweifel darüber, daß jeder Mensch irgendwann einmal – entweder im Gebet oder in der Meditation – einige Augenblicke ungetrübten Friedens genossen hat.

Liegt hierin nicht der Beweis für die Existenz Gottes? Kann es irgendeinen besseren unmittelbaren Beweis Seiner Gegenwart geben als das Erlebnis der Glückseligkeit im eigenen Innern während eines echten Gebets? Zwar gibt es einen kosmologischen Beweis für die Existenz Gottes: Aus der Wirkung folgern wir die Ursache, von der Welt gelangen wir zum Schöpfer der Welt. Ferner gibt es den teleologischen Gottesbeweis: Aus dem *Telos* (dem Ziel und Endzweck) der Welt schließen wir auf eine höchste Intelligenz, die das Ziel und den Endzweck bestimmt. Und dann gibt es noch den sittlichen Beweis: Aus der Stimme des Gewissens und unserem Streben nach Vollkommenheit folgern wir ein vollendetes Wesen, dem wir uns verpflichtet fühlen.

Diese Beweise sind jedoch mehr oder weniger bloß das Ergebnis einer Schlußfolgerung. Die begrenzte Kraft unseres Verstandes kann uns keine vollkommene oder unmittelbare Erkenntnis Gottes bringen. Alles, was uns der Verstand vermitteln kann, ist Teilwissen, das heißt ein flüchtiger Einblick in das Wesen der Dinge. Betrachtet man eine Sache mit dem Verstand, sieht man sie nicht so, als ob man eins mit ihr wäre; man sieht sie als etwas von sich Getrenntes. Intuition jedoch, wie wir später noch näher erläutern werden, ist direktes Erfassen der Wahrheit. Durch Intuition kann man zum Bewußtsein der Glückseligkeit oder zu Gott gelangen.

Es besteht kein Zweifel darüber, daß Glückseligkeit gleichbedeutend mit Gott ist, denn sobald wir im Zustand der Glückseligkeit leben, fühlen wir, wie sich unser begrenztes Ich erweitert, wie wir uns über alle Gegensätze wie Zuneigung und Abneigung, Lust und Schmerz erheben und eine höhere Ebene erreichen, wo wir die Zwecklosigkeit und Unzulänglichkeit unseres gewöhnlichen Bewußtseins klar durchschauen.

Auch fühlen wir dann eine gewaltige Ausdehnung in unserem Innern und ein harmonisches Verschmelzen mit allem, was da lebt. Der Tumult dieser Welt verstummt, alle Wellen der Erregung glätten sich, und das Bewußtsein des «Alles in Einem und Eines in allem» dämmert in uns auf. Wunderbare Lichtvisionen werden uns zuteil. Alles Unvollkommene und Unzulängliche versinkt ins Nichts. Wir scheinen in eine andere Sphäre versetzt zu sein – an die Quelle ewiger

Glückseligkeit, ewigen Daseins. Ist dieses Bewußtsein der Glückseligkeit daher nicht gleichbedeutend mit dem Bewußtsein Gottes, in dem man die eben erwähnten Erfahrungen macht?

Wenn Gott jedem einzelnen zugänglich gemacht werden soll, gibt es offensichtlich keine bessere Vorstellung von Ihm als das Erlebnis der Glückseligkeit. Dann ist Gott keine bloße Vermutung mehr, über die man verschiedene Theorien aufstellen kann. Dann können wir Ihn im eigenen Innern erleben. Ist dies nicht eine erhabenere Vorstellung von Gott? Wir fühlen Ihn im eigenen Herzen – im Gebet und in der Versenkung – als die Glückseligkeit der Meditation.

Die Religion ist nur dann allgemein notwendig, wenn man Gott als Glückseligkeit erlebt

Nur wenn man sich diese Auffassung von Gott zu eigen gemacht hat und weiß, daß Er Glückseligkeit ist, kann die Religion zu einem allgemeinen Lebensbedürfnis werden. Denn niemand kann leugnen, daß er sich nach Glückseligkeit sehnt; und der richtige Weg, der ihn ans Ziel führt, besteht darin, «religiös» zu werden, das heißt, Gottes beseligende Gegenwart im eigenen Herzen zu fühlen.

Wenn wir von diesem Bewußtsein der Glückseligkeit (oder Gottes) erfüllt sind, wird es in unserem ganzen Tun und Denken zum Ausdruck kommen. Dann werden wir auch besser beurteilen können, inwieweit das Handeln anderer Menschen religiös motiviert ist.

Wenn wir einmal erkannt haben, daß unsere Religion darin besteht, den Zustand der Glückseligkeit zu erreichen, daß dies unser höchstes Ziel ist, wird uns die Verschiedenheit der Konfessionen und Glaubensrichtungen sowie ihrer Gebote und Verbote nicht mehr verwirren. Dann werden wir verstehen, daß sie alle eine bestimmte Wachstumsphase verkörpern und, von diesem Standpunkt aus betrachtet, ihren Zweck erfüllen.

Im Licht dieser Wahrheit werden wir das Rätsel des Daseins lösen und alle Ereignisse unseres Lebens, alle Handlungen und Beweggründe richtig deuten können. Dann werden wir auch die Zwecklosigkeit äußerer Formen und starrer Dogmen erkennen, welche die Menschen so oft in die Irre führen und eine unüberbrückbare Kluft zwischen ihnen aufreißen.

Wenn wir Religion so verstehen, gibt es keinen Menschen mehr, der sie nicht befolgen könnte, ganz gleich, welchen Alters oder Standes er ist oder welchen Beruf er ausübt: ob er Student, Arbeiter, Rechtsanwalt, Arzt, Tischler, Gelehrter oder Philantrop ist. Wenn Religion darin besteht, jegliches Mangelgefühl zu beseitigen und Glückseligkeit zu erlangen, wer würde dann nicht versuchen, möglichst religiös zu sein, zumal ihm der richtige Weg dazu gezeigt wird?

Dabei kommt die Frage über die Verschiedenheit der Religionen und ihrer Gründer (Christus, Mohammed, Sri Krishna) gar nicht auf. Jeder sieht sich dann ganz von selbst bewogen, religiös zu sein, und je besser seine Methoden sind, um so schneller wird er sein Ziel erreichen. Unterschiede zwischen Kaste, Konfession, Sekte, Glaubensbekenntnis, Kleidung, Klima, Alter, Geschlecht, Beruf und Stand spielen dann keine Rolle mehr, denn diese Religion ist universell.

Wollte man dagegen von allen Menschen verlangen, Sri Krishna als ihren alleinigen Erlöser anzuerkennen, würden die Christen und Mohammedaner dies wohl kaum akzeptieren. Oder würden sich die Hindus und Mohammedaner damit einverstanden erklären, Jesus als ihren Erlöser anzunehmen? Würden die Christen und Hindus Mohammed anerkennen?

Wenn man jedoch allen christlichen, islamischen und hinduistischen Gläubigen sagte: «Euer Herrgott ist ewig bestehende, ewig bewußte, ewig neue Glückseligkeit», müßten sie dies nicht zugeben? Könnten sie es überhaupt leugnen? Ist dies nicht der Zustand, nach dem sie sich alle sehnen und der all ihrem Leid ein Ende setzen kann?

Man kann diese Schlußfolgerung auch nicht mit dem Hinweis entkräften, daß die Christen, Hindus und Mohammedaner in Jesus, Krishna und Mohammed nicht ihren Herrgott, sondern nur den Vertreter Gottes, die menschliche Inkarnation der Gottheit, sehen. Was bedeutet das schon? Denn wir sind ja weder in erster Linie an der körperlichen Erscheinung eines Jesus, Krishna oder Mohammed interessiert noch an der geschichtlichen Rolle, die sie gespielt haben.

Auch verehren wir sie nicht deshalb, weil sie die Wahrheit auf anziehendere Weise und in anderen Worten als bisher verkündet haben. *Wir verehren sie, weil sie Gott kannten und erlebten.* Nur aus diesem Grund interessieren wir uns für ihre historische Rolle und für ihre mannigfaltigen Offenbarungen der Wahrheit.

Haben sie nicht alle Gott als Glückseligkeit erlebt, haben sie nicht alle ein heiliges und gottgefälliges Leben geführt? Ist dieses einigende Band nicht stark genug, abgesehen von anderen Ausdrucksformen der Gottheit und Wahrheit, die sie verwirklicht und offenbart haben? Sollten nicht die Christen, Hindus und Mohammedaner sich für die Propheten der anderen interessieren, weil sie alle Gottesbewußtsein erlangt haben? So wie in Gott alle Religionen vereint sind, so sind auch alle Propheten, die Gott als Glückseligkeit erlebt haben, in Seinem Bewußtsein vereint.[1]

In Gott oder dem Bewußtsein der Glückseligkeit findet unser geistiges Streben Erfüllung

Man sollte nun nicht denken, daß diese Vorstellung von Gott zu abstrakt sei und nichts mit unseren geistigen Hoffnungen und Bestrebungen zu tun habe, die eine Vorstellung von einem persönlichen Gott verlangen. Es handelt sich hier weder um den üblichen Begriff eines überpersönlichen Gottes noch um die begrenzte Auffassung von einem persönlichen Gott.

Gott ist keine Person, der, wie uns, Grenzen gesetzt sind. Unser Dasein und Bewußtsein, unser Gefühl und Wille sind nur ein schwacher Abglanz Seines Wesens (Daseins), Seines Bewußtseins und Seiner Glückseligkeit. Im transzendentalen Sinn ist Er zwar eine Persönlichkeit. Doch während unser Sein, unser Bewußtsein und unser Gefühl begrenzt und von Sinneserfahrungen abhängig sind, ist das Seine unbegrenzt und transzendent. Er ist das Überpersönliche

[1] Das Bewußtsein der Glückseligkeit wird ebenfalls in den sogenannten atheistischen Religionen hervorgehoben, so z. B. im Buddhismus. Das buddhistische *Nirvana* ist nicht, wie viele abendländische Schriftsteller irrtümlich annehmen, ein «Ausblasen des Lebenslichtes», ein Auslöschen des Daseins. Es ist im Gegenteil jener Zustand, in dem die begrenzte Individualität überwunden und die transzendente Stille des allumfassenden Daseins erreicht worden ist. Und genau das ist es, was man im höchsten Zustand der Glückseligkeit erlebt, auch wenn im Buddhismus der Name Gottes nicht damit in Verbindung gebracht wird.

und Absolute, was aber nicht bedeutet, daß Er sich jenseits unseres Erfahrungsbereiches, besonders des inneren, befinde.

Wir nehmen Ihn in der inneren Stille wahr. Im Zustand der Glückseligkeit erleben wir Ihn. Es gibt keinen anderen unmittelbaren Beweis Seiner Existenz. Wenn wir Ihn als Glückseligkeit erleben, wird Er zum einzigen Gegenstand unserer Liebe und Hingabe, wird all unser Hoffen und Sehnen erfüllt.

Eine Vorstellung von einem persönlichen Gott, der nichts weiter ist als unser eigenes, vergrößertes Ich, kann uns wenig nützen. Gott kann alles sein oder werden. Er ist persönlich, überpersönlich, allgnädig, allmächtig usw. Doch brauchen wir uns dies nicht ständig zu vergegenwärtigen. Die Vorstellung, die wir im tiefsten Inneren von Ihm hegen, genau die ist es, die unsere geistige Entwicklung beschleunigt und uns am schnellsten an das Ziel unserer Hoffnung und Sehnsucht führt.

Wir brauchen nicht zu befürchten, daß uns diese Gottesvorstellung zu Träumern oder Phantasten macht, daß sie uns daran hindert, unsere Pflichten in der Welt zu erfüllen und Anteil an den Freuden und Schmerzen anderer zu nehmen. Wer Gott als Glückseligkeit sucht, darf seine weltlichen Pflichten nicht vernachlässigen. Er kann große Verantwortung tragen und dennoch Glückseligkeit fühlen, denn diese liegt auf einer anderen Ebene und wird von irdischen Dingen nicht berührt. Im Zustand der Glückseligkeit erheben wir uns zwar über die Freuden und Leiden dieser Welt, nicht aber über die Notwendigkeit, die uns übertragenen irdischen Pflichten zu erfüllen.

Wer Selbst-Verwirklichung erlangt hat, weiß, daß Gott der einzig Handelnde ist und daß ihm alle Kraft, die er zum Handeln braucht, von Gott zufließt. Wer in seinem wahren Selbst ruht, kann seinen eigenen Handlungen gleichmütig zuschauen – ganz gleich, was er sieht, hört, fühlt, riecht, schmeckt oder welch andere irdischen Erfahrungen er hat. Solche in Glückseligkeit versunkenen Menschen leben ganz im Einklang mit Gottes Willen.

Wer sich darin übt, sein Herz an nichts zu hängen, wird frei von allen Fesseln der Selbstsucht. Er weiß, daß er auf der Bühne der Welt steht und die ihm zugewiesene Rolle spielt, ohne innerlich von Wohl und Weh, von Liebe und Haß, die er in seiner Rolle zum Ausdruck bringen muß, beeinflußt zu werden.

Das unendliche Wesen Gottes

(1937)

In den heiligen Schriften der Hindus heißt es, daß der Mensch Gott mit seinem Geist oder Intellekt nicht begreifen kann. So machtvoll diese auch sein mögen, ihr Fassungsvermögen ist zu begrenzt, als daß sie Ihn aufnehmen könnten. Der menschliche Geist ist also nicht fähig, sich eine wahre Vorstellung von Gott zu machen. Die Frage «Wer erschuf Gott?» entsteht nur deshalb, weil der Geist jenes Etwas, das ohne Anfang und Ende ist, nicht begreifen kann.

Wenn ihr die Sonne anschaut, die Millionen Kilometer von uns entfernt ist, so erscheint dieser riesige Himmelskörper sehr viel kleiner als die Erde. Dennoch beträgt der Durchmesser der Erde nur etwa 12 700 km, während der Durchmesser der Sonne über hundertmal größer ist. Könnte man die Erde neben die Sonne setzen, so gliche unser Planet einem winzigen Punkt. Nehmen wir einmal an, die riesige Sonnenkugel dehne sich immer mehr aus, werde immer größer, bis der weite, blaue Himmelsraum ganz von ihrer Masse verdeckt wird. Diese Masse wäre dennoch nichts als ein winziger Teil – ein Pünktchen des weiten Raumes, der sich durch zahllose Universen und in die Unendlichkeit erstreckt. Auch wenn sich die Sonne endlos weiter in den Raum ausdehnte, könnte sie niemals an die Unendlichkeit heranreichen. Die kosmische Täuschung, die uns alle Dinge als endlich vorspiegelt, hindert den Geist daran, solche Dimensionen zu erfassen. Wo liegen ihre Grenzen? Woher kommt diese unendliche Leere? Diese ursprungslose Unermeßlichkeit ist Gott. Er, der in Seiner Allgegenwart allen Raum erfüllt, ist in den fernsten Sternen, Er ist in euch und in mir; und Er ist sich jeden Augenblick aller Orte bewußt, die ein Teil Seines Selbst sind.

Gott ist nicht gleichbedeutend mit Verstandeskraft; Er hat sie erschaffen und steht über ihr. Sonst könnten wir Ihn ja mit unserem Verstand erfassen. Am genauesten können wir Ihn als göttliches Bewußtsein, göttliche Freude, göttliche Gegenwart bezeichnen – aber nicht als Denken.

Wenngleich unser Geist nicht fähig ist, die Allgegenwart zu erfassen, so kann er Gott dennoch *fühlen*. Seine Gegenwart zu fühlen und sie zu ermessen, sind zwei verschiedene Erfahrungen. Die Welle kann die Größe des Ozeans nicht ermessen, aber es gibt einen Berührungspunkt zwischen beiden. Wo also das Unendliche in das Endliche übergeht, berühren sich beide, und zwar im Überbewußtsein. Dieses Bewußtsein ist fähig, Gott wahrzunehmen. Wenn wir unsere gewöhnliche Geisteskraft derart erweitern, daß sie mit dem überbewußten Geist in Berührung kommt, können wir Seine Gegenwart fühlen.

Wir sind aus der Unendlichkeit in die Endlichkeit herabgestiegen

Wir sind aus der Unendlichkeit in die Endlichkeit herabgestiegen. Yoga besteht darin, die Aufmerksamkeit von äußeren Zerstreuungen zurückzuziehen und sie nach innen, auf den Quell der Wahrheit, zu richten. Nur auf diese Weise können wir erkennen, wie Gott Sein Bewußtsein verdichtet und aus sich Selbst heraus die mannigfaltigen Geschöpfe erschaffen hat und auch die Universen, die jene bevölkern. Der menschliche Körper ist das Erstaunlichste, was Gott geschaffen hat. Eine ursprüngliche Zelle – die Verschmelzung von Samen und Eizelle – teilt sich, und durch ständige Wiederholung dieses Teilungsprozesses bildet sie Billionen von Zellen und baut den Körpertempel auf, der unser göttliches Seelenbewußtsein aufnimmt.

Ihr könnt euch nicht vorstellen, wieviel Energie in einem einzigen Gramm Fleisch eingeschlossen ist. Wenn man diese Energie freiließe, würden zahllose Elektronen in den weiten Raum hinausgeschleudert werden.[1] Und die Kraft und das Ausmaß des im Körper eingeschlossenen Bewußtseins übersteigen jede menschliche Vorstellungskraft. Wenn wir auch äußerlich aus Fleisch bestehen, so fließen dennoch hinter den grobstofflichen Zellen elektrische Ströme: die Lebensströme. Und hinter diesen feinen Energieströmen liegen unsere Gedanken und Wahrnehmungen.

[1] Die furchterregende Kraft der freigelassenen Atomenergie wurde einige Jahre nach dieser Rede zum ersten Mal unter strenger Überwachung vorgeführt, und zwar, als man am 16. Juli 1945 in Alamogordo/New Mexiko die erste Atombombe explodieren ließ.

Die Kraft der Gedanken ist unerschöpflich. Seit Beginn der Welt sind unvorstellbar viele Gedanken durch den Äther gewirbelt. Man kann sie unmöglich alle zählen, doch gewinnt ihr eine kleine Vorstellung davon, wenn ihr euch überlegt, wie viele Gedanken und Gefühle ihr bereits in eurem eigenen Leben zum Ausdruck bringt – Millionen davon! Versucht einmal, euch an alle Gedanken zu erinnern, die ihr in einem Jahr oder nur an einem einzigen Tag gehabt habt. Und stellt euch dann die Summe sämtlicher Gedanken aller Menschen vor – auch jener, die schon lange vor unserer Zeitrechnung gelebt haben. Gott kennt sie alle!

Unser Geist kann nicht eimal die flüchtigen Naturerscheinungen erfassen. Wie viele Elektronen wirbeln im elektrischen Strom, der hier in der Kapelle durch die Glühbirnen fließt? Billionen von ihnen kreisen umeinander und bilden das Licht, das ihr erblickt. Diese verschwindend kleinen Teilchen bewegen sich so schnell, als ob wir in wenigen Sekunden von hier nach New York oder in einen anderen Teil der Welt reisen würden. Das ist durch wissenschaftliche Experimente bewiesen worden.

Wenn ihr einmal versucht, die Zahl der Protonen und Elektronen zu errechnen, die sich zu unserer Erde verdichtet haben, kommt euer Verstand an eine Grenze, über die er nicht hinausgelangt. Was dem suchenden Geist enthüllt wird, scheint in die Unendlichkeit zu gehen; doch gibt es einen Punkt, an dem die Gedanken zu transzendent werden, als daß man ihnen noch folgen könnte. Aus jener Sphäre, in die der Verstand nicht eindringen kann, läßt Gott Sein vollkommenes Licht strömen, die intelligente Kosmische Schwingung, welche die endliche Schöpfung aufbaut.

Nur die Intuition kann Gottes Wesen erfassen

Wenn wir unseren Verstand richtig gebrauchen, verstehen wir, warum Gott jenseits der Gedanken und des Intellektes ist und warum wir Sein wahres Wesen nur durch die seelische Kraft der Intuition fühlen können. Wir müssen Sein Bewußtsein mit Hilfe des Überbewußtseins zu erfassen versuchen, welches der Kern unseres Denkens und unserer Intelligenz ist. Sein unendliches Wesen wird dem Menschen durch das intuitive Überbewußtsein der Seele offenbart. Die Freude, die wir in der Meditation fühlen, gibt uns eine Vorstellung von der ewigen Freude, die sich über die ganze Schöpfung ergießt. Und das Licht, das wir in der Meditation sehen, ist das Astrallicht[2], aus dem unsere sichtbare Schöpfung entstanden ist. Wer dieses Licht erblickt, fühlt sich eins mit allen Dingen.

Der durchschnittliche Mensch lebt zwar in der Welt, ist sich aber ihres eigentlichen Wesens und Zweckes kaum bewußt. Ein Leben von solch begrenzter Wahrnehmungskraft gleicht mehr oder weniger dem Dasein der Tiere. Wir hatten hier auf dem Mount Washington einmal eine Ziege, die unweigerlich von meiner Stimme angezogen wurde. Eines Tages, als ich gerade in dieser Kapelle eine Ansprache hielt, spazierte die Ziege herein und trottete durch den Mittelgang direkt auf mich zu. Ich weiß, daß sie nichts von dem verstand, was ich sagte; sie hörte einfach meine Stimme gern. Ihr aber kommt nicht zu diesen Vorträgen, um nur Worte zu hören, sondern um die dahinter liegende Gegenwart Gottes zu fühlen. Wenn ihr euer Bewußtsein auf Sein Bewußtsein einstellt und euch von diesem Strom der Glückseligkeit tragen laßt, werdet ihr euch eins mit Ihm fühlen. All mein Wissen verdanke ich nur der Tatsache, daß ich mich innerlich auf Gottes Bewußtsein eingestellt habe. Dasselbe könnt auch ihr tun.

Wer sich geistig höherentwickelt und seine Verbundenheit mit allen Lebewesen fühlt, wird in immer größerem Maße bereit sein, das Leid anderer zu teilen. Jesus war sogar gewillt, für andere zu leiden, indem er ihre Schmerzen auf sich nahm. Auch wir müssen alles tun, was in unseren Kräften steht, um denen zu helfen, die Kälte und Krankheit erdulden müssen. Es ist ein Alptraum für sie, und alle Schmerzen, die wir ihnen abnehmen, nehmen wir auch Gott ab. Er sieht es nicht gern, wenn Seine Kinder in Not sind, denn Er leidet mit ihnen...

Gott hat dem Menschen Freiheit geschenkt, und der Mensch hat sie mißbraucht; darin liegt die Ursache aller Leiden. Der Mißbrauch

[2] Alles, was auf der materiellen Ebene existiert, hat ein Gegenstück aus astralem Licht – einem Licht, das feiner ist als die elektromagnetische Energie in den Atomen. In den heiligen Schriften der Hindus nennt man diese Energie *Prana*, was Paramahansa Yogananda mit «Biotronen» übersetzte.

des uns von Gott verliehenen freien Willens hat furchtbare Auswirkungen. Mir wäre es lieber, daß jemand mich warnt, wenn er mich falsch handeln sieht, als daß er mich ruhig gewähren läßt und ich mir erst Jahre später des Schadens bewußt werde, den ich angerichtet habe.

Satan erschuf die Unwissenheit – die Ursache allen Leidens

Das Leid ist also nicht Gottes Werk, sondern ein Werk der satanischen Kraft der *Maya* – der Täuschung. Diese Kraft erzeugt alle Unwissenheit, welche die Menschen blind gegen die Folgen ihrer Taten macht – die sie falsch handeln läßt und ihnen dadurch Leid bringt. Alle, die jetzt in Spanien kämpfen – sowohl die Streitkräfte der Regierung als auch deren Gegner –, glauben, daß sie im Recht seien. Es gibt nur eine Möglichkeit, Irrtümer zu vermeiden: Man muß genug Unterscheidungskraft entwickeln, um zu wissen, was falsch ist, und sich dann entschließen, es nicht zu tun. Wenn beide im Unrecht sind und sich bekämpfen, so wird das Unrecht dadurch nicht in Recht verwandelt. Der wahre Feind des Menschen ist die Unwissenheit. Sie gilt es auf Erden auszurotten.

Heute stehen uns alle nur erdenklichen Mittel zur Verfügung, mit denen wir ein Zeitalter des Wohlstands herbeiführen könnten. Nur die Selbstsucht des Menschen vereitelt dies. Sehr viel unnötiges Leid wird durch den kurzsichtigen Egoismus des Menschen verursacht. Gelder, die man dazu verwenden könnte, bedürftige Menschen zu ernähren und zu kleiden, werden für Vernichtungszwecke ausgegeben. Diese Selbstsucht ist die Wurzel allen Übels in der Welt, und sie entspringt der Unwissenheit. Jeder glaubt, daß er richtig handle. Wer jedoch nur seine eigenen Interessen verfolgt, setzt das karmische Gesetz[3] von Ursache und Wirkung in Bewegung, das unweigerlich sein eigenes und das Glück anderer zerstört.

Je mehr ich sehe, welche Tragödien sich in dieser Welt abspielen

[3] *Karma* ist das Gesetz von Wirkung und Gegenwirkung. Alles, was der Mensch durch seine Handlungen sät, wird er auf entsprechende Weise in diesem oder einem künftigen Leben ernten.

und wie sie durch menschliche Unwissenheit verursacht werden, um so mehr verstehe ich, daß das Glück auch dann nicht von Bestand wäre, wenn alle Straßen mit Gold gepflastert wären. Wahres Glück findet man dadurch, daß man andere glücklich macht, daß man auf seine eigenen Interessen verzichtet, um anderen Freude zu bereiten. Wenn jeder nach diesem Grundsatz handelte, wären alle Menschen glücklich und gut versorgt. Das ist es, was Jesus mit den Worten meinte: «Alles nun, was ihr wollt, das euch die Leute tun sollen, das tut ihr ihnen auch.»[4]

Was wir brauchen, ist ein Bündnis zwischen allen Religionen und Nationen. Doch eine solche Einheit ist nur dann möglich, wenn jeder einzelne so meditiert, daß er unmittelbar mit Gott in Verbindung treten kann. In dieser Gottverbundenheit liegt die Lösung. Wer Gott gefunden hat, sieht keinen Unterschied mehr zwischen sich und den anderen. Erst wenn alle Menschen – und nicht nur einige wenige – diese Einsicht gewinnen, wird es wahre Freiheit auf Erden geben. Auch hier in Amerika herrscht noch keine absolute Freiheit; es gibt noch viel Leid. Jeder von uns ist dafür verantwortlich, seinem Land und allen Menschen Frieden und Glück zu bringen. Man sollte sich nicht nur um das Wohl des eigenen Landes und der eigenen Familie kümmern, sondern um das aller Länder – der ganzen Menschheit. Der Durchschnittsmensch denkt nur an seine eigenen Interessen, seine engere Umgebung, aber der Gottsucher fühlt sich in der ganzen Welt zu Hause. Denkt nicht, daß der Beitrag, den ihr durch euer vergeistigtes Bewußtsein leistet, gering sei. Was ihr beitragt, kann sehr viel für andere bedeuten.

Wer Gott erkennen will, muß Ihm gleich werden. Trotz all unserer Fehler, trotz unserer Gottvergessenheit und großen Gleichgültigkeit Ihm gegenüber schenkt Er uns dennoch liebevoll das Leben und alles, was wir in dieser Welt zum Leben brauchen. Nichts ist größer als Gott; Gleichgültigkeit Ihm gegenüber ist die größte aller Sünden.

Wer nicht freiwillig auf alles, was er besitzt, verzichten kann, um Ihn zu finden, wird Ihn nicht erkennen. Wer Gott finden will, muß bereit sein, um Seinetwillen alles andere aufzugeben. Diese Wahrheit versuchte Jesus seinen Jüngern verständlich zu machen, als er sie in

[4] *Matthäus* 7, 12.

Gethsemane bat, mit ihm zu wachen und zu beten. Als sie dann aber einschliefen, bemerkte er traurig: «Der Geist ist willig, aber das Fleisch ist schwach.»[5]

Der Mensch gleicht einer Marionette. Er tanzt an den Fäden der Gewohnheiten und Gefühlsregungen, der Leidenschaften und Sinnengenüsse. Diese halten seine Seele gefangen. Wer nicht willig oder fähig ist, sich selbst aus diesen Banden zu befreien, um Gott zu erkennen, wird Ihn nicht finden. Ich selbst halte mich immer frei von allen Bindungen. Manchmal esse ich und manchmal nicht; manchmal schlafe ich und manchmal nicht. Ich habe auf alle körperlichen Bedürfnisse verzichtet, um mir selbst zu beweisen, daß ich diese Dinge nicht brauche. Gott ißt und schläft nicht; Er ist weder durch die Sinne noch durch Gewohnheiten gebunden. Das ist es, was Ihn zum Gott macht, und wir sind Ihm zum Bilde geschaffen. Wir müssen fähig sein, alles aufzugeben, um Ihn zu erkennen: «Doch trachtet nach dem Reich Gottes, so wird euch das alles zufallen.»[6] Trotz aller Prüfungen, die ich Seinetwegen durchmachen mußte, hat mir Gott am Ende doch alles gegeben, was ich mir wünschte oder was ich auf Erden brauchte. Und ich habe Ihm alles zurückgegeben, denn Er hat mir etwas weit Größeres geschenkt: Seine göttliche Freude, die Tag und Nacht anhält. Durch diese Freude werden all meine Herzenswünsche erfüllt.

Meditation lüftet den Schleier der Unwissenheit

In der *Bhagavad-Gita*, die von dem großen Weisen Vyasa aufgezeichnet wurde, erklärt der Herr Krishna, daß man von der Täuschung geblendet durchs Leben stolpere, solange die einem innewohnende Weisheit von Unwissenheit verdunkelt wird. «Unter dem Einfluß von *Tamas* [der Unwissenheit] stehen alle Handlungen, die man begeht, wenn man der Täuschung erliegt, die eigenen Fähigkeiten falsch einschätzt und die Folgen nicht bedenkt; dadurch verliert man an Wohlstand und Einfluß und schadet seinem

[5] *Matthäus* 26, 41.
[6] *Lukas* 12, 31.

Nächsten.»[7] Sobald sich der Nebel der Unwissenheit in der Meditation auflöst, seht ihr den richtigen Weg vor euch. Dann habt ihr keine Sorgen mehr und findet bleibende Erfüllung. «Wahrlich, auf Erden gibt es nichts Reinigenderes als Weisheit. Wer Erfolg im Yoga [in der Meditation] hat, wird diese Wahrheit schließlich im eigenen Herzen erfassen.»[8]

All diese Wahrheiten sind wirklich für mich. Die Wahrheit ist Wirklichkeit. Selbst-Verwirklichung kann einem nicht durch Bücher vermittelt werden; man kann sie nur durch eigene Erfahrung erwerben. Die Religionen sollten nicht nur Dogmen lehren, sondern Erkenntnis der Wahrheit und ein echtes Erleben Gottes. Was Jesus Christus verwirklicht hat, müssen auch wir erleben. Er stellte nicht die Verehrung seiner Persönlichkeit in den Mittelpunkt seiner Lehre, sondern wollte, daß wir dieselbe Einheit mit Gott erleben wie er. Das können wir aber nur, wenn wir meditieren und Gottes Gesetze befolgen. Es genügt nicht, Jesus anzubeten, weil er Jesus ist. Strebt den allumfassenden Idealen seiner Lehre nach und versucht, ihm gleich zu werden.

Wir leben nur kurze Zeit in diesem Körper auf dieser Erde, um durch unsere Erfahrungen zu lernen und uns höherzuentwickeln. In welcher Richtung bewegen wir uns jetzt? Denkt einmal daran, wie viele Seiten des göttlichen Traumdramas der Schöpfung bereits umgeblättert worden sind! Als ich Salt Lake City besuchte, sah ich in einer Vision ein großes Meer vor mir, an dessen Strand Mammute entlangwanderten. Später erfuhr ich, daß das Skelett eines ausgestorbenen Mammuts kürzlich hier gefunden worden war.

Gott hat uns Menschen die Kraft verliehen, alle Gewohnheiten und Begrenzungen abzuwerfen und unser Bewußtsein über die ganze Schöpfung auszubreiten – nicht nur bis ins Innerste aller Lebewesen zu dringen, sondern darüber hinaus auch in die Sphären jenseits der Sterne. Die uns angeborene Unermeßlichkeit umfaßt noch weit größere Räume. Ungeheure Möglichkeiten liegen in uns verborgen. Wir sind unendlich! Ich lebe in dieser Sphäre der Unendlichkeit und bin mir meines Körpers nur hin und wieder bewußt.

Noch seid ihr begrenzt; aber wenn es euch durch tägliche Medita-

[7] XVIII, 25.
[8] IV, 38.

tion gelingt, euer Bewußtsein von der endlichen Welt in die Unendlichkeit auszudehnen, seid ihr frei. Es ist euch nicht bestimmt, Gefangene des Körpers zu bleiben. Ihr seid Gottes Kinder und müßt euch dieses göttlichen Geburtsrechts würdig erweisen.

Das Wesen der Schöpfung

Die Materie ist nicht das, was wir uns gewöhnlich darunter vorstellen; doch sie existiert als kosmische Täuschung. Um diese Täuschung zu überwinden, brauchen wir die richtige Methode. Man kann einen Rauschgiftsüchtigen nicht von heute auf morgen heilen. Der Mensch, der dem Gesetz der Täuschung unterliegt, befindet sich im Rausch des materiellen Bewußtseins und kann nur dann aus ihm erwachen, wenn er das gegenteilige Gesetz – das Gesetz der Wahrheit – befolgt.

Der GEIST ist im Laufe eines Materialisationsvorgangs zur Materie geworden; also ist die Materie aus dem GEIST hervorgegangen und kann von ihrem Ursprung nicht verschieden sein. Die Materie ist eine besondere Ausdrucksform des GEISTES, wobei das Unendliche als endlich und das Unbegrenzte als begrenzt erscheint. Da die Materie also nichts weiter ist als eine trügerische Offenbarung des GEISTES, hat sie *an und für sich* keine wirkliche Existenz.

Bewußtsein und Materie

Zu Beginn der Schöpfung differenzierte sich der bis dahin unmanifestierte GEIST in zwei Ausdrucksformen – Bewußtsein und Materie; diese sind Seine beiden Schwingungsformen. Das Bewußtsein ist eine feinere und die Materie eine gröbere Schwingung des einen transzendenten GEISTES.

Bewußtsein ist die Schwingung Seiner subjektiven und Materie die Schwingung Seiner objektiven Ausdrucksform. Als Kosmisches Bewußtsein ist der GEIST potentiell in der aus Schwingungen bestehenden gegenständlichen Materie vorhanden; und subjektiv manifestiert Er sich in allen Formen der Schöpfung und erreicht Seine höchste Ausdrucksform im menschlichen Geist, der sich in zahllose Gedanken, Gefühle, Willensregungen und Vorstellungen verzweigt.

Der Unterschied zwischen Materie und GEIST besteht in der Schwingungsfrequenz; es handelt sich um einen Unterschied des Grades und nicht der Art. Dieser Sachverhalt wird leichter verständlich, wenn wir folgendes Beispiel heranziehen: Obgleich alle Schwingungen ihrer Beschaffenheit nach gleich sind, kann das menschliche Ohr nur die gröberen Töne von 16 bis 20 000 Schwingungen pro Sekunde aufnehmen, während weniger als 16 oder mehr als 20 000 Schwingungen pro Sekunde im allgemeinen nicht wahrgenommen werden können. Zwischen den hörbaren und unhörbaren Schwingungen besteht kein wesentlicher, sondern nur ein relativer Unterschied.

Durch die Kraft der *Maya* (der kosmischen Täuschung) hat der Schöpfer die Materie so unterschiedlich und eigenständig gestaltet, daß der menschliche Geist keine Beziehung zwischen ihr und dem GEIST feststellen kann.

Die Unwirklichkeit der Materie

(1926)

In den heiligen Schriften der Hindus wird darauf hingewiesen, daß der Glaube an die Nicht-Existenz der Materie und die Allheit des GEISTES nicht auf dogmatischen, unlogischen, unverständlichen oder unerklärlichen Theorien beruhen solle, sondern auf den Ergebnissen innerer wissenschaftlicher Forschung und auf genauen Erkenntnissen...

Das *Prana* ist das Bindeglied zwischen dem stofflichen Körper und dem unstofflichen Geist. Schon in alten Zeiten entdeckten die hinduistischen Weisen das *Prana* und entwickelten die Wissenschaft des *Pranayama*[1] – der Herrschaft über die Lebenskraft...

Die hinduistischen Weisen und Yogis behaupten, daß die Materie nichts als materialisierter Geiststoff sei. Einige haben diese Wahrheit sogar bewiesen, indem sie – wie Jesus – ihren Körper und andere materielle Gegenstände materialisierten und entmaterialisierten.

Die chemischen Elemente der Materie sind elektronische Schwingungen

Den neuesten Entdeckungen der Wissenschaft zufolge besteht die Materie aus Schwingungskräften. Die chemischen Elemente, das heißt die Grundstoffe, aus denen das ganze Universum – von den Steinen und Sternen bis zum Menschen – aufgebaut ist, sind nichts anderes als verschiedene Arten elektromagnetischer Schwingungen. Das Eis, zum Beispiel, ist kalt, hat ein Gewicht und eine bestimmte Form, das heißt, es ist sichtbar. Schmelzen wir das Eis, so wird es zu Wasser. Und schicken wir elektrischen Strom hindurch, wird es zu

[1] Durch *Pranayama* ist der Eingeweihte fähig, die Lebensenergie in den sensorischen und motorischen Nerven unter seine Herrschaft zu bringen und dadurch seinen Geist während der Meditation vom Körperbewußtsein zu lösen. Er ist außerdem in der Lage, sich diese Lebensenergie zunutze zu machen, um seinen Körper willentlich zu heilen oder zu kräftigen.

unsichtbarem Wasserstoff und Sauerstoff, die, wenn man sie weiter zerlegt, aus elektromagnetischen Schwingungen bestehen. Man kann daher vom wissenschaftlichen Standpunkt aus behaupten, daß das Eis nicht existiere, obwohl unsere Sinne (Auge, Tastsinn usw.) es wahrnehmen können. Im Grunde aber besteht es aus unsichtbaren Elektronen oder Energieformen.

Mit anderen Worten: das, was sich auflösen und unsichtbar machen läßt, kann nicht als etwas wirklich Existierendes bezeichnet werden. In diesem Sinne kann man die Materie als nicht-existent betrachten, und doch hat sie eine relative Existenz. Die Materie existiert im Verhältnis zum Geist – als eine Erscheinungsform unsichtbarer elektronischer Kräfte, die unveränderlich und unsterblich sind, also wirklich existieren.

Sowohl Wasser als auch Eis sind Manifestationen unsichtbarer gasförmiger Stoffe und haben nur eine scheinbare, vorübergehende Existenz. Ähnlich sind auch der menschliche Geist und die Materie nichts als vergängliche Manifestationen des Göttlichen Bewußtseins, denen nur eine scheinbare Existenz zukommt; in Wirklichkeit existiert nichts als der Kosmische GEIST.

Ebenso wie die Geburt eines Kindes von den Eltern abhängt, so hängt auch die Existenz der Materie vom Geist ab. Die Materie wird vom Göttlichen Geist ins Leben gerufen und vom menschlichen Geist wahrgenommen. Für sich betrachtet, hat sie keine Wirklichkeit, das heißt kein selbständiges Dasein.

Die blinden, das heißt nicht intelligenzbegabten, elektronischen Kräfte des Universums sind dennoch im schöpferischen und teleologischen Sinne wirksam, denn sie tragen die Schwingungen der universellen, sich selbst bewußten Lebenskraft *(Prana)* in sich, die wiederum dem Willen Gottes entsprungen ist.

«Und Gott sprach: Es werde Licht! Und es ward Licht.»[2] Das heißt, der projizierte Gedanke und Wille Gottes wurde zu Licht oder Schwingungskraft, zu fließenden Lebensströmen und Elektronen, die immer stärker vibrierten und so zu verschiedenen feinstofflichen oder unsichtbaren Naturkräften wurden. Aus diesen wiederum bildeten sich die chemischen Elemente der Materie – die Bestandteile des Universums.

[2] *1. Mose* 1, 3.

Für das menschliche Bewußtsein ist die Materie sowohl wahrnehmbar als auch wirklich. Und doch ist der Mensch durch theoretische Forschungen, Gebrauch seiner Logik und Laborversuche (z.B. die Umwandlung eines sichtbaren Eisstückes in unsichtbare Energien) zu dem Schluß gekommen, daß hinter allen vergänglichen und illusorischen Formen der Erscheinungswelt eine beständige, unwandelbare schöpferische Kraft liegen muß.

Man kann diese Wahrheit so verstehen, daß das Meer existiert, obgleich seine Wellen kein ständiges Dasein haben, sondern nur eine vorübergehende Erscheinungsform der einen großen Substanz sind. Die Wellen können nicht ohne das Meer bestehen, aber das Meer besteht sowohl mit als auch ohne Wellen.

Diese Gedanken können zwar mit dem Verstand erfaßt, aber nicht richtig *erfahren* werden, ehe man nicht die Methode beherrscht, Materie in Lebenskraft und Lebenskraft in Kosmisches Bewußtsein[3] zu verwandeln – wie Christus und andere erleuchtete Meister es konnten. Für diese Erleuchteten hat die Materie *an sich* keine Existenz, denn sie erkennen hinter den vibrierenden Wellen der Schöpfung das unwandelbare Meer des GEISTES.

Das Universum ist ein Traum Gottes

In den Systemen der indischen Philosophie (*Vedanta*[4] und *Yoga*) wird das Universum als ein Traum Gottes bezeichnet. Materie und Geist – der Kosmos mit seinen Sternen und Planeten, die grobstofflichen Wellen an der Oberfläche und die dahinterliegenden feinstofflichen Strömungen der materiellen Schöpfung, die menschlichen Kräfte des Gefühls, Willens und Bewußtseins und die Gegensätze von Leben und Tod, Tag und Nacht, Gesundheit und Krankheit, Erfolg und Mißerfolg – sind nur im Sinne des Relativitätsgesetzes wirklich, dem dieser Traum Gottes unterworfen ist.

[3] Die Wesenheit des GEISTES.

[4] Wörtlich «Ende der Veden». *Vedanta* ist die im letzten Teil der Veden enthaltene Philosophie. Diese Philosophie lehrt, daß Gott die einzige Wirklichkeit und die Schöpfung im Grunde eine Illusion sei. Daher bestehe die Pflicht des Menschen darin, die Illusion durch Verwirklichung Gottes aufzulösen.

Alle Gegensätzlichkeiten, die aufgrund des Gesetzes der Relativität wahrgenommen werden, sind für den Träumenden wirklich, das heißt für den sterblichen Menschen, der seine kleine Rolle im großen kosmischen Traumdrama spielt. Um der *Maya* (der Täuschung oder dem Gesetz der Relativität) zu entrinnen, muß man aus dem Traum erwachen und ewig in Gott wach bleiben. Wir können den gesetzmäßigen Traum nicht durch Einbildung oder durch Ableugnen seiner Existenz auflösen oder indem wir nur das «Leben» akzeptieren und den «Tod» ablehnen – nur die Gesundheit anerkennen und die Krankheit ignorieren. Die gegensätzlichen Zustände gehören immer zusammen – so wie die beiden Seiten eines Webstücks. Alle Zweiheit ist ihrer Herkunft und ihrem Wesen nach eins. Der Wahrheitssucher versucht nicht, sie in seinem Geist auseinanderzuhalten, sondern sich aufgrund seiner Weisheit über sie zu erheben.

Wer seinen Körper als etwas von seinem Geist Verschiedenes betrachtet, wer nur die positiven, glücklichen und angenehmen Erscheinungen des Universums – das seinem ganzen Wesen nach zwiespältig ist – als «wirklich» anerkennt, der liegt noch im tiefen Schlaf der illusorischen Traumwelt gefangen.

Ebenso wie man seine Träume vorübergehend für wirklich hält, aber beim Aufwachen ihre Unwirklichkeit erkennt, so ist es auch möglich, aus dem Traum der scheinbar wirklichen Materie zu erwachen und im unwandelbaren Reich des GEISTES zu leben.

Nur der Übermensch, der gelernt hat, sein Bewußtsein ins Unendliche zu erweitern, kann die Schöpfung als einen Traum Gottes erkennen; er allein kann aufgrund wahrer Erkenntnis behaupten, daß die Materie nicht existiert. Durch disziplinarische Methoden – wissenschaftliche Yoga-Techniken oder andere Wege, die stufenweise zu geistiger Vervollkommnung führen, sei es der Weg der Liebe, der Weisheit, des selbstlosen Dienens oder der Enthaltsamkeit – kann der Gottsucher alle Zweiheit auflösen und die Ewige Einheit erkennen. «Wer frei von Täuschung ist und Mich als den Höchsten GEIST erkennt, erlangt Allwissenheit. Er betet Mich mit seinem ganzen Wesen an.»[5]

[5] *Bhagavad-Gita* XV, 19.

Der Traumcharakter der Welt

(1937)

Erst wenn wir aus einem Traum erwachen, wissen wir, daß wir geträumt haben. Ähnlich erkennen wir auch dieses Leben erst dann als einen Traum, wenn wir zum Kosmischen Bewußtsein erwachen.

Wenn wir im Wachbewußtsein an eine schöne Landschaft denken, hat dieser Gedanke noch nicht die Kraft, sich zu materialisieren. Im Schlaf aber besitzen wir eine gesteigerte schöpferische Fähigkeit, die uns etwas bildhaft vor Augen führt; unsere Gedanken erschaffen dann rasch die verschiedensten Traumgebilde. Zur Projektion von Traumbildern werden Gedanken und Energie benötigt, ähnlich wie man für die Projektion eines Films einen belichteten Filmstreifen und elektrisches Licht braucht.

Im Schlaf zieht sich die Lebensenergie, die sonst für die verschiedenen Bedürfnisse des Körpers beansprucht wird, in die Gehirnzellen zurück, wo die Gedankenfilme aller früheren Erfahrungen gespeichert liegen. Diese Energie belebt die im Unterbewußtsein gespeicherten Gedankenfilme und löst die Projektion mentaler Lichtspiele aus, die wir Träume nennen. Träume lehren uns tatsächlich, wie das Kosmische Bewußtsein arbeitet. Sie werden dem Menschen aus einem ganz bestimmten Grund gegeben, denn sie sollen ihn zu der Erkenntnis führen, daß das Universum ein Traum ist, und ihm zeigen, wie dieser Traum sich abspielt.

Seit ältesten Zeiten haben die indischen Weisen das Weltall als eine Materialisation der Gedanken Gottes bezeichnet. Es ist natürlich leicht zu sagen, daß das Universum ein Traum sei. Doch unsere täglichen Erlebnisse wirken so ungemein «lebendig», daß es fast unmöglich scheint, die Welt nur als einen kosmischen Traum zu betrachten. Wir müssen zuerst unsere geistigen Kräfte höher entwikkeln, um erkennen zu können, daß das Weltall wirklich aus den Gedanken Gottes erschaffen wurde und strukturell vergänglich ist wie ein Traum.

Wir wissen, daß Gedanken unsichtbar sind. Doch im Traumland können sie kraft der Energie sichtbar gemacht werden. So war auch das ganze Universum – als ein göttlicher Gedanke – ursprünglich unsichtbar und lag verborgen im kosmischen Bewußtseinsstrom. Erst als diese Gedanken durch Gottes intelligente kosmische Schwingung – die Lebensenergie – verdichtet wurden, waren sie für uns als stoffliches Universum sichtbar.

Obwohl es nicht leicht ist, sich vorzustellen, daß diese kosmische Traumwelt *wirklich* nur ein Traum ist, sollten wir uns bemühen, entsprechend zu denken. Ein solch wahres Erkennen der stofflichen Welt bringt uns nämlich viele praktische Vorteile.

Nehmen wir einmal an, ein Schlafender träumt, er sei ein großer und mächtiger Krieger. Er zieht in den Krieg, wird von einer Kugel getroffen und liegt im Sterben. Gerade als er tief betrübt darüber ist, wacht er plötzlich auf. Dann lacht er über seine Traumängste, denn er weiß wieder, daß er gar kein Krieger ist und auch nicht im Sterben liegt.

Im «wirklichen» Leben kann man eine ganz ähnliche Erfahrung machen. Ein Soldat, der im Krieg tödlich verwundet wird, wacht plötzlich in der Astralwelt auf und erkennt, daß sein ganzes Kriegserlebnis nichts als ein böser Traum war; er ist weder verwundet worden, noch hat er einen physischen Körper. Denoch ist er sich seines Lebens und seiner Individualität durchaus bewußt.

Um erkennen zu können, daß alles, was in dieser Welt geschieht, nichts als Traumerlebnisse sind, müssen wir zuerst lernen, unsere Gedanken sichtbar zu machen – das heißt, wir müssen sie so lange mit der Energie der Konzentration aufladen, bis sie sich sichtbar verwirklichen. Richtige Vergegenwärtigung, wie man sie durch Willenskraft und Konzentration erlangt, befähigt uns dazu, Gedanken zu materialisieren – nicht nur als Träume oder Visionen im mentalen Bereich, sondern auch als Gegenstände in der stofflichen Welt.

Die Materie entsteht aus Gedanken

Dank dieser schöpferischen Vorstellungskraft hat der Mensch erstaunliche wissenschaftliche Entdeckungen gemacht und eine großartige materielle Zivilisation aufgebaut. Erfindungen sind materialisierte menschliche Gedanken. Viele versuchen, in Gedanken etwas zustande zu bringen, aber sie geben auf, sobald sich Schwierigkeiten einstellen. Nur solche Menschen, die sich ihre Gedanken außerordentlich stark vergegenwärtigt haben, sind fähig gewesen, sie auch nach außen hin zu verwirklichen. Alles auf dieser Erde hat seinen Ursprung in der Werkstatt des Geistes – sei es im Geist Gottes oder im menschlichen Geist. Eigentlich kann der Mensch gar keinen «originellen» Gedanken fassen. Er kann sich nur Gottes Gedanken ausleihen und zu einem «Werkzeug» werden, diese zu verwirklichen.

Experimentiert mit euren Gedanken. Richtet die kraftvollsten Gedanken auf euren Körper. Seht, ob ihr nicht über unerwünschte Gewohnheiten und hartnäckige Krankheiten siegen könnt. Wenn euch das gelingt, könnt ihr versuchen, kraft eurer Gedanken auch Änderungen in eurer Umgebung zu bewirken.

Die Beziehung zwischen Gedanke und Materie ist äußerst fein. Nehmen wir einmal an, ihr erblickt einen Holzpfosten und versucht, ihn kraft eurer Gedanken fortzubewegen. Ihr bringt es nicht fertig. Euren Gedanken zum Trotz bewegt sich der Pfosten nicht von der Stelle. Er ist die Materialisierung eines Gedankens, den ein anderer zuvor gedacht hat, und er verschwindet nicht deshalb, weil ihr denkt, er sei nicht mehr da. Erst wenn ihr wirklich *erkennt*, daß er die Materialisierung eines Gedankens darstellt, könnt ihr ihn in eurem Bewußtsein entmaterialisieren. Wenn ihr euch darin übt, über Gewohnheiten, Schmerzen usw. zu siegen, beginnt ihr zu verstehen, daß der ganze Aufbau des Körpers und alle seine Funktionen von Gedanken regiert werden.

Man kann große Weisheit erwerben, wenn man sich immer wieder in Erinnerung ruft, daß diese Welt und alles in ihr nichts als ein Traum ist. Vor allem dürft ihr eure irdischen Erfahrungen nicht allzu ernst nehmen. Die Wurzel allen Leidens liegt darin, daß man sich emotionell in das flüchtige Schauspiel des Lebens verwickeln läßt. Wenn ihr ständig denkt: «Ich habe nicht so gelebt, wie ich hätte leben sollen», macht ihr euch nur unglücklich. Tut vielmehr euer möglichstes, um euch zu bessern, und sagt euch bei allen auftretenden Schwierigkeiten: «Es ist alles nur ein Traum, der bald vorübergeht.» Dann kann kein Hindernis mehr zu einer schweren Prüfung für euch werden. Nichts, was auf Erden geschieht, kann euch dann mehr quälen.

Auch das Schmerzbewußtsein müßt ihr überwinden, wenn ihr die Welt als einen bloßen Traum erkennen wollt. Als ich noch ein Kind war, erlitt ich beim Fußballspiel öfter Verletzungen, und wenn ich vom Fußballspiel träumte, dann träumte ich auch immer, daß ich verletzt worden sei. Die Angst vor Verletzungen hatte sich so fest in mein Bewußtsein eingegraben, daß ich sogar im Traum darunter litt!

Man sollte seine Sorgen also nicht allzu ernst nehmen, damit sie nicht das Unterbewußtsein trüben. Schwierigkeiten treten auf, um uns erkennen zu lassen, daß das Leben ein Traum ist. Diese Lektion müssen wir alle lernen. Dann können wir auch verstehen, warum es überall in der Welt solch große Unterschiede gibt: warum einige Menschen arm und andere reich, einige gesund und andere krank sind. Wenn das auch wie ein schreckliches und grausames Spiel anmutet, so lassen sich doch alle Verwicklungen im Leben dadurch rechtfertigen, daß das Ganze nur ein Traum ist. Nehmt es als solchen!

Denkt an die vielen Pläne und Hoffnungen, die ihr in eurer Kindheit und Jugend gehegt habt. Im Laufe der Zeit habt ihr sie aufgegeben; aber laßt euch deswegen nicht entmutigen. Glaubt stets daran, daß alles, was geschieht, verschiedene Szenen in Gottes Traumfilm sind, der im Kino unseres Geistes abläuft. Wir müssen uns diese Traumtragödien und -komödien ansehen, damit wir Abwechslung haben und unterhalten werden. So wie ihr ins Kino geht, euch einen packenden Kriegsfilm anschaut, der viele leidvolle Szenen enthält, und nachher sagt: «Das war ein großartiger Film!», so sollt ihr dieses Leben als einen kosmischen Spielfilm betrachten. Bereitet euch auf alle möglichen Erfahrungen vor und erkennt, daß sie nichts als Träume sind.

Jedes menschliche Leben stellt ein Drama dar, und auch die Ereignisse jedes Tages sind ein Drama für sich. Ihr erlebt an jedem der 365 Tage des Jahres ein neues Schauspiel. Der Gedanke, daß ihr bloß Schauspieler darin seid, ist sehr tröstlich. Ganz gleich, was für eine Rolle ihr zu spielen habt, macht euch klar, daß euer wahres Wesen nicht davon betroffen wird. Am Ende jeder irdischen Inkarnation seid ihr immer dieselben unsterblichen Seelen – unberührt von Krankheit, Leid oder Tod. «Wer in Leid und Freud ruhig und ausgeglichen bleibt und sich nicht aus der Fassung bringen läßt, der allein ist reif für die Unsterblichkeit.»[1]

[1] *Bhagavad-Gita* II, 15.

Stolz ist das größte Hindernis auf dem Weg zur Weisheit

Meine eigene Lebenserfahrung hat mich in der Überzeugung bestärkt, daß menschlicher Stolz das größte Hindernis auf dem Weg zur Weisheit ist. Egoistischer Stolz muß überwunden werden. Er ist wie ein Fensterladen, der uns daran hindert, Gott als den einzigen Handelnden, den Spielleiter des kosmischen Dramas zu erkennen. In diesem kosmischen Film spielt ihr verschiedene Rollen, und ihr wißt im voraus nicht, welche Rolle euch morgen zugeteilt wird. Macht euch auf alles gefaßt. Das ist das Gesetz des Lebens. Warum sich also über diese oder jene Erfahrungen im Leben grämen? Wenn ihr alles, was geschieht, so betrachtet, als ob es von Filmschauspielern dargestellt würde, wird es euch keinen Kummer mehr machen. Spielt eure 365 Rollen im Jahr, indem ihr innerlich lächelt, und denkt immer daran, daß ihr nur träumt. Dann wird euch das Leben nie wieder verletzen können.

In vielen Inkarnationen habt ihr viele Rollen gespielt. Sie wurden euch jedoch alle nur gegeben, damit sie euch unterhalten – und nicht erschrecken. Eure unsterbliche Seele kann davon nicht berührt werden. Im Spielfilm des Lebens mögt ihr weinen, lachen und mancherlei Rollen übernehmen; doch innerlich solltet ihr euch immer sagen: «Ich bin GEIST.» Aus dieser weisen Erkenntnis erwächst euch großer Trost.

Ihr dürft nicht erwarten, daß ihr die Täuschung, dieses Leben sei wirklich, dadurch abschütteln könnt, daß ihr in die Einsamkeit flieht. Ihr müßt die Rolle, die euch übertragen wurde, zu Ende spielen. Jedes menschliche Wesen trägt dazu bei, daß der kosmische Film aufgeführt werden kann. Wenn ihr glücklich sein wollt, müßt ihr eure Rolle würdig, überzeugend und freudig spielen. Wenn ihr dann in Gott erwacht, wird Er euch zeigen, daß ihr unverändert geblieben seid, obwohl ihr in Seinem irdischen Drama zahllose Rollen gespielt habt.

Nehmt Abstand von euren Erlebnissen

Vergeßt nie: Von den eineinhalb Milliarden Menschen, die in jedem Jahrhundert gestorben sind, hat jeder eine ganz bestimmte Rolle in diesem kosmischen Film gespielt! Darüber hinaus hat jedes menschliche Wesen in seinem «Heimkino» noch einen eigenen privaten Film aufgeführt. Wenn ihr alle Filmleben, die diese Millionen Menschen dargestellt haben, zählen müßtet, würde euch das nicht gelingen. Aber dieses Spiel hat einen Sinn: Ihr sollt lernen, eure verschiedenen Rollen im Film des Lebens zu spielen, ohne euch selbst damit zu identifizieren. Es ist wichtig, daß ihr jede Identifizierung mit Schmerzen, Zorn und irgendwelchen körperlichen oder geistigen Leiden ablehnt. Die beste Methode, euch von allen Schwierigkeiten zu lösen, besteht darin, innerlich Abstand von ihnen zu nehmen; verhaltet euch wie bloße Zuschauer, während ihr gleichzeitig für Abhilfe sorgt.

Erwartet von diesem Erdenleben nicht ungetrübten Frieden und ungemischte Freude. Bemüht euch um eine neue Einstellung: Ganz gleich, was für Erfahrungen ihr macht, freut euch auf ganz unpersönliche Weise daran, so als ob ihr euch einen Film anseht. Wahren Frieden und wahres Glück müßt ihr im eigenen Innern suchen. Eure äußeren Erfahrungen sollten euch nur zur Unterhaltung dienen. Ihr könnt sie alle zu unangenehmen Erlebnissen machen, wenn ihr euch geistig entsprechend verhaltet. Ihr könnt gesund sein und das gar nicht zu schätzen wissen. Doch wenn ihr auf einmal krank werdet, wißt ihr, was es bedeutet, gesund zu sein. Seid Gott dankbar für alles, was Er euch schenkt, und wartet nicht, bis Rückschläge kommen, die euch diese Dankbarkeit lehren.

Ihr seid unsterbliche Kinder. Ihr seid auf die Welt gekommen, um zu unterhalten und unterhalten zu werden. Deshalb sollte man Meditation und Tätigkeit im Leben miteinander verbinden. Wenn ihr eure innere Ausgeglichenheit verliert, werdet ihr anfällig für weltliches Leiden. Entweiht nicht den Namen Gottes, nach dessen Bild ihr geschaffen seid. Erweckt die euch angeborene Kraft des Geistes, indem ihr euch sagt: «Ganz gleich, was für Erfahrungen ich mache, sie können mich nicht verletzen. Ich bin immer glücklich.»

Wenn ich meine früheren Jahre mit den jetzigen vergleiche, stelle ich fest, daß das Leben viel einfacher war, als wir unsere erste

Einsiedelei gründeten – in einer kleinen Lehmhütte, die wir für eine Rupie mieteten; heute tragen wir die Verantwortung für unsere große Organisation. Doch ganz gleich, welche Prüfungen auf mich zukommen, ich bewahre innere Ausgeglichenheit. Lernt über Schwierigkeiten zu lachen, indem ihr euch daran erinnert, daß ihr unsterblich seid. «Oft getötet, lebe ich dennoch; oft geboren, bleibe ich dennoch unverändert.» Ob ihr in diesem Leben leidet oder Macht und Reichtum genießt, euer Bewußtsein muß unberührt davon bleiben. Wenn ihr Gleichmut bewahrt, kann euch nichts verletzen. Das Leben aller großen Meister beweist, daß sie diesen gesegneten Zustand erreicht haben.

Um aus eigener Erfahrung sagen zu können, daß alle Dinge nur im menschlichen Geist bestehen, müßt ihr zuerst in einem Zustand göttlichen Friedens leben, der durch keine irdischen Erfahrungen mehr getrübt werden kann. Nehmt sie so hin wie einen Traum; dann wird die Zeit kommen, daß sich allein durch die Kraft eurer konzentrierten Gedanken alles, was ihr denkt, materialisiert. Das ist zwar schwer zu erreichen, aber es ist möglich.

Ein Wissenschaftler muß verschiedene Experimente anstellen, bis er zu einem bestimmten Tatbestand gelangt. Der geistig Fortgeschrittene indessen kann solche Einsicht gewinnen, ohne vorher Experimente zu machen. Wenn ihr mit Gott eins seid, könnt ihr alles, was ihr denkt, materialisieren. Diese Wahrheit hat Jesus oft bewiesen. Er war sich seiner Einheit mit Gott bewußt.

Konzentriert euch zuerst auf Gott

Ihr solltet euch als erstes darauf konzentrieren, mit Gott eins zu werden. Vergegenwärtigt euch bei all euren täglichen Erfahrungen stets eure Einheit mit Gott. Wenn Schmerzen diese Überzeugung ins Wanken bringen, überlegt euch folgendes: «Im Schlaf würde ich diese Schmerzen doch gar nicht fühlen; weshalb sollte ich sie also jetzt fühlen? Alle Erlebnisse sind so flüchtig wie ein Traum.» Versucht auf diese Weise, mit allen Prüfungen fertig zu werden.

Die erste Stufe der Konzentration besteht darin, daß man sich in Gedanken alles vorstellen kann, was man will. Ich kann zum Beispiel unverwandt dieses Zimmer anschauen und meine ganze Aufmerksamkeit darauf richten, so daß ich es, wenn ich die Augen schließe, noch genauso sehen kann. Das ist die erste Stufe tiefer Konzentration; doch die meisten Leute haben nicht die Geduld, sich hierin zu üben. Ich hatte die Geduld.

Wenn ihr euch in dieser bildhaften Vergegenwärtigung beharrlich übt, werdet ihr sehen, daß sich eure Gedanken materialisieren. Das kosmische Gesetz wird es so einrichten, daß alles, woran ihr denkt, sich verwirklicht, sobald ihr den entsprechenden Befehl gebt.

Nehmen wir einmal an, daß ich an einen Apfel denke und dieser sofort in meiner Hand erscheint. Das wäre ein Beweis höchster Konzentrationskraft. Die großen Gurus können unmittelbar vor euren Augen alles materialisieren, so wie Babaji, der während der Einweihung Lahiri Mahasayas im Himalaja einen Palast materialisierte.[2]

[2] Siehe *Autobiographie eines Yogi*, Kapitel 34. Der Physiker, Elektrotechniker und Erfinder Nikola Tesla kannte die Möglichkeit direkter Materialisierung. Er schrieb:
«Schon vor langer Zeit erkannte er (der Mensch), daß alle wahrnehmbare Materie von einer unbegreiflich feinen Ursubstanz herrührt, die den Weltraum füllt, nämlich von *Akasa*, dem Lichtäther, der vom lebenspendenden *Prana*, d.h. der schöpferischen Kraft geformt wird; diese ruft – in endlosen Zyklen – alle Dinge und Erscheinungen ins Leben.
Kann der Mensch diesen großartigen, ehrfurchtgebietenden Naturvorgang steuern? Kann er sich die unerschöpflichen Energien der Natur zunutze machen, so daß er über all ihre Funktionen gebietet und diese sogar durch bloße Willenskraft steuert?
Wenn er das könnte, besäße er nahezu unbegrenzte und übernatürliche Fähigkeiten. Auf sein Geheiß – wobei er sich gar nicht so sehr anzustrengen brauchte – würden alte Welten verschwinden und neue, von ihm geplante entstehen. Er könnte die ätherischen Formen seiner Einbildungskraft, die flüchtigen Visionen seiner Träume festhalten, verdichten und bewahren. Er könnte allen Schöpfungen seines Geistes in jeder Größenordnung eine konkrete und dauerhafte Gestalt geben.
Der höchste Beweis seiner geistigen Kräfte wäre es dann, Materie zu schaffen und zu vernichten und ihr die gewünschte Form zu geben; dies wäre sein vollständiger Triumph über die physische Welt, die Krönung seines Strebens, die ihn an die Seite seines Schöpfers stellt und ihm die Erfüllung seines höchsten Wunsches gewährt.» – (J. J. O'Neill: *Prodigal Genius*. Deutsche Ausgabe des Werks *Nikola Tesla*, Wien 1951; siehe auch Seite 17, Fußnote 2.)

Das zeugte von höchster Konzentrationskraft. Ohne Anstrengung und Konzentration kann man nichts erreichen, was sich lohnt.

Seid nicht so empfindlich, was den Körper und materielle Bedürfnisse anbelangt, und laßt euch von niemandem verletzen. Steht über den Dingen. Seid entgegenkommend zu allen, aber bemüht euch um einen Bewußtseinszustand, in dem euch niemand aus dem Gleichgewicht bringen kann. Versucht jeden Tag, andere Menschen glücklich zu machen. Laßt andere von eurer Weisheit profitieren. Hütet euch davor, dem Leben gegenüber gleichgültig zu werden. Lernt alles über ein bestimmtes Fachgebiet und etwas über alle anderen Gebiete. Seid euch über folgendes klar: je mehr ihr sucht, um so mehr werdet ihr auch finden; die Bereiche des Geistes sind unendlich. Sobald ihr glaubt, ihr hättet schon alles erreicht, setzt ihr euch Grenzen. Sucht unaufhörlich weiter, dann wird sich im Tal eurer Demut das Meer göttlicher Weisheit sammeln.

Das Beste, was ihr tun könnt, um echte Weisheit zu erlangen, ist, euch zu bemühen, die Welt als einen Traum anzusehen. Wenn euch etwas mißlingt, sagt euch: «Es ist ein Traum.» Dann verbannt jeden Gedanken an ein Mißgeschick. Wenn die Umstände kritisch werden, bietet ihnen die Stirn, indem ihr möglichst positiv und aufbauend denkt und handelt. Übt *Titiksha*, was bedeutet, unerfreulichen Erfahrungen nicht nachzugeben, sondern Widerstand zu leisten, ohne sich dabei zu erregen. Wenn ihr krank werdet, führt einen gesunden Lebenswandel und laßt euch nicht aus dem Gleichgewicht bringen. Bleibt innerlich ruhig bei allem, was ihr tut. Wenn ihr immer bemüht seid, euch das Traum-Gegenteil jeder auftauchenden Schwierigkeit vorzustellen, erlangt ihr die Fähigkeit, einen Alptraum in ein schönes Erlebnis zu verwandeln. Diese Freiheit des Geistes gewinnt ihr, wenn ihr erkennt, daß feste und flüssige Stoffe und alle anderen Formen der Materie eine Ausdrucksform der Gedanken Gottes sind.

Der beste Weg, der zu wahrer Freiheit führt, ist tiefe Meditation. Ihr könnt meditieren lernen, indem ihr die in den Lehrbriefen der *Self-Realization Fellowship* enthaltenen Wahrheiten in euch aufnehmt. Kein anderer kann euch erklären, wie Zucker schmeckt; ihr müßt ihn selber kosten.

Als ich gestern in meinem Zimmer saß und auf mein Leben zurückblickte, da sah ich, daß alles, was mir in der äußeren Welt großes Glück zu versprechen schien, mich enttäuscht hatte; nur etwas hatte mich nie enttäuscht – mein innerer Friede. Unbeschreibliche Wogen der Seligkeit überfluten meine Seele. In all meinen Erfahrungen der vergangenen Jahre war mir dieser unwandelbare innere Friede ein Beweis dafür, daß Gott existiert.

Als ich dies gerade dachte, sah ich plötzlich ein großes Licht. Alles andere verschwand. Alles war nur noch Gefühl. Meine Hand war keine Hand mehr, sondern nur ein Gefühl. Als ich meine Hände aneinanderlegte, war da kein Fleisch mehr, bloß Gefühl. Da verstand ich, daß ich nur noch aus Gedanken bestand; alles um mich herum, das Licht und das Zimmer und das Gewicht des Körpers – sie alle waren nur noch Gedanken.

Es war ein herrliches Erlebnis. Verschwunden waren alle Traurigkeit und Wehmut über das Vergangene, und an ihre Stelle trat ein überwältigendes Gefühl von Freiheit.

Dieses Bewußtsein göttlichen Friedens hört nie auf. Es ist der einzige wahre Zustand des Glücks. Alles andere wird euch enttäuschen. Nichts anderes kann euch glücklich machen; denn nur die Freude Seiner Gegenwart ist wirklich.

Es ist nicht nötig, daß man alle Arten von menschlicher Erfahrung durchmacht, um zu dieser letzten Wahrheit zu gelangen. Ihr solltet aus dem Leben anderer Menschen lernen können. Warum wollt ihr euch in eine endlose Kette von Ereignissen verstricken lassen, nur um schließlich festzustellen, daß nichts auf dieser Welt euch glücklich machen kann?

Man kann die Wahrheit auf zweierlei Art erkennen: indem man viele gute und schlechte Erfahrungen macht oder indem man Weisheit erwirbt. Wählt das, was euch lieber ist! Krishna sagte: «Wer Weisheit erwirbt, erlangt augenblicklich höchsten Frieden.»[3] Und Jesus sagte: «Trachtet am ersten nach dem Reich Gottes...»[4] Wenn ihr zuerst etwas anderes sucht, werdet ihr mit Sicherheit enttäuscht. Jeder Mensch versucht sich einzureden: «Andere zwar sind enttäuscht worden, aber mir wird es nicht so gehen.» Dennoch wird auch er enttäuscht werden. Die einzige Erfahrung, die wirklich ist, die einzige Erfahrung, die Glück bringt, ist das Erlebnis der Gegenwart Gottes.

[3] *Bhagavad-Gita* IV, 39.
[4] *Matthäus* 6, 33.

Die Gesetzmäßigkeit des Universums

Die vedischen Schriften erklären, daß das physische Weltall einem grundlegenden Gesetz – *Maya*, auch Dualitäts- und Relativitätsprinzip genannt – unterworfen ist. Gott, das Einzige Leben, ist absolute Einheit. Um aber als verschiedenartige und voneinander getrennte Formen der Schöpfung in Erscheinung treten zu können, muß Er sich mit einem unwirklichen oder trügerischen Schleier umgeben. Dieser illusorische, dualistische Schleier ist *Maya*. Eine Anzahl großer wissenschaftlicher Entdeckungen der Neuzeit bestätigen diese einfache Erklärung der alten *Rishis*.

Newtons Bewegungsgesetz ist ein Gesetz der *Maya*: «Jede Kraft erzeugt immer eine Gegenkraft, die gleich groß und entgegengesetzt gerichtet ist. Die beiden Kräfte, die zwei Körper gegenseitig aufeinander ausüben, sind gleich groß und entgegengesetzt gerichtet.» Bewegung und Gegenbewegung entsprechen sich daher genau. «Eine einzelne Kraft gibt es nicht. Alle Kräfte erscheinen paarweise als gleich große und entgegengesetzt gerichtete Kräfte.»

Die in der Natur wirkenden Kräfte verraten alle ihren «mayischen» Ursprung. So ist zum Beispiel die Elektrizität ein Vorgang der Abstoßung und Anziehung; denn die Elektronen und Protonen sind entgegengesetzte elektrische Pole. Ein anderes Beispiel: das Atom, das kleinste Teilchen der Materie, ist – wie die Erde selbst – ein Magnet mit einem positiven und einem negativen Pol. Die ganze Welt der Erscheinungen steht unter der unabänderlichen Macht der Polarität. Es gibt kein physikalisches, chemisches oder anderes wissenschaftliches Gesetz, das nicht vom Prinzip der Gegensätzlichkeit beeinflußt würde.

Daraus folgt, daß die Physik keine Gesetze außerhalb der *Maya*, dem eigentlichen Stoff und der Struktur des Universums, formulieren kann. Denn die Natur selbst ist *Maya*, und die Naturwissenschaften müssen sich wohl oder übel mit dieser unbestreitbaren Tatsache abfinden. In ihrem eigenen Bereich ist die Natur ewig und unerschöpflich, und auch die Wissenschaftler der Zukunft können nicht mehr tun, als nach und nach ihre mannigfaltigen Ausdrucksformen zu erforschen. Somit befindet sich die Wissenschaft beständig im Fluß, ohne je das Endziel zu erreichen; das heißt, sie ist zweifellos in der Lage, die Gesetze eines bereits existierenden und funktionierenden Kosmos zu entdecken, aber sie ist machtlos, wenn es darum geht, den Gesetzgeber und alleinigen Urheber zu ermitteln. Die erstaunlichen Wirkungen der Schwerkraft und Elektrizität sind bekannt geworden; aber was Schwerkraft und Elektrizität wirklich sind, hat noch kein Sterblicher ergründet.[1]

Seit jeher haben die Propheten die Menschen dazu aufgerufen, sich über die *Maya* zu erheben und ein neues, besseres Zeitalter herbeizuführen. Die Dualität der Schöpfung zu überwinden und seine Einheit mit Gott zu erkennen, galt als höchstes Ziel des Menschen. Diejenigen, die sich an die kosmische Illusion klammern, müssen sich auch ihrem Grundgesetz, der Polarität, unterwerfen, und das bedeutet: Ebbe und Flut, Aufstieg und Verfall, Tag und Nacht, Lust und Schmerz, Gut und Böse, Geburt und Tod. Wenn ein Mensch aber schon Tausende von Inkarnationen hinter sich hat, wird ihm dieser monotone Kreislauf unerträglich; dann beginnt er seine Hoffnung auf eine Welt zu setzen, die jenseits der *Maya* und des von ihr ausgeübten Zwanges liegt.

Den Schleier der *Maya* zu lüften, bedeutet, die Geheimnisse der Schöpfung aufzudecken. Nur wer das Universum auf diese Weise entschleiert hat, ist ein wahrer Monotheist. Alle anderen sind Götzenanbeter. Solange der Mensch noch den dualistischen Täuschungen der Natur unterliegt, ist die doppelköpfige *Maya* seine Göttin, und der eine wahre Gott bleibt ihm verborgen.

Maya, die Illusion, von der die ganze Welt beherrscht wird, äußert sich im Menschen als *Avidya*, wörtlich: «Nicht-Wissen», das heißt Unwissenheit, Täuschung. *Maya* und *Avidya* können niemals durch den analysierenden Verstand oder durch bloße Überzeugung überwunden werden, sondern einzig und allein dadurch, daß man den Bewußtseinszustand des *Nirvikalpa-Samadhi* erreicht. Die Prophe-

[1] Der große Erfinder Guglielmo Marconi (1874–1937) machte folgendes bemerkenswerte Zugeständnis, mit dem er zum Ausdruck brachte, daß die Wissenschaft nicht in der Lage ist, das Absolute zu erreichen: «Die Unfähigkeit der Wissenschaft, dem Geheimnis des Lebens auf die Spur zu kommen, ist unbestreitbar. Diese Tatsache wäre wahrhaft erschreckend, wenn es nicht den Glauben gäbe. Das schwierigste Problem, das dem menschlichen Geist je gestellt wurde, besteht darin, das Geheimnis des Lebens zu ergründen.»

ten des Alten Testaments und die Seher aller Länder und aller Zeiten sprachen von dieser höchsten geistigen Warte aus.

Hesekiel sprach: «Und er führte mich wieder zum Tor gegen Morgen. Und siehe, die Herrlichkeit des Gottes Israels kam von Morgen und brauste, wie ein großes Wasser braust; und es ward sehr licht auf der Erde von seiner Herrlichkeit.»[2] Durch das göttliche Auge in der Stirn (Morgen) führt der Yogi sein Bewußtsein in die Allgegenwart, wobei er das «Wort» *(OM)* vernimmt – den göttlichen Laut des großen «Wassers», das heißt, die Schwingungen des Lichts, der einzigen Realität in der Schöpfung.

Von den Myriaden Geheimnissen, die der Kosmos birgt, ist das Licht das erstaunlichste. Ungleich den Schallwellen, die zu ihrer Fortpflanzung der Luft oder anderer stofflicher Medien bedürfen, breiten sich die Lichtwellen ungehindert im leeren Weltenraum aus. Selbst der hypothetische Äther, der in der Wellenmechanik für das interplanetarische Übertragungsmittel des Lichts gehalten wird, kann aufgrund von Einsteins Nachweis, daß die geometrischen Eigenschaften des Raumes eine Äther-Theorie überflüssig machen, als überholt angesehen werden. In beiden Fällen bleibt jedoch das Licht die feinste und von der Materie unabhängigste aller Naturerscheinungen.

In Einsteins gigantischem Entwurf ist die Lichtgeschwindigkeit (300 000 km/sec.) der entscheidende Faktor der ganzen Relativitätstheorie. Der Gelehrte hat mathematisch bewiesen, daß die Lichtgeschwindigkeit – vom menschlichen Gesichtspunkt aus – die einzige Konstante in einem sich ständig verändernden Universum ist. Von diesem einzigen «absoluten» Wert der Lichtgeschwindigkeit hängen alle menschlichen Zeit- und Raumbegriffe ab. Zeit und Raum sind relative und begrenzte Faktoren und gelten nicht mehr, wie einstmals, als abstrakte, endgültige Werte. Ihr bedingter Wert existiert nur im Verhältnis zum absoluten Wert der Lichtgeschwindigkeit.

Indem sich nun auch die Zeit – ebenso wie der Raum – als relative Dimension erwiesen hat, ist ihre wahre Doppelnatur enthüllt worden. Mit einigen ausgleichenden Federstrichen hat Einstein jede feststehende Wirklichkeit mit Ausnahme derjenigen des Lichts aus dem Universum verbannt.

[2] *Hesekiel* 43, 1–2.

In seiner später entwickelten «einheitlichen Feldtheorie» faßte der große Physiker die Gesetze der Gravitation und des Elektromagnetismus in einer einzigen Formel zusammen. Indem Einstein auf diese Weise die Struktur des Kosmos auf Variationen des gleichen Grundgesetzes reduzierte, ist er zu demselben Ergebnis gelangt wie die *Rishis* des Altertums, die behaupteten, daß das Universum aus einem einzigen Stoff, einer proteischen *Maya*, bestünde.[3]

Die epochemachende Relativitätstheorie schuf die mathematischen Voraussetzungen zur Erforschung des kleinsten Teilchens, des Atoms. Seither haben mehrere große Wissenschaftler nicht nur die kühne Behauptung aufgestellt, daß das Atom seinem innersten Wesen nach Energie und nicht Materie sei, sondern überdies erklärt, daß die Atomenergie in Wirklichkeit Geiststoff sei.

«Das öffentliche Zugeständnis, daß die Physik es mit einer Welt von Schatten zu tun hat, bedeutet einen gewaltigen Fortschritt», schreibt Sir Arthur Stanley Eddington in *Das Weltbild der Physik* (1931). «In der Welt der Physik wird das Drama des alltäglichen Lebens zum Schattenspiel. Der Schatten meines Ellbogens ruht auf dem Schattentisch, während die Schattentinte über das Schattenpapier fließt. Alles ist symbolisch, und beim Symbolischen läßt es der Physiker auch bewenden. Dann aber kommt der Alchimist Geist, der die Symbole deutet... Um die Schlußfolgerung drastisch auszudrücken: der Stoff, aus dem die Welt besteht, ist Geiststoff.»

Mit Hilfe des Elektronenmikroskops konnte endgültig bewiesen werden, daß das Atom – im wesentlichen – Licht ist und daß die ganze Natur unter dem unabänderlichen Gesetz der Dualität steht. Die *New York Times* veröffentlichte folgenden Bericht über das im Jahre 1937 bei einer Versammlung der «Amerikanischen Gesellschaft zur Förderung der Wissenschaften» vorgeführte Elektronenmikroskop:

[3] Einstein war überzeugt davon, daß für die Gesetze des Elektromagnetismus und der Schwerkraft eine mathematische Formel aufgestellt werden könne (die einheitliche Feldtheorie), und daran arbeitete er zu der Zeit, als dieses Buch geschrieben wurde. Obgleich er nicht lange genug lebte, um sein Werk zu beenden, teilen heute viele Physiker Einsteins Überzeugung, daß ein solches Bindeglied gefunden werden wird. *(Anmerkung des Herausgebers)*

Die kristalline Struktur des Wolfram, die bisher nur indirekt durch Röntgenstrahlen bekannt geworden ist, zeichnete sich deutlich auf einem Leuchtschirm ab und ließ neun Atome in korrekter Anordnung innerhalb des Raumgitters erkennen – einen Würfel, der in jeder Ecke und in der Mitte ein Atom aufwies. Die Atome in dem Kristallgitter des Wolfram erschienen auf dem Leuchtschirm als Lichtpunkte, die sich zu einer geometrischen Figur zusammensetzten. Dann konnte man beobachten, wie dieser Kristallwürfel aus Licht von den Luftmolekülen bombardiert wurde, die tanzenden Lichtpunkten – oder flimmerndem Sonnenlicht auf einem fließenden Wasser – glichen...

Das Prinzip des Elektronenmikroskops entdeckten im Jahre 1927 zuerst die Doktoren Clinton Davisson und Lester Germer, die bei den *Bell-Telephone*-Laboratorien in New York City beschäftigt waren; sie stellten fest, daß das Elektron eine Doppelnatur hat und sowohl die Eigenschaften eines Partikels als auch die einer Welle besitzt[4]. Die Welleneigenschaft verlieh dem Elektron die charakteristischen Merkmale des Lichts; daher versuchte man, ein Medium zu finden, durch das die Elektronen – ähnlich wie Lichtstrahlen mit Hilfe einer Sammellinse – in einem «Brennpunkt» vereinigt werden können.

Dr. Davisson erhielt für seine Entdeckung der Elektronenbeugung..., mit welcher der Beweis für die Doppelnatur des gesamten physischen Weltalls erbracht wurde, den Nobelpreis.

«Der Strom der Erkenntnis», schreibt Sir James Jeans in seinem Werk *Der Weltraum und seine Rätsel* (1937) «bewegt sich auf eine nichtmechanische Wirklichkeit zu. Das Universum mutet immer mehr wie ein großer Gedanke, nicht mehr wie ein großer Mechanismus an.»

So klingt die Wissenschaft des 20. Jahrhunderts also wie ein Kapitel aus den alten Veden.

Wenn nicht anders, kann man sich von der Wissenschaft bestätigen lassen, daß es kein stoffliches Universum gibt – eine Wahrheit, die im philosophischen Sinne schon immer bestanden hat. Das Leben und Weben des Kosmos ist nichts als *Maya* – Illusion. Sobald man

[4] das heißt, sowohl Materie als auch Energie ist.

ihn auf seine Wirklichkeit hin untersucht, löst er sich wie eine Fata Morgana auf. So bricht nun das sichere Fundament des physischen Kosmos nach und nach unter dem Menschen zusammen, bis er eines Tages zu der Erkenntnis kommt, daß er auf Götzen vertraut hat, daß er gegen das göttliche Gebot «Du sollst keine anderen Götter neben mir haben»[5] verstoßen hat.

Anhand seiner berühmten Gleichung, welche die Gleichwertigkeit von Energie und Masse darlegt, hat Einstein bewiesen, daß die jedem stofflichen Teilchen innewohnende Energie gleich seiner mit dem Quadrat der Lichtgeschwindigkeit multiplizierten Masse ist. Die Entfesselung der Atomenergie erfolgt durch Vernichtung der materiellen Partikel. So wurde also das Atomzeitalter durch den «Tod» der Materie geboren.

Die Lichtgeschwindigkeit ist nicht deshalb eine Konstante bzw. eine charakteristische mathematische Größe, weil ihrem Wert (300 000 km/sec.) eine absolute Bedeutung zukommt, sondern weil kein bewegter Körper, dessen Masse mit seiner Geschwindigkeit zunimmt, jemals die Lichtgeschwindigkeit erreichen kann. Um es anders auszudrücken: Nur ein stofflicher Körper, dessen Masse unendlich ist, könnte sich mit Lichtgeschwindigkeit fortbewegen.

Diese Vorstellung führt uns zu dem Gesetz, das allen Wundern zugrunde liegt.

Meister, welche die Fähigkeit haben, ihren eigenen Körper und andere Gegenstände zu materialisieren und zu entmaterialisieren, sich mit Lichtgeschwindigkeit fortzubewegen und sich der schöpferischen Lichtstrahlen zu bedienen, um sofort irgendwelche physischen Manifestationen sichtbar zu machen, haben die gesetzmäßige Bedingung erfüllt: Ihre Masse ist unendlich.

Das Bewußtsein eines vollendeten Yogis umfaßt mühelos nicht nur seinen eigenen Körper, sondern den gesamten Kosmos. Die Schwerkraft – ob es sich um das Gravitationsgesetz Newtons oder um das Trägheitsgesetz Einsteins handelt – ist außerstande, einen Meister *zu zwingen*, ein bestimmtes Gewicht, das heißt, die einem stofflichen Körper eigentümliche Schwere anzunehmen. Wer sich selbst als allgegenwärtigen GEIST erkannt hat, kann nicht mehr durch die träge Masse eines in Zeit und Raum lebenden Körpers

[5] *2. Mose* 20, 3.

begrenzt werden. Die undurchdringlichen Kerkermauern von Zeit und Raum sind dem Zauberspruch «Ich bin Er» gewichen.

«Es werde Licht! und es ward Licht.»[6] Zu Beginn der Schöpfung erschuf Gott das zum Aufbau notwendige Licht. Auf den Strahlen dieses immateriellen Mediums spielen sich alle göttlichen Manifestationen ab. Gottesmänner aller Zeitalter haben bezeugt, daß Gott ihnen als Flamme und Licht erschienen ist. «Seine Augen waren wie eine Feuerflamme», berichtet Johannes, «...und sein Angesicht leuchtete wie die helle Sonne.»[7]

Ein Yogi, dessen Bewußtsein sich in tiefer Meditation mit dem Schöpfer vereinigt hat, schaut die Substanz des Kosmos als reines Licht. Für ihn gibt es keinen Unterschied zwischen den Lichtstrahlen, die das Wasser, und den Lichtstrahlen, die das Land bilden. Frei vom Bewußtsein der Materie, frei von den drei Dimensionen des Raumes und der vierten der Zeit, bewegt ein Meister seinen Lichtkörper mit Leichtigkeit durch die Lichtstrahlen der Erde, des Wassers, des Feuers und der Luft hindurch oder über sie hinweg.

«Wenn dein Auge einfältig ist, so wird dein ganzer Leib licht sein.»[8] Anhaltende Konzentration auf das befreiende geistige Auge verleiht dem Yogi die Macht, alle Täuschungen in bezug auf die Materie und deren Schwerkraft zu überwinden. Er sieht das Universum so, wie Gott es erschaffen hat: als eine im wesentlichen undifferenzierte Masse von Licht.

«Die optischen Bilder», schreibt Dr. Troland aus Harvard, «beruhen auf demselben Prinzip wie die gewöhnlichen Autotypien, das heißt, sie setzen sich aus winzigen Pünktchen oder Tüpfeln zusammen, die viel zu klein sind, um vom Auge wahrgenommen zu werden... Die Netzhaut ist derart lichtempfindlich, daß schon durch ein verhältnismäßig geringes Quantum geeigneten Lichts eine optische Wahrnehmung erzeugt werden kann.»

Jeder Mensch, der aufgrund eigener Verwirklichung erkannt hat, daß das Licht die Substanz der Schöpfung ist, kann das allen Wundern zugrunde liegende Gesetz anwenden. Ein echter Meister besitzt die Fähigkeit, dieses göttliche Wissen praktisch anzuwenden und die

[6] *1. Mose* 1, 3.
[7] *Offenbarung* 1, 14; 16.
[8] *Matthäus* 6, 22.

allgegenwärtigen Lichtatome jederzeit zu projizieren. Die Beschaffenheit dieser Projektionen (je nachdem, ob es sich um einen Baum, ein Medikament oder einen menschlichen Körper handelt) wird von der Kraft seines Willens und seiner Vorstellung bestimmt.

Jede Nacht, wenn der Mensch träumt, entflieht er seinem begrenzten, trügerischen Ich, das ihn tagsüber gefangenhält. Im Schlaf erlebt er immer wieder die Allmacht seines Geistes. Denn im Traum tauchen verstorbene Freunde, ferne Kontinente und längst vergessene Kindheitserlebnisse wieder auf.

Dieser freie, ungebundene Bewußtseinszustand, den alle Menschen hin und wieder im Traum erleben, ist der ständige Bewußtseinszustand eines in Gott erwachten Meisters. Der Yogi, der frei von allen selbstsüchtigen Motiven ist und die aufrichtige Bitte eines Gläubigen erfüllen will, kann von seinem gottgegebenen schöpferischen Willen Gebrauch machen und die Lichtatome des Kosmos neu ordnen.

«Und Gott sprach: Lasset uns Menschen machen, ein Bild, das uns gleich sei, die da herrschen über die Fische im Meer und über die Vögel unter dem Himmel und über das Vieh und über die ganze Erde und über alles Gewürm, das auf Erden kriecht.»[9]

Mensch und Welt wurden nur zu einem Zweck erschaffen: daß der Mensch die *Maya* überwinde und sich seiner Macht über den Kosmos bewußt werde.

[9] *1. Mose* 1, 26.

Warum das Böse zu Gottes Schöpfung gehört

(1946)

Es gibt Menschen, die behaupten, daß Gott das Böse nicht kenne; denn sie können sich nicht vorstellen, daß ein guter Gott Raub, Mord, Krankheit, Armut und andere schreckliche Dinge auf dieser Erde zuläßt. Für uns sind solch schlimme Ereignisse sicher etwas Böses, aber sind sie es auch für Gott? Und wenn sie es sind, warum würde Gott es dann erlauben? Und wenn das Böse nicht von Ihm kommt, dem Höchsten Schöpfer aller Dinge, woher kommt es dann? Wer schuf die Gier? Wer den Haß? Wer die Eifersucht und den Zorn? Wer erschuf die schädlichen Bakterien? Wer die sexuelle Versuchung und wer die Habgier? Es sind nicht die Menschen, die das alles erfunden haben. Der Mensch könnte diese Dinge nicht erfahren, wenn sie nicht schon vorher geschaffen worden wären.

Einige versuchen es so zu erklären, daß es das Böse gar nicht gebe oder daß es bloß etwas «Psychisches» sei. Dem ist aber nicht so. Das Böse existiert ganz offensichtlich in dieser Welt. Ihr könnt es nicht leugnen. Wenn es das Böse nicht gäbe, weshalb hätte dann Jesus gebetet: «Und führe uns nicht in Versuchung, sondern erlöse uns von dem Übel»?[1] Er sagt ganz offen, daß das Böse existiert.

Es stimmt also, daß wir das Böse in der Welt vorfinden. Und woher kommt es? Von Gott.[2] Das Böse liefert den Gegensatz, der es uns möglich macht, das Gute zu erkennen und zu erleben. Damit es eine Schöpfung geben konnte, mußte auch das Böse existieren. Wenn ihr eine Mitteilung mit weißer Kreide auf eine weiße Tafel schreibt, kann niemand sie lesen. Genauso könnte ohne die dunkle Tafel des Bösen das Gute in der Welt nicht zur Geltung kommen. So war zum Beispiel Judas für Jesus der beste Werbefachmann. Durch seine böse Tat machte er Jesus für alle Zeiten berühmt. Jesus kannte die Rolle, die er zu spielen hatte, und alles, was ihm zustoßen mußte, damit er Zeugnis von der Liebe und Größe Gottes ablegen konnte;

1 *Matthäus* 6, 13.

2 «Ich bin der Herr, und keiner mehr; der ich das Licht mache und schaffe die Finsternis, der ich Frieden gebe und schaffe das Übel. Ich bin der Herr, der solches alles tut.» (*Jesaja* 45, 6–7)

und damit es geschah, war auch ein «Bösewicht» nötig. Doch für Judas war es nicht gut, daß er sich dazu hergab und durch seine finstere Tat den Sieg Jesu über das Böse nur noch herrlicher machte.

In dieser Welt gibt es keine Vollkommenheit

Es ist nicht leicht, eine klare Grenzlinie zwischen Gut und Böse zu ziehen. Sicher ist es schrecklich, daß in jedem Jahrhundert zwei Milliarden Menschen von Bakterien getötet werden. Doch stellt euch das Chaos der Überbevölkerung vor, wenn es keinen Tod gäbe! Und wenn hier alles gut und vollkommen wäre, würde niemand diese Erde freiwillig verlassen und zu Gott zurückkehren wollen. Deshalb ist das Unglück in einem gewissen Sinn euer bester Freund, weil es euch dazu drängt, Gott zu suchen. Wenn ihr die Unvollkommenheit der Welt klar zu erkennen beginnt, fangt ihr auch an, die Vollkommenheit Gottes zu suchen. Die Wahrheit ist, daß Gott das Böse nicht benutzt, um uns zu zerstören, sondern damit uns das Spielzeug dieser Welt enttäuscht und wir Ihn suchen.

Darum läßt Gott Ungerechtigkeiten und das Böse zu. Dennoch habe ich zu Ihm gesagt: «Herr, Du hast nie gelitten. Du bist immer vollkommen gewesen. Woher weißt Du dann, was Leiden ist? Uns aber hast Du diese Prüfungen auferlegt; und dazu hattest Du kein Recht. Wir haben nicht darum gebeten, als sterbliche Wesen geboren zu werden und zu leiden.» (Er nimmt es mir nicht übel, wenn ich mit Ihm hadere. Er ist sehr geduldig.) Der Herr antwortet: «Du brauchst nicht länger zu leiden; ich habe jedem einen freien Willen gegeben, so daß er das Gute anstatt des Schlechten wählen und zu Mir zurückkehren kann.»

So ist denn das Böse eine Prüfung Gottes; Er will sehen, ob wir Ihn oder Seine Gaben wählen. Er schuf uns nach Seinem Bilde und gab uns die Kraft, uns selbst zu befreien. Aber wir machen keinen Gebrauch von dieser Kraft. Nachts, wenn wir ruhen, werden wir alle gottähnlich. Doch tagsüber werden wir zu Teufeln – nicht alle, wohl aber die meisten. Warum leben wir nicht auch während des Tages mit Gott im Einklang? Dann würden wir keine Angst mehr kennen – dann würden wir nichts Böses mehr kennen. Das ist zwar leicht zu sagen, aber schwer in die Tat umzusetzen.

An und für sich wollen wir das Böse gar nicht, doch es gleicht vergiftetem Honig: Es schmeckt gut. Bei Tisch geraten wir in Versuchung, zuviel und das Falsche zu essen. Dann beginnen wir an verschiedenen Stellen Fett anzusetzen, und zwar genau dort, wo wir es nicht haben wollen. Die Natur reagiert auf unser Fehlverhalten und rächt sich an uns; sie macht sich über uns lustig. Es ist wirklich eine kuriose Welt! Dennoch scheinen uns die Folgen unseres falschen Handelns nicht gerade sehr komisch. Deshalb hadere ich mit Gott und mache Ihm Vorwürfe: «Warum hast Du all diese schrecklichen Versuchungen geschaffen, denen Deine Kinder erliegen, und hast sie so verführerisch gemacht?» Nun, das ist der Trick Gottes, auf den ihr hereinfallt. Wenn man sich wie ein Dummkopf verhält, verdient man auch zu leiden.

Der Herr sagt: «Ich habe euch zu Meinem Bilde geschaffen, und ihr solltet euch so verhalten wie Ich.»

Und ich sage: «Aber, Herr, die Menschen wissen gar nicht, daß sie nach Deinem Bilde geschaffen sind.»

Seine Antwort lautet: «Nun, Meine Heiligen versuchen es ihnen zu sagen. Ich werde sie nicht dazu zwingen, gut zu sein.»

«Warum aber hast Du uns in diesen Schlamassel hineingeraten lassen? Du bist nie in diesem Sumpf der Täuschung gewesen. Warum hast Du uns dies angetan?»

Dann lächelt der Herr und antwortet: «So ist es nun einmal, und so soll es bleiben.»

Das heißt also: in dieser Welt gibt es keine Vollkommenheit. Warum sie dann hier suchen? Ihr findet vielleicht ein paar kurzlebige Vergnügen, aber die meiste Zeit erlebt ihr Leid und Ungerechtigkeit. Der Schmerz dient euch als Warnzeichen, damit ihr merkt, wenn etwas mit dem Körper nicht stimmt. Doch wenn wir unter den Schmerzen einer Krebserkrankung leiden, sehen wir keinen Sinn darin. Der Leidende hat ständig Schmerzen und weiß nicht, warum er leiden muß. Und es gibt Menschen, die Geld brauchen und sich keines beschaffen können; und dann gibt es andere, die kein Geld nötig haben, aber mühelos immer mehr verdienen. Diejenigen, die viel besitzen, wünschen sich immer noch mehr; und andere, die nichts haben und nur wenig verlangen, bekommen nicht einmal das. Ist es nicht so? Warum diese Ungerechtigkeit? Einige sind kerngesund, und andere sind ständig krank. Allerdings hängt Glück oder

Unglück nicht unbedingt von Gesundheit oder Krankheit ab. Was euch glücklich oder unglücklich macht, ist eure geistige Einstellung. Der heilige Franziskus litt lange unter Krankheiten, und doch heilte er andere Kranke und war von der Freude Gottes erfüllt. Wenn ihr göttliche Freiheit gefunden habt, erhält das Leid eine andere Bedeutung. Aber zuerst müßt ihr diese Freiheit erlangt haben.

Ihr müßt lernen, zu arbeiten, ohne Wünsche daran zu knüpfen, und in dieser Welt zu leben, ohne an etwas zu hängen. Sobald Wünsche in euch erwachen oder ihr an etwas zu hängen beginnt, seid ihr nicht mehr gefeit gegen die Übel, die auf euch zukommen. Deshalb heißt es in der *Gita*: «O Arjuna! Ich habe keine (zwingende) Pflicht mehr zu erfüllen; Ich habe nichts mehr zu erreichen; in den drei Welten gibt es nichts mehr für Mich zu gewinnen! Dennoch bin Ich in allen Handlungen bewußt gegenwärtig.»[3] Wer frei sein möchte, muß sich entsprechend verhalten; er muß hilfsbereit sein und freudig seiner Tätigkeit nachgehen, ohne etwas für sich zu erwarten. Die meisten Menschen sind gern bereit, schwer zu arbeiten, wenn sie dadurch viel Geld verdienen; doch für ihre Erlösung tun sie nicht das geringste. Wir müssen für Gott tätig sein, und das heißt: Wir müssen dem Bösen Widerstand leisten und uns so verhalten, wie Gott es von uns erwartet...

Der kosmische Film

Der Gegensatz von Gut und Böse hat noch einen anderen Aspekt, den ich nun erklären möchte. Wenn ein Filmproduzent lauter Filme herstellte, in denen nur Engel vorkommen, und wenn er diese Filme morgens, mittags und abends in den Kinos spielen ließe, müßte er sein Geschäft bald an den Nagel hängen. Um das Interesse der Leute zu erwecken, muß er Abwechslung bieten. Der Bösewicht läßt den Helden um so herrlicher erscheinen. Und wir lieben Filme, in denen viel geschieht. Es macht uns gar nichts aus, aufregende Filme zu sehen, die von großen Gefahren und Schicksalsschlägen handeln; denn wir wissen ja, daß es bloß Filme sind. Ich erinnere mich noch,

[3] *Bhagavad-Gita* III, 22.

wie ich einmal zu einem Film eingeladen wurde, in dem der Held starb; es war eine gewaltige Tragödie. Deshalb blieb ich sitzen und sah mir den Film noch einmal von vorn an, bis ich den Helden wieder lebendig vor mir sah; erst dann verließ ich das Kino.

Wenn ihr sehen könntet, was sich hinter der Leinwand dieses Lebens abspielt, würdet ihr überhaupt nicht mehr leiden. Es ist eine kosmische Filmvorführung. Der Film, den Gott auf die Leinwand dieser Erde projiziert, hat keine Bedeutung für mich. Ich blicke lieber auf den göttlichen Lichtstrahl, der die Szenen auf die Leinwand des Lebens wirft. Dann sehe ich, daß das ganze Universum ein Film ist, der aus diesem Lichtstrahl hervorgeht.

Ein andermal sah ich auf der Leinwand des Lichtspieltheaters ein packendes Drama. Da blickte ich hinauf zum Vorführraum und sah, daß der Vorführer gar nicht an dem Film interessiert war; denn er hatte ihn schon oft laufen lassen. Statt dessen las er in einem Buch. Der Projektor funktionierte, der Ton war gut, und der Lichtstrahl warf realistische Bilder auf die Leinwand. Und da war das Publikum, das sich von dem Schauspiel fesseln ließ. Ich dachte bei mir: «Herr, Du gleichst dem Mann, der im Vorführraum sitzt, ganz in Dich Selbst versunken – in Deine Glückseligkeit, Deine Liebe und Deine Weisheit. Deine Maschine des kosmischen Gesetzes projiziert auf die Leinwand des Universums die Szenen der Eifersucht, der Liebe, des Hasses und der Weisheit. Doch Du bleibst unberührt von Deinem Lichtspiel.» In jedem Zeitalter und in jeder Zivilisation werden immer wieder dieselben Filme gezeigt, nur die Schauspieler wechseln. Ich kann mir vorstellen, daß sich Gott dabei ein wenig langweilt. Er ist der Sache müde. Ein Wunder nur, daß Er den Projektor nicht abschaltet und die Filmvorführung beendet!

Als ich meinen Blick von dem Lichtstrahl abwandte, der die Szenen auf die Leinwand warf, schaute ich mir die Zuschauer im Kinosaal an und sah, daß sie die im Film dargestellten Gefühlsregungen der Schauspieler selbst nacherlebten. Sie litten mit dem Helden mit und empörten sich über die Schandtaten der Bösewichte. Für die Zuschauer war es ein tragisches Erlebnis. Für den Filmvorführer in seiner Kabine war es nichts als ein Film. Und ähnlich verhält es sich mit Gott. Er hat Bilder aus Licht und Schatten geschaffen – den Helden und den Schurken, das Gute und das Böse –, und wir sind zugleich Zuschauer und Darsteller. Wir geraten nur deshalb in Schwierigkeiten, weil wir uns zu sehr mit dem Schauspiel identifizieren.

Ohne Licht und Schatten könnte es keine Bilder geben. Das Böse ist der Schatten, der den einen Lichtstrahl Gottes zu Bildern oder Gestalten werden läßt. So ist also das Böse der Schatten Gottes, der dieses Schauspiel möglich macht. Die dunklen Schatten des Bösen vermischen sich mit dem reinen, weißen Licht göttlicher Tugenden. Er will nicht, daß ihr diese Filmbilder allzu ernst nehmt. Aufgabe des Filmregisseurs ist es, durch die Darstellung von Morden und Leiden, durch Komödien und Dramen das Interesse der Zuschauer zu erwecken. Er bewahrt Abstand vom Spiel, er beobachtet und führt Regie. Gott will, daß wir bei allem, was wir tun, innerlich losgelöst bleiben und erkennen, daß wir nur Schauspieler oder Zuschauer in Seinem kosmischen Drama sind.

Obwohl Gott alles besitzt, können wir doch behaupten, daß Er einen Wunsch hat: Er möchte sehen, daß sich Seine Kinder von diesem Film nicht einschüchtern lassen, daß sie ihre Rolle gut spielen und wieder zu Ihm zurückkehren. Ihr könnt dem Universum nicht entfliehen; doch wenn ihr eure Gedanken immer auf Gott richtet, während ihr in diesem Film mitspielt, werdet ihr frei sein...

Für den, der Gott erlebt, gibt es nichts Böses

Es sind nicht die Wissenschaftler und auch nicht die materiell gesinnten Leute, die den Weg zur höchsten Seligkeit finden, sondern diejenigen, die dem Rat der Meister folgen: «Geht zurück zum Vorführraum der Unendlichkeit; von dort aus könnt ihr die Projektion aller kosmischen Filme mitverfolgen. Dann wird Gottes Schöpfung – Gottes Drama – euch nicht mehr verwirren.»

Mein einziges Anliegen ist es, den Menschen zu helfen. Und solange noch Leben in mir ist, werde ich versuchen, anderen zu helfen, und ihnen sagen, daß sie sich innerlich von diesem Film der Täuschung lösen müssen. Ihr leidet, weil ihr jetzt noch dazugehört. Ihr müßt Abstand nehmen und nur noch beobachten; dann könnt ihr nicht mehr leiden. Als Zuschauer könnt ihr euch an diesem Schauspiel freuen; das müßt ihr lernen. Für Gott ist alles nur ein Film, und wenn ihr zu Ihm zurückkehrt, wird es auch für euch bloß noch ein Film sein...

Ihr leidet, weil ihr euch anfällig für das Böse in dieser Welt gemacht habt. Ihr müßt zuerst geistig fest und stark werden. Tut alles, was ihr tun sollt, und freut euch an allem, was ihr tut, aber sagt innerlich: «Herr, ich bin Dein Kind, ich bin nach Deinem Bild geschaffen. Ich wünsche mir nichts als nur Dich.» Der Gottsucher, der diesen Grundsatz befolgt und diese Erkenntnis erlangt, wird erleben, daß es in dieser Welt nichts Böses mehr für ihn gibt.

Das Ende der Welt

(1940)

Angesichts der gegenwärtigen Weltlage werdet ihr es sicher begrüßen, daß ich als Thema «Das Ende der Welt» gewählt habe. Dieser Vortrag wird euch helfen, viele künftige Ereignisse zu verstehen.

Wenn wir über die Geschehnisse der Gegenwart oder Vergangenheit nachdenken, hängt unsere Sichtweise davon ab, wie klar oder verzerrt unser Bewußtsein diese Ereignisse widerspiegelt. Die Menschen beurteilen die Geschehnisse entsprechend ihren Lebensgewohnheiten, ihren geistigen Fähigkeiten und ihrer Intelligenz. Selbstsucht, Vorurteile, Haß und Ärger verhindern, daß sie die Ereignisse und Rätsel des Lebens wirklich verstehen. Allein unsere Verbundenheit mit Gott ermöglicht es uns, Seine überall wirkenden göttlichen Gesetze zu begreifen. Trotz all der rücksichtslosen, entwürdigenden Methoden, mit denen der Mensch zerstörerisch auf Gottes Schöpfung einwirkt, stellen wir dennoch fest, daß das Böse sich selbst vernichtet, während die Macht Gottes sich trotz aller Widerstände durchsetzt.

Wie ich gleich erklären werde, verbinden sich mit dem Ende der Welt die unterschiedlichsten Vorstellungen. Zunächst einmal kann man es wörtlich auffassen. Demzufolge findet das Ende der Welt auf zweierlei Weise statt: als teilweise Auflösung und als vollständige Auflösung. Es wird noch sehr, sehr lange dauern, bis wir mit einer vollständigen Auflösung rechnen können. Dennoch geschieht es ab und zu, daß eine fanatische Gruppe von Menschen das Ende der Welt voraussagt. Vor ein paar Jahren war in den Zeitungen zu lesen, daß der Anführer einer Sekte in New York sich durch eine Phobie oder seine eigene Einbildung hatte irreleiten lassen und mit einer derartigen Voraussage viele seiner Anhänger in Angst versetzte. Wer seine Anhänger dadurch an sich zu ketten versucht, daß er ihnen Angst einflößt, ist kein echter Lehrer. Wir sollten uns von Weisheit und niemals von Furcht regieren lassen.

Um nun auf die Geschichte zurückzukommen: Die Mitglieder dieser Sekte bereiteten sich auf den kommenden Weltuntergang vor. Sie verschenkten all ihren Besitz und stiegen mit ihrem Lehrer auf einen Berggipfel, um dort das Ende der Welt zu erwarten. Sie warteten und warteten. Mehrere Tage vergingen, und immer stärker nagte der Hunger an ihren Eingeweiden. Als immer noch nichts geschah, gaben sie schließlich auf. Letztendlich mußten sie Gerichtsverfahren einleiten, um ihren Besitz zurückzuerhalten.

Das ist nur ein Fall von vielen, in denen jemand die Menschen durch Vorhersagen von Kriegen oder anderen Katastrophen in Panik versetzt hat. Die meisten solcher Voraussagen haben sich als falsch erwiesen. Auf keinen Fall aber brauchen wir uns zu fürchten. Was ist schon das Leben? Ein vorübergehender Traum. Der Tod ist nichts als ein Schlaf und ein weiterer Traum. Sobald der Traum endet, ist er entschwunden. Von diesem Standpunkt aus betrachtet, tut es mir um die Menschen, die auf dem Schlachtfeld sterben, nicht leid, denn für sie ist der qualvolle Traum vorüber. Aber ich fühle sehr mit den Verwundeten mit, denn Schmerzen sind ein schrecklicher Alptraum. Oft bin ich mit meinen Gedanken gar nicht hier; ich befinde mich dann auf den europäischen Schlachtfeldern.[1] Ihr denkt vielleicht, daß ich eine übersteigerte Phantasie habe, wenn ich euch von derartigen oder anderen außergewöhnlichen Erfahrungen berichte; aber das ist nicht der Fall. Natürlich fällt es den meisten Menschen schwer zu glauben, daß andere Menschen Erlebnisse haben, die ihnen selbst nie zuteil werden. Aber wenn ihr jahrelang in der Welt des Geistes lebt, von der Gott Seine Träume der Schöpfung aussendet, und wenn ihr euch unaufhörlich mit den göttlichen Kräften eures Geistes beschäftigt, werden sich euch, genau wie mir, alle Geheimnisse der göttlichen Schöpfung enthüllen.

Die guten und schlechten Taten der Menschen beeinflussen das harmonische Gleichgewicht der Erde

Eine teilweise Auflösung der Welt wird durch die bösen Taten bewirkt, welche die Mehrzahl der Menschen begeht. Wenn wir alle anfangen, uns mit Sprengstoffen zu bekämpfen, können wir unsere Zivilisation durch eine solche Handlungsweise drastisch reduzieren. Und wenn wir uns noch mehr anstrengen, können wir möglicher-

[1] Dieser Vortrag wurde während des Zweiten Weltkriegs gehalten.

weise die ganze Welt auslöschen! Gott hat dem Menschen die Macht verliehen, sowohl zu zerstören als auch aufzubauen. Wir haben die Welt wunderschön gestaltet, und es liegt in unserer Macht, sie zu zerstören. Wenn wir die Erde schänden, erfährt die Umwelt eine gewaltsame Veränderung, die einer teilweisen Auflösung gleichkommt. Solche Katastrophen sind schon viele Male geschehen – ein Beispiel dafür ist die Sintflut. Diese teilweisen Auflösungen sind das Ergebnis der Irrtümer und falschen Handlungen, welche die Menschheit aus Unwissenheit begeht. Glaubt nicht, daß die Ereignisse in dieser Welt automatisch ablaufen, ohne daß Gott etwas davon weiß. Und denkt auch nicht, daß das Handeln der Menschen keinen Einfluß auf das Wirken Seiner kosmischen Gesetze habe. Alles, was durch die Zeitalter hindurch geschehen ist, liegt im Äther aufgezeichnet. Die Schwingungen des Bösen, welche die Menschheit im Äther hinterläßt, stören das harmonische Gleichgewicht der Erde. Wenn die Erde durch Krankheit und Übel zu schwer belastet wird, reagiert sie auf diese Störungen im Äther mit Erdbeben, Überschwemmungen und anderen Naturkatastrophen.

Ähnlich ist es, wenn ihr lange Zeit an einer falschen Lebensweise festhaltet; dann beginnt der Körper unter Disharmonie und Krankheit zu leiden. Krankheit ist keine Strafe. Sie ist ein Gift, das ihr selbst in eurem Körper erzeugt habt, und Gott will, daß ihr es wieder loswerdet. Allzuoft jedoch, wenn ihr schließlich versucht, euch davon zu befreien, ist der Körper schon völlig aus dem Gleichgewicht geraten, so daß euch der Tod ereilt. Ebenso wie der menschliche Körper leidet auch die Erde unter Störungen ihres inneren Gleichgewichts und unter Krankheiten. Und zwar deshalb, weil die Summe aller menschlichen Handlungen auf Erden den Planeten, auf dem wir leben, beeinflußt. Daran besteht kein Zweifel. Die guten und schlechten karmischen Bedingungen, die der Mensch geschaffen hat, bestimmen und verändern das Klima; sie beeinflussen den Wind und das Meer, sogar die Struktur der Erde, indem sie von Zeit zu Zeit Erdbeben verursachen. All der Haß, der Ärger und das Böse, das wir in die Welt hinaussenden – und der daraus entstehende heftige Schmerz und Widerstand, all das gleicht einer atmosphärischen Störung und beeinträchtigt das magnetische Gleichgewicht der Erde. Die Zerstörungen, die dieser Krieg verursacht, können als teilweise Auflösung der Welt betrachtet werden – das Auslöschen von Leben, der Verlust an Geld und Häusern. In mancher Hinsicht ist das schlimmer als die Sintflut; es gleicht einer Flut von Feuer und Blut. Nur eines ist vielversprechend: Das gute Karma der Menschheit überwiegt das schlechte. Wenn dem nicht so wäre, würde die Erde aufgrund der negativen Schwingungen explodieren. Auch wenn es nicht den Anschein hat, befindet sich die Erde in einem aufsteigenden Zyklus, und das Gute wird siegen.

Die Lebenszyklen der Erde

Die Welt ist in gewisser Hinsicht ein Lebewesen mit einer vorherbestimmten Lebensspanne. Wir sind die Kinder dieser großen Mutter Erde. Wir nähren uns an ihrer Brust, indem wir die Nahrung, die sie hervorbringt, in uns aufnehmen. Sie nährt uns auch durch die zirkulierenden Sauerstoffströme, das Sonnenlicht und das Wasser ihrer Atmosphäre. Ebenso wie wir Jugend, mittlere Jahre, Alter, Tod und Wiedergeburt erleben, so auch Mutter Erde. Es gibt eine junge Mutter Erde, eine Mutter Erde in mittleren Jahren und eine alte Mutter Erde. Die Erde «stirbt» durch teilweise Auflösung und wird dann wiedergeboren, um den Menschen neues Leben, neue Kraft und eine neue Umgebung zu schenken, in der sie ihr Karma ausarbeiten können. Viele Male schon hat die Erde eine teilweise Auflösung und Wiedergeburt erfahren. Doch ihr vollständiger Tod wird erst dann eintreten, wenn sie sich wieder in Gott auflöst.

Ich will nun kurz die Lebenszyklen der Erde erklären. Diese Zyklen umfassen 24 000 Jahre, die in vier *Yugas* oder Zeitalter unterteilt sind. 12 000 Jahre lang vollzieht sich im Laufe dieser *Yugas* eine Höherentwicklung des menschlichen Bewußtseins auf den Zustand der Erleuchtung hin, und während der darauffolgenden 12 000 Jahre versinkt die Menschheit wieder in zunehmende Unwissenheit und in Materialismus. Die beiden halben Zyklen bezeichnet man als *Daiva-Yugas*. Die Erde hat seit Beginn der Schöpfung schon viele vollständige Zyklen durchlaufen. Die vier Zeitalter jedes *Daiva-Yugas* heißen *Kali-Yuga*, das dunkle oder materialistische Zeitalter; *Dvapara-Yuga*, das elektrische oder atomare Zeitalter; *Treta-Yuga*, das mentale Zeitalter; und *Satya-Yuga*, das Zeitalter der Wahrheit oder Erleuchtung.

Dvapara-Yuga, der gegenwärtige Zyklus

Die Erde hat das *Kali-Yuga*, das 1200 Jahre dauernde materialistische Zeitalter, bereits durchlaufen. Nach den Berechnungen meines Gurus Swami Sri Yukteswar befinden wir uns jetzt im 240. Jahr des *Dvapara-Yuga*, des zweiten Zeitalters, das 2400 Jahre währt. Obwohl es noch sehr materialistisch anmuten mag, ist es das elektrische Zeitalter im aufsteigenden Zyklus. Bei gründlichem Nachdenken werdet ihr feststellen, daß der Mensch vom Verständnis der grobstofflichen Materie zum Verständnis und zur Anwendung der ihr innewohnenden Energie geschritten ist. In diesem Zeitalter wird der Mensch große Fortschritte auf den Gebieten der Elektronik und Elektromagnetik machen.

Während des aufsteigenden *Dvapara-Yuga* werden Krankheiten in zunehmendem Maße durch Bestrahlung behandelt und geheilt werden. Die aus Schwingungen bestehende Energie kann in die elektronischen Bereiche der Atome, die Baustoffe der Materie, eindringen, die von den gröberen Chemikalien nicht erreicht werden. Nach Ende dieses Krieges werdet ihr einen merklichen Aufschwung auf dem Gebiet der Elektrotechnik erleben. Die Luftfahrt wird sich enorm entwickeln. Man wird sehr viel mehr mit dem Flugzeug reisen. Heute betrachten manche Leute die Flugzeuge noch mit Argwohn, so wie früher einmal die Eisenbahn; aber Flugzeuge gewinnen bereits die Oberhand, und Züge gehören schon fast der Vergangenheit an. Autos wird man allmählich wie Karren einschätzen.

Ein Problem dieses zweiten Zeitalters ist der Mangel an Sicherheit, denn die Wissenschaft spielt die Rolle einer gespaltenen Persönlichkeit. Der Mensch bedient sich der Wissenschaft nicht nur, um Gutes zu erschaffen und zu vollbringen, sondern auch, um zu zerstören. Daher bietet die wissenschaftliche Entwicklung keine Sicherheit. Der gegenwärtige Weltkrieg zeigt, wie die wissenschaftliche Technologie zur Zerstörung der Menschheit eingesetzt wird. Wir werden aus diesem Konflikt lernen, die wissenschaftlichen Errungenschaften zu nutzen, um größeren Komfort zu gewinnen. Aber solange wir unsere geistigen Kräfte nicht entwickeln, werden wir unsere wissenschaftlichen Kenntnisse weiterhin für zerstörerische Zwecke mißbrauchen.

Die Menschen werden nach diesem Krieg eine Lehre aus den verheerenden Folgen ziehen, die der Mißbrauch der Technik mit sich bringt. Im Ersten Weltkrieg und in früheren Jahrhunderten war ein Kampf mit Tapferkeit verbunden. Aber diese Vorstellung von ritterlicher Tapferkeit ist überlebt. In diesem Krieg will niemand mehr kämpfen. Nachdem er zu Ende ist, wird soviel Angst vor einer Vernichtung der Welt herrschen, daß der Rest der Welt über jede Nation herfallen wird, die versucht, einen Krieg anzuzetteln. Ich sage euch hier Dinge, die noch in ferner Zukunft liegen.

Eine Streitmacht ist in der heutigen Zeit noch nötig. Auch wenn ein Verteidigungsplan gut sein mag, bringt er keinen dauerhaften Frieden. Solange irgend jemand brutale Gewalt anwendet, wird es immer wieder andere geben, die noch brutaler sind. Christus sprach die Wahrheit, als er sagte: «Wer das Schwert nimmt, wird durch das Schwert umkommen.» Roher Gewalt kann man allein dadurch Einhalt gebieten, daß man der Menschheit die ewige Botschaft Christi und der großen Meister verständlich macht: Allein durch seelische Kraft können Kriege verhindert werden.

Einen dauerhaften Frieden wird es erst dann geben, wenn *alle* Nationen der Erde fortlaufend Friedensverhandlungen führen und ihre Waffen verschrotten, wenn sie statt dessen dafür sorgen, daß die Elendsviertel der Erde beseitigt werden. Denkt nur einmal, wieviel besser es gewesen wäre, wenn sich alle Nationen und ihre Führer darauf geeinigt hätten, das Geld, das sie in Kriegen verpulvern, zur Beseitigung der Armut in aller Welt zu verwenden. Statt dessen aber werden die Menschen auch nach Ende des Krieges, wenn sich eine Nation der anderen unterwirft, weiterhin in Angst und Armut leben. Die jetzige Kriegsausrüstung wird verschrottet, und Milliarden Dollar werden verschwendet werden. Der Mensch verrennt sich in eine große Dummheit, wenn er sich auf rohe Gewalt verläßt. Wie lange soll das so weitergehen? Und wie läßt sich das ändern? Erst wenn die Nationen ihre Schädel durch den Krieg zerschmettert haben, werden sie ihre Kurzsichtigkeit erkennen.

Aber ich sage euch, daß dieser Krieg für die Freiheit aller unterdrückten Länder ausgefochten wird, auch wenn es nicht so scheinen mag. Die karmischen Kräfte sind am Werk, um Indien und anderen Ländern, die unter einer Fremdherrschaft stehen, ihre Unabhängigkeit zu verschaffen...

Treue zum eigenen Land

Solange ihr in einem bestimmten Land lebt, müßt ihr ihm auch treu sein. Wir dürfen keine aufrührerischen Umtriebe in diesem Lande dulden. Ich halte Verrat für das schrecklichste aller Verbrechen, das schlimmste Übel in der Welt. Seid niemals hinterhältig gegenüber eurer Familie, euren Nächsten oder euren Freunden. Und werdet niemals zum Verräter an eurem Land; wer seinem eigenen Land nicht treu sein kann, der kann auch Gott nicht treu sein. Denkt an die Geschichte von der Fledermaus. Als die Vögel und die Raubtiere sich gegenseitig bekämpften, schlug sich die Fledermaus zuerst auf die Seite der einen, dann auf die der anderen – je nachdem, wer gerade zu siegen schien. Nachdem die Vögel und die Raubtiere einen Friedensvertrag unterzeichnet hatten, beschlossen sie gemeinsam: «Jetzt laßt uns die Fledermaus töten.»

Vergeßt also nicht, daß es von großer Wichtigkeit ist, seinem eigenen Land treu zu sein. Wenn euch dessen Ideale nicht zusagen, gebt ihm euren Segen und zieht woanders hin. In diesem Land gibt es zu wenig Patriotismus. Damit meine ich nicht, daß ihr Amerika mit jener Art von Patriotismus lieben sollt, der andere Nationen zu vernichten versucht. Liebt Amerika und seine Ideale auf eine Weise, die es euch ermöglicht, die ganze Welt zu lieben. Denkt daran, daß ihr nur für kurze Zeit in Amerika lebt; in anderen Inkarnationen lebt ihr vielleicht in anderen Ländern. Wenn jeder zuerst sein eigenes Land liebt und dann diese Liebe immer weiter ausdehnt, so daß er alle anderen Länder als seine eigenen betrachtet, wird es keine Kriege mehr geben.

Toleriert also niemanden, der kein echter Patriot ist. Wer dieses Land nicht liebt, hat auch kein Recht darauf, hier zu leben. Es ist unrecht, die Hand zu beißen, die einen füttert. Ich würde es vorziehen, wenn mich jemand schlüge oder tötete, als wenn er mich verriete. Ich verabscheue Verrat; ich habe niemals jemanden verraten. Ich habe allen meine aufrichtige Liebe geschenkt. Keiner kann mir ins Auge sehen und wahrheitsgemäß behaupten, daß ich ihn verraten hätte. Wenn ich meine Liebe schenke, dann tue ich das aus ganzem Herzen. Das heißt aber nicht, daß ich nicht merke, wenn jemand mir gegenüber unaufrichtig ist; das Scheinwerferlicht göttlicher Liebe enthüllt alles. Seid also niemandem gegenüber hinterhältig; und immer, wenn ihr von einem Verrat erfahrt, warnt den Betreffenden. Unterstützt ihn nicht in seinem heimtückischen Verhalten.

Gott weiß, wer falsch und wer richtig handelt. Wir wollen beim Erreichen aller hohen Ziele zusammenarbeiten. Haltet die Ideale dieses Landes hoch. Falls Amerika jemals von einem anderen Land angegriffen würde, das es zu zerstören droht, und meine Hilfe brauchte, würde ich sie ihm geben – aus Liebe zu den Menschen und um das Land zu verteidigen, auf dessen Boden ich lebe. Wir sollten unseren Teil dazu beitragen, Amerika und alle, die wir lieben, zu schützen; doch dürfen wir deshalb nicht von Haß erfüllt sein. Noch nie hat die Welt soviel Liebe gebraucht wie jetzt. Die Liebe wird wesentlich dazu beitragen, Kriege zu verhindern. Wir wollen alle den Entschluß fassen, Gott zum Polarstern unserer Liebe zu machen, ganz gleich, was geschieht, und diese Liebe allen anderen weiterzugeben. Betet in Gedanken mit mir: «Himmlischer Vater, Du bist Liebe; ich bin Dir zum Bilde geschaffen. Ich bin die Sphäre der Liebe. Ich erweitere diese Sphäre und schließe die ganze Menschheit in das Reich meiner Liebe ein.»

Dieser Krieg wird nicht der letzte sein. Wer gewinnt und dann seine Macht dazu benutzt, gegen andere Nationen Repressalien zu ergreifen, bewirkt damit, daß diese Nationen eines Tages mit noch größerer Kraft zurückschlagen. Das zerstörerische Potential des Menschen ist viel schneller gewachsen als seine schöpferische Kraft. Im elektrischen Zeitalter wird es keine Sicherheit geben. Man wird immer machtvollere und weitreichendere Kampfmittel anwenden. Dankt also Gott, daß das *Dvapara-Yuga*, das elektrische Zeitalter, nur 2400 Jahre dauert.

Treta-Yuga

Als nächstes kommen wir zum *Treta-Yuga*, der dritten Ära oder dem dritten Zeitalter, das 3600 Jahre dauert. Das ist das mentale Zeitalter, in dem die meisten Menschen ihre geistigen Kräfte gebrauchen. Die Kräfte des Geistes werden dann weit mehr entwickelt sein als heute. Alles wird hauptsächlich durch diese Kraft erreicht werden. Allgemein wird die Weisheit zunehmen, so daß dieses Zeitalter mehr Sicherheit bietet; die Menschen werden sich aufrichtiger darum bemühen, ihre Probleme auf friedlichem Wege zu lösen. Man wird weniger Gebrauch von Elektrizität machen und statt dessen die Kräfte des Geistes einsetzen. Das heißt aber nicht, daß jeder fähig sein werde, die Gedanken anderer zu lesen. Aber so wie starke Radioempfänger sich auf schwache Sendestationen einstellen können, während schwache Radios nur die Wellen starker Sender empfangen können, werden im mentalen Zeitalter einige Menschen ausgeprägtere geistige Fähigkeiten besitzen als andere.

In diesem mentalen Zeitalter werden wir unsere Mitmenschen durch die Kraft unseres Geistes besser verstehen können, so daß es jedem schwerfallen wird, böse zu handeln. Es wird sehr wenig Heuchelei geben, denn die Leute verstellen sich nur, wenn sie glauben, daß andere ihre wahren Gefühle nicht kennen. Aufgrund dieses größeren Verständnisses wird die Menschheit lernen, mehr in Frieden miteinander zu leben. Man wird die Kraft des Geistes für Heilzwecke einsetzen, und sie wird auch als Nahrung für den Körper dienen.

Satya-Yuga

Nach dem dritten Zeitalter wird das *Satya-Yuga* folgen, das Zeitalter der Wahrheit, in dem der Geist des Menschen fähig ist, alle Geheimnisse der Schöpfung zu begreifen und im Einklang mit Gott zu leben. Die Menschen dieses Zeitalters werden keine Barriere mehr zwischen der materiellen Welt und dem Astralhimmel kennen – sie werden die Astralwelt betreten und sich mit den dortigen Seelen verständigen können. Das aufsteigende *Satya-Yuga* wird 4800 Jahre dauern. Viele vollkommene Seelen werden in diesem *Yuga* Befreiung erlangen, mehr als in jedem anderen Zeitalter.[2]

[2] «Die meisten Anthropologen nehmen an, daß die Menschheit vor 10 000 Jahren in einem barbarischen Steinzeitalter lebte, und lehnen daher die weitverbreitete mündliche Überlieferung, die von einer uralten Kultur in Lemuria, Atlantis, Indien, China, Japan, Ägypten, Mexiko und vielen anderen Ländern berichtet, kurzerhand als ‹Mythos› ab.» *(Autobiographie eines Yogi)*

Doch selbst das Ende des *Satya-Yuga* kündigt noch nicht das Ende der Welt an. Der Kreislauf wird sich ständig wiederholen und durch alle vier Zeitalter abwärts- und aufwärtssteigen. Zwischendurch wird es verheerende Umwälzungen geben, in denen die Welt untergehen und dann von neuem ihren fortlaufenden Zyklus aufnehmen wird. Die Erde wurde geschaffen, um Seelen ihrer göttlichen Bestimmung zuzuführen; sie trägt eine schwere Bürde. Ehe nicht all unsere Arbeit getan ist – ehe unsere Seelen nicht zu Gott zurückgefunden haben –, wird sich diese Erde niemals vollständig auflösen. Erst wenn Gott die Welt nicht länger für die Evolution der Seelen braucht, wird sie aufhören zu existieren. Dann wird das wahre Ende der Welt kommen. Ihr braucht also nicht zu befürchten, daß unsere Erde in den Glutofen der Sonne stürzen wird, der so heiß ist, daß alle Dinge innerhalb von Sekunden schmelzen und verdampfen würden. Das wirkliche Ende der Welt liegt in weiter Ferne. Vorher gibt es noch viel für sie zu tun.

Erhebt euch über das Zeitalter, in das ihr geboren worden seid

Um frei zu sein, braucht ihr nicht auf das Ende der Welt zu warten. Es gibt einen anderen Weg: Erhebt euch über das Zeitalter, in das ihr hineingeboren worden seid. Im materiellen Zeitalter ist der überwiegende Teil der Menschheit materiell eingestellt. Aber ihr findet auch solche – christusähnliche – Seelen, die ihrer Zeit weit voraus sind. Im mentalen und elektrischen Zeitalter werdet ihr feststellen, daß die Mentalität überwiegt, die charakteristisch für das entsprechende *Yuga* ist. Gleichzeitig gibt es noch andere Mentalitäten – einige, die höher, und andere, die weniger entwickelt sind. So könnt ihr in unserem elektrischen Zeitalter Menschen begegnen, die noch in der Steinzeit leben. Es gibt immer ein Gleichgewicht: einige, die der Zivilisation, in die sie hineingeboren werden, voraus sind, und andere, die ihrer Zeit nicht gerecht werden.

Durch wiederholte Verkörperungen entwickeln sich die weniger fortgeschrittenen Seelen allmählich höher, bis sie die Mentalität besitzen, die ihrem gegenwärtigen Zeitalter entspricht; mit der Zeit erreichen sie auch eine geistige Stufe, die den künftigen, höheren

Zeitaltern entspricht. Die Weltzyklen gleichen einer Wippe, die sich auf- und abbewegt. Wenn wir aber unsere Entwicklung durch richtige Lebensweise und eine geistige Technik wie den *Kriya-Yoga* beschleunigen, sind wir unserer Zeit voraus und können im jetzigen Leben oder im Laufe von wenigen Inkarnationen Freiheit in Gott finden.

Für uns endet die Welt, wenn wir uns geistig von ihr lösen

Eine andere Art, das Ende der Welt zu erleben, besteht in der Loslösung, die man im Schlaf oder im Traum fühlt, oder wenn man den Verstand verliert oder stirbt. Diese Zustände werden uns aufgezwungen; daher scheint es, daß wir notgedrungen das Ende der Welt erleben müssen. Das erfüllt den Zweck, uns das illusorische Wesen der Welt und die wahre Natur unseres Selbst, der Seele, zu lehren. Wenn die Seele auf die Erde herabsteigt, verstrickt sie sich ins Netz der Täuschung. Durch das Leiden, das dann auf uns zukommt, will uns Gott zu erkennen geben, daß die Welt nicht vollkommen ist. Auf diese Weise hilft Er uns, weniger an ihr zu hängen. Dadurch, daß wir uns nicht mehr mit unserem irdischen Dasein identifizieren, läßt Gott uns erkennen, wie illusorisch unser Dasein hier ist. Je mehr ich von der Welt und ihrer Unvollkommenheit zu sehen bekam, um so fester wurde mein Entschluß, Gott zu finden.

Für uns endet die Welt, wenn wir frei von Wünschen sind

Metaphysisch gesehen ist das Ende der Welt gleichbedeutend mit dem Ende aller irdischen Wünsche. Um eures eigenen Glückes willen müßt ihr danach streben, frei von weltlichen Wünschen zu werden. Solange es irgend etwas gibt, von dem ihr meint, daß ihr es nicht entbehren könnt, werdet ihr noch viel Schweres ertragen müssen. Stellt euch vor, daß ihr diese Erde verlassen müßtet, ohne daß sich all eure Wünsche erfüllt haben. Diese Wünsche sind Krebsgeschwüre in eurer Seele. Ihr müßtet dann viele Male hierher zurückkehren und immer wieder Herzeleid und Enttäuschungen erdulden, um diese Wünsche zu überwinden.

Es ist weit besser, zu Gott zu sagen: «Herr, ich habe Dich nicht darum gebeten, erschaffen zu werden. Ich bin hier, weil Du mich hierhergestellt hast. Ich werde mein Bestes tun, aber ich habe nur einen Wunsch: nach Deinem Willen zu handeln. Ich will nicht mehr hierher zurückgeschickt werden, um zu leiden. Ich will nicht endlos lange wiederkommen müssen – einmal als reicher und einmal als armer Mann, einmal als Schwacher und Kranker, ein andermal als Leidgeprüfter – um nur hin und wieder einmal kurze Zeiten des Glücks erleben zu können. Ich bin kein sterbliches Wesen. Ich bin die unsterbliche Seele.»

Ihr braucht keine Angst zu haben, daß ihr gefühllos wie ein Stein werdet, wenn ihr euch von euren Wünschen befreit. Wunschlosigkeit ist ein herrlicher Bewußtseinszustand. Ich freue mich an allem, aber ich wünsche mir nie etwas; deshalb leide ich auch nie unter der Enttäuschung unerfüllter Wünsche. Ganz gleich, was ich tue oder wo ich hingehe, ich habe an allem Freude.

Der Weg zu wahrem Glück besteht also darin, dort, wo Gott euch hingestellt hat, euer Bestes zu geben, ohne neue Wünsche in euch aufsteigen zu lassen. Dann könnt ihr innerlich reich wie ein König sein, ganz gleich, in welcher äußeren Lage ihr euch befindet. Ihr könnt glücklicher sein als jeder Millionär – und es ist tatsächlich so, daß ihr keiner sein wolltet, wenn ihr die Probleme der Millionäre kennen würdet: die Angst, all euer Geld zu verlieren; die Angst vor Krankheit; das Gefühl der Unsicherheit, weil ihr nie wißt, wer eure wahren Freunde sind; das sind einige der Sorgen und inneren Kämpfe von Menschen, die zuviel besitzen. Ich würde mir nicht wünschen, daß mich jemand nur wegen meines Geldes liebt. Was für eine Art von Liebe ist das?

Für mich ist wahre Freundschaft der größte aller Schätze. Ich liebe eine Freundschaft, die keine Bedingungen stellt – eine Freundschaft um ihrer selbst willen, die nichts als Gegengabe erwartet. Die könnt ihr euch nicht käuflich erwerben – nicht mit Geld, nicht mit äußerem Gebaren, weder mit Drohungen noch mit Macht. Sie muß euch freiwillig geschenkt werden. Seid nicht enttäuscht, wenn es euch manchmal nicht gelingt, eine solche Freundschaft zu schließen. Wenn ihr aufrichtig seid, werdet ihr wahrhaftige Seelen finden, die euch wirklich schätzen.

Lebt so, daß ihr an nichts hängt. Wo ihr auch sein mögt, tragt immer ein Paradies der Freude im Herzen. Vergeßt nicht, daß ihr hier auf der Welt seid, um unterhalten zu werden. Wenn ihr euch einen Film anseht, ob es nun ein Trauerspiel, ein Lustspiel oder ein Drama ist, sagt ihr hinterher: «Das war aber ein guter Film!» So müßt ihr auch das Leben ansehen. Habt vor nichts Angst. Wenn ihr im Zustand der Angst lebt, ruiniert ihr eure Gesundheit. Erhebt euch über alle Krankheiten und Sorgen. Bleibt innerlich unberührt und tut euer Bestes, eure Probleme zu lösen. Innerlich müßt ihr fest bleiben und Gott voll und ganz vertrauen. Dann werdet ihr über alle Hindernisse, die sich euch in den Weg stellen, siegen; dann werdet ihr zu einem König des Friedens und des Glücks. Das wünsche ich mir für euch.

Gott verleiht euch diese Freiheit jede Nacht im Schlaf. Wenn ihr euch schlafen legt, sagt Ihm: «Herr, die Welt ist für mich untergegangen. Ich ruhe in Deinen Armen. Du hast mich hierhergesetzt, damit ich mir Deine Filme über das Leben ansehe: Trauriges und Heiteres, Gesundheit und Krankheit, Leben und Tod, Reichtum und Armut, Krieg und Frieden – sie sind nichts als Träume, die mich unterhalten sollen. Ich lasse mich von ihnen nicht berühren, sondern bette mich im Gedanken an Dich, die einzige Wirklichkeit, zur Ruhe.»

Im Samadhi erlebt man das Ende der Welt

Letztendlich erlebt man das Ende der Welt im *Samadhi* – der göttlichen Ekstase. Es gibt zwei Arten von *Samadhi*. Wenn ihr euch zuerst zum Meditieren hinsetzt, schwärmen eure Gedanken in alle Richtungen. Dann meint ihr, es sei unmöglich, sich tief nach innen zu versenken. Wenn ihr jedoch still sitzenbleibt und euch lange genug bemüht, werdet ihr allmählich diese wunderbare Stille Gottes fühlen können. Sobald ihr euren Geist nach innen zieht und auf Gott lenkt, ist die Welt vergessen, und diese Stille verleiht euch ein Glücksgefühl, das alle weltlichen Freuden übersteigt. Diesen Zustand, in dem ihr innerlich völlig in die Wahrnehmung Gottes versunken und euch der Welt nicht mehr bewußt seid, nennt man *Savikalpa-Samadhi*. Er bedeutet eine «teilweise Auflösung der Welt», denn sobald ihr zum normalen Bewußtsein zurückkehrt, unterliegt ihr wieder bis zu einem gewissen Grade dem Einfluß der weltlichen Täuschungen, es sei denn, ihr seid schon weit entwickelt und frei von allen Wünschen und Anhänglichkeiten.

Die zweite und höchste Stufe des *Samadhi* habt ihr erreicht, wenn ihr in der Welt lebt, ohne ihr anzugehören – wenn ihr weiterhin eure Pflichten erfüllt und dennoch jeden Augenblick im Bewußtsein Gottes lebt. Das ist der *Nirvikalpa-Samadhi*. Er bedeutet das Ende aller einschränkenden Wünsche und Anhänglichkeiten. Alle Täuschung ist verschwunden, und darin besteht das eigentliche Ende der Welt...

Macht dem Traum der Täuschung ein Ende, indem ihr in Gott erwacht

Laßt augenblicklich die Welt für euch untergehen, indem ihr in Gott erwacht. Entweiht den Tempel eurer Seele nicht durch ruhelose Wünsche und ausschweifende weltliche Vergnügen. Ihr müßt im Licht eures Gewissens und im Licht der Liebe Gottes makellos dastehen können. Erwerbt euch diesen Zustand jetzt. Dann werdet ihr vielleicht, wenn es wieder Krieg in diesem elektrischen oder im mentalen Zeitalter oder im Zeitalter der Wahrheit gibt, gleich einem Christus auf diese Erde wiederkehren, um Frieden zu bringen und der Menschheit zu verkünden: «Ich habe die Lektionen gelernt, die Gott mir aufgegeben hat. Sorgen, Krankheiten und Tod bedeuten mir nichts mehr. Ich bin eins mit dem Ewigen Licht. Für mich ist die Welt zu Ende. Kommt, all ihr Brüder und Schwestern, die ihr noch unter dem Alptraum dieser Welt des Lebens und des Todes und der nicht endenwollenden Inkarnationen leidet – kommt mit mir! Ich werde euch zeigen, daß das Ende der Welt dasselbe bedeutet wie das Ende eurer geträumten irdischen Illusionen. Lernt diese Wahrheit, damit eure Seele – wie ein ewiger Stern – für immer im Herzen des großen Gottes leuchten kann.»

Vergeßt nicht, daß ihr nur kurze Zeit hier auf der Erde lebt, daß ihr aber in alle Ewigkeit Gottes Kinder seid. Verbündet euch nicht mit den Mächten der Unwissenheit. Bemüht euch zuerst um Erkenntnis Gottes. Was Er euch dann zu tun aufträgt, ist das Richtige – ob ihr euer Land verteidigt, ob ihr als Geschäftsleute, Künstler oder geistige Lehrer wirkt. Wenn ihr Ihn wahrhaft erkannt habt, werdet ihr immer die richtige Führung im Leben erhalten. Deshalb heißt es in der Heiligen Schrift: «Trachtet am ersten nach dem Reich Gottes.»

Wenn ihr wenigstens einige der Wahrheiten, die ich euch nahegebracht habe, im Leben umsetzen könnt, werdet ihr andere Menschen. Folgt der Lehre der Selbst-Verwirklichung, dann werdet ihr Gott erkennen. Wenn ich bei euch bin, will ich euch nicht nur intellektuell zufriedenstellende Worte über die Wahrheit vermitteln; ich will, daß ihr Gott selbst erkennt. Ich habe euch gesagt, wie ihr eure Unvollkommenheiten überwinden und über sie hinauswachsen könnt – so daß ihr *Ihn* findet.

Gott allein!

Wer kennt die Geheimnisse aller Menschen – der Lebenden und der Toten? Gott allein!

Wer ruhte in der ewigen Leere, noch ehe die Atome ihre glitzernden Augen öffneten und den Tanz der Schöpfung begannen? Gott allein!

Aus geheimnisvollen Sphären sind wir gekommen, wir wissen nicht, woher; bald werden wir in andere Sphären reisen, wir wissen nicht, wohin. Wer kann uns den Sinn dieser erzwungenen Wanderschaft erklären? Gott allein!

Mit den Fäden von Ursache und Wirkung weben wir die verschlungenen Muster unseres Lebens, die Individualität und freien Willen verraten. Wer sieht hierin die verborgene Harmonie des göttlichen Planes? Und wer vereinigt die verwirrende Vielfalt aller menschlich-schöpferischen Ausdrucksformen? Gott allein!

Wer kennt den Ursprung und die Bestimmung der langen Prozession von Lebewesen, die in endloser Reihe der mystischen Kammer des Raumes entsteigen? Wer kann sagen, in welchen himmlischen Sphären jetzt die zahllosen Besucher dieses Planeten weilen, die – vom Zauberstab des Todes berührt – unseren Augen entschwunden sind? Gott allein!

Unsere Lieben versprechen, uns ewig zu lieben. Doch wenn sie in den großen Schlaf versinken und ihre irdischen Erinnerungen verblassen, welchen Wert hat dann ihr Gelübde? Wer liebt uns ewig, ohne es je in Worten zu sagen? Wer denkt an uns, wenn alle anderen uns vergessen? Wer bleibt immer bei uns, wenn wir unsere irdischen Freunde zurücklassen müssen? Gott allein!

Der Mensch spielt seine Rolle und verbirgt sich dann hinter den Kulissen des Todes, um wieder in einem neuen fleischlichen Kostüm zu erscheinen und auf der Bühne der Zeit zu spielen. Wer erinnert sich der vergangenen Rollen aller Menschen? Wer kennt ihre künftige Bestimmung? Wer leitet sie sicher durch die verwirrenden Gänge im geheimnisvollen Labyrinth vieler Inkarnationen? Gott allein!

Warum Er dieses Spiel mit uns treibt und warum Er das Wissen für sich behält und es nur kärglich mit uns, Seinen Kindern, teilt, ist ein Geheimnis, das nur einer versteht: Gott allein!

Wenn wir die Täuschung, eins mit dem Körper zu sein, überwunden haben, werden wir das sphinxartige Rätsel des Lebens lösen. Wer wird uns dann den Schlüssel zum letzten Geheimnis des Kosmos geben? Gott allein!

Der Mensch innerhalb der Schöpfung

Das Meer Deiner Gegenwart

Auf den Wellen meiner Wünsche
Trieb ich von Dir fort,
Doch dann befand ich mich plötzlich
In Deinem allgegenwärtigen Meer.
Ich floh vor Dir in den Nebel der Inkarnationen,
Um schließlich an die Schwelle
Deines Tempels der Allgegenwart zu gelangen.
Ich flüchtete in das Reich der Gedanken –
Nach Norden, Süden, Ost und West;
Doch immer umschloß mich Dein Netz –
Das Netz der Allgegenwart.
Auf den Schwingen sausender Elektronen
Tauchte ich in den Schlund der Ewigkeit,
Nur um Dir auch dort zu begegnen.
Dann stieg ich aufwärts ins Herz der Unendlichkeit,
Doch wie weit ich mich auch entfernte,
Immer standest Du vor mir!
Als ich Dir nirgendwo mehr entrinnen konnte,
Sucht' ich von Ost nach West
Die tiefste Kluft der Unendlichkeit auf
Und stürzte mich dort hinab;
Doch wiederum fiel ich in Deinen Schoß.
Als ich zu guter Letzt mit meinem starken Willen
Das Luftschiff meines Daseins,
Meiner Gedanken und meiner Liebe sprengte,
Zerstob mein Leben wie feiner Staub
Und fiel auf alle Dinge herab.
Und da erst erkannt' ich,
Daß ich die ganze Zeit
An Deinem Herzen geschlafen hatte.
Weil ich die Augen so fest geschlossen hielt,
War mir's, als könnte ich mich verbergen,
Doch Deinem Auge,
Das über mein Leben wacht,
Bin ich stets sichtbar.

Oh, öffne Du meine Augen,
Damit ich Dich sehen kann,
Der Du mich überall
Von allen Seiten anschaust.
Auch wenn ich mich
Zu verbergen versuche
Und glaube, daß mir's gelingt,
Wo immer ich sein mag, bist Du!

Entwicklungsstufen des Gottsuchers (Aus der Bhagavad-Gita)

Kapitel XVI, Vers 1–3

Der segensreiche Herr sprach:

(1) Furchtlosigkeit, Reinheit des Herzens, Standhaftigkeit beim Erwerb von Weisheit und im Üben des Yoga, Nächstenliebe, Herrschaft über die Sinne, Zelebrieren heiliger Riten, Studium der heiligen Schriften, Selbstbeherrschung, Aufrichtigkeit;

(2) Nicht-Verletzen, Wahrhaftigkeit, Freisein von Zorn, Entsagung, Friedfertigkeit, Nicht-Verleumden, Mitgefühl mit allen Lebewesen, Überwindung von Gier, Sanftmut, Bescheidenheit, Sieg über die Ruhelosigkeit;

(3) Charakterfestigkeit, Vergebung, Geduld, Sauberkeit, Freisein von Haß, Überwindung von Eitelkeit – diese Eigenschaften sind der Schatz eines göttlich gesinnten Menschen, o Nachkomme des Bharata.

Göttliche Wortführer sprechen immer in absoluten Begriffen – nicht, weil sie etwas beschreiben wollen, das außer Reichweite des Gottsuchers liegt, sondern, um ihn anzuspornen. Das XVI. Kapitel erwähnt die guten, von *Sattva* regierten Eigenschaften, die dem Gottsucher zur Selbst-Verwirklichung verhelfen, und die von *Tamas* regierten schlechten Neigungen, die den Menschen daran hindern, Göttlichkeit zu erlangen. Vers 1–3 führt nachfolgende 26 edle Eigenschaften auf:

1. **Furchtlosigkeit** *(Abhayam)* wird zuerst erwähnt, weil sie der feste Fels ist, auf dem man sein geistiges Leben aufbauen muß. Furchtlosigkeit bedeutet Glauben an Gott: Glauben an Seinen Schutz, Seine Gerechtigkeit, Seine Weisheit, Seine Gnade, Seine Liebe und Seine Allgegenwart.

Der unerschrockene Gottsucher ist gut gerüstet gegen jedes Hindernis, das seinem Fortschritt im Wege steht. Unglauben und Zweifel, die in der vordersten Kampflinie der Täuschung stehen, vernichtet er durch seinen unverzagten Glauben; ebenfalls alle unglückbringenden Versuchungen, wenn er ihnen nicht willfährt.

Durch Furcht verliert der Mensch die Unantastbarkeit seiner Seele. Furcht unterbricht das harmonische Wirken der Natur – der Quelle innerer göttlicher Kraft – und verursacht viele körperliche, geistige und seelische Störungen. Übertriebene Furcht kann sogar einen plötzlichen Tod durch Herzversagen verursachen. Wer über lange Zeit von Furcht geplagt wird, leidet gewöhnlich unter seelischen Komplexen und chronischer Nervosität.

Furcht kettet Geist und Herz (das Gefühl) an den äußeren Menschen; folglich leidet er unter geistiger und körperlicher Nervosität, und seine Seele konzentriert sich auf das Ego, den Körper und die Gegenstände seiner Angst. Ein Gottsucher muß alle Befürchtungen abwerfen; er muß wissen, daß sie ihn daran hindern, sich auf den unvergänglichen seelischen Frieden einzustellen.

Im alten Indien und auch in christlichen Ländern pflegten sich die Weisen in die Einsamkeit der Wälder, Wüsten oder Berge zurückzuziehen, um dort ungestört zu meditieren. Solch einsame Gegenden, fern jeder Zivilisation, sind das Revier der Schlangen, Skorpione und Raubtiere. Selbst heutzutage hören die Kinder in Indien noch Augenzeugenberichte über Asketen, deren einzige Gefährten Kobras und Skorpione waren. Diese schmiegen sich oft friedlich an den Körper des Heiligen, um seine Wärme zu genießen; und furchterregende Tiger werden zu «Hauskatzen». Wen entzückt nicht die Legende über den heiligen Franziskus von Assisi, der den blutgierigen Wolf von Gubbio zähmte. Wilde Tiere fühlen die göttlichen Schwingungen, die von den Heiligen ausgehen. Denn in Gott erwachte Heilige sehen den Herrn in allem – sie bilden es sich nicht nur ein, sie wissen es tatsächlich; deshalb kennen sie keine Furcht, und sie rufen auch in Gottes Tierreich keine Furcht hervor.

Für die Unerleuchteten ist es besser, Vorsicht walten zu lassen, aber dennoch mutig zu sein, das heißt geistige Unerschrockenheit zu zeigen, ohne sich unnötigen Risiken auszusetzen. Jeder erhält genug Gelegenheit, seinen Mut und Glauben auf die Probe zu stellen, ohne daß er sich absichtlich in Gefahr begeben muß.

Vielleicht fordert der Tod den Glauben des Sterblichen am meisten heraus. Furcht vor diesem unvermeidlichen Ereignis ist töricht. Man erlebt den Tod nur einmal, und sobald er eintritt, ist er auch schon vorbei, ohne daß er die Individualität oder das wahre Wesen des Menschen in irgendeiner Weise beeinträchtigt hat.

Auch Krankheit ist ein Fehdehandschuh, der dem Glauben vor die Füße geworfen wird. Alle Kranken sollten sich ernstlich darum bemühen, wieder gesund zu werden. Selbst wenn die Ärzte keine Hoffnung mehr haben, sollten sie innerlich gefaßt bleiben, denn sobald man sich fürchtet, gerät auch der Glaube ins Wanken, und man kann Gottes Allgegenwart nicht mehr fühlen. Anstatt sich Sorgen zu machen, soll man positiv denken und sich innerlich immer wieder sagen: «Deine Liebe und Dein Schutz sind meine feste Burg, in der ich mich geborgen fühle.» Der furchtlose Gottsucher, der an einer unheilbaren Krankheit stirbt, dessen Gedanken jedoch ständig um Gott kreisen, bereitet sich vor, dem körperlichen Gefängnis zu entfliehen und ein herrliches Leben in der Astralwelt zu beginnen. Dadurch kommt er in seinem nächsten Leben dem Ziel höchster Befreiung näher. Wer aber voller Angst stirbt und seinen Gottglauben und das Bewußtsein seiner Unsterblichkeit einem Gefühl der Verzweiflung weichen läßt, überträgt dieses düstere Verhalten von Furcht und Schwäche auf seine nächste Inkarnation. Es gleicht einer Matrize, die im nächsten Leben wieder ein ähnliches Schicksal für ihn heraufbeschwört – eine Fortsetzung der karmischen Lektion, die er noch nicht gelernt hat. Der heroische Mensch dagegen bleibt Sieger im Freiheitskrieg, auch wenn er die Schlacht mit dem Tode verliert. Alle Menschen müssen erkennen, daß ein vergeistigtes Bewußtsein über jedes äußere Mißgeschick siegen kann.

Wenn jemand ständig von unterbewußten Ängsten geplagt wird, obgleich er sich innerlich dagegen wehrt, deutet dies auf ein tiefverwurzeltes karmisches Muster hin. Dann muß er sich noch mehr um ermutigende Gedanken bemühen. Besser noch und von großer Wichtigkeit ist es, wenn er sich ganz und gar in Gottes Hand gibt. Wer Selbst-Verwirklichung erlangen will, muß furchtlos sein.

2. Reinheit des Herzens *(Sattva-Samshuddhi)* bedeutet, daß man empfänglich für die Wahrheit geworden ist. Das Bewußtsein muß sich von allen Verzerrungen durch sinnesbedingte Zuneigungen und

Abneigungen freimachen. Sowohl Zuneigungen als auch Abneigungen erzeugen grobe Schwingungen im Herzen. Das Herz *(Chitta)* darf sich nicht von den gegensätzlichen Empfindungen beeinflussen lassen; nur dann kann es die göttliche Seligkeit der Meditation erleben. Jesus sprach: «Selig sind, die reines Herzens sind, denn sie werden Gott schauen.»[1]

3. **Standhaftigkeit** auf der Suche nach Weisheit und im Üben des Yoga *(Jnana-Yoga Vyavasthiti)* ist eine Voraussetzung, wenn man Befreiung erlangen will. Der Gottsucher muß täglich die von seinem Guru oder von den heiligen Schriften vermittelte Weisheit anwenden und sich in den Frieden versenken, der ihm durch regelmäßiges Üben der Yoga-Techniken zuteil wird. Weisheit vermittelt dem Gottsucher höhere Vernunft und Wahrnehmungskraft und bewahrt ihn davor, in die Grube der Unwissenheit und Sinnenlust zu fallen.

4. **Mildtätigkeit** *(Dana)* oder Nächstenliebe ist lobenswert. Sie erweitert das Bewußtsein. Selbstlosigkeit und Großzügigkeit führen die Seele des Freigebigen in Gottes Gegenwart, die sich in allen Seelen offenbart. Sie löst das täuschende Gefühl auf, in diesem Traumdrama des Lebens etwas persönlich zu besitzen, denn der Einzige, der alles besitzt, ist der Kosmische Träumer. Die reichlichen Gaben der Erde werden uns von Gott nur geliehen. Um das, was Er uns anvertraut hat, richtig zu gebrauchen, müssen wir das eigene Leid und die Schmerzen anderer damit lindern. Der wahre Gottsucher hat ein weites Herz und wünscht sich ganz spontan, seinen Besitz, sein Wissen und seine geistigen Erkenntisse mit anderen zu teilen. Selbstlosigkeit ist die natürliche Eigenschaft derer, die Gott lieben und die erkannt haben, daß Er allgegenwärtig ist. Jesus weinte über die Unwissenden, Armen und Leidenden, denn er sah, daß Gott in ihnen allen litt. Wer allumfassende Liebe und Mitleid besitzt, setzt sein Leben dafür ein, Gott und Seinen Kindern zu dienen.

Wenn man den Armen Geld gibt, das diese für Alkohol anstatt für Brot ausgeben, verleitet man sie nur zur Sünde. Ähnlich sollte man auch die Perlen der Weisheit nicht vor aufsässige und undankbare

[1] *Matthäus* 5, 8.

Menschen streuen. Doch der Gottsucher, der seinen Reichtum, sein Wissen und seine geistigen Schätze mit solchen Menschen teilt, die reif und empfänglich dafür sind, beschleunigt seine Befreiung.

5. **Selbstbeherrschung** *(Dama)* ist die Fähigkeit, Herrschaft über die erregbaren Sinne zu erlangen – Gesicht, Gehör, Geruch, Geschmack und Tastsinn. Ein Gottsucher, der Herr seiner Sinne geworden ist, steht dicht vor seiner Befreiung. Wer aber der Versuchung anheimfällt, wird weiter an Sinnesgegenständen hängen und ist noch nicht reif für das Wissen der Seele. Jedesmal, wenn man den Verlockungen der Sinne nachgibt, wird das Verlangen nach sinnlichen Freuden verstärkt. Wiederholte schlechte Handlungen führen zu schlechten Gewohnheiten, die man nur schwer wieder abstreifen kann.

6. **Religiöse Riten** *(Yajnas)* werden von den Veden und anderen heiligen Schriften vorgeschrieben. Je nach seiner geistigen Entwicklungsstufe wählt der Gottsucher entweder einen äußeren, symbolischen Ritus, indem er z. B. zerlassene Butter ins Opferfeuer gießt, oder einen geistigen Ritus, indem er seine irdischen Wünsche von den Flammen der Weisheit verzehren läßt, oder einen seelischen Ritus, indem er seine innere Ruhelosigkeit im Feuer göttlicher Ekstase verbrennt.

Letzten Endes sollte unser ganzes Leben ein *Yajna* sein, in dem jeder Gedanke und jede Handlung durch unser reines Herz geläutert und Gott dargebracht wird.

7. **Richtiges Studium der heiligen Schriften** *(Svadhyaya)* führt zur Befreiung. Ein echter Gottsucher leidet nicht unter geistigen Verdauungsstörungen wie andere, welche die heiligen Schriften nur in sich hineinschlingen, ihren Sinn aber nicht erfassen und sie deshalb auch nicht richtig verarbeiten und in sich aufnehmen können. Theorien können dem Gottsucher nur dann helfen, wenn sie ihn dazu anregen, die heiligen Lehren zu befolgen. Weise Gedanken sind treue Führer und Beschützer; man sollte sie zu seinen ständigen Begleitern machen.

Seit jeher standen die theoretischen Kenner der heiligen Schriften – die beruflichen Priester – mit solchen Menschen im Widerstreit, die echtes göttliches Wissen besitzen. Pedanten, denen es an innerer Verwirklichung fehlt und die mit ihrer Gelehrsamkeit protzen, sind oft eifersüchtig auf die Gottmenschen, die nach den Grundsätzen der Wahrheit *leben*, und verfolgen sie. Deshalb wurde Jesus von der Hierarchie der Pharisäer bekämpft, wurden viele Heilige Indiens von den gelehrten Pandits verfolgt – wie der göttliche Sri Chaitanya.

Erlösung erlangt man nicht durch das, was man intellektuell weiß, sondern durch das, was man aufgrund dieses Wissens geworden ist. Es muß eine praktische Verbindung zwischen einem selbst und dem Gelernten bestehen, damit die Wahrheit so sehr in das eigene Wesen integriert wird, daß man sie durch keine Anfechtungen und Zweifel mehr verlieren kann. Das ist intuitives Lernen, mit anderen Worten: Verwirklichung.

8. Selbstbeherrschung *(Tapas)* schließt Keuschheit, Herrschaft über den Gaumen und verschiedene Methoden zur Abhärtung des Körpers ein – das gleichmütige Ertragen von Kälte, Hitze und anderen Unannehmlichkeiten. Wenn der Gottsucher diese Methoden beharrlich und mit Unterscheidungskraft anwendet, kann er Körper und Geist allmählich auf die göttlichen Schwingungen einstellen.

Selbstbeherrschung ist keine Selbstquälerei. Der Sinn von *Tapas* besteht nicht darin, aufsehenerregende Fähigkeiten zur Schau zu stellen, wie es einige indische «Fakire» tun, die sich auf ein Nagelbett legen. Die tiefere Bedeutung von *Tapas* liegt darin, immer weniger Geschmack an flüchtigen Sinnenfreuden zu finden und sich immer mehr um die unvergängliche Glückseligkeit der Seele zu bemühen. Wenn man materielle Wünsche in geistige Bestrebungen umwandeln will, ist eine gewisse Selbstdisziplin erforderlich. *Tapas* und Meditation bieten dem Gottsucher eine Vergleichsmöglichkeit zwischen körperlichen und intellektuellen Freuden einerseits und den Freuden der Seele andererseits.

Zwingt man einen von Natur trägen Menschen dazu, den ganzen Tag lang schwere Arbeit zu verrichten, so fühlt er sich im Gegensatz zu jenen, die an diese Art Tätigkeit gewöhnt sind, körperlich überfordert. Ähnlich ergeht es anfangs dem Gottsucher, wenn er sich zur Selbstüberwindung zwingt. Wenn er seinem rebellierenden, körpergebundenen Ego jedoch keine Beachtung schenkt, gewöhnt er sich allmählich an das asketische Leben eines geistigen Athleten. Und wenn er sich weiterhin durch *Tapas* läutert, wird er es schließlich nicht mehr als quälend empfinden, sondern tiefen Frieden und Freude dadurch gewinnen.

Wer nur ein einziges Mal die höheren Freuden des inneren Himmels gekostet hat, weiß, was er früher falsch gemacht hat. Er fühlt sich vom Glück überwältigt. Selbst wenn die Menschen alle erdenklichen Sinnenfreuden genießen, können sie niemals Befriedigung darin finden, denn in Wirklichkeit suchen sie die verlorengegangene Glückseligkeit der Seele, die auf einer ganz anderen Ebene liegt.

Enthaltsamkeit, Selbstüberwindung, Entsagung und Buße sind alles nur Mittel zum Zweck. Das eigentliche Ziel besteht darin, durch diese Mittel das unendliche Reich des GEISTES wiederzufinden. Ebenso wie jemand, der lange in Armut gelebt hat, froh ist, wenn er seine Lumpen abwerfen und wieder Wohlstand erlangen kann, so geht es auch dem erfolgreichen Gottsucher, der in das Reich der Glückseligkeit eingeht: er gibt freudig alle armseligen irdischen Vergnügungen auf.

9. **Aufrichtigkeit** *(Aravam)* kennzeichnet den ehrenhaften Menschen. Sie ist ein Zeichen der Wahrheitsliebe. Die Augen, die Gott schauen, sind offen und ohne Falsch. Wer frei von aller Arglist ist, kann Gott – die Höchste Unschuld – schauen.

Ein Heuchler lebt mit den Gesetzen des Kosmos in Widerspruch. Wer seine egoistischen Beweggründe unter dem Mantel der Nächstenliebe verbirgt, leere Versprechungen macht und anderen Schaden zufügt, während er vorgibt, ihnen zu helfen, verstößt gegen das kosmische Gesetz und stürzt sich selbst ins Unglück.

Der strebsame Gottsucher bemüht sich, alle Falschheit und Unaufrichtigkeit abzulegen. Er gestaltet sein Inneres so klar und hell wie die Sonne, damit er seinen natürlichen Zustand, *Sahaja*, wiedererlangt.

10. **Nicht-Verletzen** *(Ahimsa)* wird in den heiligen Schriften der Hindus besonders gepriesen. Eines der Zehn Gebote der Bibel lautet: «Du sollst nicht töten.»[2] Dieses Verbot besagt, daß man kein von Gott erschaffenes Lebewesen – Mensch, Tier oder Pflanze –

[2] 2. *Mose* 20, 13.

unbarmherzig vernichten darf. Doch die göttliche Weltordnung hat es so eingerichtet, daß der Mensch nicht leben kann, ohne die Pflanzen, von denen er sich ernährt, zu «töten». Die Eskimos können sogar ohne Robbenfleisch nicht leben. Wenn es sich also um das Überleben handelt, ist der Mensch berechtigt, Fische oder andere Tiere zu töten, die eine niedrigere Lebensform Gottes darstellen. Jeden Tag sterben Millionen von Bakterien im menschlichen Körper. Man kann nichts trinken und selbst keinen Atemzug tun, ohne viele mikroskopisch kleine Lebensformen zu vernichten. (Manchmal allerdings rächen sich diese Bakterien dafür.)

Im *Mahabharata* wird *Ahimsa* als «vollkommene Tugend» *(Sakalo-Dharma)* bezeichnet. Wenn Rechtschaffenheit also das Kriterium ist, mag das Unterlassen einer Handlung, die dazu beitragen würde, Gottes ewige Gesetze der Rechtschaffenheit aufrechtzuerhalten, mehr Schaden anrichten, als wenn man jemanden im Kampf gegen das Böse unabsichtlich verletzt. Methode und Beweggrund sind oft entscheidende Faktoren auf der Waagschale Göttlicher Gerechtigkeit.

Als ich 1936 den Aschram Mahatma Gandhis besuchte, bat ich den Apostel der Gewaltlosigkeit, den Begriff *Ahimsa* zu definieren. Er antwortete: «Man vermeidet, irgendein Lebewesen in Gedanken oder Tat zu verletzen.» Ein Mensch, der sich in Gewaltlosigkeit übt, tut niemandem ein Leid noch wünscht er ihm Leid. Er ist ein lebendiges Beispiel für die Worte: «Behandle andere so, wie du selbst von ihnen behandelt werden willst.»[3]

11. **Wahrheit** *(Satya)* ist das Fundament des Universums. «Die Welten sind auf Wahrheit gegründet», heißt es im *Mahabharata*. Ob die Menschheit und die Kulturen bestehen bleiben oder untergehen, hängt weitgehend von ihrer Einstellung zur Wahrheit ab.

Ein wahrhafter Mensch wird von allen aufrichtigen Menschen bewundert. In den heiligen Schriften der Hindus wird jedoch darauf hingewiesen, daß der Gottsucher, der dem Ideal der Wahrheit folgt, immer von seinem Urteilsvermögen und gesunden Menschenverstand Gebrauch machen soll, ehe er spricht. Es genügt nicht, nur die

[3] Alles, was ihr wollt, daß euch die Leute tun sollen, das tut ihr ihnen auch. (*Matthäus* 7, 12)

Wahrheit zu sagen; die Worte sollen auch harmonisch, heilsam und wohltuend auf andere wirken. Verletzende Bemerkungen, auch wenn sie zutreffend sind, sollte man lieber nicht machen. Schon manches Herz ist gebrochen und manches Leben zugrunde gerichtet worden, weil jemand im unrichten Augenblick die Wahrheit sagte. Ein Weiser wägt seine Worte sorgsam ab, damit er niemanden verletzt, denn viele Menschen sind noch nicht fähig, aus seinen wahren Feststellungen Nutzen zu ziehen.

In den Veden werden drei Arten von Wahrheiten erwähnt. Alle Werte, die sich auf den Menschen und die Natur beziehen, sind relative Wahrheiten *(Vyavaharika)*. Sie beeinflussen den Menschen während des Wachzustands *(Jagrat)*, der seinem Wesen nach veränderlich und ewig im Fluß ist.

Alle Werte, die sich auf den Traumzustand (*Svapna*-Zustand) beziehen, in dem der Mensch mit seinem Unterbewußtsein in Berührung kommt, sind eingebildete Wahrheiten *(Pratibhasika)*; sie gaukeln ihm Bilder astraler Erscheinungen vor. Zwar haben sie eine gewisse Gültigkeit, aber nur innerhalb ihres eigenen Bereichs, der viel begrenzter, undefinierbarer und vieldeutiger ist als die Welt der Materie, die der Mensch im Wachzustand wahrnimmt.

Im tiefen traumlosen Schlaf *(Sushupti)* und während der *Samadhi*-Meditation des Yogis ruht der Mensch in seinem wahren Selbst, der Seele, und erkennt die Absolute Wahrheit *(Paramarthika)*.

Es stimmt nicht, daß der durchschnittliche Mensch niemals mit Gott oder der Höchsten Wahrheit in Verbindung ist. Wenn er nicht ab und zu in einen tiefen, traumlosen Schlaf versänke – auch wenn es sich nur um wenige Minuten handelt –, könnte er gar nicht weiterleben. Zwar hat der durchschnittliche Mensch keine bewußte Erinnerung an solche seelischen Erlebnisse; da er jedoch ein Teil des Universellen Ganzen ist, muß er von Zeit zu Zeit aus der Quelle allen Lebens, aller Liebe und Wahrheit gespeist werden.

Wer in seinem ganzen Denken, Reden und Handeln immer nach der Wahrheit strebt, lebt im Einklang mit der Schöpfung und dem Schöpfer. Alle Menschen, die einem solchen Heiligen begegnen, fühlen sich mehr oder weniger durch seine harmonischen Schwingungen aufgerichtet. Der wahre Gottmensch hat sich über die leid- und widerspruchsvolle Welt der Relativität erhoben und ist bereit, Zuflucht bei der Absoluten Wahrheit zu suchen.

12. **Freiheit von Zorn** *(Akrodha)* ist der schnellste Weg, der zum inneren Frieden führt. Ärger entsteht durch vereitelte Wünsche. Wer keine Wünsche hat, kann daher niemals zornig werden. Wer nichts von anderen erwartet, sondern alle Erfüllung bei Gott sucht, kann seinen Mitmenschen gegenüber nie zornig werden und ist auch nicht von ihnen enttäuscht. Ein Weiser ist immer zufrieden, weil er erkannt hat, daß Gott dieses Universum regiert und alles seine Richtigkeit haben muß. Er ist frei von Zorn, Feindseligkeit und Rachegefühlen.

In dieser Welt der Relativität passen sich die Heiligen manchmal den Umständen an. Sie mögen gerechte Empörung zeigen und sogar heftig werden, wenn sie durch ein solches Verhalten einen Verbrecher davon abhalten können, unschuldige Menschen zu verletzen. Doch die Heiligen empfinden keinen Haß gegen irgend jemanden, ganz gleich, wie bösartig und unwissend er sein mag. Ein Mensch, der Selbst-Verwirklichung erlangt hat, kann sich für kürzere oder längere Zeit zornig stellen und augenblicklich wieder seine gewohnte ruhige und gütige Haltung einnehmen.

Der durchschnittliche Mensch dagegen kann seinen Zorn nicht so schnell, und vor allem nicht willentlich, abstellen. Nur wer ein reines Herz hat, das frei von allen weltlichen Wünschen ist, kann gar keinen Zorn mehr empfinden.

Zorn ist der größte «Störenfried» unter den Menschen – sowohl in der Familie als auch unter den Nationen. Wer sich leicht zum Zorn hinreißen läßt, wird von seinen Mitmenschen gemieden und oft auch gehaßt. Häufige Zornausbrüche schaden der Gesundheit und führen öfters zu gewalttätigen Handlungen. Zahllose Menschen haben in einem Anfall blinder Wut Verbrechen begangen und sind dafür ins Gefängnis geworfen oder zum Tode verurteilt worden. Wenn schon aus keinem höheren Grunde, so sollte der Mensch um seiner Selbsterhaltung willen lernen, überlegt zu handeln und Herr über seinen Zorn zu werden.

13. **Entsagung** *(Tyaga)* ist der Weg der Weisheit für solche Gottsucher, die freiwillig Geringeres aufgeben, um etwas Größeres zu gewinnen. Sie entsagen den kurzlebigen Sinnenfreuden, um ewig währende Freude zu finden. Entsagung ist kein Selbstzweck; sie pflügt den Boden der Seele und läßt gute Eigenschaften auf ihm

wachsen. Niemand sollte vor einem strengen Leben der Selbstverleugnung zurückschrecken, denn der geistige Segen, der einem dadurch zuteil wird, ist groß und unvergleichlich.

Wahre *Tyaga* bedeutet, daß man bei allem, was man tut, den Früchten seiner Arbeit entsagt. Gott ist der Höchste Entsagende, denn Er regiert den ganzen Kosmos, ohne ihm verhaftet zu sein. Jeder, der nach Selbst-Verwirklichung strebt – ob er ein Entsagender ist oder eine Familie hat –, muß nur für Gott leben und wirken und darf sich nicht von seinen Gefühlen überwältigen und in das Drama der Schöpfung verstricken lassen.

14. **Frieden** *(Shanti)* ist eine göttliche Eigenschaft. Der wahre Yogi, der den «Frieden Gottes» besitzt, «welcher höher ist denn alle Vernunft»[4], gleicht einer lieblichen Rose, die überall den Duft der Ruhe und Harmonie verbreitet.

Alles in der Welt der Erscheinungen ist in Bewegung und unterliegt dem Wechsel; Gott aber ist ewige Stille. Der Mensch als Seele trägt dieselbe Ruhe in sich. Wenn er die drei Erregungszustände in sich zur Ruhe bringen kann – die Wellen des Leids und der Freude und die dazwischenliegenden Wellentäler der Gleichgültigkeit –, schaut er in sich selbst das windstille Meer seelischen Friedens, das sich zum grenzenlosen, Stillen Ozean des GEISTES erweitert.

15. **Nicht-Verleumden und Freisein von Kritik** *(Apaisunam)* beschleunigt den geistigen Fortschritt, weil der Geist sich dann nicht auf die Schwächen anderer konzentriert, sondern voll und ganz darauf gerichtet ist, sich selbst zu bessern. Wer, wie ein Detektiv, ständig auf die Fehler seiner Mitmenschen achtet, verfällt der Täuschung und wird leicht überheblich; entweder sieht er sich selbst als fehlerfrei, oder er meint, er sei fähig, andere zu beurteilen. Ein kritischer Mensch bessert sich selbst nur selten.

Ein gewohnheitsmäßiger Nörgler gleicht einer Fliege, die sich auf die Wunden anderer setzt. Ein echter Gottsucher aber gleicht der Biene, die aus den menschlichen Herzen den Honig guter Eigenschaften heraussaugt. Jesus sprach: «Richtet nicht, auf daß ihr nicht gerichtet werdet. Denn mit welcherlei Gericht ihr richtet, werdet ihr

[4] *Philipper* 4, 7.

gerichtet werden; und mit welcherlei Maß ihr messet, wird euch gemessen werden. Was siehest du aber den Splitter in deines Bruders Auge, und wirst nicht gewahr des Balkens in deinem Auge? Oder wie darfst du sagen zu deinem Bruder: Halt, ich will dir den Splitter aus deinem Auge ziehen, – und siehe, ein Balken ist in deinem Auge? Du Heuchler, zieh am ersten den Balken aus deinem Auge; danach siehe zu, wie du den Splitter aus deines Bruders Auge ziehest.»[5]

Böswillige Verleumder – Schwätzer und Lästerer – sind der Meinung, daß sie sich größer machen können, indem sie anderen den Kopf abschlagen. Das Gegenteil aber ist der Fall: Nichts erniedrigt den Charakter so sehr wie ein solches Verhalten. Lästerer verletzen den Gott in anderen und in sich selbst. Die Tugendhaften sind bescheiden. Während sie selbst über die kleinen Bosheiten der niederen Menschen hinwegsehen, richten sie andere auf.

Menschen, die Vergnügen daran finden, andere zu verleumden, werden nie die Freude erleben, Ihrem Nächsten durch weise und ermutigende Ratschläge zu helfen. Wer einen Übeltäter brandmarkt, entmutigt und verbittert ihn. Die meisten Menschen sind sich ihrer charakterlichen und moralischen Schwächen wohl bewußt. Diese können aber nicht durch scharfe Kritik ausgebrannt, sondern nur mit dem Balsam der Liebe geheilt werden.

Niemand vertraut solchen Menschen, die nur Böses und nichts Gutes verbreiten – den Schwätzern, Aufdringlichen und Sittenrichtern, welche die Fehltritte anderer aufdecken. Gott hat die Schwächen der Menschen nicht öffentlich sichtbar gemacht, sondern jedem ein Gewissen und damit auch die Möglichkeit gegeben, sich selbst innerlich zu wandeln.

Jesus sprach zu den Richtern, die im Begriff waren, eine Ehebrecherin zu steinigen: «Wer unter euch ohne Sünde ist, der werfe den ersten Stein auf sie.»[6] Da entsannen sich die Ankläger ihrer eigenen Übeltaten und schlichen davon. Großherzige Menschen sind – wie Christus – immer bereit, die Sünder durch die Kraft ihrer Liebe zu erlösen, anstatt sie zu verdammen.

[5] *Matthäus* 7, 1–5.
[6] *Johannes* 8, 7.

16. Mitgefühl mit allen Lebewesen *(Daya)* ist erforderlich, wenn man göttliche Verwirklichung erlangen will, denn Gott selbst besitzt diese Eigenschaft im Überfluß. Wer ein mitfühlendes Herz hat, kann sich in die Lage anderer hineinversetzen, ihre Schmerzen nachfühlen und versuchen, sie zu lindern. Durch *Daya* werden das Gesetz «Auge um Auge, Zahn um Zahn» und die strengen Forderungen des Karmas gemildert.

Wenn der Herr nicht so gnädig wäre und Seinen irrenden Kindern immer wieder vergäbe, würde das Leiden der Menschen kein Ende nehmen, und sie würden sich Leben für Leben dahinschleppen. Sobald man sich aber in Selbstbeherrschung übt und bestrebt ist, alle begangenen Fehler wiedergutzumachen, eilt Gott einem zu Hilfe. Er muß überzeugt sein, daß Seine Kinder ihren Irrtum bereuen; dann vertreibt Er die seit Jahrhunderten bestehende Finsternis der Sünde in einem Augenblick und erleuchtet die Seele mit dem Licht Seiner Gegenwart.

Gautama Buddha war eine Inkarnation der Barmherzigkeit. Er bot sich selbst als Opfer an, um einer Ziege, die geopfert werden sollte, das Leben zu retten. Der König, der diesen Ritus ausführte, ließ das Tier frei und wurde ein treuer Anhänger des «Erleuchteten».

Ein Vater, der sich nur vom männlichen Prinzip der Vernunft leiten läßt, verurteilt die Fehler seines Sohnes gemäß dem Gesetz. Doch die Mutter, die sich von ihrem zärtlichen fraulichen Gefühl leiten läßt, ist ein Sinnbild der göttlichen Barmherzigkeit; sie vergibt ihrem Sohn auch dann noch, wenn er ein Mörder ist. Gottsucher, die sich an die barmherzige Göttliche Mutter wenden und nicht an den mathematisch denkenden Göttlichen Richter, der nach dem karmischen Gesetz urteilt, finden bei ihr großzügige Vergebung aller Sünden.

17. Begierdelosigkeit, Freisein von Habgier *(Aloluptvam)* ist denen zu eigen, die ihre Sinne beherrschen und daher kein Verlangen nach niederen Freuden und materiellen Dingen hegen. Echte Gottsucher, die ganz und gar im Zustand innerer Freude leben, sind frei von jeder Gier. Im Vergleich zu der inneren Freude, die sie fühlen, hat ihnen die Welt nichts mehr zu bieten.

18. **Sanftmut** *(Mardavam)* bedeutet geistige Geduld. Gott geht immer sanft mit Seinen irrenden Kindern um. Auch wenn sie Ihn schmähen oder mißachten, ist Er nicht verletzt, sondern schweigt nur. Alle Menschen, die in göttlicher Übereinstimmung mit Ihm leben, sind gütig und nachsichtig. Ein gütiger Mensch macht sich überall Freunde und – was noch wichtiger ist – zieht Gott selbst, den Freund der Freunde, zu sich. Ein geistig gesinnter, duldsamer Mensch hegt keinen Groll gegen andere, nicht einmal gegen Verbrecher.

19. **Sittsamkeit** *(Hri)* ist die Fähigkeit, sich seiner schlechten Taten zu schämen und den guten Willen zu haben, sich zu bessern. Ein selbstgefälliger Mensch ist anmaßend und leidet unter einem Überheblichkeitskomplex. Gottsucher, die viel über ihre geistigen Errungenschaften reden, bemühen sich nicht ernsthaft um Selbst-Verwirklichung. Ein bescheidener Sucher zieht die Aufmerksamkeit des scheuen und bescheidenen allmächtigen Gottes an.

Die heiligen Schriften lehren, daß Sittsamkeit in bezug auf den eigenen Körper eine besondere Zierde der Frauen ist. Doch wenn ich das ruppige Verhalten zwischen jungen Burschen und Mädchen in der heutigen Zeit sehe, meine ich, daß Sittsamkeit eine Eigenschaft ist, die beide Geschlechter entwickeln müssen. Schamloses Betragen zieht die falschen Gefährten an, die nur ihre Lust befriedigen und dann diejenigen im Stich lassen, die sie mißbraucht haben. Reine und sittsame Menschen ziehen ähnlich gesinnte Gefährten an.

Sittsamkeit im Sinne von innerem Schamgefühl kennzeichnet einen empfindsamen Menschen, der seine Fehler einsieht, wenn er auf sie aufmerksam gemacht wird. Und weil er sich ihrer schämt, merzt er sie aus. Doch ein Mensch, dem es an seelischem Feingefühl mangelt, verhält sich widerspenstig, sarkastisch oder gleichgültig, wenn man ihm nahelegt, sich zu ändern. Ein echter Gottsucher ist immer bescheiden und bemüht sich, Gott zu finden, indem er seine Schwächen überwindet und dem Rat seines Gurus und anderer geistiger Vorgesetzter folgt.

Die Fähigkeit, sich zu schämen, ist eine edle Eigenschaft, denn sie führt den Wahrheitssucher schließlich dazu, sich voll und ganz der Demütigung bewußt zu werden, die er durch den karmischen Zwang ständiger Wiedergeburten erleidet. Diese dem Menschen aufgezwungene Gefangenschaft ist seinem wahren Wesen fremd und eine Erniedrigung für seine unbegrenzte Seele.

20. **Überwindung von Ruhelosigkeit** *(Achapalam)* verhilft einem dazu, körperliches und geistiges Umherirren und zwecklose Tätigkeit zu vermeiden. Nervosität und Ruhelosigkeit entstehen gewöhnlich dadurch, daß man sinnlichen Regungen oder negativen Gedanken und Gemütsstimmungen nachgibt und sich von weltlichem Ehrgeiz treiben läßt.

In Gottes unendlichem Wesen gibt es keine Ruhelosigkeit; der Gottsucher sollte jede geistige und moralische Flatterhaftigkeit verabscheuen. Anstatt seinen Geist ziellos umherschweifen zu lassen, sollte er ihn mit höheren Dingen beschäftigen.

21. **Charakterfestigkeit** *(Tejas)* entsteht aus dem kosmischen Feuer, dem höchsten Bewußtsein Gottes, der Flamme der Wahrnehmung, die im Menschen und in anderen empfindungsfähigen Lebewesen brennt. *Tejas* ist als Lebenskraft in allen Wesen vorhanden, ebenfalls in den Elektronen, Protronen und Atomen. Seine unerschöpfliche Energie hält die ganze Welt der Erscheinungen aufrecht. Durch lange Meditation über Gott wird der Gottsucher vom Widerschein dieses kosmischen Feuers durchdrungen.

Tejas verleiht dem Menschen Kühnheit im Denken und sittlichen Handeln – eine Ausstrahlung, die von unerschütterlichem Vertrauen auf die göttliche Macht und Gerechtigkeit zeugt. Dadurch bildet sich ein heroischer, vergeistigter Charakter. Viele große Heilige haben den Märtyrertod dem Verrat ihres Glaubens vorgezogen.

Die göttliche Ausstrahlung eines Gottsuchers zeigt sich auch in seinem geistigen Magnetismus, einer Schwingung und Aura der Güte, die unaufdringlich ist und tiefe innere Freude ausdrückt.

22. **Vergebung** *(Kshama)* besteht bei einem Gottmenschen darin, diejenigen, die ihm Leid oder Unrecht angetan haben, nicht zu strafen und auch ihre Bestrafung nicht zu wünschen. Er weiß, daß das kosmische Gesetz jede Ungerechtigkeit sühnen wird. Es ist unnötig und anmaßend, wenn der Mensch diesen Vorgang beschleunigen oder die Art und Weise bestimmen will. Die Strafe, die durch das unerbittliche Gesetz des Karmas erfolgt, dient dem weitsichtigen

und sinnvollen Zweck, dem Sünder schließlich zur geistigen Befreiung zu verhelfen.

Das soll nicht heißen, daß Übeltäter ungestraft davonkommen sollen. Die gesellschaftliche Ordnung muß, um bestehen zu können, Grenzen ziehen. Wem die Pflicht obliegt, gerechte Gesetze wirksam zu machen, die dem Wohl der Menschheit dienen, ist ein Werkzeug des karmischen Gesetzes. Sein Urteil sollte ohne Boshaftigkeit oder Rachsucht gefällt werden. Auch wenn die Gerechtigkeit nicht zu siegen scheint, wird das karmische Gesetz die Waagschale mit Sicherheit wieder ins Gleichgewicht bringen.

Eine Stelle aus dem *Mahabharata* lautet wie folgt: «Man muß bereit sein, jede Kränkung zu vergeben. Es steht geschrieben, daß das Fortbestehen des Menschengeschlechts auf Vergebung beruht. Vergebung ist Heiligkeit. Vergebung hält das Universum zusammen. Vergebung ist die Macht der Mächtigen; Vergebung ist Opfer; Vergebung ist Ruhe des Geistes. Vergebung und Sanftmut sind die Eigenschaften derer, die Selbstbeherrschung üben. Sie stellen die ewige Tugend dar.»

Wenn ein Schwächling, der von einem robusten Mann geschlagen wird, sagt: «Ich vergebe dir» und davonläuft, handelt er wahrscheinlich nur aus Feigheit. Wenn aber ein Starker von seinem Feind verletzt wird und ihm verzeiht, anstatt ihn niederzuschlagen, hat er ihm wirklich vergeben. Diese Vergebungsbereitschaft erwirbt man sich durch langjährige geistige Disziplin und durch die Erkenntnis, daß sich um uns alle das unzertrennliche Band menschlicher und göttlicher Brüderlichkeit schlingt.

Kurz bevor Mahatma Gandhi 1948 starb, erhob er die Hände, um dem Mörder demütig seine Vergebung zu bekunden: «Alle Opfer seines selbstlosen Lebens machten diese letzte, liebende Geste möglich», schrieb ich in meiner Ode an den Mahatma.

Jesus, der die Macht hatte, «mehr denn zwölf Legionen Engel»[7] herbeizurufen, wehrte sich nicht, als er gefangengenommen und gekreuzigt wurde, sondern betete: «Vater, vergib ihnen, denn sie wissen nicht, was sie tun.»[8] Sein göttliches Verstehen ermöglichte es ihm stets, den Menschen getrennt von dessen Schwächen zu sehen.

[7] *Matthäus* 26, 53.
[8] *Lukas* 23, 34.

Christus verstand voll und ganz, daß jeder Mensch im wesentlichen eine Seele, ein Kind Gottes, ist, dessen sündiges Verhalten nichts mit seiner wahren Natur zu tun hat, sondern nur seiner Unwissenheit entspringt – dem «Nicht-Wissen», jenem furchtbaren, aber nicht ewig anhaltenden Zustand der Täuschung, in den die Menschen verfallen, wenn sie ihr wahres Wesen vergessen.

23. **Geduld oder Standhaftigkeit** *(Dhriti)* verleiht dem Gottsucher die Fähigkeit, Unglück und Kränkungen gleichmütig zu ertragen. Er läßt sich von äußeren Ereignissen nicht erschüttern und auch nicht durch gelegentliche innere Kämpfe von dem einmal beschrittenen Weg und Ziel der Selbst-Verwirklichung abbringen. Standhaftigkeit befähigt den Gottsucher, in allen Lebenslagen edel zu handeln und die Wahrheiten, die ihm während der Meditation offenbart werden, nicht zu vergessen. Er hält beharrlich am inneren Erleben der Glückseligkeit fest und läßt sich nicht von äußeren Zerstreuungen ablenken.

Diese endlose Geduld verleiht dem Weisen schließlich die Macht, Gott zu erkennen. Durch *Dhriti* wird der Kelch seines Bewußtseins erweitert, bis er das Meer der Göttlichkeit in sich aufnehmen kann.

24. **Sauberkeit des Körpers und Reinheit des Geistes** *(Shocha)* bedeutet Achtung vor dem Makellosen GEIST, der im eigenen Innern wohnt. Es heißt, daß Sauberkeit der Göttlichkeit fast gleichkommt. Morgens nach dem Aufwachen sollte man am besten Körper und Mund reinigen, ehe man meditiert. Abgesehen von praktischen Gründen, ist das Reinigen des Körpers vor der Meditation eine Art Ritus und drückt geistige Achtung aus – eine symbolische Reinigung vor der Andacht. Nachlässigkeit kann die Aufmerksamkeit des Gottsuchers während seiner geistigen Übungen ablenken und von der inneren auf die äußere Welt richten.

Wer körperlich sauber und geistig frei von unbezähmbaren Begierden und ruhelosen Gedanken ist, fordert dadurch Gott auf, sich im geläuterten Tempel seines Lebens zu offenbaren. Wenn der Geist ruhig geworden ist, wird er zu einem Altar Gottes.

25. **Freisein von Haß** *(Adroha)* sollte das Ziel aller Menschen sein. Gottsucher, die anderen Böses wünschen, verlieren die Fähigkeit,

Gott in allen zu sehen. Ein Yogi, der sich bemüht, den GEIST zu erkennen, verschleiert seine Sicht nicht mit Gedanken und Handlungen der Abneigung oder des Verrats – auch dann nicht, wenn es sich um Sünder oder Menschen handelt, die sich zu seinen Feinden rechnen. Er bemüht sich, in ihnen allen den allvergebenden und liebenden Gott zu erkennen.

Der Herr ist frei von Haß und schließt daher niemanden aus dem grenzenlosen Reich Seiner Güte und Allgegenwart aus. Ähnlich kann auch jemand, der das Göttliche in der ganzen Schöpfung wahrnimmt, niemanden hochmütig verachten und sich erhaben über andere dünken.

26. Überwindung von Eitelkeit *(Na Atimanita)* bedeutet Freisein von übermäßigem Stolz. Der Herr kennt keinen Stolz, obgleich Ihm der ganze Kosmos gehört und Seine Macht grenzenlos ist. In demütiger Verborgenheit wirkt Er heimlich darauf hin, den Menschen zu erlösen, indem Er ihn zu tugendhaften Handlungen inspiriert und ihn schweigend durch Seine Liebe anzieht, die jeder Seele innewohnt.

Teilwissen ist gefährlich, weil es den Gottsucher oft stolz und selbstzufrieden macht, so daß er sich einbildet, er *sei* das, was er *weiß*. Ein Sprichwort besagt: Hochmut kommt vor dem Fall. Wer sich selbst bewundert, wird wenig geneigt sein, sich weiter zu vervollkommnen. Er fällt in die Grube der Trägheit, und das hindert ihn nicht nur an weiterem Fortschritt, sondern beraubt ihn auch der körperlichen, geistigen und seelischen Fähigkeiten, die er bereits besitzt.

Nur wer frei vom Gefühl der eigenen Wichtigkeit ist, erwirbt immer größere geistige Reichtümer, bis er eins mit Gott wird. Der Regen göttlicher Gnade kann sich nicht auf den Berggipfeln des Stolzes sammeln, aber er fließt ungehindert in die Täler der Demut hinab.

Der unsichtbare Mensch

(1940)

Von einem unsichtbaren Menschen zu sprechen, scheint absurd. Wir sehen ja täglich unseren eigenen Körper. Dennoch gibt es manche Anzeichen dafür, daß wir im wesentlichen unsichtbar sind. Schließt einmal die Augen. Jetzt könnt ihr euch selbst nicht mehr sehen. Woher wißt ihr dann, daß ihr existiert? Ihr fühlt euer Körpergewicht, ihr könnt hören, riechen, schmecken und tasten. Trotzdem besteht das Bewußtsein eurer Wirklichkeit nur aus Vorstellungen. Ihr seid ein unsichtbarer Kern, um den viele Gedanken kreisen. Jetzt macht die Augen wieder auf! Seid ihr nun die Gestalt, die ihr seht, oder das innere Wesen, das ihr soeben noch mit geschlossenen Augen wahrgenommen habt?

Der sichtbare Mensch bedeutet wenig, wogegen das unsichtbare Selbst oder die Seele von größter Bedeutung ist. Wenn ihr schlaft, nehmt ihr den sichtbaren Menschen nicht wahr, und dennoch seid ihr euch eures Daseins voll bewußt; denn wenn ihr aufwacht, wißt ihr, ob ihr gut oder schlecht geschlafen habt. Deshalb ist euer unsichtbares Selbst das wirkliche. Wenn euch das genommen wird, hat eure äußere Sichtbarkeit keine Bedeutung mehr. Ohne das unsichtbare Selbst ist der Körper so wertlos wie ein Leichnam. Der unsichtbare innere Mensch aber ist wirklich. Seltsamerweise jedoch versucht kaum ein Mensch, dieses unsichtbare Selbst zu erforschen. Jeder ist so sehr von seinem sichtbaren Körper in Anspruch genommen und konzentriert sich so ausschließlich auf seine äußere Erscheinung und seine Gesundheit, daß er gar nicht darüber nachdenkt, was dieses unsichtbare Selbst eigentlich ist.

Innerhalb des physischen Körpers – und ihm ganz ähnlich, doch den physischen Augen nicht sichtbar – befindet sich ein Lichtkörper, die astrale Hülle der Seele. Wenn ihr einen Finger verliert, habt ihr immer noch das Gefühl, als ob er da wäre. Menschen, die ein Glied verloren haben, kennen diese Empfindung. Jeder Körperteil hat sein unsichtbares astrales Gegenstück. Hinter eurem physischen Herzen befindet sich ein unsichtbares Herz. Ohne dieses könnte euer sichtbares Herz nicht schlagen. Ihr habt unsichtbare Organe des Gesichts und Gehörs, ein unsichtbares Gehirn, unsichtbare Knochen und Nerven. Diese Gewebe aus Licht und Energie bilden den astralen Körper des unsichtbaren Menschen. Der Astralkörper sieht genauso aus wie der sichtbare, mit dem Unterschied, daß er aus Licht und Energie besteht und daher außerordentlich fein ist.

Wenn ihr körperlich behindert seid, dann sagt nicht: «Ich bin blind», oder: «Ich habe eine Hand verloren». Eure unsichtbaren Augen und Hände sind immer noch da. Auch wenn euer körperlicher Arm gelähmt ist, bleibt euer unsichtbarer Arm unbehindert. Denkt nie, daß die unsichtbaren Organe in irgendeiner Weise durch die Krankheit der physischen Organe in Mitleidenschaft gezogen würden; denn solch negative Gedanken können den Fluß der intelligenten Lebenskraft in den einzelnen Körperteilen behindern.

Der elektrische Strom fließt durch einen Draht. Was ist wichtiger – der Draht oder die Elektrizität? Der Draht dient lediglich als Leitung für die Elektrizität; die Elektrizität existiert nicht um des Drahtes willen. Ebenso dient der Körper dem unsichtbaren Menschen – der Seele –, damit sie sich seiner bedienen kann; der Mensch existiert nicht für den Körper. Dennoch muß der physische Körper bestimmte Bedingungen erfüllen, damit sich das unsichtbare Selbst in ihm aufhalten kann.

Wie bedauerlich, daß dieses unsichtbare Selbst an den Körper gekettet ist! Wäre das nicht der Fall, könnten wir auf dem Wasser wandeln oder durch die Luft fliegen und dann wieder in den Körper zurückkehren. Der Astralkörper des unsichtbaren Selbst hat weit intensivere Sinneswahrnehmungen als sein körperliches Gegenstück. Der Mensch hat Maschinen erfunden, die in mancher Hinsicht dem begrenzten menschlichen Körper überlegen sind. Doch wenn ihr euch des unsichtbaren Astralkörpers immer mehr bewußt werdet, könnt ihr hören, was die physischen Ohren nicht hören, und sehen, was die physischen Augen nicht sehen. Der Astralkörper kann auch Gegenstände riechen, schmecken und berühren, die jenseits des Bereichs physischer Sinneswahrnehmungen liegen. Und ihr könnt ihn beliebig groß oder klein machen, ebenso wie der Mann im Vorführraum größere oder kleinere Bilder auf eine Filmleinwand projizieren kann.

Untersucht die Elektrizität, welche die Glühbirne des Körpers erleuchtet

Ihr kümmert euch ständig um die körperliche Glühbirne. Ist euch nie der Gedanke gekommen, wie wunderbar es wäre, die Elektrizität zu untersuchen, welche die Birne erleuchtet? Der sichtbare Mensch besteht im wesentlichen aus 16 Elementen, das heißt, aus Chemikalien, die man in einem Laden kaufen kann. Der Körper selbst ist nicht viel mehr als zwei Mark wert; in einer Wirtschaftskrise sogar noch weniger. Warum sich nicht mehr mit dem unsichtbaren Menschen beschäftigen? Er ist es ja, der große Macht besitzt, Freunde hat und der Liebe fähig ist. Ohne ihn wäre der Mensch nichts als die chemischen Stoffe, aus denen er zusammengesetzt ist.

Richtet eure ganze Aufmerksamkeit nach innen – weg vom begrenzten sichtbaren Menschen. Der Körper hat Rückenschmerzen und Bauchschmerzen; er wird alt und verfällt; er ist wie ein lästiges kleines Tier, das ständig wegen irgendwelcher Dinge jammert und winselt. Der sichtbare Mensch kann keinen schweren Sturz ertragen und zuckt oft schon bei einem Nadelstich zusammen; der unsichtbare Mensch aber ist unverletzbar. Er ist frei von allen Beschwerden des physischen Körpers. Der unsichtbare Mensch in euch ist das, was ihr wirklich seid. «Der Eine, der alle Dinge durchdringt, ist unvergänglich. Nichts kann den wandellosen GEIST zerstören.»[1]

Ihr denkt, daß ihr der Körper seid; doch das stimmt nicht! Man kann ein Stück Eis auftauen, so daß es flüssig wird, und kann es schließlich verdampfen. Man kann den Vorgang auch umkehren, indem man den Dampf verflüssigt und dann die Flüssigkeit zu Eis gefrieren läßt. Der Durchschnittsmensch hat noch nicht gelernt, ähnliche Verwandlungen mit den Atomen seines Körpers zustande zu bringen; doch Christus hat uns gezeigt, daß dies möglich ist.

[1] *Bhagavad-Gita* II, 17.

Der Körper besteht aus 35 Gedanken Gottes

Der aus 16 Elementen bestehende menschliche Körper ist nichts weiter als der Schatten des unsichtbaren Menschen; und dieser hat zwei Körper: eine Astralform, die aus elektrischen Strömen besteht, und eine Kausalform, die aus Ideen besteht. Euer astraler Lichtkörper setzt sich aus 19 Elementen zusammen und euer unsichtbarer Kausalkörper aus 35 Gedanken – nämlich den 19 Ideen, die den Astralköper, und den 16 Ideen, welche die grobstofflichen Elemente des physischen Körpers geschaffen haben. Gott erschuf die chemischen Elemente wie Eisen, Kalium und andere zuerst als Idee; dann verdichtete Er sie, um den physischen Körper zu schaffen. Euer wahres Selbst ist unsichtbar, denn auch euer physischer Körper sowie alle anderen erschaffenen Dinge existierten zuerst nur als Vorstellung.

Euer Körper ist also im wesentlichen eine Kausalform von 35 Gedanken innerhalb eines Astralkörpers von 19 Licht- und Energie-Einheiten, die wiederum in einem physischen Körper von 16 Chemikalien eingeschlossen sind. Wenn ihr sterbt, vergeht der physische Körper; doch der Astralkörper des unsichtbaren inneren Selbst behält seine Wirklichkeit; ihr werdet euch dann der astralen Gestalt bewußt sein. Bei weiteren geistigen Fortschritten werdet ihr feststellen, daß euer feinstofflicher Astralkörper sich auf 35 Ideen zurückführen läßt und daß euer Bewußtsein hinter diesen 35 Ideen die Wirklichkeit ist; denn euer Bewußtsein, oder die Seele, ist ein Funke des Kosmischen Bewußtseins Gottes.

Wenn ihr euch einen Film anseht, erblickt ihr viele Gestalten auf der Leinwand; doch wenn ihr aufschaut, seht ihr nur den Lichtstrahl, der diese Bilder projiziert. Ähnlich gehen vom Gehirn fünf Energieströme aus: die schöpferischen Schwingungselemente von Erde, Wasser, Feuer, Luft und Äther, die sich verdichten, um den physischen Körper auf die Leinwand der Schöpfung zu werfen.[2]

[2] Die kosmische Schwingung *(OM)* erschafft die ganze Schöpfung – und dazu gehört auch der menschliche Körper –, und zwar durch die Manifestation der fünf *Tattvas* (Elemente): Erde, Wasser, Feuer, Luft und Äther – der intelligenzbegabten Schwingungskräfte. Ohne das Erdelement gäbe es keine festen Stoffe, ohne das Wasserelement keine Flüssigkeiten, ohne das Luftelement keine Gase, ohne das Feuerelement

Früher gab es nur Stummfilme; jetzt gibt es Tonfilme; und man experimentiert sogar schon mit Gerüchen, so daß man einen auf der Leinwand erscheinenden Garten mit seinen Blumen riechen kann. Wenn diese durch Licht hervorgerufenen Formen auch gefühlt und geschmeckt werden können, haben wir die fünffache Ausdrucksform der göttlichen Schöpfung reproduziert. Die fünf Sinne, durch die der Mensch die Schöpfung wahrnimmt, entsprechen den fünf grundlegenden Elektrizitäten – Äther (Klang), Luft (Berührung), Feuer (Gesicht), Wasser (Geschmack) und Erde (Geruch) –, aus denen die Schöpfung verdichtet worden ist. Eines Tages wird euch die ganze Welt wie ein Film erscheinen – wie Lichtbilder, die der Prüfung der fünf Sinne standhalten. All das Schreckliche, das heute in der Welt geschieht, ist von einer bedrückenden Realität. Doch wenn ihr in der Lage seid, alles als eine Schöpfung von Licht und Schatten zu betrachten, versteht ihr auch, daß es lediglich ein Film ist – ein Teil des göttlichen Dramas.

Ihr träumt nur, daß ihr einen Körper aus Fleisch und Blut habt. Euer wahres Selbst ist Licht und Bewußtsein. Ihr seid nicht der physische Körper. Die Sichtbarkeit des Körpers täuscht unser materielles Bewußtsein. Wenn ihr das Überbewußtsein entwickelt – d. h., wenn ihr euch eures wahren Selbst, der Seele, bewußt werdet –, erkennt ihr auch, daß der Körper nur eine Projektion des unsichtbaren inneren Selbst ist. Dann könnt ihr mit dem Körper tun, was ihr wollt. Versucht aber nicht gleich, auf dem Wasser zu wandeln!

Wenn ihr im Filmtheater sitzt, laßt ihr euch ganz von den Bildern auf der Leinwand gefangennehmen. Sie scheinen so wirklich! Ihr achtet nicht auf das Licht über euch, das die Bilder projiziert. Doch wenn ihr nach oben schaut, könnt ihr sehen, daß das Sichtbare vom Unsichtbaren ausgeht, daß die Gestalten auf der Leinwand alle vom einen Licht aus dem Vorführraum herrühren. Worin besteht der Unterschied zwischen dem Licht und den Bildern? Wenn es kein

keine Hitze, ohne das Ätherelement keinen Hintergrund, auf dem sich der kosmische Film abspielen kann. Die schöpferische kosmische Schwingung tritt durch das verlängerte Mark in den menschlichen Körper ein und teilt sich dann in fünf elementare Ströme auf, und zwar durch die Tätigkeit der fünf niedrigeren *Chakras* (Zentren): des Steißbein- (Erd-), Kreuzbein- (Wasser-), Lenden- (Feuer-), Rücken- (Luft-) und Nacken- (Äther-)zentrums.

Licht gäbe, könnte man dann Bilder materialisieren? Ähnlich kann man sagen: Wenn es keinen unsichtbaren Menschen gäbe, so gäbe es auch keinen sichtbaren. Wenn der unsichtbare Mensch die körperliche Gestalt verläßt, zerfällt der Körper. Wer die subtile Beziehung zwischen dem sichtbaren und unsichtbaren Menschen versteht, kann seinen physischen Körper nach Belieben entmaterialisieren und wieder materialisieren.[3] Wir nähern uns jener Entwicklungsphase, in der wir immer mehr erkennen werden, daß wir in Wirklichkeit unsichtbare Wesen, das heißt Seelen, sind.

Der unsichtbare Mensch kennt weder Schmerz noch Tod

Wer nur im Bewußtsein dieses sichtbaren fleischlichen Körpers lebt, verzögert seinen geistigen Fortschritt; denn der Körper leidet unter Krankheit, Verletzungen, Armut, Hunger und Tod. Es ist wenig empfehlenswert, sich mit diesem sichtbaren, anfälligen und sterblichen Körper zu identifizieren. Der unsichtbare Mensch in uns kann weder verletzt noch getötet werden. Sollten wir nicht vielmehr danach trachten, unser unbekanntes, unsterbliches Wesen zu erforschen? Wenn wir umfassende Kenntnisse über das unsichtbare Selbst erlangen, werden wir auch den sichtbaren Menschen unter unsere Herrschaft bringen – so wie die großen Meister es bewiesen haben. Selbst wenn der sichtbare Mensch in Not ist, kann jemand, der sich der göttlichen Kräfte des unsichtbaren Menschen bewußt ist, vom körperlichen Schmerz unberührt bleiben.

Wie aber erreicht man solche Herrschaft? Zuerst müßt ihr euch

[3] Große Meister, die eins mit Gott sind, können die Atome willentlich so zusammensetzen, daß sie dadurch neue Formen schaffen. Paramahansa Yogananda berichtet in seiner Autobiographie, daß sein geliebter Guru Swami Sri Yukteswar drei Monate nach seinem Tod in Fleisch und Blut vor ihm erschien. Dabei handelte es sich nicht nur um eine sichtbare Gestalt. Paramahansaji erwähnt, daß er seinen Guru mit «Herkulesarmen» umschlungen hielt und «denselben leichten Duft» spürte, den er «von seinem irdischen Körper her kannte». Auch unterhielten sich Guru und Jünger lange miteinander, wie im 43. Kapitel («Die Auferstehung Sri Yukteswars») der *Autobiographie eines Yogi* berichtet wird. *(Anmerkung des Herausgebers)*

bemühen, mehr in der Stille zu leben und zu meditieren. Am Anfang mag dies wenig verlockend scheinen; ihr seid noch so eng mit dem sichtbaren Körper verbunden, daß es euch schwerfällt, an etwas anderes als die üblichen ständigen Sorgen, Wünsche und körperlichen Bedürfnisse zu denken. Bemüht euch dennoch! Schließt die Augen und wiederholt innerlich immer wieder: «Ich bin Gott zum Bilde geschaffen. Mein Leben kann durch nichts zerstört werden. Ich bin der ewig währende unsichtbare Mensch.»

Alles ist das Ergebnis von Gedanken

Der unsichtbare Mensch ist Gott zum Bilde erschaffen, ist so frei wie der GEIST. Im sichtbaren Menschen finden wir alle Sorgen und Begrenzungen dieser Welt. Sobald wir uns des Körpers bewußt werden, sind wir auch an die körperlichen Begrenzungen gebunden. Deshalb lehren uns die großen Meister, die Augen zu schließen und uns in der Meditation des unsichtbaren Menschen zu erinnern – zu erkennen, daß wir nicht auf das beschränkt sind, was der physische Körper tun kann. Ich pflegte mit tiefer Überzeugung zu wiederholen: «Ich bin nicht durch meinen physischen Körper begrenzt. Überall, wo ich hingehen will, kann ich augenblicklich sein!» Ihr mögt sagen: «Das ist ja nur ein Gedanke.» Und was ist ein Gedanke? Alles, was ihr seht, ist das Ergebnis von Gedanken. Ohne zu denken, könntet ihr euch nichts vorstellen. Unsichtbare Gedanken verleihen allen Dingen ihre Wirklichkeit. Wenn ihr daher Herrschaft über euren Denkvorgang erlangt, könnt ihr alles sichtbar machen; dann könnt ihr durch die Kraft der Konzentration Gegenstände materialisieren.

Stellen wir uns einmal vor, daß wir schweigend dasitzen und ich euch auffordere, euch auf diesen Tempel zu konzentrieren, in dem wir uns versammelt haben. Ihr versucht es immer wieder, bis ihr euch ganz darein vertieft habt. Dann könnt ihr den Tempel so sehen, wie er jetzt vor euren physischen Augen erscheint. Unsichtbare Gedanken können sichtbare Erlebnisse materialisieren.

Wenn ihr die Augen schließt, könnt ihr euren Körper nicht sehen, und dennoch erscheint er euch wirklich. Warum sollte das unsichtbare Selbst unwirklich sein, nur weil wir es nicht sehen können? In der Meditation erforscht ihr die Dunkelheit, die sich hinter den geschlossenen Augen befindet, und richtet eure Aufmerksamkeit auf die Seele – das unsichtbare Selbst in euch. Wenn ihr mit Hilfe der vom Guru gelehrten wissenschaftlichen Meditationstechniken lernt, eure Gedanken zu beherrschen und den Geist zu verinnerlichen, werdet ihr euch allmählich geistig weiterentwickeln; dann vertiefen sich eure Meditationen, und euer unsichtbares Selbst, das göttliche Bild der Seele in euch, erscheint euch mit einem Male wirklich. In diesem freudigen Erwachen der Selbst-Verwirklichung wird das begrenzte Körperbewußtsein, das so wirklich erschien, auf einmal unwirklich; und ihr wißt, daß ihr euer wahres unsichtbares Selbst und eure Einheit mit Gott gefunden habt.

Erkennt jetzt, daß ihr unsterblich seid!

Dann werdet ihr auch erkennen, wodurch der unsichtbare Mensch an den Körper «gefesselt» ist: durch Anhänglichkeit, durch das geistige und emotionelle Verlangen nach bestimmten körperlichen Erlebnissen. Wenn ihr euch durch tiefere Meditation aus diesen Bindungen löst, seid ihr frei und wißt, daß ihr in Wirklichkeit ein Ebenbild Gottes seid. Sucht nach diesem unsichtbaren Menschen, der im Dschungel körperlicher Wahrnehmungen und der Materie gefangen liegt.

Wenn ihr einmal den unsichtbaren Menschen und das Wunder seines äußeren physischen Körpers, seines Lichtkörpers und seines inneren Ideen-Körpers verstanden habt, werdet ihr erkennen, was für eine wunderbare Schöpfung ihr seid! Konzentriert euch auf euer unsichtbares Selbst. Der sichtbare Mensch ist eine Täuschung; der unsichtbare innere Mensch ist wirklich. Wenn ihr dies wißt, dann wißt ihr auch, daß ihr nicht Fleisch und Knochen seid, sondern der unzerstörbare unsichtbare Mensch.

Ihr könnt nie sterben! Hängt nie dem Gedanken nach, daß ihr älter werdet und ins Grab sinken müßt. Ihr bereitet euch nur auf euren unsterblichen Zustand vor! Nichts stirbt. Die kausale Schablone eures Körpers ist ständig im Äther gegenwärtig. Euch kommt es so vor, als ob ihr eure verschiedenen Lieben auf immer verloren hättet, weil ihr nicht die Konzentrationskraft besitzt, sie in ihrem feinstofflichen Körper in der Astralwelt zu sehen, wo sie sich jetzt befinden. Haltet eure Gedanken auf diese Wahrheiten gerichtet und wiederholt in stillen Augenblicken immer wieder: «Ich bin das Urbild eines Gedankens Gottes. Ich bin unsterblich und bewege mich ewig im Reich Gottes.» Ihr seid dieser unsterbliche unsichtbare Mensch und werdet es immer sein. Warum nicht jetzt eure Unsterblichkeit erkennen?

Eure physischen Augen spiegeln euch die Täuschung vor, daß diese dualistische Welt wirklich sei. Öffnet euer geistiges Auge und schaut eure unsichtbare Gestalt. Wenn sich im inneren Schweigen das geistige Auge öffnet, wird das Unsichtbare sichtbar. Immer, wenn ihr denkt, träumt oder euch tief konzentriert, seid ihr der unsichtbare Mensch. Er allein ist wirklich; der sichtbare Mensch ist nur ein Schatten. Vergeßt den Schatten und ruft euch die Wirklichkeit in Erinnerung. Werdet eins mit dem unsichtbaren Menschen – dem Spiegelbild Gottes.

Die Reinkarnation: Der Weg der Seele zur Vollkommenheit

(1944)

Reinkarnation bedeutet, daß die Seele auf dieser Erde viele Leben durchläuft – genauso wie in der Schule viele Klassen – und sich ständig höherentwickelt, bis sie «die Abschlußprüfung besteht», das heißt, ihre ewige und vollkommene Einheit mit Gott erreicht. Seelen, die im Zustand der Unvollkommenheit leben (die sich also ihrer göttlichen Einheit mit dem GEIST nicht bewußt sind), erlangen beim Tode des physischen Körpers nicht automatisch den Zustand der Gottverwirklichung. Wir sind Gott zum Bilde geschaffen, haben uns aber durch Identifizierung mit dem physischen Körper dessen Unvollkommenheiten und Begrenzungen zu eigen gemacht. Erst wenn wir dieses unvollkommene menschliche Bewußtsein der Sterblichkeit abgelegt haben, können wir wieder zu Göttern werden.

Ein Prinz lief aus dem väterlichen Schloß fort und geriet in die Elendsviertel. Dort verfiel er der Trunksucht und verkehrte mit Menschen schlechten Charakters, so daß er schließlich ganz vergaß, wer er eigentlich war. Erst als ihn sein Vater fand und wieder zu sich ins Schloß heimholte, erinnerte sich der Sohn, daß er in Wirklichkeit ein Prinz war.

Ähnlich sind auch wir Kinder des Großen Königs, der das Universum regiert, und sind aus unserer geistigen Heimat fortgelaufen. Wir sind schon so lange in unserem menschlichen Körper eingeschlossen, daß wir unsere göttliche Herkunft vergessen haben. Jedesmal, wenn wir auf die Erde kamen, erwarben wir neue Unvollkommenheiten und neue Wünsche. Deshalb kehren wir immer wieder hierher zurück, bis sich alle Wünsche erfüllt haben – oder bis wir dank unserer zunehmenden Weisheit über diese Wünsche hinausgewachsen sind. Wir müssen unsere Wünsche entweder befriedigen – oder sie loswerden, indem wir an Weisheit zunehmen. Indessen gelingt es nur wenigen Menschen, durch Erfüllung ihrer Wünsche vom Rad des Lebens und Todes abzuspringen; denn es liegt in der Natur der Wünsche, daß wir jedesmal, wenn wir sie «befriedigen», das Verlangen haben, diese Erfahrung zu wiederholen, wodurch sie immer größere Macht über uns gewinnen – es sei denn, daß wir einen außergewöhnlich starken Willen haben.[1]

Es ist besser, wenn wir uns kleine oder unbedeutende Wünsche erfüllen; denn auf diese Weise können wir sie loswerden. Doch wir müssen dabei Weisheit und Unterscheidungskraft anwenden; sonst können sogar unbedeutende Wünsche, die man sich oft erfüllt hat, mit größerer Intensität wiederkehren. Wer z. B. gern trinkt, redet sich oft ein: «Heute trinke ich, soviel ich will, und morgen laß ich's dann ganz sein.» Wenn man das ein paarmal gemacht hat, bildet sich allmählich eine Gewohnheit daraus, und dann ist es schwer, sie wieder loszuwerden. Dasselbe kann mit irgendeinem anderen Wunsch geschehen.

Gott ist kein Diktator, der uns hierhergestellt hat und uns befiehlt, was wir tun sollen. Er hat uns freien Willen verliehen, so daß wir tun können, was wir wollen. Wir hören so viel darüber, daß man gut sein soll. Wenn wir aber (wie einige behaupten), nach dem Tod alle gleich in den Himmel kommen, was für einen Zweck hat es dann, hier auf Erden gut zu handeln? Wenn am Ende des Lebens alle den gleichen Lohn erhalten, weshalb soll man dann nicht gierig und egoistisch sein, wo es doch oft viel leichter ist, den Weg der Sünde zu gehen? Worin läge der Vorteil, großen Heiligen nachzueifern, wenn wir alle – die Guten wie die Bösen – nach dem Tod Engel werden?

Wenn Gott andererseits geplant hätte, daß wir alle zur Hölle fahren, hätte es ebenfalls nicht viel Sinn, sich in diesem Leben Sorgen über sein Verhalten zu machen. Auch würde es sich gar nicht lohnen, auf unser Handeln zu achten, wenn es uns nicht besser erginge als einem Auto: sobald es alt wird, wirft man es auf den Schrotthaufen, und das ist das Ende vom Lied! Wenn es so um das menschliche Leben bestellt wäre, dann wäre es auch nicht der Mühe wert, die heiligen Schriften zu studieren und Selbstbeherrschung zu üben.

[1] «Der mit Gott vereinte Yogi, der auf die Früchte seiner Taten verzichtet (der nicht an ihnen haftet), erlangt unerschütterlichen Frieden (weil dieser in der Selbstbeherrschung wurzelt). Wer aber nicht eins mit Gott ist, wird von Wünschen regiert; und weil er am Gewünschten hängt, bleibt er gebunden.» (*Bhagavad-Gita* V, 12)

Die Bedeutung der Zeit

Wenn das Leben jedoch einen tieferen Sinn hat, wie erklären wir uns dann solch scheinbare Ungerechtigkeiten, daß ein Kind tot auf die Welt kommt? Und was ist mit denen, die blind oder stumm oder als Krüppel geboren werden oder die nur wenige Jahre leben und dann sterben? Nur wer lange lebt, hat Zeit, seine angeborenen falschen Neigungen und Wünsche zu bekämpfen und zu versuchen, besser zu werden. Wenn das Kleinkind, das im Alter von sechs Monaten stirbt, keine andere Gelegenheit (in künftigen Leben) hat, warum gibt Gott diesem Kind einen Verstand, aber keine Zeit, ihn zu entwickeln? Der Zeitfaktor ist äußerst wichtig für unseren Fortschritt. Die Zeitspanne *eines* Lebens dürfte da kaum genügen.

Wenn ein Kind stirbt, geschieht das aus einem bestimmten Grund, und da es nicht genügend Zeit hatte, seine menschlichen oder göttlichen Fähigkeiten zu entwickeln, wird ihm eine andere Gelegenheit dazu gegeben. Ein solcher Mensch ist mit einem kranken Jungen zu vergleichen, der nicht zur Schule gehen kann. Er verläßt die Schule nicht für immer; denn sobald er gesund ist, besucht er sie wieder und fährt mit dem Unterricht fort, wo er aufgehört hat. So verhält es sich auch mit dem Leben. Wenn wir nicht in der Lage sind, unsere Lektionen in diesem Leben zu lernen, werden wir in einem späteren Gelegenheit erhalten, das Versäumte nachzuholen.

Wenn ihr einen Blick «hinter die Kulissen» werfen könntet, würdet ihr feststellen, daß das irdische Leben ein Marionettentheater ist. Heute scheint es uns wirklich, doch in ein paar Jahren wird das, was wir in diesem Augenblick erleben, einen traumhaften und irrealen Charakter annehmen. Und was wir jetzt erleben, hätten wir vor fünf Jahren für unwirklich gehalten, wenn man es uns beschrieben hätte. Am letzten Sonntag saßen die meisten von euch auf anderen Stühlen in diesem Tempel, und andere Gedanken gingen euch durch den Kopf. Heute sehen wir einen anderen «Film». Denkt einmal daran, wie viele Menschen ihr gekannt habt, die bereits von der irdischen Bühne abgetreten sind.

Die Auffassung, daß das Leben ein wechselvolles, vergängliches Schauspiel sei, ist nicht pessimistisch; sie lehrt uns, das Leben nicht zu ernst zu nehmen. *Maya*, die kosmische Täuschung, macht uns glauben, daß der Körper wirklich sei – ein unentbehrlicher Teil unseres Wesens. Doch jeden Augenblick kann der Tod die Seele vom Körper trennen, und das ist gar nicht einmal schmerzhaft. Wenn diese Art «Operation» vorüber ist, seid ihr nicht mehr von der Zeit abhängig und braucht keine Kleidung und Nahrung und kein Obdach mehr; denn ihr braucht dieses Bündel aus Fleisch und Knochen nicht mehr mit euch herumzuschleppen. Ihr seid frei davon. Und ihr seid immer noch dieselben. Habt ihr euch je gefragt, warum die Wahrheit hierüber verborgen bleibt? Oder wo jetzt die Millionen Menschen sind, die unsere Erde verlassen haben? Habt ihr euch schon gefragt, ob wir – gleich einer Schar Hühner im Hühnerhof – durch eine neue Schar ersetzt werden, wenn wir hier verschwunden sind? Läßt sich das nicht irgendwie feststellen?

Was wir aus diesem Leben machen, bestimmt unser nächstes

Uns ist die Fähigkeit gegeben worden, zu ergründen, wohin wir gehen und woher wir kommen. Aber wir bemühen uns nicht genug, uns selbst und unser Leben zu untersuchen. Sonst würde uns der gesunde Menschenverstand sagen, daß unser Charakter auch nach dem Tode so sein wird wie jetzt – vielleicht ein bißchen besser oder schlechter, je nachdem, auf welche Weise wir uns bemüht haben, Fortschritte zu machen. Ihr durchlebt 365 Tage im Jahr, und das Jahr für Jahr, und vielleicht habt ihr einige Fortschritte gemacht; doch euer Charakter wird nach dem Tod derselbe sein wie vorher. Ihr werdet nicht deshalb zu Engeln, weil ihr gestorben seid! Nur der Körper verändert sich. Im übrigen bringt euch der Tod keine Wandlung. Er ist vielmehr ein Tor, das ihr durchschreiten müßt. Euer Körper zwar ist verschwunden; aber in jeder anderen Hinsicht seid ihr dieselben geblieben. Wenn ihr ein cholerisches Temperament habt, fällt das im Tode nicht mit dem physischen Körper von euch ab. Es wird nicht eher von euch weichen, als bis ihr es besiegt habt. Wenn ihr in diesem Leben die Gesetze gesunder Lebensweise befolgt habt, werdet ihr im nächsten Leben einen gesunden Körper haben. Der letzte Abschnitt des Lebens ist wichtiger als der erste; denn was ihr am Ende dieses Lebens seid, werdet ihr am Anfang des nächsten sein.

Der erste Lebensabschnitt wird gewöhnlich törichterweise vergeudet, weil man dann noch ziemlich verwirrt ist. Dann kommen Liebesabenteuer und schließlich Krankheit und Alter; der Kampf mit dem Körper beginnt. Ich habe den Ausdruck «Flickwerk-Leben» geprägt, um darauf hinzuweisen, daß man den Körper immer wieder «flicken» und «reparieren» muß, damit er einigermaßen funktioniert. Er macht einem die meiste Zeit Schwierigkeiten: eine «Zündkerze» fehlt, die «Reifen» sind abgenutzt; ihr habt Kopfweh oder eine Erkältung, oder der Magen streikt; es steht schlecht um die Zähne und so fort. Ärger über Ärger! Deshalb ist es wichtig für euch zu erkennen, daß ihr nicht der Körper – mit all seinem Weh und Ach – seid, sondern eine unsterbliche Seele.

Ich nehme das Leben überhaupt nicht ernst. Ich sage: «Herr, wenn Du diesen Körper von der Seele trennen willst, ist mir das recht. Willst Du mich hierbehalten, ist das in Ordnung; doch wenn ich vom Körper befreit werde, ist mir das auch recht.» Man muß nicht sterben, um sich von seiner Anhänglichkeit an den Körper zu befreien. Wenn ihr mit Gott in Verbindung seid, werdet ihr sehen, daß ihr schon frei seid. Ihr seid nicht der Körper. Ihr seid ewiger GEIST.

Können wir auf irgendeine Art herausfinden, was wir in unserer letzten Inkarnation gewesen sind? Wenn wir untersuchen, wie es jetzt um uns steht, stellen wir bestimmte grundlegende Denkgewohnheiten und Fähigkeiten bei uns fest. Die heiligen Schriften der Hindus erklären, daß die Seele eine Million Jahre harmonischen, krankheitsfreien Lebens benötigt, um frei zu werden. Deshalb kann man bei einem durchschnittlichen Menschen nur relativ geringe Veränderungen von Leben zu Leben erwarten. Doch kann die geistige Entwicklung wesentlich beschleunigt werden, wenn man sich bemüht, richtig zu leben, und wenn man die Hilfe eines wahren Gurus erhält.

Die Weisen Indiens haben die Menschheit in vier Grundtypen eingeteilt: die *Shudras* – Menschen, die der Gesellschaft durch körperliche Arbeit dienen; die *Vaishyas* – die ihre Verstandeskraft und Geschicklichkeit einsetzen und in der Landwirtschaft, in Handel und Wirtschaft und im Geschäftsleben tätig sind; die *Kshatriyas*, deren Fähigkeiten auf dem Gebiet der Verwaltung, der Regierung und der öffentlichen Sicherheit liegen – die Herrscher und Krieger;

und die *Brahmanen* – Menschen von kontemplativem Wesen, die geistig inspiriert und inspirierend sind.

Im übertragenen Sinne gehören zu den *Shudras* alle, die kein höheres Ziel im Leben kennen, als die Bedürfnisse und Wünsche des Körpers zu erfüllen; solche Menschen essen, schlafen, arbeiten, vermehren sich und sterben schließlich. Millionen leben heute im Zustand der *Shudras* oder «Arbeiter», das heißt, sie interessieren sich nur für körperliche Annehmlichkeiten und sinnliche Vergnügungen.

Zu den *Vaishyas* gehören solche, die sich vor allem des Verstandes bedienen und viel im Leben zustande bringen. Einige Menschen dieser Kaste denken ausschließlich an ihre Geschäfte; sie leben nur, um Geld zu verdienen. Und das verschwenden sie dann gewöhnlich an sinnliche Vergnügungen. Doch der bessere *Vaishya*-Typus ist bereits höherentwickelt und verfügt über schöpferische Fähigkeiten.

Wer zur dritten Klasse der *Kshatriyas* gehört, hat bereits Erfahrungen im Geldverdienen und Geschäftsleben gemacht und sich schöpferisch betätigt; er beginnt zu verstehen, daß das Leben einen tieferen Sinn hat, und bemüht sich um Selbstbeherrschung, um im Kampf mit den Sinnen Sieger zu bleiben. (Der *Vaishya* macht keine solchen Anstrengungen, um sich geistig zu vervollkommnen. Er verdient einfach Geld, setzt Kinder in die Welt und denkt selten über den Sinn des Lebens nach, außer in Begriffen des Geschäftslebens.) Doch der Angehörige der dritten Klasse, der *Kshatriya*, nimmt das Leben ernster. Ein solcher Mensch stellt sich die Frage: «Sollte ich nicht meine schlechten Gewohnheiten bekämpfen und besiegen?» Er hat das Bedürfnis, seine schlechten Neigungen zu überwinden und das zu tun, was recht ist.

Der letzte und höchste Zustand ist der des *Brahmanen*, der Brahma oder Gott kennt.

Prüft euch, um zu erkennen, worin ihr euch ändern müßt

Wiederholen wir noch einmal die vier Grundtypen des menschlichen Bewußtseins: *Shudra* bedeutet die sinnengebundene Stufe menschlichen Lebens, *Vaishya* die geschäftliche oder produktive Phase, *Kshatriya* den kriegerischen Zustand, in dem man sich bemüht, die

Sinne zu bekämpfen und sich von ihnen zu lösen, und *Brahmane* den Zustand der Weisheit, den man erreicht, wenn man alle Anhänglichkeit an die Sinne überwunden hat und bewußt in Brahma oder Gott verankert bleibt.

Jeder Mensch entspricht – mehr oder weniger – einem dieser vier Grundtypen, und wenn ihr euch daraufhin prüft, könnt ihr feststellen, zu welcher Klasse ihr gehört. Überdenkt euer Leben seit den Tagen der Kindheit und versucht herauszufinden, zu welcher der vier Gruppen ihr gehört. Fragt euch, ob ihr hauptsächlich an sinnlichen Vergnügen hängt, ob ihr nur für die Sinne lebt und Geld verdient, oder ob ihr bloß arbeitet, ohne schöpferisch zu denken und zu handeln.

Denkt einmal zurück, ob ihr euch schon während eurer Kindheit schöpferisch betätigt habt. Einige Kinder beschäftigen sich zum Beispiel gern mit technischen Dingen; sie wollen Gegenstände öffnen und auseinandernehmen, um sie dann wieder zusammensetzen zu können. Andere haben große Freude am Zeichnen oder am Spielen von Instrumenten, oder sie hören gern Musik. Man braucht kein Könner und keine «Primadonna» zu sein, um sich zu sagen, daß man schöpferische Begabung besitzt. Selbst solch ein dummes Lied wie «Ausgerechnet Bananen» ist das Werk eines kreativen Geistes!

Alles, was man erschafft, ganz gleich, ob es fachmännisch geschieht oder nicht, zeugt von schöpferischer Begabung. Wenn sich schon in der Kindheit ein natürliches Talent für das Schreiben von Romanen, für das Theater, für Schnitzarbeiten oder Malerei, für Musik oder das Handhaben von Maschinen zeigt, deutet das darauf hin, daß ihr euch in eurem letzten Leben wahrscheinlich auf der Stufe eines *Vaishya* befunden habt.

Eheleute sollten sich nicht gegenseitig über ihre kreativen Neigungen oder über die ihrer Kinder lustig machen. Es ist eine Sünde gegen den göttlichen Entwicklungsprozeß, wenn man versucht, den schöpferischen Geist bei anderen Menschen zu unterdrücken.

Fragt euch selber, ob ihr euch seit frühester Kindheit immer bemüht habt, nach eurem Gewissen zu handeln. Habt ihr immer genau darauf geachtet, was ihr tut, und wart ihr bemüht, eure Fehler abzulegen? Habt ihr diesen inneren Kampf schon in eurer Kindheit ausgefochten? Das würde der dritten Stufe des *Kshatriya* entsprechen. Und wenn eure Gedanken schon seit der Kinderzeit um Gott kreisen, seid ihr auf der vierten oder geistigen Stufe des *Brahmanen* angelangt.

Solltet ihr nun feststellen, daß ihr zu einem weniger fortgeschrittenen Grundtypus gehört, darf euch das nicht entmutigen; es sollte euch eher ermutigen. Wenn eure Selbstanalyse zeigt, daß ihr noch nicht die höchste Stufe erreicht habt, betrachtet euch nicht als einen hoffnungslosen Fall und seid nicht unglücklich darüber. Viel sinnvoller wäre es, daraus zu schließen, daß jetzt die Zeit gekommen ist, euch zu ändern und das Versäumte nachzuholen. Sonst schleppt ihr den gegenwärtigen Zustand auch noch ins nächste Leben hinüber. Wenn der Tod kommt, möchtet ihr doch so weit sein, daß ihr die Prüfungen des jetzigen Lebens bestanden habt und zu höheren Stufen aufsteigen könnt. Darum solltet ihr euch jetzt ändern. Unterzieht euch einer Selbstprüfung, um zu erkennen, was ihr vorher gewesen seid. Dann könnt ihr damit beginnen, euer Leben sinnvoller zu gestalten.

Lernt, Herr über eure Launen zu werden. Alle heftigen Gefühle, die euch jetzt zu schaffen machen, habt ihr schon früher entwickelt. Oder weshalb sind gewisse Kinder von Anfang an eifersüchtig, während andere in derselben Familie ruhig und liebevoll sind? Es gibt Kinder, die um sich schlagen, wenn man ihnen etwas verbietet; andere jedoch gehorchen stillschweigend. Wiederum andere stehlen vielleicht. Warum? In diesen Charaktereigenschaften zeigen sich vorgeburtliche Neigungen, die man sich in einem früheren Leben angeeignet hat.

Einmal gab man mir ein kleines Kind zu halten. Fast hätte ich es fallen lassen – denn Gott enthüllte mir plötzlich, daß es in einem früheren Leben ein grausamer Mörder gewesen war. Gewöhnlich jedoch ist die Vergangenheit ein sorgsam gehütetes Geheimnis. Die wahren Einzelheiten erkennt ihr nur, wenn Gott es so will.

Unterscheidet zwischen innerem Wert und äußerer Stellung

In New York vertraute mir eine Mitarbeiterin in einem Büro der Self-Realization Fellowship eines Tages an, sie habe einen außergewöhnlichen Mann, einen Hellseher getroffen, der ihr wunderbare Dinge über sie erzählt habe; unter anderem habe er ihr offenbart, daß sie in einem früheren Leben Maria Stuart, die Königin von Schottland, gewesen sei. Ich glaubte nicht, daß sie tatsächlich diese Königin gewesen sei, und richtete schweigend ein kurzes Gebet an Gott, daß Er sie von dieser Täuschung befreie.

Ein paar Tage später kam eine meiner Schülerinnen zu mir und sagte ganz aufgeregt: «Eben habe ich einen bekannten Hellseher kennengelernt (es war derselbe, von dem die Bürohilfe gesprochen hatte); und der sagte mir, ich sei in einem früheren Leben Maria Stuart, die Königin von Schottland, gewesen.» Ich bat die Büroangestellte, ins Zimmer zu kommen, stellte die beiden «Königinnen» einander gegenüber und fragte: «Welche von euch ist jetzt die echte Maria Stuart?» Da sahen die beiden Damen ihren Fehler ein und lachten darüber; sie waren allzu leichtgläubig gewesen und hatten nicht daran gedacht, daß der innere Wert eines Menschen nichts mit einem hohen Rang zu tun hat.

Tatsache ist, daß wir uns gern schmeicheln lassen. Skrupellose Menschen können daraus manchen Vorteil ziehen. Aber wer ihr in einem früheren Leben gewesen seid und ob ihr in den Augen der Welt eine große Rolle gespielt habt, ist von untergeordneter Bedeutung. Am besten ist es, als ein Gottsucher oder Brahmane geboren zu werden, ganz gleich, welches die weltliche Stellung sein mag. Ihr alle habt etwas von diesem göttlichen Typus in euch; sonst wärt ihr heute morgen nicht hier.

Seelischer Austausch zwischen Ost und West

Unter Millionen von Menschen fühlt ihr euch zu diesem Tempel hingezogen, denn ihr habt schon früher mit dem Orient und seinen geistigen Lehren zu tun gehabt. Äußerlich betrachtet, seid ihr jetzt Abendländer, und vielleicht machen sich andere Abendländer lustig darüber, daß ihr eine angeblich «heidnische» Kirche besucht. Menschen, die ein Vorurteil gegen den Orient hegen, haben vor kurzem dort nicht gelebt; andere aber, die sich zum Orient hingezogen fühlen, waren wahrscheinlich das letzte Mal dort verkörpert. An solchen Merkmalen kann man die abendländischen Seelen von den morgenländischen unterscheiden. Habt ihr seit früher Kindheit

Freude am Duft von Räucherwerk, an Geschichten und Bildern über den Orient gehabt? Wenn ja, könnte das darauf hinweisen, daß ihr vor nicht allzulanger Zeit enge Beziehungen zum Orient hattet.

Viele Seelen aus dem Orient haben sich jetzt in Amerika verkörpert. Da sie größere Fortschritte auf materieller Ebene anstrebten, sind sie hier geboren worden, um sich diesen Wunsch zu erfüllen und die Verwirklichung geistiger Ideale in Amerika zu fördern. Ähnlich haben sich viele Seelen, die früher in Amerika gelebt haben, später in Indien verkörpert, um aus dessen geistigem Reichtum Nutzen zu ziehen und dem Land bei der Produktion materieller Güter zu helfen. Ich hoffe, daß viele von euch nach Indien gehen werden, um dort zu helfen, und daß viele aus Indien hierherkommen, um Amerika zu dienen. Diese Welt ist Gottes Familie. Er bemüht sich, allen Nationen in ihrer Höherentwicklung weiterzuhelfen. Er zieht keine der anderen vor.

Ein weiterer Hinweis auf eure Vergangenheit liegt in eurer Vorliebe für gewisse Sinnesempfindungen. Einige Menschen haben es gern warm. Sie sind von früheren Leben her an ein warmes Klima gewöhnt. Andere lieben mehr die Kälte, und das zeigt, daß sie früher in einem kalten Klima gelebt haben. Wenn ihr euch besonders zum Gebirge oder zum Meer hingezogen fühlt, könnt ihr sicher sein, daß diese Neigung aus einem früheren Leben stammt. Es gibt Leute, die sich einsam fühlen, wenn sie nicht in der Großstadt leben, und ruhige Gegenden nicht ertragen können. Diese Einstellung rührt ebenfalls von vergangenen Inkarnationen her.

Wer sein ganzes Leben lang einen ausgeprägten Ehrgeiz zeigt, hatte früher eine bedeutende Position. Wenn man diese Veranlagung hat, aber nicht entwickelt, hemmt man sich selbst. In der richtigen Umgebung könnte ein solcher Mensch Großes leisten. Andere wiederum bleiben erfolglos, ganz gleich, was sie unternehmen. Das deutet darauf hin, daß sie schon früher dauernd Mißerfolge hatten. Doch sie dürfen den Kampf gegen diese Schwäche nie aufgeben. Wenn sie diese negative Haltung nicht jetzt überwinden, werden sie ihr in der nächsten Inkarnation wieder zum Opfer fallen.

George Eastman erzählte mir einmal, daß er in den Anfängen der Kodak AG Aktien zum Stückpreis von 25 Cents anbot, und doch wollte sie niemand kaufen. Die Familie des Mädchens, das er heiraten wollte, widersetzte sich dem Ehebund. Die Widerstände, denen er begegnete, waren so groß, daß es schien, er könne nie Erfolg haben; doch nach einiger Zeit öffneten sich ihm alle Türen. Warum? Weil er schon in früheren Leben schöpferisch und strebsam gewesen war und diese Eigenschaften im jetzigen Leben weiterentwickelt hatte.

Seit meiner Kindheit wünschte ich mir große Gebäude und viele Menschen um mich herum und schattenspendende Bäume und Wasser, ganz gleich, wo ich mich befand. Und genau das habe ich angezogen. Auch wußte ich schon seit meiner Kindheit, daß ich das alles haben würde; daß ich es leicht erwerben könnte, wenn ich es wirklich wollte und mich darum bemühte. Wenn ich darüber sprach, brachte mir das oft ein skeptisches Lächeln ein. Dennoch haben sich meine Pläne verwirklicht. Neben unserer Schule in Ranchi liegt ein großer Teich; das Hauptzentrum von Dakshinesvar befindet sich am Ganges, und von unserer Einsiedelei in Encinitas aus hat man einen Ausblick auf den Pazifischen Ozean.[2]

Frühere Beziehungen beeinflussen jetzige Neigungen

Vielleicht habt ihr eine Vorliebe für gewisse Fremdsprachen und erlernt diese rasch. Madame Galli-Curci zum Beispiel setzte mich in Erstaunen, weil sie manche Sätze in Bengali mit großer Leichtigkeit lernte. Die Liebe zu gewissen Sprachen deutet auf eine Beziehung zu ihnen in früheren Inkarnationen hin. Ihr liebt die deutsche, französische, chinesische oder bengalische Sprache, weil ihr sie früher einmal gesprochen habt.

Kürzlich traf ich eine junge Amerikanerin, die mir sagte: «Ich habe

[2] Die Schule in Ranchi (Bihar, Indien) wurde 1918 auf dem Grundstück des großherzigen Maharadschas von Kazimbazar errichtet. Das indische Hauptzentrum der *Self-Realization Fellowship* – der *Yogoda Satsanga Society of India* – wurde 1939 in Dakshinesvar (bei Kalkutta) gegründet. Die Einsiedelei von Encinitas (Kalifornien), die direkt am Pazifischen Ozean liegt, wurde Paramahansa Yogananda 1937 von Rajarsi Janakananda (James J. Lynn) geschenkt. Dieser geistig fortgeschrittene Jünger Paramahansa Yoganandas folgte seinem Guru 1952 als Präsident der *Self-Realization Fellowship* und der *Yogoda Satsanga Society of India*.

nie orientalische Sprachen studiert, aber mir gehen oft seltsame Wörter durch den Kopf. Ich kann sie aussprechen, weiß aber nicht, was sie bedeuten.» Sofort sagte sie mir etwa neun Wörter in Bengali. Sie hatte diese Sprache im jetzigen Leben nie studiert, noch kannte sie jemanden, der Bengali sprach. Trotzdem kannte sie diese Wörter und sprach sie richtig aus.

Wenn ihr auf Reisen seid, liebt ihr gewisse Landschaften mehr als andere. Es kann sein, daß bestimmte Orte eine viel größere Anziehungskraft auf euch ausüben als alle anderen. Das weist darauf hin, daß ihr früher einmal in dieser Gegend gelebt habt.

Aufgrund solcher Anhaltspunkte könnt ihr euch einige allgemeine Vorstellungen über eure vergangenen Inkarnationen machen. Später kann euch die Meditation zu einer genaueren Kenntnis früherer Leben verhelfen.

Gelegentlich kommt ihr zum ersten Mal in eine Gegend, wo euch gewisse Schauplätze ganz bekannt erscheinen; doch die Menschen, die damals dazugehörten, sind verschwunden. Und manchmal begegnet ihr Menschen, die ihr von früher her zu kennen glaubt. Ich habe solche immer gleich wiedererkannt, vor allem, wenn sie früher meine Jünger gewesen sind.[3]

Der folgende verbürgte Fall von Rückerinnerung an eine frühere Inkarnation ist weltbekannt geworden: Ein kleines Mädchen, das in einem indischen Dörfchen geboren worden war, sehnte sich unerklärlicherweise nach einem Dorf in einer ganz anderen Gegend Indiens. Ihr Zustand wurde schließlich so bedenklich, daß der Arzt riet, man solle sie in dieses weit entfernte Dorf bringen. Das geschah, und sobald sie in die nähere Umgebung des Ortes kam, begann sie zum Erstaunen ihrer Begleiter alles, was sich in diesem Dorf befand, genau zu beschreiben. Sie kannte die Namen der Dorfbewohner (obschon sie nie zuvor dort gewesen war) und ging geradewegs auf ein bestimmtes Haus zu; dann nannte sie den Namen des Mannes, der dort wohnte, und sagte, daß er in einem früheren Leben ihr Bruder gewesen sei. Doch damit nicht genug! Sie erklärte, daß sie in ihrer vergangenen Inkarnation einige Goldstücke in einer Backsteinwand des Hauses versteckt habe, dann aber gestorben sei, ohne es

[3] Solche, die in einer früheren Inkarnation von Paramahansa Yogananda die geistige Einweihung erhalten haben. *(Anmerkung des Herausgebers)*

jemandem erzählt zu haben. Das kleine Mädchen fand auch die Stelle in dieser Wand – und siehe da: Die Goldstücke waren immer noch dort! Sie beschrieb ihre Kleider und wo sie aufbewahrt worden seien, und alles war genau so, wie sie gesagt hatte. Angesichts solcher Beweise haben wir nicht das Recht, die Echtheit und Bedeutsamkeit ihrer Erfahrung anzuzweifeln.

Es gibt noch einen ähnlichen Fall von einem indischen Heiligen, der einen bestimmten Tempel am Flußufer aufsuchte und sagte: «Hier in der Nähe war mein eigener Tempel. Jetzt liegt er drunten im Fluß.» Daraufhin stiegen Taucher hinab und fanden unter dem Wasser einen sehr alten Tempel. Dieser Mann war in einem früheren Leben der Heilige gewesen, dem der versunkene Tempel geweiht war.

Ein reines Herz bringt reine Einsicht

Wenn ihr euer Herz rein haltet und die Gedanken nicht auf sexueller Ebene weilen laßt, so daß ihr in anderen Menschen weder den Mann noch die Frau seht, werdet ihr solche Seelen, die ihr in einem früheren Leben gekannt habt, sofort wiedererkennen. Wenn ihr diese überpersönliche Einstellung habt, könnt ihr augenblicklich die Menschen erkennen, die euch von einer vergangenen Inkarnation her vertraut sind. Nehmen wir einmal an, ihr seht ein Kind, das ein halbes Jahr alt ist, und ihr bekommt es erst wieder zu Gesicht, wenn viele Jahre vergangen sind und das Kind zum Mann herangewachsen ist. Wahrscheinlich erkennt ihr das Kind in diesem Mann nicht wieder. Doch gewisse Gesichtszüge sind dieselben geblieben; wenn ihr das Kind lange genug gekannt hättet, so daß seine Gesichtszüge sich euch fest eingeprägt hätten, würdet ihr es wiedererkennen. So bleiben auch gewisse Körpermerkmale unseres früheren Lebens dieselben. Vor allem die Augen sind genauso wie vorher. Sie ändern sich kaum, denn sie sind die Fenster der Seele. Wenn sich Zorn, Angst oder Bosheit in euren Augen widerspiegeln, solltet ihr versuchen, euch zu ändern und die unerfreulichen Eigenschaften auszumerzen; denn sie hindern euch daran, die Schönheit der Seele auszudrücken. Durch einen Wechsel von Umgebung und Umgang ändern sich auch Geist und Körper in gewissem Maße. Doch die

Augen ändern sich kaum. Ihr werdet im nächsten Leben wieder denselben Augenausdruck haben.

Ihr könnt aufgrund eurer Neigungen auch feststellen, ob ihr im früheren Leben ein Mann oder eine Frau wart. Manche Frauen haben ausgesprochen männliche Eigenschaften, und mancher Mann wäre lieber eine Frau.

Mann und Frau sind einander ebenbürtig. Beide besitzen Vernunft und Gefühl. Doch im Mann überwiegt die Vernunft und in der Frau das Gefühl. Einen Mann kann man leichter beeinflussen, wenn man an seine Vernunft appelliert; eine Frau kann man leichter durch ihre Gefühle ansprechen.

Durch Gottverbundenheit erreicht ihr die Harmonie oder den Ausgleich zwischen diesen beiden Eigenschaften. Ich betrachte mich nie als Mann oder Frau. Ich fühle für andere mit der Liebe einer Mutter; doch kann mich niemand dazu bewegen, meine Meinung zu ändern, indem er an mein Gefühl appelliert, wenn meine Vernunft (meine Vaternatur) es nicht gutheißt. Einen göttlichen Ausgleich zwischen Denken und Fühlen zustande zu bringen, sollte das Ziel jedes Mannes und jeder Frau sein. Der Mann muß in der Regel mehr das Gefühl, die Frau mehr das folgerichtige Denken entwickeln.

Wir müssen unsere Liebe zumindest in einer menschlichen Beziehung vervollkommnen

Es gibt einen triftigen Grund, weshalb es Gott gewöhnlich nicht zuläßt, daß wir uns an unsere früheren Leben erinnern. Es besteht nämlich die Gefahr, daß wir mit einem gewissen «Sippenbewußtsein» an den Menschen hängen bleiben, denen wir einst nahegestanden haben, anstatt unsere Liebe auf andere Menschen auszudehnen. Gott will, daß wir allen Menschen Freundschaft und Liebe entgegenbringen, daß wir sie zumindest in *einer* menschlichen Beziehung vervollkommnen. Wenn ihr alte Freunde trefft, könnt ihr eure Liebe zu ihnen vervollkommnen. Ein Jünger ist jemand, dem der Guru dazu verhilft, den Zustand vollkommener göttlicher Freundschaft zu erreichen. Wer die Ratschläge seines Gurus befolgt, ist ein Jünger. Die Wünsche eines wahren Gurus werden von göttlicher Weisheit gelenkt, und wenn ihr euch ganz auf diese Wünsche einstimmt, erlangt ihr dieselbe Freiheit wie er.[4]

Vor allem solltet ihr möglichst viel aus diesem Leben lernen und euch bemühen, in der Schule des Lebens die höchste geistige Entwicklungsstufe zu erreichen. Setzt euch mit Gott in Verbindung! Wenn euch das gelingt, werden euch alle Fehler vergeben, die ihr auf den unteren Stufen der Lebensschule begangen habt. Bemüht euch um Weisheit und ein göttliches Bewußtsein, damit ihr euch von allem Karma, das euch an die unwichtigeren Pflichten bindet, befreien könnt.

[4] «So ihr bleiben werdet an meiner Rede, so seid ihr meine rechten Jünger und werdet die Wahrheit erkennen, und die Wahrheit wird euch frei machen.» (*Johannes* 8, 31–32) «Wer Meiner Lehre immer voller Hingabe folgt, ohne daran zu zweifeln, der wird von (allem) Karma befreit.» (*Bhagavad-Gita* III, 31)

Gottes Drama

«Das ganze Universum ist aus dem GEIST hervorgegangen», sagte der Meister zu einer Gruppe von Jüngern. «Sterne, Steine, Bäume und Menschen bestehen aus derselben Einen Substanz: Gott. Um eine mannigfaltige Schöpfung ins Leben zu rufen, mußte der Herr jedem Ding den *Anschein* von Individualität verleihen.

Wir würden des irdischen Schauspiels bald müde werden, wenn wir erkennen könnten, daß es nur *eine* Person ist, die das Stück herausbringt, das Manuskript schreibt, das Bühnenbild malt, Regie führt und alle Rollen spielt. Doch ‹die Vorstellung muß weitergehen›; deshalb hat der Meister-Dramatiker im ganzen Kosmos eine unvorstellbare Erfindungsgabe und unerschöpfliche Vielfalt an den Tag gelegt. Er hat dem Unwirklichen scheinbare Wirklichkeit verliehen.»

«Meister, warum muß die Vorstellung weitergehen?» fragte ein Schüler.

«Das ist Gottes *Lila* – Sein Spiel oder Zeitvertreib», antwortete der Guru. «Er hat das Recht, sich in zahllosen Formen auszudrücken, wenn Er es so wünscht. Für den Menschen kommt es vor allem darauf an, daß er die Täuschung durchschaut. Wenn Gott sich nicht in die Schleier der *Maya* hüllte, gäbe es kein Kosmisches Schöpfungsdrama. Wir dürfen Versteck mit Ihm spielen und nach Ihm suchen, bis wir Ihn finden und den Großen Preis gewinnen.»

Was versteht man unter Geistern?

(1945)

Es kursieren alle möglichen Geschichten über Geister und Teufel, über Hexen und Vampire; und es gibt nicht wenige Menschen, die behaupten, verschiedene Erlebnisse mit ihnen gehabt zu haben. Bei mehreren Fällen, die mir zur Kenntnis gekommen sind, handelt es sich um Personen, die eine überhitzte und krankhafte Phantasie hatten. Ich erinnere mich zum Beispiel an eine Frau, die zufällig ein Buch über Vampire gelesen hatte. Ihre Einbildungskraft war so stark, daß sie schließlich fest glaubte, ihr Blut würde jede Nacht von einem Vampir ausgesogen. Jedesmal, wenn sie mich besuchte, fühlte sie sich besser. Aber ihr Glaube an den nächtlichen Vampir war so machtvoll, daß sie schon in jungen Jahren starb – ein Opfer ihrer eigenen Gedanken.[1]

Im 16. Jahrhundert war der Glaube an Zauberei weit verbreitet, und Hunderte von Personen, die man für Hexen hielt, wurden zu Unrecht angeklagt, im Bunde mit dem Teufel zu stehen, und deshalb zum Tode verurteilt. Johanna von Orléans wurde als Hexe auf dem Scheiterhaufen verbrannt. Selbst Jesus Christus, der die Kranken heilte und nichts als Gutes tat, wurde angeklagt, mit Beelzebub in Verbindung zu stehen. Es stimmt, daß die bösen Geister, von denen viele Menschen besessen waren, Jesus oft erkannten und ihm sagten: «Halt, was haben wir mit dir zu schaffen, Jesus von Nazareth? Du bist gekommen, uns zu verderben. Ich weiß, wer du bist: der Heilige Gottes.»[2] Jesus selbst sprach von Satan[3] und bösen Geistern, die

[1] In der Gegenwart eines gottbewußten Meisters wie Paramahansa Yogananda können empfängliche Seelen oft von geistigen oder körperlichen Krankheiten geheilt werden. Eine dauerhafte Heilung aber hängt durchweg von dem anhaltenden Glauben und der Empfänglichkeit des geheilten Menschen ab. Wer, wie diese Frau, wieder in seine falschen Denkgewohnheiten zurückfällt, zieht die Krankheit von neuem an. *(Anmerkung des Herausgebers)*

[2] *Lukas* 4, 34.

[3] *Lukas* 4, 1–8.

er aus vielen Menschen austrieb. Einmal trieb er die bösen Geister sogar in eine Herde Säue.[4]

Hinter diesem Universum verbirgt sich eine andere Welt – die Astralwelt. Ihre Bewohner leben in einem astralen Lichtkörper. Da sie keinen physischen Körper haben, sind sie «Geister» und für uns unsichtbar. Gewöhnlich sind sie an ihre eigene Sphäre gebunden, genauso wie wir durch unsere eigene physische Welt begrenzt sind. Wenn es für übelgesinnte Astralwesen leicht wäre, bis zur Erde vorzudringen und uns Schaden zuzufügen, würden wir ständig in Angst und Schrecken leben. Es gibt bereits genug Greuel auf dieser Erde. Sind wir nicht ständig von Millionen tödlicher Bakterien umgeben? Sicherlich will Gott uns nicht noch obendrein umherspukende Geister schicken.

Es gibt jedoch einige Astralwesen, die man «vagabundierende Seelen» nennen kann. Sie sind der Erde stark verhaftet und sehnen sich danach, wieder in einen physischen Körper einzugehen und das Sinnenleben zu genießen. Solche Wesen sind gewöhnlich unsichtbar und haben keinen Einfluß auf die Menschen. Gelegentlich jedoch gelingt es solch vagabundierenden Seelen, sich des Körpers und Geistes eines Menschen zu bemächtigen; das ist aber nur dann der Fall, wenn es sich um eine geistig labile Person handelt, die ihren Geist leer gemacht und dadurch geschwächt hat. Es ist so, wie wenn man die Tür seines Wagens nicht abschließt und den Zündschlüssel stecken läßt. Irgendein Vagabund kann dann einsteigen und mit dem Wagen davonfahren. Vagabundierende Seelen versuchen, sich eine freie Fahrt in irgendeinem menschlichen Körper zu verschaffen. In solchen Fällen von Besessenheit trieb Jesus die vagabundierenden Geister aus. Vagabundierende Seelen können die hohen geistigen Schwingungen nicht ertragen, die von einem reinen Bewußtsein ausgehen. Wer Gott aufrichtig sucht und die wissenschaftlichen Methoden des Betens und der Meditation anwendet, braucht keine Furcht vor solchen Wesen zu haben. Gott ist der Höchste GEIST, der über alle anderen Geister herrscht. Wenn die Gedanken eines Menschen auf Gott gerichtet sind, können negative Geister ihm keinen Schaden antun.

[4] *Lukas* 8, 26–33.

Das dreifache Wesen des Menschen

Um besser verstehen zu können, was astrale Wesen sind, müssen wir uns zuerst klar darüber werden, was *wir* sind. Als Gott uns erschuf, existierten wir im Anfang nur als Bewußtsein. Ist es nicht so, daß jedes schöpferische Erzeugnis zuerst als Entwurf in unserem Geist entsteht? Erst dann besorgen wir uns das Material, und schließlich wird aus der Idee eine konkrete Form. Ähnlich haben alle Dinge in der Schöpfung eine dreifache Daseinsform: die geistige (die Idee), die astrale (das Baumaterial) und die physische (das stoffliche Endprodukt).

Der physische Körper besteht aus 16 Elementen. Gott erschuf uns zuerst in Seinem Geist. Es ist ein wahres Wunderwerk, wie Gott die verschiedenen physischen Elemente zusammengefügt hat, so daß sie Intelligenz zum Ausdruck bringen können. Dennoch ist dieser Körper alles andere als vollkommen. Wir könnten uns einen weit besseren vorstellen. Ich würde am liebsten einen erschaffen, der die Eigenschaft von Asbest hat und durchs Feuer gehen kann, ohne zu verbrennen – einen Körper, in dem es keine zerbrechlichen Knochen, keinen quälenden Husten gibt. Der physische Körper hat seine Schmerzen und Plagen; oft funktionieren seine «Zündkerzen» nicht. Zuerst stellt sich dieses und dann jenes Leiden ein, und schließlich versagt das Herz.

Die Amerikaner kaufen sich gern jedes Jahr einen neuen Wagen, aber dieses alte körperliche Fahrzeug müssen sie sechzig oder siebzig Jahre lang behalten. Und selbst, wenn es zu verfallen beginnt, hängt man immer noch an dem alten Modell, bis der Herr schließlich sagt: «Komm jetzt und steig aus!» Und dann springt ihr aus dem verbrauchten physischen Körper hinaus und seht euch in einen leuchtenden Astralkörper eingehüllt, der aus Licht und Energie besteht.[5]

[5] In der Astralwelt gibt es viele Ebenen oder Sphären, die den Himmel oder die Hölle im Leben nach dem Tode darstellen. «In meines Vaters Hause sind viele Wohnungen.» (*Johannes* 14, 2) Wenn sich ein Mensch auf der Erde gut verhalten hat, wird er zu einer der höheren Sphären des Lichts, des Friedens und der Freude hingeleitet. Wer böse Taten vollbracht hat, den zieht es in eine niedrigere, dunkle Sphäre, wo er unter höllischen Alpträumen leidet. Jeder verbleibt für eine karmisch vorbestimmte Zeit in der Astralwelt und verkörpert sich dann wieder in physischer Gestalt auf Erden.

Ihr freut euch, daß ihr hören, sehen und fühlen könnt und daß euer neuer Körper keine zerbrechlichen Knochen und kein verletzbares Fleisch hat.

Unser Astralkörper besteht aus 19 Elementen, die von geistiger, emotioneller und biotronischer Beschaffenheit sind. Sie bestehen aus: Intelligenz, Ichbewußtsein, Gefühl, Verstand (Sinnesbewußtsein), den fünf Werkzeugen des Wissens (den feinen Kräften jenseits der physischen Sinnesorgane: Gesicht, Gehör, Geruch, Geschmack und Tastsinn), den fünf Werkzeugen des Handelns (den ausführenden Kräften der Fortpflanzung, Ausscheidung, des Sprechens, Gehens und der Fingerfertigkeit) und den fünf Werkzeugen der Lebenskraft (der Zellbildung, Assimilation, Elimination, des Stoffwechsels und Kreislaufs im physischen Körper).

Sie sind alle äußerst fein gesponnen. Wir können aufgrund der *Kraft*, die in den fünf Sinnen wirkt, in dieser Traumwelt hören, riechen, schmecken, tasten und sehen. Und in der Astralwelt, wo wir keine Sinnesorgane (Ohren, Augen, Nase, Zunge und Haut) haben, besitzen wir immer noch die Kraft aller fünf Sinneswahrnehmungen. Der Astralkörper ist gewichtlos und bewegt sich so leicht fort wie das Licht. Ihr könnt den Astralkörper willentlich so klein wie ein Atom oder auch riesengroß machen. Und warum auch nicht? Gott, der göttliche Vorführer der kosmischen Filmschöpfung, kann ein Bild auf der Leinwand beliebig vergrößern oder verkleinern. Er projiziert den Film aus dem Vorführraum der Ewigkeit. Ihr seid individualisierte Ausdrucksformen Seines unendlichen Lichts. Euer Astralkörper ist daher ziemlich frei von den kosmischen Begrenzungen, die den physischen Körper beschränken.

Gott mußte sich jedoch zuerst überlegen, aus welchem Material Er die physischen und astralen Körper bilden wollte, ehe Er sie wirklich erschuf. Wir haben daher auch noch einen Kausalkörper, der sich aus 35 Elementen zusammensetzt: den 16 Ideen, nach denen die Elemente des physischen Körpers gebildet werden, und den 19 Ideen, welche die Elemente des Astralkörpers bestimmen. Nach dem Muster der kausalen Gedankenbilder werden der aus Licht bestehende Astralkörper und der aus grobstofflicher Materie bestehende physische Körper durch die astralen fünf Werkzeuge der Lebenskraft sichtbar gemacht. Folgendes Beispiel wird diesen Gedanken näher erläutern: Schließt die Augen und stellt euch zur linken Seite ein Pferd vor. Zuerst ist das Bild noch unklar, aber sobald ich sage, das Pferd ist weiß, könnt ihr es euch leichter vorstellen. Jetzt stellt euch ein schwarzes Pferd zu eurer Rechten vor. Dann tauscht die Seiten aus, so daß sich das weiße Pferd auf der rechten Seite befindet. Wenn eure Vorstellungskraft stark genug ist, könnt ihr die Pferde als wirkliche Bilder sehen. Genau das geschieht im Traum; der Geist kann sich dann besser konzentrieren, so daß die Gedanken sichtbar werden. Träume und Visionen sind von astraler Beschaffenheit, weil sie aus Licht und Energie bestehen. Wenn ihr die Astralbilder des schwarzen und weißen Pferdes für die Sinne tatsächlich erfahrbar machen könntet, hättet ihr etwas Physisches materialisiert.

Im wesentlichen bestehen wir also aus 35 Ideen, die den Gedanken- oder Kausalkörper des Menschen ausmachen. Und in diesen 35 Gedanken wohnt der Geist Gottes, den man Seele nennt. Ähnlich wie sich unter dem Gasbrenner eine große Flamme befindet, die durch viele kleine Öffnungen züngelt und als viele winzige Flammen sichtbar wird, so bilden wir alle ein einziges Licht, das sich von Gott in zahllose Körper ergießt.

Nach dem Tode sind wir noch im Astral- und Kausalkörper eingeschlossen

Wenn ihr sterbt, zerfällt der physische Körper aus 16 Elementen, doch die 19 Elemente eures Astralkörpers bleiben bestehen. Wo sind dann aber all die Seelen, die diese Erde verlassen haben? Sie schweben irgendwo im Äther. «Das ist unmöglich», meint ihr. Wir wollen daher ein Beispiel anführen: Wenn ich einem primitiven Höhlenbewohner erzählte, daß man Musik aus dem Äther hören kann, würde er mich auslachen oder sich vielleicht auch fürchten. Wenn ich ihm dann aber ein Radio brächte und einen Sender mit Musik einstellte, würde er die Wahrheit meiner Behauptung nicht länger bestreiten können. Ebenso könnte ich euch jetzt zeigen, daß astrale Wesen im Äther umherschweben, und niemand würde es in Abrede stellen können. Die Astralwelt ist unmittelbar hier, hinter der grobstofflichen Schwingung des physischen Kosmos.

Wenn ihr die Vielzahl astraler Wesen sehen könntet, die sich in diesem Augenblick durch den Äther bewegen, würden manche von euch sich fürchten; andere würden versuchen, unter ihnen ihre verstorbenen Lieben wiederzuerkennen. Wenn ihr euch aber tief auf das geistige Auge konzentriert, könnt ihr mit dem inneren Sehvermögen jene leuchtende Welt schauen, in der alle uns vorangegangenen Seelen in ihrem Astralkörper leben. Die Empfangsstation im Menschen ist das Herz, und der Sender ist das geistige Auge. Sobald ihr euer Gefühl still im Herzen konzentriert, werdet ihr eure Lieben fühlen können, auch wenn ihr sie nicht sehen könnt, und die Gewißheit haben, daß sie jetzt in einem Astralkörper leben und sich ihrer Freiheit freuen – daß sie frei von der Knechtschaft des Fleisches sind.

Ich sehe viele Astralwesen, welche die irdische Welt verlassen haben, aber sie können mich nicht sehen. Ich mache mich für sie nicht sichtbar, kann sie aber erblicken, sobald ich es wünsche.[6]

Wenn wir den physischen Körper im Tod abwerfen, ist unsere Seele daher noch nicht gänzlich frei, denn sie ist immer noch in dem feineren Astral- und dem Gedankenkörper eingeschlossen. Erst wenn der Mensch sich mit einem physischen Körper bekleidet, wird er in dieser Welt sichtbar. Nach dem Tode des physischen Körpers lebt er als «Geist», als ein intelligenzbegabtes, unsichtbares Wesen, in seiner astralen Form und behält mehr oder weniger denselben Charakter und die Eigenschaften bei, die er auf Erden gehabt hat. Die Bewohner der astralen Gefilde können einander natürlich in ihren Lichtkörpern sehen; uns auf Erden aber sind sie nicht sichtbar, es sei denn, daß wir die Fähigkeit entwickelt haben, die Astralwelt durch das geistige Auge zu sehen. Wenn dann die Seelen auch ihren astralen Körper abwerfen und in ihrem Gedankenkörper in die

[6] Große Meister wachen nicht nur über ihre Jünger, die auf Erden leben, sondern auch über diejenigen, die sich auf astraler und kausaler Ebene befinden. Sie können sich jederzeit in einem physischen oder astralen Körper materialisieren, tun dies aber nur, wenn sie es für nötig halten und ein Gottsucher sie aus tiefster Seele anruft. Ein Beispiel dafür finden wir in der *Autobiographie eines Yogi*, Kapitel 34, als Lahiri Mahasaya seinen Meister Mahavatar Babaji bat, vor einigen seiner zweifelnden Freunde zu erscheinen.

Kausalwelt[7] eingehen, sind sie nicht etwa wesenlos, sondern werden einfach unsichtbar, ebenso wie Gedanken unsichtbar sind.

Jesus sprach: «Brechet diesen [Körper]-Tempel ab, und in drei Tagen will ich ihn aufrichten.»[8] Damit meinte er, daß er seinen physischen, astralen und geistigen Körper aufgeben, das heißt jede Spur von Anhänglichkeit an irgendwelche Formen beseitigen müsse, um sich ganz mit dem GEIST zu vereinigen. Dazu bedurfte es drei verschiedener Kraftanstrengungen.

Wenn eine abgeschiedene Seele daher noch unerfüllte Wünsche hat, die während ihres Erdenlebens entstanden sind, fühlt sie diese in der Astralwelt und sehnt sich nach einem irdischen Körper, um sich durch ihn ausdrücken zu können. Folglich geht die Seele mit ihrer Astralform in eine befruchtete Eizelle ein und wird in körperlicher Gestalt wiedergeboren.

Die Intelligenz des Prana erschafft den physischen Körper

Das den ganzen physischen Körper durchdringende *Prana* ist intelligente Lebenskraft («Biotronen»). Die Elektrizität, die eine Glühbirne zum Leuchten bringt, kann selbst keine Glühbirne erzeugen, doch kann die Elektrizität oder Lebenskraft in den sich vereinigenden menschlichen Spermen und Eizellen die Entwicklung des Embryos und später des ganzen menschlichen Körpers bestimmen. Sie manifestiert sich als die vorher genannten fünf Lebenskräfte des Astralkörpers und ist eine intelligente und bewußt gesteuerte Lebenskraft.

Es ist unklug, irgendein körperliches Gebrechen als unheilbar anzusehen. Nehmen wir einmal an, ihr habt einen Arm verloren, und

[7] Sobald die Seelen frei von körperlichen Wünschen sind, brauchen sie sich nicht mehr auf Erden zu verkörpern. Solche Seelen wandern dann zwischen der Astralwelt und dem Kausal-«Himmel» hin und her und verkörpern sich so lange im Astralreich wieder, bis sie auch von dieser Welt befreit sind. Und wenn alle kausalen Wünsche überwunden sind, ist man eine freie oder befreite Seele.

[8] *Johannes* 2, 19.

der Gedanke an diesen Verlust prägt sich eurem Bewußtsein so unauslöschlich ein, daß ihr überzeugt davon seid, den Arm nie wieder gebrauchen zu können. Wenn ihr das nächste Mal wiedergeboren werdet, tragt ihr das Bewußtsein des fehlenden Armes noch in euch, und wenn es machtvoll genug ist, kann es die schöpferische Tätigkeit der intelligenten Lebenskraft daran hindern, einen normalen Arm im neuen Körper wachsen zu lassen. Identifiziert euch also nie mit den Gebrechen des physischen Körpers. Sie haben nichts mit euch zu tun, denn ihr seid das reine, vollkommene Ebenbild Gottes: die Seele.

Ihr seht also, daß ihr bereits Geister wart, ehe ihr diese körperliche Gestalt annahmt, und wenn ihr sterbt, werdet ihr wieder zu Geistern. Auch wenn wir schlafen, werden wir zu Geistern, denn im Schlaf sind wir uns des physischen Körpers gar nicht bewußt. Wenn ihr also selbst zu Geistern werdet, wenn ihr schlaft und nachdem ihr gestorben seid, warum solltet ihr euch dann vor Geistern fürchten? Es ist der Zustand, in dem ihr wart und wieder sein werdet. Der einzige Unterschied besteht darin, daß ihr nach dem Tode, wenn ihr plötzlich in die Astralwelt geworfen werdet, nicht auf Wunsch einen physischen Körper, wie ihr ihn jetzt habt, erschaffen könnt. Große Meister natürlich, die eins mit dem Göttlichen Schöpfer geworden sind, haben diese Fähigkeit. Sie können die feinen Schwingungen des Astralkörpers in einen stofflichen Körper verdichten.

Die Todesfurcht ist unbegründet

Wir fürchten uns vor dem Tode, weil wir uns vor Schmerzen fürchten oder weil wir meinen, wir würden ausgelöscht. Doch diese Vorstellung ist unrichtig. Jesus zeigte sich seinen Jüngern nach seinem Tod in körperlicher Gestalt. Auch Lahiri Mahasaya kehrte einen Tag nach seinem Mahasamadhi[9] in einem physischen Körper zurück. Dadurch bewiesen sie, daß sie nicht ausgelöscht worden waren. Die Tatsache, daß es nur wenige solcher Fälle gibt, bedeutet

[9] Die letzte Meditation, in der ein Meister seinen physischen Körper bewußt verläßt und in den GEIST eingeht, wird *Maha-* oder großer *Samadhi* genannt.

nicht, daß sie unwahr sind. Wir dürfen die Beispiele, die Jesus und mein *Param-Paramguru*[10] Babaji gegeben haben, nicht ignorieren; ebensowenig kann ich vergessen, was ich mit eigenen Augen gesehen habe – meinen auferstandenen Meister Sri Yukteswarji[11] oder das, was ich im eigenen Innern erlebt habe. «Diese Seele, die wahre Widerspiegelung des GEISTES, leidet nicht unter Tod und Geburt, noch wird sie, da sie bereits existiert, je vergehen. Die Seele war nie geboren; sie lebt ewig und bleibt unberührt von der Magie *(Maya)* des Wechsels. Durch alle Zyklen körperlicher Auflösung bleibt die Seele ewig unverändert.»[12] ...

Wir haben bereits so viele Tode und Geburten mitgemacht, warum sollten wir uns vor dem Tod fürchten? Er kommt, um uns zu befreien. Zwar solltet ihr euch den Tod nicht wünschen, aber ihr solltet euch mit dem Gedanken trösten, daß er uns von vielen Sorgen erlöst; er ist eine Art Pension, die man sich nach einem Leben voller Mühe und Arbeit verdient hat. Ich stelle euch den Tod als etwas sehr Verlockendes dar! ...

Ihr wißt nie, was euch in dieser Welt bevorsteht; ihr macht euch Sorgen, solange ihr lebt. Die Verstorbenen haben Mitleid mit uns und segnen uns. Warum sollten wir also um sie trauern? Ich erklärte dies einer Frau, die ihren Sohn verloren hatte. Sie trocknete sogleich ihre Tränen und sagte: «Nie zuvor habe ich solch tiefen Frieden gefühlt. Ich bin so froh zu wissen, daß mein Sohn sich seiner Freiheit freut. Ich dachte, ihm sei etwas Furchtbares zugestoßen.»

Man kann den Körper bewußt verlassen und wieder betreten

Viele geistig fortgeschrittene Personen können ihren eigenen Astralkörper sehen. In der Bibel sagt Johannes: «Und als ich ihn sah, fiel ich zu seinen Füßen wie ein Toter.»[13] Wenn im Tod euer Astralleib

[10] Der Guru des eigenen Gurus.

[11] Siehe *Autobiographie eines Yogi*, Kapitel 43: «Die Auferstehung Sri Yukteswars».

[12] *Bhagavad-Gita* II, 20.

[13] *Offenbarung* 1, 17.

auffährt, das heißt, wenn er den Körper zurückläßt, seht ihr euren physischen Körper wie tot daliegen. Dasselbe geschieht, wenn ein fortgeschrittener Yogi seinen Körper auf Wunsch verläßt. So sah Johannes während des Erlebnisses, das er hier beschreibt, seinen irdischen Körper wie leblos, obgleich er noch am Leben war. Es macht Spaß, seinen Körper auf diese Weise verlassen und wieder betreten zu können. Aber viele Leute bilden sich nur ein, daß sie dies tun. Die Vorstellungskraft allein genügt nicht; ihr müßt auch die Technik kennen...

Oft sehe ich mit dem inneren astralen Auge wie in einem Film Szenen vom Kriegsschauplatz in Europa. Die Welt war dazu bestimmt, uns zu unterhalten, nicht, uns zu quälen. Gott hat Seinen Film über die Schöpfung sehr kompliziert gestaltet und viele Kontraste wie Gut und Böse hineingewoben. Denkt einmal daran, wie oft ihr schon einen aufregenden Kriminalfilm gesehen und hinterher gesagt habt: «Das war ein guter Film!» Ihr solltet lernen, dem Film des Lebens mit derselben Losgelöstheit und Freude zuzuschauen.

Wir müssen etwas aus der Tatsache lernen, daß wir jetzt in einem menschlichen Körper eingeschlossen sind und nachts und im Tode zu Geistern werden. Wir müssen unser Geist-Wesen kennenlernen – unser unsichtbares, machtvolles Wesen. Das könnt ihr aber nicht, solange ihr euch immer auf den Körper konzentriert und denkt: «Ich habe Kopfschmerzen, ich wünsche mir dies und das, ich mag keinen Spinat!» Ihr müßt euch über alle Anhänglichkeit an materielle Dinge erheben. Und wie könnt ihr das? Indem ihr bei allem zuerst an Gott denkt. Solange ihr Ihm nur den zweiten Platz einräumt, wird Er nicht zu euch kommen. Gold, Wein und Sexualität wurden erschaffen, damit sie euch an diese Welt gebunden halten; der Herr benutzt sie als Prüfungen, um zu sehen, ob ihr sie Ihm und Seiner Liebe vorzieht.

Die Macht der schwarzen Magie liegt in euren Gedanken

Einige Leute fürchten sich nicht nur vor Geistern, sondern haben auch Angst vor schwarzer Magie und anderen schwarzen Künsten. Viele haben mir schon gesagt, daß irgendein Bekannter schwarze

Magie gegen sie anwende. Dann sage ich ihnen: «Ihr befindet euch in Gottes fester Burg. Niemand kann euch etwas antun, wenn ihr Gott wirklich vertraut.» Wenn ihr allerdings an den negativen Gedanken glaubt, daß jemand euch schaden kann, so gebt ihr ihm die Kraft, dies auch zu tun. Angenommen, jemand sendet euch böse Gedanken und ihr nehmt diese in euch auf; dann werden sie euch verletzen. Doch ihr braucht keine bösen Gedanken anzunehmen! Fürchtet euch nicht vor niederträchtigen Menschen; niemand kann euch etwas antun, es sei denn, daß ihr Angst habt. Wenn ihr euch fürchtet oder euren Geist leer macht, gewährt ihr dem Bösen Einlaß, aber wenn ihr sagt: «Gott ist in mir», kann nur Gutes durch die Gedanken anderer zu euch kommen. Haltet eure Gedanken immer auf Gott gerichtet. Sein heiliger Name ist die größte Kraft; gleich einem Schild wehrt er alle negativen Schwingungen ab.

Der kosmische Krieg zwischen Gut und Böse

Warum sich Gedanken über die wesenlose Drohung vagabundierender geisterhafter Seelen machen oder sich vor schwarzer Magie fürchten? Jeden Augenblick existiert eine viel größere Gefahr für unser Glück und Wohlbefinden, und zwar direkt in uns und um uns. Zwei Kräfte stehen im Kampf miteinander – die eine will uns retten, die andere uns schaden. Wir sind in den kosmischen Krieg zwischen Gut und Böse verwickelt.

Die Welt wird von unsichtbaren Kräften oder Geistern regiert: von Gottvater, dem Christusbewußtsein, den sieben Geistern vor Gottes Stuhl[14] und von Satan mit seiner Legion böser Kräfte. Die sieben Geister vor Gottes Stuhl sind die grundlegenden intelligenten Kräfte in der Schöpfung: der Heilige GEIST (die ursprüngliche schöpferische Schwingungskraft Gottes, das *OM* oder Amen) und seine sechs individualisierten schöpferischen Kräfte, welche das physische, astrale und kausale Universum und ebenfalls den physischen, astralen und kausalen Körper des Menschen aufbauen und erhalten.

[14] *Offenbarung* 1, 4.

Satan war ursprünglich ein Erzengel.[15] Ihm war die Macht verliehen, nach Gottes Plan Welten zu erschaffen. Nachdem er sein Schöpfungswerk vollendet hatte, sollte er, wie auch die übrige Schöpfung, zu Gott zurückkehren. Aber diese intelligente Kraft, die in den heiligen Schriften als Satan personifiziert wird, sah voraus, daß die Schöpfung sich auflösen würde, wenn alles wieder zum GEIST zurückkehrte. Um dies zu verhindern, pflanzte Satan dem Menschen böse (d.h. materielle) Wünsche ein, die ihn veranlassen würden, immer wieder zur Erde zurückzukehren und das Räderwerk der Schöpfung in Gang zu halten. Auf diese Weise versucht der Teufel, dem Menschen jede Möglichkeit zu nehmen, zu Gott zurückzukehren.

Zwischen Gott und dem Teufel findet ein großes Tauziehen statt. Man kann das Problem nicht einfach dadurch abtun, daß man meint, Satan sei eine Täuschung. Gott müßte tatsächlich sehr unwissend sein, wenn Er nicht über das Böse in der Welt unterrichtet wäre. Warum sprach Jesus: «Hebe dich von mir, Satan», und «Erlöse uns von dem Übel», wenn es keinen Satan gibt? Warum ist es überhaupt nötig, zu Gott zu beten, wenn es gar keinen Teufel gibt? Das Böse existiert.

Als Gott den Menschen erschuf, erschuf Er auch den Teufel. Satan mit seiner Kraft der *Maya* wurde erschaffen, damit er Gottes Kinder prüft. Ehe das Eisen nicht im Feuer geschmiedet ist, kann es nicht zu Stahl werden. Wenn Krankheit und Leid auf euch zukommen, müßt ihr euch sagen, daß dies eine von Gott gesandte Prüfung der *Maya* ist. Ihr müßt diese Prüfungen bestehen und euch dadurch nicht aus dem Gleichgewicht bringen lassen. Obgleich Jesus am Kreuz litt, bestand er die schwere Prüfung. Viele große Seelen sind an furchtbaren Krankheiten und Leiden gestorben. Die heilige Theresia von Avila erkrankte an Tuberkulose, und dennoch sagte sie: «Ich will nicht, daß der Herr mein Leiden verkürzt. Ich will es tapfer tragen und so lange, wie ich kann, arbeiten.» Als sie ihren Körper verließ, stieg sie zu Christus auf.

[15] «Er sprach aber zu ihnen: Ich sah den Satan vom Himmel fallen wie einen Blitz.» (*Lukas* 10, 18)
«Wisse, daß alle Manifestationen des *Sattva* (des Guten), *Rajas* (der Tätigkeit) und *Tamas* (des Bösen) von Mir ausgehen. Obgleich sie sich in Mir befinden, bin Ich nicht in ihnen.» (*Bhagavad-Gita* VII, 12)

Diese Schöpfung ist Gottes Zeitvertreib. Doch ich flehe Ihn ständig an: «Warum hast Du Dir einen solchen Zeitvertreib ausgedacht? Warum machst Du es uns so schwer?» Unsere Erde ist einer der schlimmsten Orte in der Schöpfung. Es gibt weit bessere Aufenthaltsorte. Obgleich Gott diese Schwierigkeiten zuläßt, versucht Er auch, uns herauszuhelfen. Gott und Seine Engel und Millionen guter Geister versuchen Ordnung und göttliche Eintracht auf die Erde zu bringen. Jede nützliche Eigenschaft ist von einem guten Geist erschaffen worden. Gute Geister streuen ständig die Saat hilfreicher Gedanken in den Boden eures Geistes. Gleichzeitig schafft Satan, der König der Finsternis, mit seinen bösen Geistern Unordnung und Aufruhr in der Welt. Wer anders als Satan hat die vielen Plagen erschaffen? Einmal ist es Tuberkulose, und jetzt, als neuester Zerstörer, ist es der Krebs – alles diabolische Methoden, die Menschen zu quälen. Doch Gott inspiriert auch viele Forscher dazu, neue Wege zu finden, um Krankheiten auszumerzen.

Die Versuchung Adams und Evas

Um den Menschen an das Erdenleben gebunden zu halten, erschuf Satan den Geschlechtstrieb; mit dieser Versuchung hat der Mensch seit Anbeginn zu tun gehabt. Gott erschuf Mann und Weib kraft Seines Willens. Sie waren die zu Körpern verdichteten Ausdrucksformen göttlicher Weisheit und göttlichen Gefühls.[16] Mann und Weib hatten ursprünglich dieselbe Macht wie Er und konnten allein durch geistige Kraft Kinder zeugen. Adam und Eva waren also von Ihm ermächtigt worden, sich auf unbefleckte, das heißt göttliche Weise fortzupflanzen. Wie mein Guru Sri Yukteswar erklärte, führte die Kraft des Bösen (Satan) Eva in Versuchung, die «Frucht» (den Geschlechtsgenuß) mitten im Garten (Körper) zu essen.[17] Gott hatte den ersten Menschen gestattet, sich aller Sinneswahrnehmungen am Baum des Lebens (der astralen Bewußtseins- und Energie-

[16] Der Mann drückt größere Vernunft aus, während das Gefühl bei ihm mehr im Hintergrund steht, und die Frau drückt mehr Gefühl aus, wobei die Vernunft weniger vorherrschend ist.

[17] *1. Mose* 3, 3.

zentren in der Wirbelsäule) zu erfreuen, mit Ausnahme der Geschlechtsbefriedigung inmitten des körperlichen Gartens. Die «Schlange», die Eva in Versuchung führte, ist die zusammengerollte Energie am Ende der Wirbelsäule, welche die Geschlechtsnerven anregt. Wenn das Gefühl oder Evabewußtsein im Menschen vom Geschlechtstrieb überwältigt wird, unterliegt auch Adam, das heißt seine Vernunft.

Der Geschlechtstrieb ist das trügerische Gegenstück zur Glückseligkeit Gottes. Wenn geschlechtliche Lust an die Stelle der Liebe tritt, wird sie zum Werkzeug des Teufels und hält das Bewußtsein des Menschen an die Sinne gebunden, so daß es ihm nicht möglich ist, das göttliche Bewußtsein zu erleben – die ewig bestehende, ewig bewußte, ewig neue Freude. Der Geschlechtstrieb, das Verlangen nach Wein und Geld – sie alle sind von Satan erschaffene Täuschungen, welche die Seele daran hindern sollen, in tiefe Ekstase einzugehen. Als Adam und Eva sich dem Geschlechtsgenuß hingaben, wurden sie aus dem Paradies vertrieben, das heißt, sie verloren jenes göttliche Bewußtsein oder jene seelische Verzückung, in der sie ihre Einheit mit Gott fühlen konnten. Seit jener Zeit mußten sich die Menschen, genau wie die Tiere, auf geschlechtliche Art fortpflanzen, mußten die Frauen ihre Kinder mühsam und schmerzvoll gebären. Auch müssen Mann und Frau das akzeptieren, was ihnen gegeben wird. Wenn ihnen ein böses Kind geboren wird, müssen sie es dennoch behalten und aufziehen. Ursprünglich waren sie, wie Gott, fähig, kraft ihres Geistes das zu erschaffen, was sie sich wünschten. O selige Zeit der ersten Unschuld!

Letzten Endes ist selbst Satan nur ein Werkzeug Gottes. Satan kann das Versprechen, das er dem Menschen gegeben hat, nicht halten; deshalb sucht der von ihm enttäuschte Mensch schließlich den aufrichtigen Herrn. Warum aber auf Enttäuschungen warten?...

Hört auf die Stimme Gottes, die durch eure guten Gedanken zu euch spricht. Gott und Seine engelhaften Geister flößen euch diese guten Gedanken ein; der Teufel aber erzeugt ganz andere Gedanken. Jedesmal, wenn ein böser Gedanke in euch auftaucht, weist ihn energisch ab. Dann kann Satan euch nichts anhaben. Sobald ihr etwas Unrechtes denkt, nähert ihr euch Satan. Ihr bewegt euch ständig zwischen Gut und Böse hin und her, deshalb müßt ihr mehr in die Tiefe gehen, wo Satan euch nicht erreichen kann: ganz tief ins Herz Gottes.

Die ewige Suche des Menschen

(1941)

Wenn wir unsere Aufmerksamkeit nach innen lenken und immer mehr im unsichtbaren Reich unseres Innern leben, sehen wir, daß unsere seelischen Eigenschaften Gestalt annehmen: Jede dieser Materialisationen wird dann zu einem Fenster, durch das wir die unbeschreibliche Lieblichkeit Gottes wahrnehmen. Glaubt nicht, daß die Suche nach Gott nur aus Meditation bestehe! Jede gute Eigenschaft, die ihr durch eure Gedanken und Handlungen ausdrückt, bringt den verborgenen Nektar der göttlichen Gegenwart zum Fließen, wenn eure innere Wahrnehmung tief genug geht.

Wenn wir das Tor des geistigen Auges durchschreiten, sehen wir in unserem eigenen Innern die Werkstatt der intelligenten Lebensenergie, die das ganze Universum erschaffen hat. Weil wir uns aber nicht nach innen konzentrieren, stehen wir verwirrt vor den Abdrücken, die der unsichtbare GEIST in der Natur hinterlassen hat. Wir sehen die «Erzeugnisse» Gottes; Sein Name ist in jeder Blume, im Himmel, in allen Dingen verzeichnet – Er selbst aber schweigt. Als menschliche Wesen besitzen wir ein großes Vorrecht; denn unter allen von Gott erschaffenen Lebewesen ist der Mensch das einzige, das die körperliche, geistige und seelische Fähigkeit besitzt, Ihn zu suchen, Ihn zu finden, Ihn zu erkennen und Seine Sprache des Schweigens zu verstehen.

Was macht ein erfolgreiches Leben aus?

Für ein Kind besteht Erfolg darin, alle Arten von Spielzeug zu besitzen und womöglich noch ein kleines Auto, in dem es selbst umherfahren kann. Ein armes Kind denkt, wie glücklich es wäre, wenn es nur eine Menge Spielsachen hätte. Ein reiches Kind dagegen langweilt sich vielleicht mit all seinem Spielzeug und ist innerlich ruhelos. Es wird schließlich sehr schwer sein, das Kind eines Reichen, das bereits so viel besitzt, zufriedenzustellen. Wenn wir älter werden, lachen wir über unsere kindischen Wünsche von einst. Aber wer weiß, ob all das, was wir uns jetzt wünschen und was wir für die Erfüllung unseres Lebenstraumes halten, eines Tages nicht ebenfalls ganz unbedeutend für uns wird? Ich habe dies oft feststellen können. Deshalb wollte ich mich nicht, wie so viele andere, von meinen Gefühlen irreleiten lassen und törichten Dingen nachjagen, sondern schaute in die Zukunft. Mit ein wenig Voraussicht werden wir einsehen, daß uns die meisten Dinge, die wir uns wünschen, nicht wirklich glücklich machen.

Erfolg ist wichtig, damit man sich das Lebensnotwendige – Nahrung, Kleidung, Unterkunft und Gesundheit – beschaffen kann. Wenn ihr dies nicht wenigstens in gewissem Grade besitzt, seid ihr in einer fatalen Lage. Ihr solltet euch wenigstens etwas von dem Komfort und Glück erwerben können, nach dem ihr sucht. Ob die eigenen Ideale das geistige oder materielle Gebiet betreffen, jeder wird zugeben müssen, daß es ein paar grundsätzliche körperliche Bedürfnisse gibt, die gedeckt werden müssen, damit man den Körpertempel erhalten kann. Wer diesen Tempel nicht gut instand hält, wird auch sonst nirgendwo Erfolg haben.

Glück ist ein Produkt unserer eigenen Gedanken

Was jedoch ist wahrer Erfolg? Selbst wenn ihr all das erreichtet, was ihr euch je im Leben gewünscht habt, wärt ihr schließlich dennoch enttäuscht. Als ich darüber nachdachte, sah ich ein, daß jede Freude, die ich über irgend etwas empfand, durch meine Gedanken hervorgerufen wurde. Wenn ich meine Aufmerksamkeit von den betreffenden Dingen zurückzog, verschwand alle Freude an ihnen. Daran erkannte ich, daß die Freude etwas Inneres ist, eine geistige Vorstellung. Selbst die Schönheit der Dinge, die ihr am meisten schätzt und die ihr direkt vor Augen habt, wird unwirklich, wenn eure Gedanken abwesend sind. Nur wenn ihr eure Gedanken darauf richtet, nehmt ihr die Schönheit wahr. Es ist daher einleuchtend, daß das Glück, das wir suchen, zum größten Teil in uns und nicht außerhalb von uns liegt.

Wir können unser Glück aufblühen oder verkümmern lassen. Jemand, der ein kleines Häuschen sein eigen nennt, mag sagen: «Ich freue mich daran mehr als an einem Palast.» Und ein zweiter, der einen Palast besitzt, freut sich längst nicht so daran wie der andere an seinem einfachen Häuschen. Das Geheimnis des Erfolgs und Glücks liegt in eurem Innern. Wenn ihr materiellen Erfolg und Wohlstand erreicht habt, innerlich aber nicht zufrieden seid, so ist das kein echter Erfolg. Ein Millionär, der sich nicht glücklich fühlt, ist auch nicht erfolgreich. Das soll nicht heißen, daß ihr mit einer Million Dollar nicht erfolgreich sein könnt. Ob ihr reich oder arm seid, wahren Erfolg im Leben habt ihr nur dann, wenn ihr glücklich seid.

Das Glück besteht nicht in Freuden, die bloß kurze Zeit währen und später Bedauern in euch hinterlassen. Bei wahrem Erfolg bleibt immer ein befriedigendes Gefühl im Bewußtsein zurück, auch wenn die erste freudige Erregung abgeklungen ist. Alles Gute, das ihr im Leben getan habt, hinterläßt unvergängliche freudige Erinnerungen. Darin besteht der echte Erfolg.

In allen Lebenslagen glücklich zu sein, ist wahrer Erfolg

Es ist nicht so einfach, Erfolg zu haben; denn das hängt nicht allein davon ab, wieviel Geld und materiellen Besitz man hat. Erfolg hat eine viel tiefere Bedeutung. Er läßt sich nur daran messen, ob ihr an eurem inneren Frieden festhalten und Selbstbeherrschung bewahren könnt, so daß ihr in allen Lebenslagen glücklich seid. Das ist wahrer Erfolg! Wenn ihr in euer Inneres blickt und ein reines Gewissen habt, wenn eure Vernunft vorurteilsfrei ist, wenn ihr einen festen Willen habt und euch dennoch anpassen könnt, wenn ihr gute Unterscheidungskraft besitzt und euch aus eigener Kraft die Dinge beschaffen könnt, die ihr braucht oder die euch erstrebenswert erscheinen, seid ihr erfolgreiche Menschen.

Als Kinder konntet ihr euch an kleinen Dingen freuen, jetzt aber seid ihr geneigt zu denken, daß ihr mehrere Häuser und Wagen braucht, obgleich ihr seht, daß diejenigen, die das besitzen, nicht unbedingt glücklich sind. Einfaches Leben und edles Denken bringen Zufriedenheit. Wenn ihr euren Geist auf der Ebene hoher Gedanken haltet, findet ihr größeres Glück, als wenn ihr euch nur auf Äußerlichkeiten konzentriert. Wer hauptsächlich damit beschäftigt ist, sein Heim zu verschönern, seinen Besitz zu vermehren und seine Garderobe zu verbessern, ist nicht notwendigerweise ein kultivierter Mensch. Man kann einen Hund herausputzen, ohne ihn dadurch zu einem zivilisierten Wesen zu machen. Der Unterschied zwischen einem Menschen und einem Hund besteht darin, daß der Mensch sein Bewußtsein und sein Wesen aus eigenem Antrieb ändern kann. Er kann tief in die Region des GEISTES tauchen, was dem Hund nicht möglich ist. Die Liebe des Menschen ist transzendent. Wenn wir sterben, mag ein Hund uns kurze Zeit nachtrauern, in einigen Fällen sogar, bis er selbst stirbt; doch unsere menschlichen Freunde vergessen uns nie (es sei denn, daß sie es wollen), auch in späteren Inkarnationen nicht. Daher hat der Mensch anderen Lebewesen gegenüber einen gewaltigen Vorteil.

Menschliche Höherentwicklung durch die Kraft der Gedanken

Als menschliches Wesen könnt ihr euch besonders durch die Kraft der Gedanken höherentwickeln. Nehmt euch jeden Tag etwas Zeit, euren Geist zu beschäftigen. Es ist besser, eine Weile zu lesen, als sich Tag und Nacht nur mit Hausarbeit oder unproduktiver Tätigkeit zu befassen. Plant euren Tagesablauf und tut nicht alles aufs Geratewohl; wenn ihr dagegen die Neigung habt, alles zu überorganisieren, solltet ihr das nicht übertreiben. Auf jedem Lebensgebiet ist richtiger Ausgleich nötig. Anstatt euren Geist nur mit der täglichen Arbeit und unwichtigem Zeitvertreib zu beschäftigen oder die freien Stunden müßig zu vergeuden, lest etwas Inhaltsreiches. Habt immer gute Lektüre zur Hand und vertieft euch in freien Augenblicken darein! Man sollte eine Auswahl an guter Literatur besitzen – etwas über Wissenschaften, Geschichte, Philosophie, Lebens- und Reisebeschreibungen – alles, was euch geistig bereichert und inspiriert.

Bücher können zu guten Freunden werden, und wenn ihr die richtige Auswahl trefft, werdet ihr viel daraus gewinnen. Zuerst mag es euch schwerfallen, Emerson, Milton, Platon oder die Werke der großen Heiligen zu lesen, doch nach einiger Zeit werdet ihr über das Gelesene nachzudenken beginnen. Ihr werdet euch bereichert fühlen; denn all diese Weisen empfingen ihr Wissen aus der unerschöpflichen Schatzkammer Gottes und bringen Gedanken zum Ausdruck, die euch vielleicht in eurem ganzen Leben nicht gekommen wären.

Doch gibt es auch Menschen, die ständig lesen und euch nachher nicht sagen können, was sie gelesen haben. Die beste Methode ist, sich selbst in das Gelesene hineinzufühlen. Denkt darüber nach, wie sich der Inhalt des Buches auf euer eigenes Leben anwenden läßt. Und gebraucht dabei eure Unterscheidungskraft. Akzeptiert nicht blindlings alles, was ihr lest; es muß der Prüfung durch euer eigenes Denken standhalten. Ein wertvolles Buch sollte zum Nachdenken anregen. Wenn das der Fall ist, wißt ihr, daß es euren geistigen Horizont erweitert.

Empfangt euer Wissen unmittelbar vom GEIST

Wer weder liest noch meditiert, sondern nur für die Äußerlichkeiten des Lebens Interesse zeigt, gewinnt kein tieferes Verständnis. In der Meditation setzt ihr euch unmittelbar mit jener Kraft in Verbindung, die alle Gedanken hervorruft. Wer mit dieser Höchsten Kraft Verbindung aufnehmen will, muß meditieren. Als menschliche Wesen tut ihr euch selbst Unrecht, wenn ihr nichts lest; besser aber noch ist es, zu meditieren. Ich würde gern mehr lesen, doch kaum habe ich zwei Seiten beendet, werde ich auch schon aus irgendeinem Grund abgerufen. Ich habe das Lesen deshalb aufgegeben und finde es nutzbringender, zu meditieren. Wenn ich tief nach innen tauche, erscheinen mir strahlende Lichter, und große Freude erfüllt mich – eine Freude, die den ganzen Tag anhält. Das ist meine eigene Erfahrung. Und es ist die Erfahrung all derer, die mit dem ewig glückseligen Gott in Verbindung stehen.

Vergeudet eure Zeit nicht! Gott will, daß ihr zu ausgeglichenen Menschen werdet. Wenn ihr ein unausgeglichenes Leben führt, werdet ihr durch das kosmische Gesetz gestraft. Führt ein einfaches Leben, verschafft euch genug körperliche Bewegung, lest gehaltvolle Bücher und macht es euch zur Gewohnheit, täglich zu meditieren! Wenn ihr meditiert, werdet ihr viel mehr Glück finden als durch irgend etwas anderes. Alles Wissen wird dann von innen heraus kommen.

So ist es in meinem Leben gewesen. Seit ich vor 20 Jahren nach Amerika kam, habe ich noch keine 20 Bücher gelesen. Ich bin nicht stolz auf diese Tatsache – und meine Unwissenheit wäre beträchtlich, wenn ich nicht durch die Meditation das Bewußtsein des GEISTES erlangt hätte. Wenn ich mir ein Buch ansehe, weiß ich, daß die Wahrheit, die es enthält, mir bereits von Gott vermittelt worden ist. Alle Gedanken und Wahrheiten entspringen dem GEIST. Wenn ihr euch mit Ihm in Verbindung setzt, empfangt ihr Seine Weisheit unmittelbar...

Die menschliche Evolution ist vom Kosmischen Gesetz angeordnet

Im Laufe der Jahrhunderte haben sich die Menschen verschiedener Länder aufgrund ihres Denkprozesses unterschiedliche Vorstellungen über das Leben und die Seele gemacht. Wenn zum Beispiel Menschen einiger Naturvölker Kopfschmerzen haben, meinen sie, daß ihre Seele verlorengegangen sei, und wenden sich an einen Medizinmann. Der begibt sich daraufhin in den Wald, um nach der verlorenen Seele zu suchen, und bringt sie in einem Kästchen zurück. Dann «setzt» er die Seele wieder in den Kopf des Patienten hinein, damit das Kopfweh verschwindet. Bei einem anderen Volksstamm ist es üblich, jemandem, der krank ist, Angelhaken ins Fleisch zu schlagen, damit ihm beim Niesen nicht die Seele entschlüpfe, sondern von den Haken festgehalten werde.

So wie einige durch irrige Vorstellungen zu falschen Schlußfolgerungen über die Seele gekommen sind, so haben andere durch vernünftige Überlegungen ein tiefes Wissen darüber erlangt. Wir wissen, daß die Seele kein Atemhauch ist, denn es hat Personen gegeben, die lange Zeit im Zustand der Atemlosigkeit gelebt haben; dadurch bewiesen sie, daß die Seele nicht an den Atem gebunden ist. Die Seele ist etwas, was jenseits des Atems und aller anderen körperlichen Bedingungen besteht.

Ob man daran glaubt oder nicht, daß es eine Seele gibt, jeder wird bewußt oder unbewußt durch das kosmische Gesetz gezwungen, sein höheres Wesen zu entwickeln. Welchen Beruf ein Mensch auch haben mag, sein Bewußtsein entwickelt sich weiter, wenn er Pläne entwirft und von seiner schöpferischen Intelligenz Gebrauch macht. Durch jede produktive Handlung entfaltet sich der Mensch mehr.

Für die meisten Menschen liegt das Problem darin, daß sie,

während sie etwas tun, an etwas ganz anderes denken. Sie können sich nicht konzentrieren. Ihr solltet lernen, euch mit der ganzen Kraft eurer Gedanken auf nur eine Sache zu konzentrieren und mit ganzer Aufmerksamkeit dabei zu sein! Laßt euch nicht gehen! Wenn man etwas gleichgültig tut, führt das zu Verdruß und Fehlschlag.

Der Mensch darf nicht zu einem psychologischen Automaten werden wie das Tier, das nur aus Instinkt handelt. Gedankenlos zu handeln, ist eine große Sünde gegen den GEIST in euch; wir sollten alles voll bewußt tun. Wir sollten denken, ehe wir handeln. Wir sollten lernen, unseren Verstand zu gebrauchen, damit wir uns höherentwickeln und unsere Einheit mit dem Schöpfer erkennen. Alles, was wir tun, muß das Ergebnis wohlüberlegter Planung sein.

Setzt euch hohe Ziele! Es ist Zeitverschwendung, die Kraft der Gedanken auf nichtige Dinge zu richten. Jätet das wuchernde Unkraut im Garten eures Geistes aus. Gestaltet euren geistigen Garten so schön, daß Gott gern dort eintritt. Wenn ihr einen geistigen Garten haben wollt, in dem die Blumen der Weisheit blühen, müßt ihr euer Leben vereinfachen. Indem ihr alles bewußt und nicht geistesabwesend tut, behaltet ihr die Übersicht über euer Handeln. Entscheidet euch nur für das, was wichtig ist, und laßt das weniger Wichtige weg. Sobald ihr eure Aufgaben erfüllt habt, löst euch innerlich von ihnen und lenkt euren Geist auf eine andere produktive Tätigkeit.

Gott erfüllt die ewige Sehnsucht des Menschen

Lernt, mehr im Bewußtsein des GEISTES zu leben! Deshalb allein seid ihr als menschliche Wesen geboren worden. Ihr wurdet aufgrund des Evolutionsgesetzes geschaffen, damit ihr eure göttlichen Kräfte entwickelt und Gott findet. Das Tier kann Ihn nicht finden. Lahiri Mahasaya war dabei, eine Wissenschaft zu entwickeln, welche die Evolution der Tiere beschleunigt; doch er lebte nicht lange genug, um sein Werk zu vollenden. Auch mir sind einige Methoden bekannt, die Entwicklung der niederen Lebensformen zu beschleunigen. Was aber geschieht mit den Millionen von Menschen, die wie Tiere leben? Wenn sie diese Welt verlassen, haben sie den Sinn ihres Daseins nicht erfüllt. Warum ihn nicht jetzt erfüllen? Ihr könnt es, wenn ihr euch konzentriert. Der einzige Sinn des Lebens besteht darin, den alliebenden Gott zu finden, der so scheu ist, daß Er sich vor uns versteckt hält. Wir müssen Ihn finden! Die Menschheit ist auf der ewigen Suche nach «irgend etwas anderem», von dem sie sich höchstes, unvergängliches Glück verspricht. Für solche Menschen jedoch, die Gott gesucht und gefunden haben, ist die Suche vorbei: Er ist «dieses andere».

Die Natur verschleiert Gottes Gegenwart

Warum wird der Mensch Versuchungen ausgesetzt? Damit er nach dem Einen sucht, der verlockender ist als alle weltlichen Versuchungen. Die irdischen Verlockungen, die euch umgeben, sind nicht dazu da, euch zu umgarnen, sondern euch anzuregen, nach dem zu suchen, was dahinter liegt, und zu fragen: «Wer hat all diese Dinge erschaffen? Wer hat mich geschaffen? Wer bin ich? Wo bist Du, Herr? Wo verbirgst Du Dich? Sprich zu mir!» Wenn ihr euch mit diesen Fragen unmittelbar an Gott wendet, antwortet Er. Die meisten Menschen rufen Ihn nicht dringend genug an und finden Ihn deshalb nie. Ihr müßt deutlich in der Sprache eurer Seele zu Ihm sprechen: «Herr, all die Schönheit, die Du erschaffen hast, befriedigt mich nicht mehr. Ich will Dein Antlitz schauen, das schöner ist als alle Blumen und bezaubernder als alle anderen Gesichter. Ich will sehen, wer sich hinter der ganzen Natur verbirgt.» Wenn sich jemand mit einem Schleier verhüllt, könnt ihr immer noch sehen, daß er da ist. So ist auch die Natur wie ein riesiger Schleier, hinter dem sich Gottes Gegenwart abzeichnet. Er hält sich dort verborgen. Doch ihr schaut nur flüchtig hin, ohne bis zu dem scheuen Bewohner vorzudringen. Wenn ich in tiefem Schweigen meditiere und mein Atem aussetzt, durchrieselt mich ein seliger Schauer, und dann flüstert Er mir zu: «Ich bin hier.»

Die Intelligenz, die Gott uns verliehen hat, ist das Tor zum Himmel. Es ist die äußere Tür, die in Sein Reich führt, doch ihr macht keinen Gebrauch von ihr. Warum wollt ihr sie nicht jetzt – noch heute – aufschließen? Wartet nicht, bis ihr gezwungen seid, diese Welt zu verlassen, bis der Tod euch wie einen Hund hinausjagt. Das ist ein Verbrechen gegen eure Seele. Die Intelligenz wurde euch verliehen, damit ihr entdeckt, warum ihr hierher gesandt worden seid: um Ihn zu finden.

Wie man den GEIST entdecken kann

Es gibt verschiedene Techniken, die einem helfen, den GEIST zu finden. Eine davon ist das Schweigen. Euch in Schweigen zu üben, bedeutet, alle Wünsche zum Schweigen zu bringen, die von außen in euer Bewußtsein einzudringen versuchen; dann erst könnt ihr tief nach innen tauchen und eure Seele fühlen.

Eine andere Methode oder Technik ist die Hingabe an Gott, das heißt die Fähigkeit, in größter Einfachheit und Reinheit zu Gott zu sprechen: «Du hast mich erschaffen. Ich aber wollte nicht erschaffen werden. Es ist Deine Pflicht, Dich mir zu offenbaren.» Wenn ihr Ihm aber nur kurz etwas sagt und Ihn dann wieder vergeßt, erhaltet ihr nie Antwort von Ihm. Gott ist «schwer zu erobern», weil es vielen Menschen nicht Ernst damit ist. Die Methode des Betens ist gewöhnlich nicht sehr wirksam, weil die meisten Gebete nicht tief und hingebungsvoll genug sind. Ihr müßt eure Gebete so lange wiederholen, bis sie tief genug dringen und das Überbewußtsein erreichen. Allein solche Gebete sind wirksam, bei denen eure Seele vor Sehnsucht nach Gott in Flammen steht. Sicher habt ihr manchmal so gebetet, vielleicht, wenn ihr euch irgend etwas sehnlichst wünschtet oder wenn ihr dringend Geld brauchtet – dann hat euer brennender Wunsch den ganzen Äther in Flammen gesetzt. Genauso müßt ihr für Gott fühlen. Sprecht Tag und Nacht zu Ihm; dann werdet ihr sehen, daß Er antwortet.

Yoga ist der wissenschaftliche Weg zu Gott

Die Yoga-Methode, sich mit Gott in Verbindung zu setzen, ist die beste. Sie besteht aus verschiedenen wirksamen, wissenschaftlichen Meditationstechniken. Die großen Weisen Indiens kamen zu dem logischen Schluß, daß man sich Gott aufgrund genauer Gesetze nähern könne, weil Gott auch Sein Universum nach genauen Gesetzen regiert. So entdeckten sie aufgrund ihrer Versuche die geistigen

Gesetze des Yoga. Die Wissenschaft des Yoga wird sich in diesem Land mehr verbreiten als irgendeine andere geistige Bewegung. Die Leute werden sich immer mehr von den Kirchen entfernen, in die man nur geht, um eine Predigt zu hören, und sich in Schulen und an stillen Orten versammeln, wo sie meditieren und Gott wirklich finden können.

Jeder sollte sich darin üben, mit Gott Verbindung aufzunehmen. Auch Jesus tat dies, wenn er seine Jünger um sich versammelte. Ich bin nicht nur gekommen, um euch von der Herrlichkeit Gottes zu erzählen; mein größter Wunsch ist, daß ihr Seine Herrlichkeit selbst erlebt. Was hilft es euch, wenn ich über Gott rede, während ihr Ihn nicht erkennt und Seine Nähe nicht fühlen könnt? Ihr müßt Gott so erleben, wie ich Ihn erlebt habe.

Ich sage euch dies nicht aus Stolz, sondern weil meine Botschaft darin besteht, von Ihm Zeugnis abzulegen. Tag und Nacht denke ich nur an meinen Gott. Ich vergeude keine Minute. Alles, was ich tue, tue ich nur für Ihn, und zwar mit solcher Hingabe, daß ich weder merke, wie die Zeit vergeht, noch macht mich die tägliche Arbeit müde. Während ich arbeite, fühle ich Seine Gegenwart, so daß das Arbeiten zur Meditation wird. Ich stelle oft folgenden Vergleich an: Es gibt Menschen, die jahrelang im Zustand der Trunkenheit leben. Hin und wieder ziehen sie sich heimlich zurück, nehmen einen Schluck und bleiben dadurch in Hochstimmung; danach nehmen sie ihre Arbeit wieder auf. So ist es auch mit dem göttlichen Menschen; er zieht sich von den anderen zurück und meditiert über Gott. Und während er tief vom berauschenden Wein der göttlichen Gegenwart trinkt, flüstert er: «Herr, Du bist über alle Maßen herrlich und wunderbar. Ich liebe Dich!» Dann kehrt er zu seinen Pflichten zurück. Innerlich aber spricht er die ganze Zeit mit Gott, ganz gleich, womit er beschäftigt ist.

Ich fühle keinen Augenblick, daß ich von Ihm getrennt bin. Das ist der Zustand, den ich mir immer gewünscht, um den ich mich immer bemüht habe. Früher dachte ich ab und zu, Er habe mich verlassen, und zu solchen Zeiten wollte ich lieber sterben als ohne Ihn leben. Ich hatte an nichts mehr Freude. So sehr leidet derjenige, der Gott liebt, wenn er von Ihm getrennt ist. Dann aber kommt die Zeit, wo er den Herrn überall wahrnimmt und Seinen unvergänglichen Brunnen der Weisheit und Glückseligkeit in seiner eigenen Seele sprudeln fühlt. Das werdet auch ihr fühlen, wenn ihr meditiert. Betet mit solcher Inbrunst, daß Er zu euch kommt. In der *Gita* steht folgendes wunderbare Versprechen des Herrn: «Versenke deinen Geist in Mich allein; dann wirst du ohne jeden Zweifel Unsterblichkeit erlangen und in Mir leben.»[1]

Die Yoga-Techniken sind wissenschaftlicher als das Gebet und führen darum schneller zur Gottverbundenheit. In meiner Jugendzeit, als ich mich Ihm nur durch das Gebet nahte, brauchte ich oft lange, bis ich gute Ergebnisse hatte. Doch nachdem ich den *Kriya-Yoga* erlernt und mit tiefer Hingabe geübt hatte, erreichte ich diese schon nach wenigen Minuten. Krishna lehrte, daß Yoga-Meditation wirksamer sei als der Weg der Askese, der Weg der Hingabe und des Gebets, der Weg richtigen Handelns und der Weg der Unterscheidungskraft.[2] Es ist ein schnellerer Weg. Mit dem Flugzeug gelangt ihr in einigen Stunden von Los Angeles nach New York; im Ochsenkarren aber dauert die Reise mehrere Monate. Wenn ihr Yoga übt, besteigt ihr das Flugzeug geistigen Fortschritts.

Nachdem ihr euch im Yoga, dem Weg körperlicher, geistiger und seelischer Zucht, vervollkommnet habt, sind die Hindernisse, die sich dem geistigen Erfolg in den Weg stellen, überwunden, und ihr könnt euch jederzeit mit Gott in Verbindung setzen. Deshalb ist es der höchste Weg. Und deshalb bemühe ich mich, den Menschen Kenntnis davon zu geben. Yoga ist kein Mythos – kein Werk menschlicher Phantasie; Yoga ist eine echte Wissenschaft.

Warum sollt ihr nicht von Indien die beste Methode lernen, die der Menschheit auf ihrer Suche nach Gott je gegeben wurde? Die indischen Meister, bei denen ich geschult wurde, sprachen mit solch tiefer Liebe über Christus und seine Lehre, wie ich es nie in westlichen Ländern gehört habe. Ich sah Christus unter ihnen. Sie sprachen mit ihm. Oder hat der heilige Franziskus die Unwahrheit gesprochen? Er sah Christus jede Nacht. Jesus lebt! Ich habe ihn selbst gesehen. Wer sich hinter einem feinmaschigen Gitter verbirgt, sieht alle, die sich draußen befinden, doch keiner von diesen kann ihn

[1] *Bhagavad-Gita* XII, 8.
[2] *Bhagavad-Gita* VI, 46.

sehen. Und so können auch die Heiligen und Engel euch sehen, ohne daß ihr diese wahrnehmt, es sei denn, daß ihr euch im Yoga übt.[3] ...

Die Yoga-Übungen erwecken das Verlangen der Seele

Ihr seid gleich dem verlorenen Sohn von Gott fortgewandert, und nur wenn ihr zu Ihm, der in eurem eigenen Innern wohnt, zurückkehrt, könnt ihr aus diesem Tal der Tränen einen himmlischen Zufluchtsort machen. Es gibt keinen anderen Weg. Auch wenn jeder Mensch auf Erden ein Millionär wäre, gäbe es immer noch Sorgen und Leid, denn unvergängliches Glück ist nicht käuflich. Dieses erreichen wir nur, wenn wir Yoga-Techniken üben und mit tiefer Hingabe nach innen tauchen. Wer Yoga übt, hat die Schlacht schon halb gewonnen. Obwohl ihr am Anfang noch keine Begeisterung fühlen mögt, müßt ihr geduldig weiterüben; dann werdet ihr schließlich jene überwältigende Sehnsucht nach Gott spüren, die nötig ist, wenn ihr Ihn finden wollt.

Warum strengt ihr euch nicht mehr an? Wo kommen die ewig neuen Wunder der Schöpfung her – woher die Intelligenz großer Seelen, wenn nicht vom Speicher des Unendlichen GEISTES? Und wenn diese Wunder, die ihr ständig um euch herum wahrnehmt, euch nicht genügend anregen, Ihn zu suchen, warum sollte Er sich euch dann offenbaren? Er hat euch die Fähigkeit zu lieben verliehen, damit ihr euch vor allem nach Ihm sehnen sollt. Macht keinen falschen Gebrauch von eurer Liebe und Vernunft und mißbraucht eure Konzentration und Intelligenz nicht, um falsche Ziele zu verfolgen.

[3] Es hat Mystiker verschiedener Glaubensrichtungen gegeben, die durch die transzendente Kraft ihrer Hingabe an Gott den atemlosen Zustand überbewußter Ekstase erreicht haben, der allein wahre innere Visionen erzeugt. Die geistige Inbrunst solch großer Seelen liegt jenseits der gefühlsmäßigen Reichweite eines Durchschnittsmenschen. Für die Menschheit im allgemeinen ist der Yoga-Weg die einzige Hoffnung auf göttliche Erleuchtung; denn auf diesem Weg kann man durch tägliches Üben wissenschaftlicher geistiger Methoden Gott näherkommen.

Die Welt ist eine Serie von Lichtbildern

Nachts ist die beste Zeit zum Meditieren; geht nie zu Bett, ehe ihr mit Gott Verbindung aufgenommen habt. Ich vergesse das nie. Gestern nacht, als ich auf meinem Bett saß, überwältigte mich Seine Gegenwart. Das ganze Zimmer und alle Gegenstände darin waren in ein blendendes Licht getaucht. Selbst als ich einschlief, ruhte ich weiter in Gottes Armen. Noch nie hatte ich solche Freude gefühlt.

Diese Welt ist nichts als eine Filmvorführung, die Gottes Geist veranstaltet. Es gibt keinen Tod, keine Krankheit, kein Laster. Später einmal, wenn Er euch Sein Licht offenbart, das sich in diesen furchterregenden kosmischen Film von Leben und Tod verwandelt, und dann die Filmbilder wieder zurückzieht, so daß nur Sein Licht bleibt, könnt ihr über die Unwirklichkeit Seiner Schattenspiel-Schöpfung lachen. Dann werdet ihr wissen, daß Er alle Dinge nur aus Seinem Licht erschaffen hat und daß dieses Licht die einzige Wirklichkeit ist. Wir müssen diesen täuschenden Traum energisch abschütteln, um erkennen zu können, daß wir selbst Strahlen des unsterblichen Lichtes sind. Und diese Erkenntnis wird uns durch das Üben der höchsten Yoga-Meditationstechnik zuteil. Sie kann uns nicht durch Vorträge vermittelt werden.

Gott ist unser einziges wahres Ziel

Wer Gott liebt, sollte Ihn in allen Religionen anbeten. «So wie die Menschen Mich verehren, auf gleiche Weise (entsprechend ihrer Hingabe, ihrer Einsicht und ihrer Andacht) will Ich Mich ihnen offenbaren. Jeder Mensch, ganz gleich, auf welche Weise er sich Mir naht, ist auf dem Weg zu Mir.»[4] Kritisiert nie den Glauben eines anderen. Ihr solltet jeden Glauben aufrichtig lieben und achten. Immer, wenn ihr einen Tempel oder eine Kirche seht, solltet ihr euch dort innerlich vor dem GEIST verneigen. Nicht jeder ist zum Lehrer geeignet, aber ihr könnt die Aufmerksamkeit anderer immer auf geistige Dinge lenken. Vergeudet eure Zeit nicht damit, stundenlang Radio zu hören oder billige Romane zu lesen. Laßt euch von den

[4] *Bhagavad-Gita* IV, 11.

göttlichen Sendungen inspirieren, die aus eurer eigenen Seele kommen. Wenn ich mit einer leisen Berührung der Liebe den richtigen Sender einstelle, empfange ich sofort Sein Programm in meinem Herzen.

Keiner kann euch Erlösung bringen, außer ihr verdient sie euch selbst – nicht durch euren Glauben, nicht dadurch, daß ihr einem Dogma folgt, sondern nur dank eurer eigenen Erkenntnisse und Erfahrungen. Ihr solltet euch jeden Tag fragen: Wenn es einen Gott gibt, warum kann ich Ihn dann nicht sehen? Wenn es Heilige gibt, wo finde ich sie? Ihr werdet Antwort erhalten; denn ihr könnt euch mit Gott und Seinen Heiligen in Verbindung setzen, wenn ihr die Wissenschaft des *Kriya-Yoga* erlernt. Mein einziger Wunsch ist, euch die Wahrheit zu vermitteln, damit ihr erleben könnt, was ich erlebe.

Der Sinn dieses Lebens besteht darin, euer eigenes Selbst zu finden. Erkennt euch selbst! Fühlt, wie Gottes Gegenwart gleich einem mächtigen Ozean durch euer Herz braust. Wenn ihr euch auf dem Meer treiben laßt, von seinen mächtigen Wellen hin- und hergeschaukelt werdet und wenn ihr dann wieder an die Küste schwimmt und an den Strand geht, fühlt ihr hinter euch noch das ganze wogende Meer. So fühle ich Gott. Er verliert keines Seiner Kinder je aus den Augen. Er wird all eure Fragen beantworten, und dann habt ihr nichts mehr zu fürchten.

Sucht nach dieser Kraft und fühlt hinter eurem eigenen Bewußtsein das Meer Seiner Liebe. Dann habt ihr den größten Erfolg erlangt, der einem Menschen zuteil werden kann.

Wie man arbeiten kann, ohne zu ermüden

(1940)

Ohne Ermüdung arbeiten zu können, wünschen sich die meisten Menschen. Einige können schwere Arbeit leisten und werden kaum müde dabei, andere dagegen ermüden sehr leicht. Solange kein anderer Grund erkennbar ist, geht man meist davon aus, daß energiegeladene Menschen von Geburt an kräftig waren, und daß Menschen, die leicht ermüden, mit einer schwachen Konstitution geboren wurden. An der Theorie, die unseren gewöhnlichen Energievorrat auf Erbfaktoren oder konstitutionelle Ursachen zurückführt, ist schon etwas Wahres. Sobald wir jedoch das Gesamtwesen des Menschen zu erkennen beginnen, sehen wir, daß er nicht nur ein physischer Organismus ist. In ihm schlummern viele Kräfte, deren Potential er mehr oder weniger ausschöpft, um sich den Bedingungen dieser Welt anzupassen. Dieses Potential übersteigt die Vorstellung des Durchschnittsmenschen bei weitem.

Der Mensch lernt, die ihm zur Verfügung stehende Energie zu gebrauchen, doch gewöhnlich versteht er nicht, wo sie herkommt. Wenn er müde wird, dann weiß er nur, daß er sich ausruhen oder etwas essen oder trinken muß, weil ihm das Erleichterung bringt. Im allgemeinen stimmt es, daß sich ein erschöpfter Mensch besser fühlt, nachdem er etwas gegessen oder sich ausgeruht hat; wenn man jedoch älter wird, kommt eine Zeit, da die körperliche Kraft nicht mehr voll wiederhergestellt wird, ganz gleich, wieviel man ißt oder wieviel Ruhe man sich gönnt. Irgend etwas geschieht also mit dem Körper, das die materiellen Versorgungsquellen in ihrer Wirkung beeinträchtigt. Wir sollten uns also mit der Physiologie unseres Körpers vertraut machen, um zu verstehen, wie er sich erholen kann und aus welchen Quellen er Energie und Kraft schöpft.

Im allgemeinen hält man die Nahrung – in flüssiger oder fester Form – für die wichtigste Quelle körperlicher Energie. Wenn sie in den Magen gelangt, setzt der körperliche Organismus sie in einfachere chemische Verbindungen und schließlich in Energie um. Feste Stoffe können in flüssige, Flüssigkeiten in Gase und Gas in Energie umgewandelt werden. Deshalb kann man alle Nahrung, ob fest oder flüssig, grundsätzlich als Energie betrachten. Müdigkeit bedeutet, daß zuviel körperliche Energie verbraucht worden ist. Sie muß wieder ersetzt werden, und nahrhafte Speisen stellen eine der Energiequellen dar.

Gott erschuf in der Natur eine reichliche Auswahl an eßbaren Gemüsen, Früchten, Körnern und anderen Nahrungsmitteln – alles, was der Mensch braucht. Der Mensch ist nicht fähig, auch nur ein einziges Weizenkorn zu erschaffen, viel weniger eine neue Pflanze oder Frucht. Gott allein vermag dies. Er mußte zuerst einmal die verschiedenen Arten erschaffen. Der Mensch kann das bereits Existierende lediglich abwandeln, so wie Luther Burbank[1] es tat.

Anerzogene Geschmacksrichtungen statt natürlichem Hungergefühl

Gott versorgte den Menschen durch die Gebirgsquellen auch mit Wasser und durch die Kuh und die eigene Mutter mit Milch. Vom Augenblick der Geburt an sucht der Mensch instinktiv nach diesen natürlichen Nahrungsquellen. Das Hungergefühl veranlaßt uns zu essen. Hätte Gott uns nicht dieses Hungergefühl gegeben, würden wir überhaupt nicht essen.

Unvernünftigerweise aber beeinträchtigte der Mensch sein natürliches Hungergefühl durch Mißbrauch und entwickelte einen perversen Geschmackssinn. Die Theorie, daß der Hunger ein Ergebnis gewohnheitsmäßigen Essens ist, stimmt – zumindest was eßgierige Menschen anbetrifft. Gier ist ein durch Gedanken erzeugter Hunger. Wenn man ein natürliches Leben führt, hat man kein Verlangen danach, mehr zu essen, als man braucht, und auch der Geschmackssinn verlangt nach nichts Außergewöhnlichem. Ein durch Gier erzeugter anormaler Appetit bringt zahllosen Menschen den Tod. Zur Zeit des Römischen Reiches veranstalteten die reichen Bürger üppige Festgelage. Ein besonderer Raum stand zur Verfügung, wo sich die Gäste nach dem Essen übergeben konnten, um danach weiter an dem Festmahl teilnehmen zu können. Zu einer derartigen Entwürdigung kann einen die Eßgier führen!

[1] Amerikanischer Pflanzenzüchter (1849–1926). Siehe auch Seite 336.

Wir können alle Arten exzentrischen Verhaltens im Menschen beobachten, sobald er durch Mißbrauch seiner Sinne gegen sein eigenes Wohlbefinden verstößt. Der Mensch begeht einen schweren Fehler, wenn er den Zweck seines Handelns aus den Augen verliert und statt dessen nur auf die Handlung fixiert ist, die den Zweck erfüllen soll. Hunger und Geschmackssinn wurden dem Menschen verliehen, um ihm zu helfen, die richtige Menge und Art der Nahrung auszuwählen und den Körper auf gesunde Weise zu ernähren. Doch durch falsche Lebens- und Eßgewohnheiten hat er seinen natürlichen Nahrungsinstinkt entstellt und Gelüste entwickelt, die nicht immer gut für ihn sind. Was einem gut schmeckt und den Magen füllt, deckt nicht unbedingt den körperlichen Bedarf. Da man dem Körper durch Nahrung viel Energie zuführen kann, sollte man durch richtige Eßgewohnheiten für die nötige Energie sorgen. Durch das Kochen der Mahlzeiten werden die meisten Vitamine zerstört; bei einer solchen Ernährung werdet ihr leicht müde. Frische, rohe Kost ist besser, da sie noch alle Vitamine enthält. Viele Vitamine werden durch das Kochen und Abfüllen in Dosen zerstört. Deshalb ist eine Kost, die hauptsächlich aus solchen Produkten besteht, nicht nahrhaft genug, um den Bedarf des Körpers zu decken.

Der Magen und der Verdauungskanal ziehen die chemischen Aufbaustoffe aus unserer Nahrung heraus, damit sie an die entsprechenden Zellen des Körpers verteilt werden können. Euer Körper setzt sich aus verschiedenen chemischen Elementen zusammen, und ihr müßt darauf achten, daß ihm diese Elemente durch eure Nahrung täglich neu zugeführt werden. Eine gesunde Kost sollte für jede Mahlzeit möglichst viele der notwendigen Elemente einplanen. Nehmt genug Eiweiß, viele Vitamine und Mineralsalze, etwas Fett und Öle und einige Vollkornprodukte zu euch (jedoch sehr wenig Weißmehl und raffinierten Zucker).

Frisches Obst und Gemüse sind lebenswichtig für die Gesundheit

Fleischliches Eiweiß ist nicht die einzige lebenswichtige Energiequelle. Einige Mineralsalze, die in frischem, ungekochtem Gemüse und Obst enthalten sind, stellen ebenfalls wichtige Quellen dar. Es stimmt, daß ein großes Steak viel Energie liefert; wenn man jedoch über einen längeren Zeitraum überwiegend Fleisch ißt, wird es einem schließlich nicht mehr genügend Kraft geben. Zuviel konzentriertes Eiweiß führt zu Eiweißvergiftungen – was Erschöpfungszustände und auch Krankheiten verursacht. Zuviel Eiweiß ist ebenso schädlich wie zuwenig.

Wenn ihr Müdigkeit vermeiden wollt, könnt ihr euch durch eine richtige Ernährung helfen. Denkt immer daran, daß Fleisch dem Körper vorübergehend Kraft gibt, ihn aber gleichzeitig mit Giftstoffen belastet. Wenn ihr mehr Rohkost eßt, werdet ihr nicht so leicht müde und verfügt auch über mehr Energie. Trinkt bei körperlicher Müdigkeit ein Glas Ananas- oder Orangensaft; das wird euch viel Energie geben. Ganze Früchte und Gemüse sind sogar noch nahrhafter als ihre Säfte, aber die meisten Leute nehmen sich nicht die Zeit, um sie zuzubereiten. Ein ausgezeichneter Energiespender besteht aus einem Orangensaft, in den man feingemahlene Mandeln rührt. Nüsse werden in Verbindung mit Orangensaft leichter vom Körper aufgenommen.

Denkt immer daran, daß es wichtig ist, genug zu trinken. Wenn kein reines Wasser zur Verfügung steht, kann man es gut mit frischen Obstsäften, Kokosmilch oder Wassermelonen ergänzen und teilweise ersetzen. In Zukunft werden immer mehr Menschen aus Gesundheitsgründen Obst- und Gemüsesäfte trinken.

Vergeßt nicht, etwas Butter und Milch in eure Ernährung einzuschließen. Milch sollte man zwischen den Mahlzeiten einnehmen, möglichst nicht zusammen mit anderen Nahrungsmitteln. Milch erleichtert die Darmentleerung, doch ihre schleimbildende Eigenschaft ist nicht gut für Menschen, die Probleme mit den Nebenhöhlen haben. Auch Orangensaft kann bei Leuten, die zu Nebenhöhlenentzündung oder häufigen Erkältungen neigen, zu Reizungen führen. Viele, die unter diesen Problemen zu leiden hatten, konnten eine wesentliche Besserung ihres Zustands bemerken, nachdem sie auf meinen Rat hin das regelmäßige Trinken von Orangensaft aufgegeben hatten. Obwohl Zitronen ausgezeichnete desinfizierende Eigenschaften besitzen, verschlimmern sie eine Reizung der Nebenhöhlen auf ähnliche Weise.

Es gibt kaum etwas Nahrhafteres als Brot aus frisch gemahlenem Vollweizen. Wenn auch Personen, die zu Schleimbildung neigen, stärkehaltige Nahrungsmittel im allgemeinen vermeiden sollten, können sie Weizenvollkornbrot essen, wenn es gut getoastet ist.

Müdigkeit kann durch Verstopfung verursacht werden; sie hat mit einer Ansammlung von Giftstoffen im Körper zu tun und hängt von der Energie ab, die aus der Nahrung gezogen wird. Wenn ihr unter Verstopfung leidet, nehmt ein Abführmittel ein, vorzugsweise ein natürliches. Wer seinen Körper von Giften freihält, wird nicht so leicht müde. Es sind die Giftstoffe im Organismus, die zur Ermüdung führen.

Alle Arten von Drogen machen ebenfalls müde, ähnlich dem narkotisierenden Opium, das in den Süchtigen jeden Antrieb zur Arbeit drosselt. Sie wollen nur noch schlafen und träumen.

Ein überaus wirksames Mittel, Müdigkeit zu vermeiden, besteht in sexueller Enthaltsamkeit. Alleinstehende Personen sollten in völliger Enthaltsamkeit leben, und Ehepaare sollten in sexueller Hinsicht Maß halten. Enorm viel körperliche und geistige Energie geht verloren, wenn man wahllose Geschlechtsbeziehungen hat oder ein ausschweifendes Leben führt.

Körperliche Bewegung vertreibt Müdigkeit

Sorgt täglich für körperliche Bewegung. Ein Mangel an körperlicher Bewegung führt zu Müdigkeit. Wenn ihr Sport treibt, verbraucht ihr zwar etwas Energie, aber ihr gewinnt viel mehr zurück – wenn ihr dabei nicht übertreibt. Das richtige Maß an Bewegung belebt den Körper; übertriebener und intensiver Sport erschöpft ihn. Man sollte den Körper nie mit mehr Energie aufladen, als er bewältigen kann. Wenn man z. B. 2000 Volt durch eine normale Glühbirne jagt, wird diese ausbrennen, während sie einer Glühbirne, die für eine solche Voltzahl konstruiert ist, nicht schaden. Ähnlich nimmt der Körper bei angemessener Bewegung die richtige Menge an Energie auf, während übermäßige Anstrengung ihn erschöpft, weil dadurch Toxine schneller erzeugt werden, als der Organismus sie abbauen kann.

Wer über 40 ist, sollte darauf achten, keinen Sport zu treiben, an den der Körper nicht gewöhnt ist. Wandern ist gut und Schwimmen ist ausgezeichnet; anstrengende Sportarten aber sollte man meiden.

Sie führen nur zu größerer Ermüdung, weil der Körper durch den benötigten Energieaufwand überfordert wird. Durch eine allmähliche Kräftigung eures Körpers könnt ihr auch anstrengendere Sportarten betreiben, doch sollte eine Person, die den größten Teil ihres Lebens in sitzender Tätigkeit verbracht hat, nicht versuchen, noch mit 60 Jahren ein Akrobat zu werden; das würde den Organismus zerrütten.

Durch genug Schlaf gewinnt man Energie. Ich halte sechs bis sieben Stunden Schlaf für genug. Danach schlaft ihr nicht mehr richtig, sondern betäubt euren Körper. Auf diese Weise verbraucht er Energie, anstatt sie zu speichern. Schlaft einmal zehn Stunden lang, und ihr werdet euch ausgelaugt fühlen. Dann habt ihr den ganzen Tag keine Lust mehr zu arbeiten und schleppt euch nur dahin.

Auch Sauerstoffzufuhr kann Müdigkeit vertreiben. Wenn ihr euch müde fühlt, steuert nicht auf die Küche zu, um etwas zu essen, sondern geht eine Viertelstunde an die frische Luft und atmet mehrmals tief ein und aus. Atmet nicht zu schnell und forciert den Atem nicht, sondern atmet tief, langsam und entspannt. Nach dieser Zeit in der frischen Luft wird eure Müdigkeit verflogen sein.

Wenn ihr einen ganzen Tag fastet und jede Stunde etwa fünf Minuten in frischer Luft tief atmet, wobei ihr Giftstoffe ausatmet und Sauerstoff einatmet – werdet ihr überhaupt keinen Hunger haben. Aufgrund von alter Gewohnheit mag es anfangs schwierig sein, sich satt zu fühlen, ohne zu essen, aber nachdem ihr euch daran gewöhnt habt, werdet ihr feststellen, daß ihr aus dem Sauerstoff alle Energie gewonnen habt, die ihr braucht.

Lahiri Mahasaya konnte, wie andere große Meister, die Gesetze anwenden, die es überflüssig machen, den Körper durch Nahrung zu erhalten. Aber er pflegte zu sagen, daß Essen einen guten Zweck erfülle, denn Gott habe eine Vielfalt und einen Überfluß von Nahrung geschaffen, und Hunger gehöre mit zum Plan und zum Ablauf des kosmischen Schauspiels.

Vermeidet Verschwendung von Energie

Ständig wird Energie in sinnloser Tätigkeit, durch zügellose Emotionen und falsche Lebensgewohnheiten vergeudet. Wenn ihr friedlich seid, verbraucht Ihr wenig Energie, doch sobald ihr ärgerlich werdet oder voller Haß und anderer negativer Gefühle seid, verbraucht ihr eine Menge Energie. Bei der Bedienung einer Maschine muß man Vorsicht walten lassen; dieselbe Sorgfalt sollte man beim Gebrauch der Körpermaschine anwenden.

Während ihr arbeitet, gebraucht ihr eure Muskeln, eure Nerven, euren Geist, eure Gedanken und Gefühle sowie eure geistigen Wahrnehmungen. Für jede Art von Tätigkeit werden in all diesen Bereichen Ströme von Energie benötigt. Wenn ihr schnell lauft, verbraucht ihr etwa 4-5 PS. Wenn ihr jedoch durch Aufhebung der Schwerkraft euer Körpergewicht nicht mehr fühltet, könntet ihr beim Rennen mit ganz wenig Energie auskommen. Je schwerer der Körper ist, desto mehr Energie ist nötig, um ihn vorwärtszubewegen. Ein äußerst praktischer Grund, warum man Übergewicht vermeiden sollte!

Die Batterie eines elektrischen Rollstuhls kann den Stuhl mitsamt der Person, die darin sitzt, etwa 15 Meilen weit fahren, bevor ihre Energie aufgebraucht ist. Habt ihr jemals darüber nachgedacht, daß die Batterie eures Körpers euer physisches Gefährt jederzeit in Bewegung hält? Energie wird nicht nur für die Muskelbewegungen der Gliedmaßen gebraucht, sondern auch für alle anderen Handlungen. Wenn ihr zum Beispiel sprecht, gebraucht ihr außer der Kraft der Muskeln auch die Kraft der Gedanken, und das Denken erfordert Energie. Ohne diese könntet ihr weder denken noch eure Gedanken in Worte kleiden. Wenn ihr tief nachdenkt, verbraucht ihr eine gewaltige Menge Energie und erschöpft dadurch die Reserven eures Gehirns. Nehmen wir einmal an, ihr habt 60 Gedanken in der Minute. Das wären in einem Monat, bei etwa 18 Stunden Wachbewußtsein am Tag, nahezu zwei Millionen Gedanken. Bei einer Lebenszeit von 60 Jahren hättet ihr über eine Milliarde Gedanken gehabt. Nach so vielen Gedanken wären die meisten Leute tot, denn die aus der Nahrung und den kosmischen Quellen im Gehirn gespeicherte Energie wäre aufgebraucht. Wenn wir uns überlegen, wieviel Energieströme wir ständig verbrauchen, ist es ein Wunder, daß wir überhaupt so lange leben! Dennoch können wir länger leben und leistungsfähiger sein, wenn wir die verbrauchte Energie ausreichend ersetzen.

Es gibt zwei Quellen, aus denen der Mensch Energie für seinen Körper bezieht: die Nahrung (einschließlich des Sauerstoffs) und das verlängerte Mark, den «Mund Gottes». Die so gewonnene Energie wird an die Körperzellen verteilt; jeder Überschuß geht zum Gehirn und wird dort für künftigen Bedarf gespeichert.

Nahrung ist nur eine zweitrangige Energiequelle. Der größte Anteil der Energie, die in den Körper fließt, entstammt der intelligenten kosmischen Energie, die ihn von allen Seiten umgibt und im Universum allgegenwärtig ist. Sie wird durch das verlängerte Mark in den Speicher des Gehirns geleitet. Diese intelligente kosmische Energie ist die grundsätzliche «Substanz» aller Materie. Dr. Crile[2] hat durch wissenschaftliche Experimente aufgezeigt, daß die Gehirne toter Kälber weiterhin eine beträchtliche Menge an Strom aussenden. Im Tode verliert die kosmische Energie lediglich den Zugang zum physiologischen Nervensystem.

Das Geheimnis der Lebenskraft

Der Körper braucht Stunden, um Nahrung in Energie zu verwandeln, doch alles, was euren Willen anregt, erzeugt augenblicklich Energie. Der Wille zieht Lebensenergie aus dem Kern der elektrisch geladenen Körperzellen und aus dem Reservoir des Gehirns, wo die bereits aus Nahrung gewonnene Energie aufgespeichert ist. Er zieht außerdem durch das verlängerte Mark frische Energie aus der kosmischen Quelle in euren Körper.

Das Geheimnis der Lebenskraft besteht also darin, daß ihr die

[2] Dr. George Washington Crile (1864–1943) war Feldarzt und widmete sich während seiner Laufbahn der Suche nach einem besseren Verständnis der Lebensvorgänge. Unbefriedigt durch die damals gängigen Erklärungen der Physiologen und Biochemiker, gründete er die *Cleveland Clinic Foundation* und führte 22 Jahre lang biophysische Untersuchungen durch, aufgrund deren er 1936 seine Theorie der «Radioelektrizität« aller Lebensvorgänge aufstellte.

Energie, die ihr bereits besitzt, bewahrt und dem Körper durch Willenskraft neue Energie zuführt. Wie macht man das aber? Zunächst einmal müßt ihr alles willig tun. Wenn es sich um eine lohnenswerte Sache handelt, ist sie es auch wert, daß man sie gern tut. Wenn ihr willig arbeitet, steht euch mehr Energie zur Verfügung, weil ihr sie nicht nur aus dem Reservoir des Gehirns zieht, sondern auch eine größere Menge kosmischer Energie durch das verlängerte Mark in euren Körper führt. Eine Frau, die ein aufwendiges Abendessen für Ihren Geliebten zubereitet, ist dabei glücklich und voller Energie; zwingt man sie jedoch zum Kochen, wenn sie keine Lust dazu hat, ist sie schon von Anfang an müde. Denkt immer daran: *Willenskraft bringt Energie…*

Willenskraft und Energie gehen Hand in Hand

Zwischen bewußt angewandtem Willen und Einbildung besteht ein Unterschied. Einbildung beruht auf einer Vorstellung von etwas, von dem man sich wünscht, daß es wahr wird. Wenn ihr euch Tag und Nacht vorstellt, daß ihr mehr Vitalität besitzt, werdet ihr etwas an Kraft gewinnen, weil Einbildung zumindest ein geringes Maß an Willenskraft erfordert. Wenn man dagegen Lebenskraft haben *will*, ist die Energie sofort da. Nehmen wir einmal an, ihr ärgert euch über jemanden und versetzt ihm einen harten Schlag. Der Wille, stimuliert durch die Gefühlsaufwallung, zieht automatisch die nötige Energie für diese Tat herbei, doch unmittelbar danach ist der Energiefluß abgeschnitten und eure Kraft erschöpft. Wenn ihr euren Willen jedoch auf positive Weise einsetzt, um euren Körper mit Energie anzufüllen, und wenn ihr die Grundregeln der von der *Self-Realization Fellowship* gelehrten Aufladeübungen befolgt, wobei es sich um eine bewußte Herrschaft über die Lebenskraft handelt, könnt ihr durch Willenskraft unbegrenzte Energie aus der kosmischen Quelle in euren Körper ziehen. Da der Körper nichts weiter ist als eine Anhäufung von Zellen, wird er, wenn er Energie benötigt, augenblicklich und fortwährend aufgeladen, sobald ihr ihn auf diese Weise mit Energie versorgt. Willenskraft ist der Schalter, der zusätzliche Energie aus der göttlichen Quelle in den Körper einfließen läßt.

Der Wille ist also ein wichtiger Faktor, wenn es darum geht, sich jung und kräftig zu erhalten. Wenn ihr euch selbst einredet, alt geworden zu sein, schwächt das euren Willen, und ihr werdet tatsächlich alt. Sagt niemals, daß ihr müde seid. Das lähmt euren Willen, und dann *seid* ihr auch müde. Sagt statt dessen: «Mein Körper braucht Ruhe.» Ihr dürft dem Körper nicht erlauben, der Seele seine Begrenzungen aufzuzwingen. Die Seele muß über den Körper herrschen, da ihre Existenz weder durch den Körper bedingt noch von ihm abhängig ist. Im Willen der Seele liegt alle Macht. Gott wollte das Licht, und es ward Licht – jene kosmische schöpferische Energie, die sich zu Himmeln, zu unseren Körpern und allen anderen Formen verdichtete. Der Wille ist Licht, denn Licht war das erste, was Gott durch seinen Willen erschaffen hatte. Und Er sah, daß dieses Licht, das heißt, die elektrische Energie, ein geeignetes Material für die Erschaffung von Lebensformen war.[3] Die Wissenschaftler grübeln darüber nach, ob die Materie Licht oder ob das Licht Materie sei. Das Licht kam zuerst und bildet den wesentlichen Grundstoff der Materie.

Wir müssen also erkennen, daß Energie und Willenskraft Hand in Hand gehen. Es ist eine sehr einfache Formel. Wir haben uns so sehr von der Vorstellung abhängig gemacht, daß Energie ausschließlich aus materiellen Quellen komme, daß wir nicht an eine kosmische Energiequelle glauben können, die unmittelbar auf den Willen reagiert und die wir uns zunutze machen sollten...

Ihr müßt euren Willen wecken. Sobald ihr damit beginnt, Energie aus dem Unendlichen herbeizuziehen, werdet ihr weniger Nahrung und Schlaf brauchen. Ihr werdet euch allmählich ganz unabhängig von materiellen Hilfsmitteln machen, um den Körper zu erhalten. Ihr braucht euch nicht von den Gesetzen der Materie begrenzen zu lassen. Die wundersame Methode, ohne Ermüdung zu arbeiten, liegt im Gebrauch der Willenskraft. Wenn ihr euch Energie aus der kosmischen Quelle zuführen könnt, macht es keinen Unterschied, ob ihr frühstückt oder nicht; ihr werdet keinerlei Mangel leiden. Ihr werdet über dieses Bewußtsein hinauswachsen.

[3] «Und Gott sprach: Es werde Licht! Und es ward Licht. Und Gott sah, daß das Licht gut war.» (*1. Mose* 1, 3–4)

Liebe ist einer der größten Antriebskräfte für den Willen

Alles, was ich tue, tue ich mit der allergrößten Liebe. Versucht das einmal, dann werdet ihr sehen, daß ihr überhaupt nicht müde werdet. Liebe ist eine der stärksten Antriebskräfte für den Willen. Unter dem Einfluß der Liebe kann der Wille fast alles vollbringen. Ihr könnt dies in eurem Leben zum Ausdruck bringen, wenn ihr eure Willenskraft gebraucht. Dann braucht euer Körper keine acht Stunden Schlaf mehr. Ihr werdet feststellen, daß sechs Stunden mehr als genug sind – zusammen mit einer ausgewogenen Mahlzeit am Tag und vielleicht ab und zu etwas Obstsaft. Ihr werdet immer gesund bleiben. Durch Gottes Gnade fühle ich mich immer noch genauso wie vor 19 Jahren, als ich in dieses Land kam – und ich denke, ich sehe auch noch fast so aus! Soweit ich kann, gehorche ich den Gesetzen der Natur. Ich hege keine starren orthodoxen oder fanatischen Ansichten über irgendwelche Dinge. Aber ich bin von der Kraft des Willens überzeugt. Ich habe ihre Wirksamkeit bewiesen.

Wenn ich mit anderen Menschen zusammen bin, dann widme ich mich ihnen ganz und tue es mit größter Freude; und wenn ich allein bin, dann bin ich ebenso freudig allein. Wenn ich arbeite, so arbeite ich mit größter Willenskraft und Freude. Ganz gleich, worin eure Aufgabe besteht, tut alles freudig und willig. Sonst schwächt ihr euch nur. Und seid immer aufrichtig zu anderen. Wenn ihr aufrichtig seid, könnt ihr harmonischer mit anderen zusammenarbeiten. Entwickelt also außer der Willenskraft auch Aufrichtigkeit.

Betätigt euch jeden Tag auf schöpferische Weise. Schreiben ist gut, wenn man Kreativität und Willenskraft entwickeln will. Ich mochte nie nur rein mechanische Arbeiten tun. Ich wollte immer irgend etwas Neues schaffen. Kreativ zu sein, ist natürlich nicht so leicht, wie einer rein mechanischen Beschäftigung nachzugehen; doch wenn euer Wille sich mit neuen Ideen auseinandersetzen muß, gewinnt er an Kraft. Wenn er dann noch stärker wird, so daß er nicht nur Veränderungen in eurem Körper, sondern im ganzen Universum hervorbringen kann, ist er zum göttlichen Willen geworden. Auf diese göttliche Willenskraft bezog sich Jesus, als er sprach: «So ihr Glauben habt und nicht zweifelt, so werdet ihr nicht allein solches mit dem Feigenbaum tun, sondern, so ihr werdet sagen zu diesem Berge: Hebe dich auf und wirf dich ins Meer! so wird's geschehen.»[4] Warum auch nicht? Der Herr wirbelt kraft seines göttlichen Willens zahllose Massen von Universen durch den Raum. Betrachtet euch nicht als schwache Sterbliche. Unvorstellbare Energiemengen liegen in eurem Gehirn verborgen. In einem Gramm Fleisch ist genug Energie enthalten, um die Stadt Chicago zwei Tage lang zu versorgen. Und ihr sagt, ihr seid müde?

Ein kreisendes Rad erzeugt elektrischen Strom. Wenn eure Willenskraft ständig um eine Idee kreist, erzeugt sie ebenfalls einen Energiestrom, der dazu verwendet werden kann, zu heilen, Gegenstände vor euren Augen zu materialisieren oder irgendeine andere Veränderung in der atomaren Struktur des Universums vorzunehmen.

Wenn euer Wille so stark wird, daß er sich mit dem göttlichen Willen vereint, könnt ihr tatsächlich, wie Jesus sagte, Berge aufheben und ins Meer werfen. Unser Wille ist ein Teil des göttlichen Willens; und wenn wir den in uns liegenden Willen entwickeln, können wir Universen erschaffen; wir können beweisen, daß es keinen Tod und keinen Zerfall gibt, sondern daß alle Materie aus ewiger Energie besteht. Dann kann es keine Müdigkeit mehr geben.

Der Sinn des Lebens besteht darin, Gott zu finden. Laßt euch unter keinen Umständen unter dem Schutt der sterblichen Gewohnheiten und Begrenzungen und all der anderen erniedrigenden und täuschenden Erfahrungen begraben. Seid fest entschlossen, euren Willen freizukämpfen und Herrschaft über euren Körper und das Universum zu erlangen. Durch Entwicklung eures Willens werdet ihr die Fähigkeit erwerben, das in euch verborgene Ebenbild Gottes zu erkennen.

[4] *Matthäus* 21, 21.

Die «Fliehkraft» des Menschen

«Was hindert die Erde daran, ihre Bahn zu verlassen?» fragte Paramahansaji einen Jünger.

«Die Zentripetal- oder Anziehungskraft der Sonne, Sir, welche die Erde davor bewahrt, sich im Weltall zu verlieren», antwortete der junge Mann.

«Und was hindert die Erde daran, ganz in die Sonne hineingezogen zu werden?» fragte der Meister weiter.

«Die Zentrifugalkraft der Erde, Sir, durch die sie sich in einem gewissen Abstand von der Sonne hält.»

Der Meister lächelte vielsagend. Später erst erkannte der Jünger, daß Paramahansaji allegorisch von Gott als der anziehenden Sonne und vom egoistischen Menschen als der Erde, die «Abstand wahrt», gesprochen hatte.

«Erwirb Einsicht mit allem, was du hast»[1]

(1939)

Einsicht oder richtiges Verständnis ist der kostbarste Besitz jeder Seele. Sie ist ein inneres Gewahrwerden, eine intuitive Fähigkeit, die es euch ermöglicht, die Wahrheit klar zu erkennen – die Wahrheit über euch selbst und andere Menschen und über alle äußeren Umstände auf eurem Lebensweg – und euer Handeln dementsprechend zu bestimmen. Das ist eine weitläufige Begriffsbestimmung.

In dieser Welt mangelt es unserem Verständnis oft an Weitsicht. Wenn unsere geistige Sicht getrübt ist, können wir unmöglich die Zukunft voraussehen und erkennen, was auf uns zukommt. Da wir durch die Auswirkungen unseres Handelns verblendet sind, tun wir oft das Falsche. Ihr müßt lernen, eure nächste Umgebung und die Umstände richtig einzuschätzen und auch euer Ziel für die fernere Zukunft zu bestimmen. Ihr müßt ein solch scharfes Wahrnehmungsvermögen haben, daß ihr genau wißt, wie sich euer Leben in einem Zeitraum von zwei oder zehn Jahren entwickeln wird.

Wenn ihr kurzsichtig seid, könnt ihr nur die Dinge, die sich in eurer Nähe befinden, klar erkennen. Und wenn ihr weitsichtig seid, seht ihr nur die in der Ferne liegenden Dinge deutlich – nicht diejenigen in eurer Nähe. Ob ihr nun kurz- oder weitsichtig seid, das Hilfsmittel besteht in einer Brille; sonst bleibt eure Sicht verschwommen, und ihr seht die Dinge nicht so, wie sie wirklich sind. Ähnlich verhält es sich, wenn euer Urteilsvermögen kurz- oder weitsichtig ist; dann wird es Zeit für euch, die Brille der Aufmerksamkeit aufzusetzen – mit anderen Worten: den Geist so einzustellen, daß ihr die Dinge richtig und deutlich wahrnehmt. Durch die Kraft der Aufmerksamkeit wird euer Verständnis also vertieft.

Dagegen verschleiert Ruhelosigkeit – das, was den Geist beunruhigt und verwirrt – eure Sicht und verursacht Mißverständnisse. Emotionen verschleiern eure Sicht. Launen verschleiern eure Sicht. Viele Leute handeln nicht aus richtiger Überlegung, sondern aus

[1] Der Titel bezieht sich auf *Sprüche* 4, 7: «Denn der Weisheit Anfang ist: Erwirb Weisheit, und erwirb Einsicht mit allem, was du hast.«

irgendeiner Laune heraus. Auch Vorurteile trüben eure Sicht; diese vorgefaßten Meinungen hindern euch daran, die Dinge klar zu erkennen. Das erste, was ich bei den großen Meistern Indiens lernte, war, mein Blickfeld von aller Ruhelosigkeit und allen Vorurteilen zu befreien, damit es mein Urteilsvermögen nicht mehr trüben konnte.

Oft wird unser Verständnis schon von Kindheit an – durch die Umgebung oder gewisse Umstände – von Vorurteilen beeinflußt. Mit einer solch verzerrten Sicht kann man keine Lage mehr klar durchschauen. Ihr solltet prüfen, in welcher Hinsicht euer Urteilsvermögen von Vorurteilen bestimmt wird. Jedesmal, wenn ihr eine Entscheidung fällt oder euch zu einer Handlung entschließt, solltet ihr euch fragen, ob es aus dem richtigen Verständnis heraus geschieht oder ob euch Emotionen oder irgendwelche Vorurteile dazu verleitet haben. Solange ihr dazu neigt, gierig oder zornig zu werden, solange ihr durch das falsche Denken anderer beeinflußt werdet und solange euch die Mißverständnisse anderer aufregen, ist auch euer eigenes Verständnis getrübt.

Bemüht euch um die Hilfe eines geistigen Lehrers, der Gott erkannt hat

Aufgrund eurer Vorurteile, Launen und Emotionen könnt ihr euer eigenes Denken nicht immer richtig einschätzen. Daher ist es gut, einen geistigen Lehrer oder eine geistige Lehre zu finden, die euch dazu verhilft, eure Gedanken zu prüfen und zu berichtigen. Wer mit Gott in Verbindung ist, besitzt wahres Verständnis. All diese göttlichen Seelen haben ihre Erleuchtung dadurch erlangt, daß sie sich mit Gottes Weisheit in Einklang brachten. Wenn ihr mit ihnen in Verbindung tretet, wird Licht in euer Leben kommen. Ich achtete meinen Guru, Swami Sri Yukteswarji, nicht nur, weil er mein Lehrer war, sondern weil er mir dieses Verständnis vermittelte. Jede Klarheit meiner Sicht verdanke ich nur ihm, nicht meiner Familie oder irgendeinem anderen. Niemand hätte seine Eltern mehr lieben können als ich, doch die Klarheit des Denkens, die mein Guru mich lehrte, ließ mich unerschütterlich dem Weg der Wahrheit folgen …

Ein Leben ohne richtiges Verständnis bedeutet geistigen und materiellen Selbstmord

Gesegnet sind alle, die echtes Verständnis besitzen, denn das ist von größter Bedeutung für unseren geistigen Weg und unseren Lebensweg. Verständnis gleicht einem Scheinwerfer, der euren Weg erhellt und euch zum Erfolg führt. Wenn ihr das höchste Ziel des Lebens erreichen wollt, müßt ihr diese wichtige Fähigkeit entwickeln. Hütet euch deshalb vor Blindheit und vor Mißverständnissen. Das wäre geistiger und materieller Selbstmord.

In jeder Lebenslage solltet ihr euch durch richtiges Verständnis leiten lassen. Ganz gleich, worin eure Schwierigkeiten bestehen mögen, bemüht euch immer um klares Urteilsvermögen. Gott verletzt niemanden und fügt keinem ein Leid zu. Wir selbst helfen uns durch unser Verständnis oder behindern uns durch Mißverständnisse. Bittet Gott, daß ihr für alles, was euch geschieht, immer das richtige Verständnis habt. Das allein wird euch retten. Wenn ich sehr große Schwierigkeiten habe, versuche ich zuerst, mich selbst richtig zu verstehen. Ich mache nie die Umstände dafür verantwortlich und versuche nie, andere zu verbessern. Ich gehe zuerst nach innen. Ich versuche die Zitadelle meiner Seele zu reinigen und alles, was der Allmacht und Weisheit der Seele im Wege steht, zu entfernen. Eine solche Lebensweise führt zum Erfolg.

Es mag am einfachsten scheinen, vor allen Problemen davonzulaufen. Aber ihr könnt nur dann an Kraft zunehmen, wenn ihr euch mit einem starken Gegner meßt. Wer nie Schwierigkeiten hat, wird auch nicht wachsen. Wenn ihr richtiges Verständnis erlangt habt, fürchtet ihr euch vor nichts mehr. Ein solches Verständnis bringt euch Sicherheit.

Ich hatte viele Prüfungen in meinem Leben zu bestehen. Die schwersten sind immer solche, die mit Menschen zu tun haben – vor allem, wenn diesen das Verständnis fehlt. Ich habe erleben müssen, daß Menschen, die ich geliebt und denen ich mein Herz geschenkt hatte, mich nicht verstanden. Doch das hat mich nie bitter gemacht. Wenn ihr im Herzen verbittert seid, weil euch die Menschen nicht verstehen, verliert ihr selbst euer Verständnis. Seid nicht verletzt, wenn euch jemand mißversteht. Bemüht euch vielmehr darum, diesem Menschen zu helfen. Wenn ihr denen gegenüber, die euch nicht verstehen, gleichmütig bleiben könnt, werdet ihr immer bereit sein, allen und jedem zu helfen. Wer dem Weg der Selbst-Verwirklichung folgt, sollte anderen gegenüber nichts als guten Willen haben.

Richtiges Verständnis beruht auf Gefühl und Vernunft

Verständnis bedeutet innere Einsicht; es ist das Schauen der Seele, das euer Herz zu einem Teleskop macht. Verständnis ist das richtige Gleichgewicht zwischen ruhiger Überlegung und einem reinen Herzen. Leidenschaft ist nicht Liebe; Leidenschaft ist übersteigertes Gefühl, das euch zu falschem Handeln verleitet. Und ein Verständnis, das nur vom Intellekt geleitet wird, ist gefühllos; es wird euch ebenfalls falsch handeln lassen. Es gibt Leute, mit denen man kaum ein Wort sprechen kann, ohne ihre Gefühle zu verletzen; und andere kann man nur durch Vernunft erreichen. Männer haben oft einen starren Intellekt, und Frauen werden manchmal unvernünftig, weil ihre Emotionen die Oberhand behalten. Ihr solltet ausgeglichen und verständnisvoll sein. Wenn euer Verständnis sowohl vom Herzen als auch vom Verstand regiert wird, könnt ihr euch selbst und andere richtig beurteilen. Dann werdet ihr auch wissen, wie andere über euch denken, und könnt es richtig einschätzen.

Wahres Verständnis zeigt euch, wann ihr recht und unrecht habt

Wenn ihr im Recht seid, könnte jemand behaupten, daß ihr unrecht hättet; und wenn ihr im Unrecht seid, könnten andere meinen, daß ihr recht hättet. Wenn ihr aber richtiges Urteilsvermögen besitzt, fühlt ihr im Herzen genau, ob ihr recht oder unrecht habt. Ihr müßt euch selbst beobachten und berichtigen. Nehmen wir einmal an, jemand sagte euch, ihr tätet etwas Falsches. Dann solltet ihr ins innere Heiligtum eures Herzens gehen und feststellen, ob ihr wirklich im Irrtum seid. Prüft eure Beweggründe. Und wenn ihr unrecht habt, dann ändert euch.

Auf die Ansichten und den Rat von Menschen, die tiefes Verständnis besitzen, kann man sich verlassen. Deshalb vertraute ich meinem

Meister bedingungslos. Zu ihm konnte ich so offen sprechen wie zu mir selbst. Um diese Art von Verständnis zu erlangen, müßt ihr euch, wenn ihr zu anderen Menschen sprecht, von allen Vorurteilen frei machen. Wenn ihr das richtige Verständnis habt, könnt ihr andere lieben und ihnen helfen, ohne daß ihr euch verletzt fühlt oder andere verletzt.

Es ist wunderbar, wenn ihr alle Menschen lieben könnt, wenn ihr ihre Vorzüge und Schwächen erkennt, ohne von eigenen Vorurteilen oder von denen anderer beeinflußt zu werden. Wenn eure Liebe nicht mehr von euren eigenen Wünschen beeinflußt wird, werdet ihr andere wahrhaft lieben lernen. Und wenn ihr dieses Verständnis habt, wird euch niemand mehr verletzen können.

Leid entsteht durch unerfüllte Wünsche; Freude entsteht durch erfüllte Wünsche. Deshalb kommt und geht unser Glück. Der Herr Krishna sagt in der *Bhagavad-Gita*: «Bleibe in Freud und Leid immer gleichmütig.» Er sagt euch nicht, daß ihr herzlos und kalt wie ein Stein sein sollt. Er rät euch, echtes Verständnis zu erwerben. Wenn ihr in der uneinnehmbaren Burg des Verständnisses lebt, wird euch kein Schmerz mehr berühren können; dort können euch weder Krankheit noch körperliche Qualen erreichen.

Macht von eurer Urteilskraft Gebrauch, um herauszufinden, welches der richtige Weg für die Zukunft, für euren seelischen Fortschritt ist. Dann werdet ihr – frei von allen Vorurteilen – den besten Weg einschlagen. Wenn ihr dieses Verständnis nicht verlieren wollt, liebt und achtet alle Menschen, aber laßt euch von niemandem voreingenommen machen, auch nicht von euren eigenen Gedanken, denn das kann verheerende Folgen haben. Sobald es der Welt gelingt, euch zu verwirren, seid ihr verloren. Doch wenn ihr richtiges Verständnis besitzt, werdet ihr immer klar erkennen, was richtig ist, auch wenn andere euer Urteil zu trüben versuchen.

Der Führung meines Gurus verdanke ich meine klare Sicht

Richtiges Verständnis ist euer Retter. Ich denke da an viele, die zum Meister kamen und später wieder gingen, weil sie nicht das richtige Verständnis hatten. Doch ich sagte mir: «Viele mögen kommen, und viele mögen gehen, doch ich werde ewig durchhalten.» Mein Meister hielt auf strenge Disziplin. Andere flohen vor seiner einschneidenden Weisheit. Ich aber sagte ihm einmal: «Ich weiß jemanden, den Ihr niemals vertreiben könnt, und das bin ich.» Ich bin stolz, daß ich dieses Versprechen gehalten habe, denn seiner Schulung verdanke ich meine klare Sicht.

Nur sehr wenige wissen, was zu ihrem Besten dient. Aus Unkenntnis tun sie oft gerade das, was ihnen schadet. Wenn ich dies mit einiger Heftigkeit sage, dann tue ich es nicht, weil mich das Verhalten anderer verletzt, sondern weil ich sehe, wie dieses Handeln ihnen selbst schadet. Wenn ihr euch durch das Verhalten anderer verletzt fühlt und euer Herz verschließt, dann liebt ihr diese Menschen nicht. Doch wenn ihr klare Einsicht bewahrt, könnt ihr denen, die ihr liebt, helfen. Dann wißt ihr, warum sie so handeln, könnt ihre Handlungsweise erkennen und auch sehen, was die Folgen sind.

Manche Menschen verstehen sofort, was ich sage; andere jedoch nicht, weil sie nicht wissen, was zu ihrem Besten dient. Immer wenn ich versuche, Menschen zu leiten, tue ich es nur aus dem Wunsch heraus, ihnen zu zeigen, was für sie am vorteilhaftesten ist. Ich würde nie jemanden für meine eigenen Zwecke gebrauchen. Niemals!

Viele Menschen *meinen*, sie hätten Verständnis. Wenn dieses jedoch auf die Probe gestellt wird, versagt es. Versetzt euch in alle möglichen schwierigen Lagen, wo die Menschen euch verleumden, wo ihr Haß und Demütigungen ausgesetzt seid, und beobachtet dann eure Reaktion. Wenn ihr innerlich unberührt davon bleibt, wenn ihr euch nicht verletzt oder ungerecht behandelt fühlt, sondern nur Liebe im Herzen habt, dann besitzt ihr wahres Verständnis. Im Ashram pflegte mir der Guru ständig neue Verantwortungsgebiete zu übertragen. Er wollte, daß ich für alle möglichen Situationen Verständnis aufbringe, daß meine Hingabe an ihn und mein geistiger Frieden nicht von irgendeiner Position abhänge. Als ich dieses gleichbleibende Verständnis erlangt hatte, machte es mich unendlich glücklich. Es ist wunderbar, so leben zu können.

Meistens reden und handeln die Menschen von ihrem eigenen Gesichtspunkt aus. Nur selten verstehen sie die Lage anderer, ja, sie versuchen es nicht einmal. Wenn ihr euch aufgrund mangelnden Verständnisses mit jemandem streitet, denkt immer daran, daß ihr beide schuld seid, ganz gleich, wer den Streit angefangen hat. «Narren streiten, Weise diskutieren!» Sarkasmus führt leicht zum Zorn. Wenn man jemandem liebevoll die Wahrheit sagt und er dennoch ärgerlich wird, kann ihm nicht geholfen werden. Eure besten Freunde sind diejenigen, die wahres Verständnis besitzen und die, wenn ihr sie um Rat bittet, den Mut haben, euch die Wahrheit zu sagen. Wenn eure Uhr nicht richtig geht, vergleicht ihr sie mit einem Chronometer. Pflegt deshalb Umgang mit denjenigen, die weise sind und es wagen, euch auf eure Fehler aufmerksam zu machen. Darin liegt der Wert echter Freundschaft. Solche Freunde sind euer Chronometer.

Seid immer aufrichtig. Gebt nie vor, mit anderen übereinzustimmen, wenn das nicht der Fall ist. Es ist heuchlerisch, wenn ihr euch äußerlich den Anschein gebt, jemandem zuzustimmen, anstatt ihm eure wahren Gedanken mitzuteilen. Ein Verstoß gegen die Aufrichtigkeit ist eine große Sünde. Sobald ihr bewußt jemanden täuscht, wird euer eigenes Verständnis getrübt. Und als Folge davon werdet ihr heuchlerische Freunde anziehen.

Wenn ihr verstanden werden wollt, müßt ihr auch Verständnis für andere haben. Ihr solltet alle mit der gleichen Liebe lieben, die ihr für eure Eltern, eure Kinder oder andere Angehörige fühlt. Eine solch allumfassende Liebe ist ein wunderbarer Bewußtseinszustand. Vom materiellen Standpunkt betrachtet, habt ihr keine Bedeutung für mich, weil wir nicht blutsverwandt sind. Dennoch habe ich für euch mehr gearbeitet als für meine eigene Familie – denn Tag und Nacht denke ich daran, wie viele Seelen glücklich sein können, wenn ich meinen Teil dazu beitrage. Ich weiß, daß ich bei einigen Erfolg hatte; viele, viele sind erlöst worden. Aber ich kann euch versichern, daß es harte Arbeit bedeutet! Wenn man versucht, anderen seine Autorität aufzuzwingen, will niemand gehorchen. Doch wenn man Autorität mit Liebe und Weisheit anwendet, kann man den Menschen damit die größte Hilfe erweisen. Diese bedingunglose Hilfe, die ich euch gebe, ist der Scheinwerfer, der euren Weg erhellt. Verdunkelt ihn nicht duch Vorurteile.

Laßt eure guten Vorsätze nicht ins Wanken geraten

Ihr müßt an allen guten Vorsätze festhalten. Je mehr ihr versucht, eure guten Vorsätze in die Tat umzusetzen, um so mehr werdet ihr an Kraft gewinnen. Nehmt euch ein Beispiel an dem Heiligen, der zu sich selbst sagte: «Ich habe mir vorgenommen, jeden Morgen einen Spaziergang zu machen, aber manchmal wurde ich durch die Umstände daran gehindert. Ich ging aber dennoch spazieren, auch wenn es schon spätabends war, um meine Entschlußkraft nicht zu schwächen.»

Bevor ihr euch zu etwas entschließt, fragt euch, ob es auch ein gutes Vorhaben ist. Wenn ihr euch aber einmal etwas vorgenommen habt, dürft ihr nicht wieder schwanken, sonst schwächt ihr eure Willenskraft. Man sollte einen Entschluß nur dann ändern, wenn die Tatsachen es dringend rechtfertigen. Sonst wird euch diese geistige Schwäche überallhin verfolgen. Oder meint ihr, daß ihr eure Schwächen loswerdet, wenn ihr euch in die Wälder zurückzieht? Keinesfalls! Ganz gleich, wo ihr euch befindet, überall müßt ihr den Sieg erringen. Das könnt ihr aber nicht, wenn ihr flieht oder aufgebt.

Man kann sich das Leben sehr schwer machen, wenn man kein Verständnis besitzt. Ich könnte zum Beispiel mit Recht sagen: «Die Welt versteht mich nicht. Warum soll ich mich in diesem materialistischen Land aufhalten, wenn ich größte geistige Freiheit mit Babaji im Himalaja genießen kann?» Wenn ihr aber das richtige Verständnis habt, sagt ihr: «Wo ich mich auch befinden mag, muß ich siegen.» Wenn ihr über euer eigenes Ich siegt – über all eure geistigen Schwächen und die euch behindernden Gewohnheiten –, seid ihr wahre Eroberer. Ihr dürft euch niemals geschlagen geben. Erst wenn ihr eine Niederlage akzeptiert, seid ihr die Besiegten...

Sucht Verständnis durch innere Verbindung mit Gott

Prüft euch täglich und beobachtet, welche Fortschritte ihr macht. Wenn ihr euch völlig objektiv prüfen könnt, werdet ihr euch selbst und andere besser verstehen lernen. Das ist die richtige Art zu leben. Wenn ihr während des ganzen Lebens und auch im Tode richtiges Verständnis habt, erlangt ihr Unsterblichkeit.

Mein Ziel ist es nicht, eine große Organisation aufzubauen. Ich versuche das Leben der Menschen zu ändern, indem ich ihnen die Lehre der *Self-Realization Fellowship* bringe. Deshalb lege ich keinen Wert auf Massenversammlungen in den Tempeln. Wir wollen nur solche Menschen anziehen, die Verbindung mit Gott suchen. Man kann Ihn nicht durch intellektuelle Überlegungen oder emotionelle Predigten finden, die das Innere aufrühren.

Was ich in mir trage, ist mir sehr heilig. Ich kann nicht irgend etwas daherreden; ich spreche nur über das, was ich aufgrund meiner eigenen Verwirklichung und meiner Erfahrungen geprüft habe. Deshalb sind diese Wahrheiten Wirklichkeit für mich geworden. Ich komme nicht, um euch Predigten zu halten, sondern um euch die Wahrheiten zu vermitteln, die ich im Garten meiner Erfahrung gesammelt habe. Ich komme gleich einem Wind vom Himmel und trage euch den Duft meines Vaters – den Duft der Wahrheit – zu. Für mich selbst erwarte ich nichts. Mein einziger Wunsch ist, euch diesen göttlichen Duft zu schenken und dann wieder in Seinen Schoß zurückzukehren. Das, was ich euch gebe, müßt ihr selbst durch eure eigene Verbindung mit Gott verwirklichen. Nichts läßt sich mit diesem Verständnis vergleichen.

Das ewige Liebesabenteuer

(1943)

Immer, wenn ich bete, fühle ich, daß Gott bei mir ist. Manchmal verrät Er mir erstaunliche Dinge, und dann lösen sich alle Komplikationen des Daseins auf. In der Einfachheit absoluten Wissens erlebe ich Seine Gegenwart.

Gedanken gleichen Strömen, die aus dem Reservoir des GEISTES fließen. Euer Leben mit dem GEIST in Einklang zu bringen, ist eure allerwichtigste Pflicht. Gott versteht die Sprache eures Herzens – die Sprache, die aus eurem tiefsten Innern kommt. Oft meinen die Menschen, daß Gott ihre Gebete nicht erhöre, weil sie nicht verstehen, daß Gott manchmal ganz anders antwortet, als sie es erwarten oder von Ihm erbeten. Er erfüllt ihre Wünsche nicht immer, jedenfalls nicht, bis sie Seinen Wunsch erfüllt und Vollkommenheit erlangt haben.

Während einer Autofahrt enthüllte mir Gott einmal, wie es später in der Gegend aussehen werde, durch die wir gerade fuhren – wenn die Menschen, die jetzt in diesen Häusern lebten, nicht mehr sein würden. Sie waren sich ihres Lebens so sicher gewesen. Gott sagte mir: «Ich habe diese Welt nicht dazu erschaffen, daß die Menschen sich von ihren Gefühlen überwältigen lassen. Ich habe Versuchungen erdacht, um zu sehen, ob Meine Kinder es nicht vorziehen würden, Mich, Ihren Schöpfer, zu suchen.» Dieses Erlebnis hat mich voll und ganz befriedigt, denn ich erkannte, daß es ja Gott ist, der die ganze Verantwortung trägt. Er weiß, daß Er uns diesen Schwierigkeiten ausgesetzt hat!

Wir meinen, daß Gott unsichtbar sei. Wenn wir eine Armbanduhr betrachten, wissen wir, daß sie irgendwo von irgend jemandem angefertigt worden ist. Wie ist nun aber die «Uhr» des Universums – mit Sonne, Mond, Sternen, der Erde usw. – erschaffen worden und von wem? Ihr braucht eure Nahrung nur zu kauen, aber irgendeine intelligente Kraft in eurem Körper verwandelt sie in all die lebensnotwendigen Elemente. Wer gab euch die Luft zum Atmen, und wer erschuf die Beziehung zwischen Luft, Leben und Körper? Gott! Wie könnt ihr an Ihm zweifeln? Er ist in allen Dingen gegenwärtig. Ihn, den ich hoch über mir in den Wolken und überall suchte, finde ich in jeder Bewegung meines Körpers – Er thront in der Stille meines Geistes.

Immer, wenn ich etwas wissen will, spricht Gott zu mir; entweder lenkt Er mich oder Er sagt mir, was ich tun soll. Es kommt aber auch vor, daß irgendein anderer mir etwas sagt und ich plötzlich weiß, daß Er es ist, der durch ihn zu mir spricht. Als ich letzten Sonntag den Gottesdienst leitete und gerade anfing zu beten, erschien Er mir als großes Licht. Man sagte nachher, daß ich an diesem Tag einen meiner besten Vorträge gehalten hätte. Danach folgte der Unterricht am Nachmittag und schließlich der abendliche Vortrag. Jeder dachte, ich müßte nun müde sein und würde nach Hause gehen; doch wir setzten uns nieder und meditierten bis ein Uhr nachts. Ich fühlte mich so frisch und hellwach, als hätte ich gerade wunderbar geschlafen. Die letzten vierzehn Tage habe ich sehr wenig Schlaf gebraucht. Sein Licht erhält mich.

Gott wartet vor der Tür eures Bewußtseins

Dies sind einige meiner Erfahrungen, und sie sind wirklich. Solche Erlebnisse mehren sich, wenn wir wissen, daß Gott bei uns ist. Er schenkt sie uns nicht einfach, weil Er uns damit anlocken will, sondern nur dann, wenn wir Ihn davon überzeugen, daß wir mit nichts anderem zufrieden sind als mit Seiner Gegenwart. Er zieht mich in keiner Weise vor. Wenn ihr Ihn nur liebtet, würde Er auch für Euch wunderbare Dinge tun. Er liebt alle seine Kinder. Er wartet vor der Tür eures Bewußtseins, doch ihr wollt Ihn nicht einlassen. Ich sehe immer mehr, daß Er uns weit mehr sucht als wir Ihn. Er ist uns gegenüber nicht gleichgültig; wir sind es, die Ihm gegenüber gleichgültig sind. Ihr müßt Ihn also aufrichtig und mit geistigem Eifer suchen. Ihr mögt denken, daß Er euch nicht erhöre, und dann seid ihr enttäuscht und gebt auf. Und doch ist Er es, der euch bis hierher geführt hat; deshalb dürft ihr eure Suche nie aufgeben. Wenn sich Zweifel einschleichen, sagt euch: «Wie kommt es, daß ich meine Hände bewegen kann? Wie geschieht es, daß meine Verdauung funktioniert? Wie kann ich ein- und ausatmen? Er *muß* da sein. Er *ist* da!» Da ihr also ganz und gar von dieser Kraft abhängig seid, warum wendet ihr euch dann nicht an diese Kraft? Wenn ihr Ausdauer habt und Ihm jeden Tag beweist, daß ihr Ihn über alles liebt, so wird sich alles, was ihr euch wünscht, erfüllen.

Gott sehnt sich nach unserer Liebe

Ich habe Gott gefragt, warum Er diese Schöpfung ins Leben gerufen hat. «Hattest Du das wirklich nötig?» fragte ich. Und Er antwortete: «Nein, aber ich hatte niemanden, mit dem Ich Meine Freude teilen konnte.» Und so wurde Er zum Schöpfer, doch unter einer Bedingung: Er erlegte sich selbst die gleiche Sehnsucht und Suche auf, die Er all Seinen Geschöpfen auferlegte. Jeder sucht irgend etwas, was ihm das erhoffte Glück verschaffen soll. Doch die Menschen finden kein wahres Glück, weil alles Streben nach materiellem Gewinn in einer Sackgasse endet. Ihr wünscht euch etwas, bis ihr es habt. Und wenn ihr es besitzt, vergeht die Lust daran, bis alle Freude verschwunden ist. Die meisten Menschen meinen, das Leben bestehe aus nichts anderem, als geboren zu werden, zu heiraten, Kinder zu zeugen, Geld zu verdienen, Vergnügungen nachzujagen und zu sterben. Doch so ist es nicht. Gott spricht: «Ich habe mir dieselbe Schwierigkeit auferlegt wie Meinen Kindern. Wenn sie keine Erfüllung finden, so habe auch Ich nicht gefunden, was Ich ersehne.» Und wonach sehnt sich Gott? Nach unserer Liebe. Er hat es sehr schwer für sich selbst gemacht, weil Er dem Menschen Willensfreiheit verliehen hat, so daß dieser Ihn suchen oder zurückweisen kann. Er sagt: «Ich bemühe mich um jedes einzelne Herz und warte darauf, daß Meine Kinder sich von der Schöpfung abwenden und zu Mir zurückkehren.» Was für ein gewaltiger Gedanke, wenn wir uns vorstellen, daß Er sich dasselbe «Exil» auferlegt hat, in das Er uns geschickt hat, daß Gott ebenfalls etwas sucht, nämlich unsere Liebe.

Wenn wir über Gott sprechen, so stellen sich viele darunter ein verehrungswürdiges Wesen vor, das in einem entfernten Himmel thront. Und sie folgern daraus: «Wie kann ich einen solch unbekannten Gott lieben? Laßt uns essen, trinken und unser Leben genießen.» Doch hinter jedem Rosenbusch irdischer Lust lauert die Schlange des Leidens. Es gibt kein dauerhaftes Glück in dieser Welt. Euer schöner Körper kann plötzlich von einer schweren Krankheit befallen werden, so daß nichts ihn heilen kann. All euer Reichtum kann pötzlich dahinschwinden, wenn die Börsenkurse stürzen. Warum wollen wir uns all diesen Enttäuschungen aussetzen? Wißt ihr auch, daß Gott ähnlich enttäuscht ist, weil Er sich nach uns sehnt und wir Ihm unsere Liebe verweigern? Deshalb leidet auch Er, denn Er hat diese Trennung ja verursacht. Und bis wir uns aus freiem Willen entscheiden, zu Ihm zurückzukehren, kann Er uns nicht von unserem Leid erlösen.

Der Wunsch hinter allen Wünschen

Ihr mögt vorübergehend Freude an weltlichen Dingen haben, doch innerlich fühlt ihr eine Leere, und schließlich langweilt euch alles. Ich habe das schon als Kind erlebt. Ich sah mich in jeder denkbaren Lebenslage, und wenn ich mich nicht selbst darin sehen konnte, so beobachtete ich andere, die – wie es schien – ein angenehmes Leben führten; doch ich sah, wie unglücklich und unzufrieden sie in Wirklichkeit waren. Darum geriet ich nicht in dieselben Fallen.

Ich sah, daß es ein Anderer war, der sich unseres Herzens bedient, um sich an verschiedenen Dingen zu freuen und andere zu lieben. Doch dann nimmt Er plötzlich den Gegenstand unserer Liebe weg – wie im Tode –, oder die Liebe erkaltet und erstirbt. Wo ist die große Liebe dann geblieben? Es ist Gott, der Verstecken mit uns spielt; Er ist es, den wir suchen müssen.

Ich verehre keinen Gott, vor dem man sich fürchten muß. Ich sage Ihm oft: «Du bist mir der Allernächste, Du bist es, den ich über alles liebe – der mir näher steht als alle anderen.» Ich sage Ihm alles, was ich auf dem Herzen habe; und Er antwortet mir. Wer sonst könnte so lieben? Er hat mir stets zur Seite gestanden, hat an die Tür meines Herzens gepocht und darauf gewartet, eingelassen zu werden. Ich habe folgendes festgestellt: Ganz gleich, was ich in all meinen irdischen Inkarnationen suchte, in Wirklichkeit war es Er, den ich ersehnte. Jedesmal, wenn ich mir einen Wunsch erfüllt hatte, konnte ich mich nicht mehr daran freuen. «O Liebster, Blinder und Gebrechlicher, Ich bin es, den du suchst.»[1] Mit «Ich» ist die ewige Freude – Gott – gemeint.

[1] Aus *Der Jagdhund des Himmels* (1925) von Francis Thompson.

In ihrem Verlangen nach Geld, Sex und menschlicher Liebe suchen die Menschen in Wirklichkeit nur eines: das Glück; und das ist Gott. Ich bin Tag und Nacht trunken von diesem Glück. Es ist kein abstrakter Bewußtseinszustand; dieses Glück kann zu euch sprechen. Es liegt unmittelbar hinter dem Äther, dem die ganze Schöpfung entsprungen ist. Dieses Glück ist Gott, und es ist töricht, Seine Liebe in irgend etwas anderem zu suchen oder durch etwas anderes begrenzen zu lassen. Ich konnte meine Liebe niemals uneingeschränkt einem anderen schenken – nicht einmal meiner Mutter, die ich so innig liebte; denn ich wußte, daß hinter ihr ein Anderer stand, der mich durch sie liebte.

Unwissenheit bedeutet, die Kraft, die Gott uns verliehen hat, nicht zu gebrauchen

Eine der Täuschungen unseres Daseins besteht darin, daß man immer weiter hilfos dahinlebt. Sooft ihr sagt: «Es hat keinen Zweck!», ist es auch so. Das Gespenst der Unwissenheit befindet sich in eurem eigenen Innern. Unwissenheit bedeutet, daß ihr von der Kraft, die Gott euch verliehen hat, keinen Gebrauch macht. Warum sagt und tut ihr jeden Tag immer wieder das, was euch schadet? Zu denken, daß ihr euch nicht willentlich ändern könnt, ist eine Täuschung. Ihr *müßt* in der Lage sein, euch zu ändern und eure schädlichen Gewohnheiten auszurotten, sobald ihr euch dazu entschlossen habt.

Die meisten Menschen verhalten sich auf eine ganz typische Weise, die man schon voraussehen kann, weil sie nie von ihren Gewohnheiten ablassen. Wenn aber jemand seine Gewohnheiten überwindet, merken es die anderen und sagen: «Er hat sich geändert!» – obgleich seine äußere Erscheinung unverändert ist. Ihr müßt nicht tagein, tagaus dieselben bleiben. Schaut öfter nach innen und stellt fest, ob ihr noch immer die alten Gewohnheiten habt, die andere Jahr für Jahr an euch bemerkt haben. Wenn dem so ist, ergreift das Schwert der Weisheit und rottet diese Gewohnheiten aus. Dann gebraucht eure von Gott verliehene Unterscheidungskraft, um euer Leben zu vervollkommnen.

Ich habe einige gute Vorsätze für dieses neue Jahr gefaßt. Sie betreffen kleine Dinge, die ich vernachlässigt hatte, oder «Luxusdinge», die mir wertvolle Zeit rauben und die ich aus dem Palast meines Lebens verbannen will. Doch habe ich zu keinem darüber gesprochen. Die schwerste Prüfung waren die ersten acht Tage; alles schien es darauf abgesehen zu haben, mich von meinen Entschlüssen abzubringen. Doch hatte ich am 1. Januar mit Gottes Hilfe alle unerwünschten Neigungen so fest aus meinem Bewußtsein verbannt, daß nichts meinen Willen mehr brechen konnte.

Ihr seid euer eigener und größter Feind, wenn ihr sagt: «Es geht nicht!» Ihr werdet überrascht sein, wenn ihr feststellt, wieviel Freiheit Gott euch gegeben hat, euer Leben zu ändern. Wartet nicht, bis der Körper von Krankheit heimgesucht wird und euren Geist schwächt, denn dann ist der Kampf viel schwerer. Ihr seid nicht Fleisch und Blut; ihr seid das Licht in diesem Körper. In diesem kleinen Gefäß des Körpers liegt die Unsterblichkeit gefangen und möchte sich befreien. Vor kurzem, als zwei Jünger neben mir standen, sah ich sie plötzlich wie mit Röntgenaugen – sah ihr Fleisch, ihre Knochen und all ihre Organe – und ein großes Licht, das von ihnen ausstrahlte. Wenn Gott mit euch ist, wandelt sich die ganze Materie und wird zu einem elektrischen Schattenbild. Alles wird ätherisch. Solche Erlebnisse sind keine Einbildung. Es sind Manifestationen der Wahrheit.

Gott ist das liebenswerteste Wesen

Denkt nie, daß Gott eure Gebete nicht erhöre. Jedes Wort, das ihr Ihm zuflüstert, wird in Seinem Herzen verzeichnet, und eines Tages wird Er euch antworten. Wenn ihr immer Ausschau nach Ihm haltet und euch in Erinnerung ruft, wie oft Er euch schon erhört hat, werdet ihr wissen, daß Er euch in Wirklichkeit allezeit antwortet. Wenn ihr große Inbrunst zeigt, wird Er euch auch größere Wünsche erfüllen. Nur wenn ihr beharrlich seid, läßt Er sich dazu bewegen, zu euch zu kommen.

Gott ist das liebenswerteste Wesen im ganzen Universum. Alles, was ihr euch wünscht, findet ihr in Ihm. Wir begehen einen großen Fehler, wenn wir nach irgend etwas anderem suchen. Ich vergeude keine Minute mehr. Ich habe auf alles verzichtet, was mich von Ihm ablenkt. Denn das Glück, das Er mir schenkt, finde ich in nichts anderem. Ich lebe ständig im Zustand des Gottesbewußtseins; und denselben Zustand wünsche ich mir auch für euch. Ich möchte anderen die Liebe, die ich von ihnen empfange, damit vergelten, daß ich sie zur Liebe meines Vaters führe...

Euer wichtigstes Ziel sollte darin bestehen, Gott zu erkennen. Wenn ihr Ihn gefunden habt, wenn euer Herz auf Ihn eingestellt ist, dann wird Er euch immer das Richtige zu tun auftragen. Doch wenn ihr euch in Dinge verwickeln laßt, ohne euch zuerst an Gott zu wenden, geht ihr in die Irre.

Ihr seid im Leben auf euch allein gestellt, und kein anderer als ihr selbst muß für die von euch begangenen Fehler büßen. Warum deshalb die Fehler anderer wiederholen? Ihr müßt euer Leben so leben, wie es eurer Überzeugung entspricht. Stärkt eure schlechten Gewohnheiten nicht dadurch, daß ihr stets von neuem falsch handelt. Der Schwächling denkt: «Ich bin ein Raucher und kann das Rauchen nicht aufgeben.» Ehe er jedoch zu rauchen anfing, hatte er gar kein Verlangen danach. Macht euch frei! Wenn euch Gottes grenzenlose Freude und Sein tröstendes Licht zuteil werden, wird alles andere bedeutungslos. Dann werden auch die äußeren Erlebnisse euch davon überzeugen, daß das innerlich Geschaute wahr ist...

Gott ist uns immer nahe

Gott ist Seiner Schöpfung nicht fern; Er ist uns immer nahe. Ihr könnt den Wind nicht sehen, aber ihr wißt, daß er existiert. Er, der den Wind und uns erschaffen hat, ist unmittelbar hier. Jedesmal, wenn ich meine Hände und Füße bewege, sehe ich, daß es in Wirklichkeit Er ist, der sie bewegt. Er läßt das ganze Universum erbeben. Er ist die einzige Wirklichkeit.

Das ganze Leben ist ein kosmischer Film. Sobald Gott kommt, verwandelt sich alles in Licht und vibriert in Seinem Licht. Wenn Ihr euch einen Film anseht und dabei vergeßt, daß ihr nur unterhalten werdet, reagiert ihr so, als ob alles wirklich wäre. Doch wenn ihr ihn nur als Film betrachtet, leidet ihr nicht unnötig unter den Vorspiegelungen von Leid, Gewalttätigkeit und Tod. Das göttliche Licht- und

Schattenspiel läßt die Schöpfung so erscheinen, wie wir sie sehen. Sobald ihr das durchschaut habt, seht ihr sie nur noch als einen Traumfilm. Doch wehe dem, der das nicht erkennt! Er läßt sich leicht verletzen und fühlt sich allein und verlassen. Wacht auf und seht, daß Gott bei euch ist. Wenn dann der Tod kommt und keiner euch helfen kann, sind Gott und der Guru bei euch.

Irdischer Reichtum bedeutet nichts ohne den Reichtum Gottes. Niemand kann seine irdischen Güter mit sich nehmen, wenn er stirbt. Diejenigen aber, die gute Eigenschaften entwickelt haben, sind wahrhaft reich, weil sie ihren Reichtum auch jenseits des Grabes noch besitzen.

Viele meinen, daß sie sich nicht für ein geistiges Leben eignen, doch das ist die größte Unwahrheit, die Satan uns einflüstert. Satan ist nichts weiter als Unwissenheit. Gott hat mir versichert, daß der einzige Weg, für den wir uns eignen, derjenige ist, der zu Ihm führt. Darum kann uns auch nichts anderes befriedigen. Es ist also vernunftwidrig zu sagen, daß wir noch nicht reif genug für Gott seien. Jedes menschliche Herz leidet, und wer leidet, ist reif!

Ein viereckiger Pflock paßt nicht in ein rundes Loch. Unsere Erde läßt sich mit einem runden Loch vergleichen, und euer Leben ist der viereckige Pflock. Eines Tages werdet ihr erkennen, daß Gott das «viereckige Loch» ist, in das ihr hineinpaßt. Ihr irrt, wenn ihr denkt, daß ihr eurer Familie oder eurem Land angehört. Für mich gibt es kein Amerika und kein Indien; alle Länder sind meine Länder, denn sie gehören Gott; und alle Familien sind meine Familien, weil sie Gott gehören. Ich habe niemals irgendeinem Menschen oder irgendwelchen Umständen erlaubt, mich in Beschlag zu nehmen. Ich habe Gott versichert: «Meine Liebe gehört niemand anderem als Dir. Ich schenke sie nicht denen, die selbstsüchtig an mir hängen; noch schenke ich sie irgendeinem Lebewesen oder Gegenstand. Ich fliehe alles, was meine Liebe einkerkern will, und bewahre sie für Dich allein.» Indem ich meine Liebe Gott allein schenkte, gab ich sie allen Menschen.

Laßt euch nicht entmutigen, sondern wendet euch an Gott. Gibt es ein größeres Versprechen als das, was Er mir gesagt hat: «Jedes Gebet, das du Mir zuflüsterst, erhöre Ich?» Ich hätte es nie für möglich gehalten, daß ich bei all meiner organisatorischen Verantwortung innerlich in solch göttlicher Freude leben könnte. Das ist aber nur möglich, weil ich eines nie vernachlässigt habe: meine Meditation. Mein einziger Wunsch war immer, Gott nahe zu sein, und deshalb fragte ich Ihn: «Wann wirst Du mich von der Last dieser Arbeit befreien?» Jetzt aber macht es mir nichts mehr aus. Arbeit oder keine Arbeit, ich erfreue mich dank Seiner Gnade der größten inneren Freiheit und Glückseligkeit.

Befreit euch aus den Fangarmen der schlechten Gewohnheiten und Gedanken, die euch sagen wollen: «Es geht nicht.» Erwidert ganz einfach: «Es geht!» und tut es dann. Werft eure schlechten Gewohnheiten ab und bemüht euch täglich darum, bessere Menschen zu werden. Laßt euch nicht von euren vielen Verantwortungen erdrücken. Das Leben wurde uns gegeben, damit wir das Ewige Leben finden. Friede wurde uns gegeben, damit wir den Ewigen Frieden finden. Die Sehnsucht wurde nicht erschaffen, damit wir sie auf materielle Dinge richten, sondern damit unser Wunsch nach dem Unendlichen erfüllt wird. Wenn ihr Ihn etwas eifriger suchtet, dann würdet ihr Ihn mit Sicherheit finden. Zweifelt nicht daran!...

Der Schmerz, den man fühlt, wenn Er einem entgleitet, ist furchtbar – viel schlimmer als der Kummer eines Millionärs, der plötzlich alles bis auf den letzten Pfennig verloren hat.

Das Abenteuer mit Gott währt ewig

Ich will euch nicht nur predigen, sondern die Wahrheit vermitteln, die euch frei macht, und ich bitte euch, diese Worte zu beherzigen: Folgt dem Weg, der euch durch die Lehre der Selbst- Verwirklichung gewiesen wird, denn sie enthält die höchste Botschaft dieses Zeitalters. Und nachts zieht euch in die Höhle des Schweigens zurück, um zu beten. Geht nie schlafen, ohne meditiert zu haben. Den Schlaf könnt ihr immer haben, Gott aber nicht. Sobald ihr Ruhe vor den Leuten habt – in den kleinen Pausen, die eure Tätigkeit euch gönnt –, setzt euch ruhig hin und betet zu Ihm: «Offenbare Dich mir! Du bist hier, Du kannst mich nicht zum Narren halten. Du bist in mir und überall. Dir allein gehört meine Liebe.» Schließlich wird Er zu euch kommen – in den Wolken oder als Licht oder in einem menschlichen Antlitz – in allen möglichen Ausdrucksformen. Gott spricht zu Seinen Kindern durch ihr intuitives Gefühl, durch Freunde, durch Lichtzeichen oder durch die innere Stimme.[2]

Letzte Nacht, als ich meditierte, tat sich der Himmel vor mir auf. Alles, was ich in Seinem Licht schauen darf, verwirklicht sich später. Dann wissen wir, daß Er sich nur vor uns verborgen hielt. Das wunderbarste Liebesverhältnis ist das mit Gott. Menschliche Liebe erlischt nach einiger Zeit, aber die Liebe Gottes währt ewig. Kein Tag darf vergehen, ohne daß wir Ihn schauen. Deshalb schrieb ich diese Worte: «In vielen Inkarnationen rief Deinen Namen ich, suchte in den Träumen meiner Seele immer Dich.»[3] Ich sage Ihm oft, Er sei schuld daran, daß ich hinausgeschickt worden bin. Schließlich aber sah ich ein, daß alle Täuschungen des Lebens dazu da sind, Ihn um so mehr schätzen zu lernen – angespornt zu werden, Ihn zu suchen. Es war immer Er – der Vater hinter allen Vätern, die Mutter hinter allen Müttern, der Liebende hinter allen Liebenden –, den ich in sämtlichen Inkarnationen gesucht habe. Er ist der Liebende, und unsere Seele die Geliebte; und wenn die Seele dem großen Liebenden des Universums begegnet, dann beginnt das ewigwährende Liebesabenteuer. Dann werdet ihr nach nichts anderem mehr verlangen.

[2] In seiner Schrift *Zwiesprache mit Gott* erklärt Paramahansa Yogananda eingehend, wie Gott durch die *OM*-Schwingung zu einem sprechen kann: «Der Kosmische Laut, den ihr in der Meditation hört, ist die Stimme Gottes. Dieser Laut kann zu verständlicher Sprache werden. Wenn ich dem *OM* lausche und Gott dabei bitte, mir etwas mitzuteilen, verwandelt sich das *OM* manchmal in englische oder bengalische Worte und gibt mir genaue Anweisungen.»

[3] «Göttliches Liebesleid» aus dem Buch *Songs of the Soul* (Lieder der Seele) von Paramahansa Yogananda.

Das herrliche Neue

Singe ein Lied, das noch keiner gesungen;
Denke so, wie noch keiner gedacht.
Strebe nach Gipfeln, die keiner bezwungen;
Weine um Gott bei Tag und bei Nacht.

Lieb alle Menschen wie niemand zuvor,
Bestehe mutig den Kampf des Lebens.
Schenk Frieden dem, der den Frieden verlor,
Und Hoffnung dem, der hoffte vergebens.

Der Weg
zum Kosmischen Bewußtsein

Höhenflug

Ein Erlebnis im Samadhi

Ich schloß die Augen und sah um mich her
Den unendlichen blaß schimmernden Himmel.
Das graue Himmelsgefährt –
Morgendämmerung meines Erwachens –
Warf seine Scheinwerfer-Augen umher,
Kam näher und näher und nahm mich mit.
Ich sauste durch den unendlichen Raum,
Durchdrang den Äther voller Geheimnisse,
Ich eilte durch lang verborg'ne Spiralnebel,
Gezwungenermaßen schweifte ich weiter
Nach links und rechts, nach Nord und Süd,
Hinauf und hinab,
Ich fand keine Küste zum Landen,
Ich drehte mich um mich selbst
Im Kreise vieler Zerstreuungen,
Doch ich kreiste im unendlichen Raum.
Ich wirbelte durch ewige Feueröfen des Lichts.
Schließlich verschmolz mein Flugzeug, nach und nach,
Mit jener verwandelnden Flamme.
Danach verschmolz auch mein Körper, nach und nach,
Mit jenem läuternden Feuer.
Nach und nach schmolzen meine Gedanken dahin,
Und meine Gefühle wurden reines, flüssiges Licht.

Sichere Methoden, die zur Befreiung führen (Aus der Bhagavad-Gita)

Kapitel XII, Vers 1

Arjuna sprach:
Welche Gottsucher sind erfahrener im Yoga – jene, die Dich unentwegt anbeten, oder jene, die den Unzerstörbaren, den Unmanifestierten verehren?

Arjuna bezieht sich hier auf den Gottsucher, der im letzten Vers des 11. Kapitels beschrieben wird (er betrachtet Gott, der allen Manifestationen innewohnt, als den Kosmischen Geliebten und ist deshalb nur für Ihn tätig, ohne persönlich an etwas zu hängen; er sieht niemanden als seinen Feind an und macht Gott zu seinem höchsten Ziel); diesem stellt er den anderen gegenüber, der Gott als den gestaltlosen, unmanifestierten GEIST verehrt (der Gott und die Natur als zwei getrennte Wesenheiten ansieht). Welcher von beiden ist besser mit der Technik vertraut, die einem dazu verhilft, die Seele mit dem GEIST zu vereinigen?

Vers 2

Der segensreiche Herr sprach:
Jene, die ihren Geist unaufhörlich auf Mich gerichtet halten, die Mich verehren und sich in tiefster Hingabe mit Mir vereinigen, besitzen in Meinen Augen vollkommene Kenntnis des Yoga.

Der Yogi, der im letzten Vers des 11. Kapitels und erneut in diesem Vers beschrieben wird, kennt sich besser mit den Methoden und Yoga-Techniken aus, die zur Gottvereinigung führen, als der Gottsucher, der im 3. und 4. Vers dieses Kapitels erwähnt wird – der sich auf Erkenntnis des unvergänglichen, unmanifestierten GEISTES konzentriert. Schließlich aber werden beide Gottsucher den Kosmischen GEIST finden.

Alle Manifestationen und Tätigkeiten in der Schöpfung gehören zum Kosmischen Yoga des Herrn. Er ist der Eine, der sich zu vielen Ausdrucksformen entfaltet und der sie alle in dem einen kosmischen Bewußtsein Seines Ewigen Wesens vereinigt. Der Gottsucher, der den immanenten Gott erkennt und die vorgeschriebenen Stufen des Yoga erklimmt, um höchste Erkenntnis des Göttlichen zu erlangen, versteht, wie sich der Eine in viele individuelle Ausdrucksformen aufteilte und in ihnen tätig wurde und wie der Sucher auf wissenschaftliche Weise diesen Abstieg aus dem kosmischen Bewußtsein in einen Aufstieg umwandeln kann, um sich wieder mit dem GEIST zu vereinigen.

Der Gottsucher, der sich durch stufenweise aufgebaute Yoga-Methoden höherentwickelt, wird daher vom Herrn als der Erfahrenere in der Wissenschaft der Vereinigung von Seele und GEIST bezeichnet. Wenn der Yogi sich auf den immanenten Gott in Seiner ursprünglichen Manifestation als Kosmische *OM*-Schwingung (Heiliger Geist) konzentriert und ebenfalls auf Seine schöpferische Mannigfaltigkeit im Kosmos sowie im Mikrokosmos seines eigenen Ich, erlebt er den anfänglichen Zustand des *Savikalpa-Samadhi*. Während er sich in einem transzendenten ekstatischen Zustand befindet, in dem er sich der äußeren Schöpfung nicht bewußt ist, erlebt er Gott in einer Seiner göttlichen Eigenschaften oder Ausdrucksformen – entweder in einer Gestalt oder gestaltlos. Schließlich erlangt er den höchsten Zustand des *Nirvikalpa-Samadhi*, in dem er den Herrn in Seiner kosmischen Gestalt innerhalb der Schöpfung und zugleich als das gestaltlose Absolute jenseits der Schöpfung wahrnimmt – wobei er sich der Sinneswahrnehmungen und seiner Umgebung voll bewußt bleibt.

Ein solch hingebungsvoller Yogi erkennt Gott sowohl in der Dualität als auch in der Einheit. Indem er den stufenweise aufgebauten wissenschaftlichen Yoga-Methoden folgt, erreicht er einen ruhigen Geisteszustand und bleibt ständig mit Gott vereint. Während er sich über alle materiellen Bindungen erhebt, erreicht er allmählich immer höhere Bewußtseinsstadien. Voller Liebe dient er Gott in allen Lebewesen, denn er weiß, daß der Herr sich in ihnen allen offenbart. Er betet den Herrn mit ungeteilter Hingabe an und erkennt, daß Er das einzige Wesen und einzige Ziel im Leben ist. Er wird zu einem Vorbild auf dem wissenschaftlichen Yoga-Weg, dem alle Gottsucher, die wieder zu Gott aufsteigen wollen, folgen können.

Vers 3–4

Doch jene, die den Unzerstörbaren, den Unbeschreiblichen, den Unmanifestierten, den Alldurchdringenden, den Unerfaßbaren, den Unwandelbaren, den Unbeweglichen, den Gleichbleibenden anbeten; die Herr über ihre Sinne und in jeder Lebenslage ausgeglichenen Geistes sind, die für das Wohl der ganzen Menschheit wirken – wahrlich, auch sie erreichen Mich.

In diesen beiden Versen spricht der Herr Krishna zu Arjuna über jene Verehrer, die Gott als das transzendente Höchste Wesen anbeten – den Schöpfer und Herrscher des Universums. Aus Hochachtung vor dem Höchsten GEIST führt ein solcher Gottsucher ein Leben der Selbstbeherrschung, ist immer ausgeglichenen Geistes, indem er auf Gott vertraut, und zeigt sich anderen gegenüber stets aufrichtig und hilfsbereit. Doch er übt keine wissenschaftlichen Yoga-Techniken.

Solche Gottsucher haben sich durch ein heiliges Leben geläutert und unterjochen ihre Sinne durch innige, hingebungsvolle Anbetung. Indem sie sich auf einfache Weise, aber von ganzem Herzen auf den Herrn konzentrieren, erlangen sie einen völlig ruhigen Gemütszustand. Geistig tauchen sie in das dunkellose Dunkel, das lichtlose Licht, in dem der unzerstörbare GEIST, der unbeschreibliche, unvorstellbare Eine, als die allgegenwärtige, unbewegliche und unveränderliche *Kutastha*-Intelligenz (das Krishna- oder Christusbewußtsein) in der ganzen Schöpfung existiert – allgegenwärtig, unbeweglich und unwandelbar, die reine, gestaltlose Widerspiegelung (der Sohn) des transzendenten Herrn. Christliche Mystiker wie der heilige Johannes vom Kreuz, der heilige Thomas von Aquin und die heilige Theresia von Avila haben einen solchen transzendenten Bewußtseinszustand erlebt. Die heilige Theresia äußerte sich über diese innere Verbindung mit Gott: «Ich habe den gestaltlosen Christus gesehen.» Solche Gottsucher vertiefen allmählich ihre Wahrnehmung der Ewigen Intelligenz, die sich in der Schöpfung widerspiegelt, bis sie schließlich das kosmische Bewußtsein Gottes erlangen, das im schwingungslosen Bereich jenseits der Welt der Erscheinungen besteht. Ein solcher Gottsucher (der in der Tat den Yoga gemeistert oder Vereinigung mit Gott erreicht hat) erlangt das Absolute, ist sich aber nicht immer der wissenschaftlichen Zwischenstadien bewußt, in denen er sich befunden hat.

Das Leben eines wissenschaftlichen Yogis dagegen ist ausgeglichener. Er versteht die Gesetze der Natur und hält sich an ihre Regeln, so daß er Gott als Alles in allem sieht. Auf diese Weise befreit er sich bewußt von der begrenzenden persönlichen Anhänglichkeit an Besitz, Verwandte und Freunde; er dient allen menschlichen Wesen – ungeachtet ihres Glaubens, ihrer Rasse oder gesellschaftlichen Stellung –, weil er den Herrn in ihnen verkörpert sieht. So löst er sein kleines Ich allmählich von den Sinnen und bringt seine Lebenskraft, seinen Geist und sein Ego durch verschiedenartige Methoden mit der überbewußten Seele in Verbindung. Schließlich erlebt er während der ersten Ekstase die *Kutastha*-Intelligenz innerhalb der Schöpfung – und während der *Nirvikalpa*-Ekstase den GEIST jenseits aller Erscheinungen.

Man kann diese beiden Yogis mit zwei Sekretärinnen vergleichen, von denen die eine durch die unwissenschaftliche Methode des Tastensuchens – des sogenannten «Geier-Suchsystems» – schließlich Geschwindigkeit im Tippen erlangt, während die andere ihre Geschwindigkeit durch das wissenschaftliche Blindschreibverfahren erreicht. So wie die letztgenannte als die erfahrenere in der Kunst des Maschinenschreibens gelten kann, so ist auch der wissenschaftliche Yogi der erfahrenere, weil er die besten Methoden kennt, die einem die Suche nach Gott erleichtern.

Vers 5

Diejenigen, deren Ziel das Unmanifestierte ist, begegnen größeren Schwierigkeiten; denn steil ist der Weg zum Absoluten für die körperlichen Wesen.

Der Weg jener Gottsucher, die das Unmanifestierte Unendliche anbeten, ist äußerst beschwerlich, denn sie werden nicht durch irgendeine geistige Vorstellungskraft unterstützt. Anbetung bedeutet, daß man ein Wesen verehrt, das die Aufmerksamkeit wachhält und Hingabe einflößt – einen Gott, der bestimmte Eigenschaften besitzt. Der Gestaltlose Unbekannte erfüllt diesen Zweck für die meisten Sterblichen nicht. Wer in einer Welt der Formen geboren ist, kann sich nur schwerlich eine wahre Vorstellung von einem formlosen GEIST machen. Anbetung des Unbeschreiblichen setzt daher zwangsläufig voraus, daß man das Unendliche tatsächlich erfahren hat. Nur wer geistig hoch genug entwickelt ist, so daß er den «Gestaltlosen Christus» intuitiv wahrnehmen kann, wie es bei Theresia von Avila der Fall war, findet Freude an einer solchen Verbindung mit dem Göttlichen.

Der systematisch vorgehende Yogi erlebt verschiedene Stadien göttlicher Wahrnehmung, die seine Bemühungen und seine Hingabe anregen und vertiefen. Doch die Ergebnisse bei einer Anbetung des Unmanifestierten zeigen sich erst in der höchsten Vereinigung, wenn das Bewußtsein des Suchers mit Gott verschmilzt. Wer das Absolute anbetet, muß sich daher so intensiv auf den GEIST konzentrieren, daß er die Grenzen aller inneren und äußeren Wahrnehmungen übersteigt und die höchste intuitve Verwirklichung erreicht: daß er eins mit dem Unendlichen GEIST wird. Eine solche transzendente Selbstüberwindung verlangt von Anfang an strengste Entsagung und eine Loslösung von allen körperlichen Bindungen. Sich völlig von allen irdischen Bindungen zu lösen, ist zweifellos schwer für ein menschliches Wesen. Wer dies versucht, muß drastische Maßnahmen ergreifen, um die aufsässige menschliche Natur zu besiegen.

Der Yogi jedoch, der einen persönlichen Gott anbetet, macht von den stufenweise aufbauenden Methoden der Verwirklichung Gebrauch und erreicht auf diese Weise allmählich sein Ziel. Die natürliche Methode, den niedrigeren Freuden und Anhänglichkeiten zu entsagen, besteht darin, die höheren Freuden des GEISTES zu kosten. Wer einen persönlichen Gott anbetet, findet im inneren Tempel seines Bewußtseins etwas, das ihn ständig an den allgegenwärtigen Gott erinnert, so daß sein Herz von göttlicher Liebe und Freude erfüllt wird, ohne daß er sich drastische Entbehrungen und strengste Askese auferlegen muß. Der Yogi liebt Gott so sehr, daß allmählich alle niedrigeren Wünsche von ihm abfallen.

Es scheint also, daß Gott das persönliche Verhältnis mit Seinen

Verehrern gern hat, denn Er macht es leichter für solche Sucher, die Gott überall in der Schöpfung wahrnehmen; sie stellen sich Ihn als den Himmlischen Vater oder die Kosmische Mutter oder den Göttlichen Freund vor, die «menschliche» Wesenszüge haben. Ebenso wie sich das unsichtbare, gestaltlose menschliche Bewußtsein während des Schlafs in Traumbilder kleiden kann, so kann der Gestaltlose GEIST, der Schöpfergott, Seinem Bewußtsein befehlen, sich in irgendeine Gestalt zu kleiden, die dem Herzen des Gottsuchers nahesteht. Wenn das *Ishta* (Gegenstand der Verehrung) Krishna oder Christus ist, wird der Herr diese Gestalt annehmen. All diese Ausdrucksformen begrenzen Gott in keiner Weise auf irgendeine Form, sondern sind eher Fenster, durch die man den Unendlichen GEIST erspähen kann.

Vers 6–7

Doch diejenigen, die Mich verehren, die all ihr Tun Mir anheimgeben [die Mich als den einzigen Handelnden betrachten], die sich durch konzentrierte Yoga-Übungen in Mich versenken, o Sohn der Pritha [Arjuna], diejenigen, deren Bewußtsein fest auf Mich gerichtet ist, werde ich bald erlösen und sie aus dem Meer der irdischen Geburten in die Freiheit führen.

Wieder bezieht sich Sri Krishna auf den Gottsucher, der den Manifestierten Gott durch wissenschaftlichen Yoga anbetet. Der Yogi konzentriert sich in tiefer, hingebungsvoller Meditation auf Gott, den Alleinigen Handelnden, und hebt dabei die äußere Tätigkeit des Körpers und auch die Funktion der Sinne auf; er verwandelt ihre nach außen gerichtete Schwingungskraft in das reine Bewußtsein des GEISTES, aus dem sie gekommen sind.

Der Yogi beruhigt sein Herz, indem er das *Kriya-Yoga-Pranayama* (Herrschaft über die Lebenskraft) übt. Dabei schaltet er seinen Geist nicht nur von den Sinnen ab, sondern auch von der störenden Tätigkeit des Atems mit dessen täglichen 21 000 Ein- und Ausatmungen; jede von diesen betrachtet der Yogi als eine Geburt und einen Tod. Wenn er frei von der Knechtschaft des Atems und der Sinneswahrnehmungen ist, die das Bewußtsein an den Körper fesseln, kann er sein kleines Ich in der glückseligen Wahrnehmung der Seele, seiner wahren GEIST-Natur, auflösen. Und sobald der Yogi sich seiner Seele bewußt wird, erkennt er den Allgegenwärtigen GEIST hinter allen individuellen Seelen – und in allen Naturerscheinungen. Aufgrund dieser zielstrebigen Vereinigung bleibt er ständig in Gott versunken.

Der Gottsucher kann sich auch dadurch mit der göttlichen Glückseligkeit des immanenten und tranzendenten GEISTES vereinigen, daß er die Yoga-Methode übt, bei der er dem kosmischen Laut des *OM*, des Heiligen Geistes, lauscht – der Stimme Gottes, dem Quell aller Wahrheit – und indem er über diese heilige Schwingung meditiert und eins mit ihr wird.

Yogis, die das Unendliche wahrgenommen haben, erlangen dadurch höchste Befreiung. Sobald der Yogi in der Unwandelbarkeit des GEISTES lebt, ist er nicht mehr den Veränderungen von Geburt und Tod, von gutem oder schlechtem Karma unterworfen. Deshalb warnt der Herr den Gottsucher: «Halte dich fern von Meinem Meer der Leiden und Schmerzen. Schenke dich Mir ganz, und Ich werde dich aus dem Meer der Täuschung herausziehen.»

Vers 8

Versenke deinen Geist in Mich allein. Konzentriere dich mit weiser Unterscheidungskraft auf Mich, dann wirst du ohne Zweifel Unsterblichkeit erlangen.

Wer sich mit dem Körper identifiziert, hält seinen Geist und seine Unterscheidungskraft mit Sinnesgegenständen und weltlichen Dingen beschäftigt. Deshalb erlebt er endlose Enttäuschungen und Schwierigkeiten.

Alle Yogis, die ihren Geist und ihre Unterscheidungskraft von den Sinnen lösen und sie auf die Wahrnehmungen des Innern richten, erlangen den unveränderlichen Bewußtseinszustand der Seele.

Durch Yoga-Übungen werden Geist *(Manas)* und Unterscheidungskraft *(Buddhi)* von der Knechtschaft der Sinne befreit und auf das mikrokosmische Ebenbild des GEISTES – die sich im Körper manifestierende Seele – gerichtet. Wenn der Yogi die Einheit von

Seele und GEIST erkennt, kann er den Segen des unermeßlichen GEISTES fühlen, der nicht nur in der stofflichen Welt, sondern auch in der endlosen Sphäre jenseits der vibrierenden Schöpfung besteht.

Vers 9

O Dhananjaya [Arjuna], wenn es dir nicht gelingt, den Geist ganz in Mich zu versenken, dann versuche, Mich zu finden, indem du unermüdlich Yoga übst.

Vom 8. bis 11. Vers dieses Kapitels erwähnt Krishna verschiedene Wege, die zur Befreiung führen; jeder von diesen eignet sich für bestimmte Gottsucher, welche die entsprechende Stufe geistiger Entwicklung erreicht haben. Mein Guru Sri Yukteswarji bemerkte oft, daß die in der *Bhagavad-Gita* erwähnten verschiedenen Wege zur Befreiung höchst angenehme, sympathische und praktisch brauchbare Anweisungen geben. Damit helfen sie der Menschheit, die unter unzähligen Krankheiten und Sorgen leidet.

Krishna sagt also: «O Arjuna, wenn es einem Gottsucher aufgrund seines in früheren Leben angehäuften schlechten Karmas nicht gelingt, seinen Geist und seine Unterscheidungskraft auf natürliche Weise von den Sinnen abzuschalten und unentwegt in diesem göttlichen Zustand seelischer Verwirklichung zu verharren, so soll er die wissenschaftlichen und stufenweise aufbauenden Methoden des Yoga anwenden, um seine Seele mit Mir zu vereinigen.» Wenn die Frucht am Baum erscheint, fällt die Blüte ab. Der Gottsucher, der sein Bewußtsein fest in Gott verankert hat, braucht die «Blüte» der Yoga-Übungen nicht mehr; doch der strebsame Gottsucher muß sich regelmäßig und ausdauernd im Yoga üben. Wer beharrlich mit seinen Meditationen fortfährt, wird schließlich Erfolg haben.

Der Yogi, der immer wieder mit zunehmender Intensität gegen seine Ruhelosigkeit und seine Zerstreuungen ankämpft und sich bemüht, in der Meditation mit Gott in Verbindung zu treten, gewöhnt sich allmählich an den Zustand der Verinnerlichung. Mit der Zeit wird diese Gewohnheit die weltlichen Gewohnheiten der widerspenstigen Sinne ersetzen und ihn zur Verwirklichung Gottes führen...

Vers 10

Doch wenn du nicht beharrlich Yoga üben kannst, bemühe dich, im Gedanken an Mich gute Werke zu vollbringen. Selbst wenn du nur in Meinem Namen tätig bist, wirst du höchsten göttlichen Erfolg erringen.

Wenn ein Gottsucher keinen Erfolg beim Üben des Yoga hat, weil er meist ruhelos tätig ist, dann soll er mit Hingabe und Vertrauen auf Gott weiter meditieren und sich außerdem immer mehr bemühen, all seine körperlichen, geistigen und seelischen Handlungen Gott zu widmen. Seine Meditationen und seine äußere Tätigkeit, mit der er anderen körperlich, geistig und seelisch hilft, sollten nur von dem Wunsch beseelt sein, Gott Freude zu machen. Dann wird es ihm schließlich gelingen, Gottes Gegenwart zu fühlen, denn der Herr ist sich der bewußten Anstrengungen jedes Gottsuchers bewußt.

In der Bibel heißt es: «Es ist aber der Glaube eine gewisse Zuversicht des, das man hofft, und ein Nichtzweifeln an dem, das man nicht sieht.»[1] Wenn der Sucher stets richtig handelt und auf Gott vertraut, erhält er schließlich Antwort von Ihm: Er fühlt Seine unsichtbare Gegenwart.

Auch wenn der Gottsucher keine spürbaren Erfolge erzielt und entmutigt ist, sollte er aus Ehrfurcht vor Gott und aus Liebe zu Ihm mit blinder Überzeugung weiter meditieren und anderen dienen. Wer seine Bemühungen aufgibt, wird feststellen, daß sein Geist bald wieder von der gewohnten weltlichen Atmosphäre beeinflußt wird. Wer sich dagegen mit unermüdlichem Eifer bemüht, Gott Freude zu machen, wird Ihn schließlich finden.

Ein Mittel gegen Ruhelosigkeit besteht darin, ständig zu versuchen, innerlich friedlich zu bleiben, ganz gleich, ob man erfolgreich ist oder nicht. Die hartnäckige Gewohnheit der Ruhelosigkeit kann nur durch allmähliche Heranbildung guter Gewohnheiten besiegt werden – durch die innere Ruhe der Meditation.

[1] *Hebräer* 11, 1.

Vers 11

Wenn Du auch hierzu nicht fähig bist, so bleibe Mir ergeben, suche Zuflucht in Mir, verzichte auf die Früchte all deiner Handlungen und bemühe dich um Selbstbeherrschung.

Wenn ein Gottsucher aufgrund seiner materiellen Neigungen und seines falschen Denkens nicht fähig ist, seine materiellen und meditativen Handlungen Gott zu widmen, sollte er sich vertrauensvoll an Gott wenden, in Seiner bedingungslosen Liebe Zuflucht suchen und den Früchten all seiner Handlungen entsagen.

Auch wenn er Gott einfach nur vertraut – und selbst ein blinder Glaube mag anfangs genügen – und sich bemüht, gut und selbstlos zu handeln und zu meditieren, ohne sich auf die Ergebnisse zu konzentrieren, wird er allmählich geistig wachsen; dann werden Geist und Herz geläutert. Wenn sein Gemüt frei von Neigungen und Abneigungen ist, die aus selbstsüchtigen Handlungen entstehen, kann er geistige Eigenschaften entwickeln.

Ein ruheloser Mensch, der regelmäßig wissenschaftliche Meditationstechniken übt, ohne irgendeine vorgefaßte Meinung über die Ergebnisse zu haben, wird besser meditieren; er läßt sich nicht stören, ablenken und enttäuschen, weil die erhoffte Belohnung ausbleibt. Der Anfänger auf dem geistigen Weg, der an Sinnesvergnügungen gewohnt ist, erwartet oft ähnliche Erlebnisse in seinen Meditationen. Er ist seit langem daran gewohnt, alles, was das Auge, das Ohr und die Sinne entzückt, als wunderbar und wünschenswert zu betrachten. Doch in den höchsten Sphären des göttlichen Bewußtseins ist das geistige Erleben sehr subtil; dessen ist sich der Gottsucher oft gar nicht bewußt und erwartet irgendwelche dramatischen Offenbarungen. Je größer die Feinheit des geistigen Erlebens, um so größer die entsprechende Wirkung auf Körper und Geist. Die Phänomene sind Manifestationen des «Dings an sich» oder Gottes. Jene werden durch die Sinne (die physischen oder astralen) wahrgenommen und diese durch seelische Intuition. Um es mit den Worten meines Gurus Sri Yukteswarji auszudrücken: «Wenn ihr Gott erkennen wollt, erwartet nichts. Taucht vertrauensvoll in Seine glückselige Gegenwart hinein, die in eurem eigenen Innern wohnt.»

So wird der Gottsucher also auch ohne den vordringlichen

Wunsch, Gott Freude zu machen, schließlich zu Ihm gelangen, wenn er in Ihm seine Zuflucht sucht, wenn er bei all seinen guten Handlungen an Ihn denkt und die Früchte seines ganzen Handelns und aller Ereignisse seines Lebens Ihm anheimgibt. Hier mag der Gottsucher einwenden: «Wie kann ich an Gott denken, ohne Ihn zu kennen?» Darin liegt der Wert der wissenschaftlichen Meditationstechniken. Der Gottsucher hat eine bestimmte Vorstellung von Gott, auf die er sich konzentriert und die ihn zum Erleben Gottes führt; außerdem hält er sich an eine bewährte Methode, die diese Konzentration wirksam macht. Wenn der Sucher zum Beispiel trotz großer Ruhelosigkeit jene Meditationstechnik der *Self-Realization Fellowship* beharrlich übt, bei der er sich auf Gott als *OM* konzentriert, wird er schließlich den kosmischen Laut – das Wort oder Amen, die Schwingung Gottes als Heiliger Geist – hören können. Und wenn er diesem Laut voller Hingabe lauscht, ohne ruhelos und ungeduldig auf Ergebnisse zu warten, wird er zu gegebener Zeit eine glückselige Erweiterung seines Bewußtseins erleben, die ihn in das allgegenwärtige *OM* eintauchen läßt; und hinter dieser heiligen Schwingung erkennt er den glückseligen GEIST.

So wie jemand mit der richtigen Methode das verborgene Öl aus den Oliven- oder Senfsamen herauspressen kann, so wird der Gottsucher, dem Gott anfangs nicht wahrnehmbar ist, Ihn durch den «Druck» echter Hingabe und selbstlosen praktischen und meditativen Handelns finden. Gott, der die ständigen aufrichtigen Bemühungen des Gottsuchers kennt, wird schließlich zu ihm kommen und jede Faser seines Seins durchdringen...

Vers 13–14

Wer frei von Haß ist gegen alle Wesen, sich freundlich zeigt und gütig gegen alle, wer frei ist vom Bewußtsein seines «Ichs» und frei von Habgier, wer ausgeglichenen Geistes bleibt in Freud und Leid, wer stets vergeben kann und stets zufrieden ist, wer regelmäßig Yoga übt und sich bemüht, sein Selbst zu kennen und mit dem GEISTE zu vereinigen, wer fest entschlossen ist und seinen Geist und seine Unterscheidungskraft Mir ganz anheimgibt – der ist ein echter Suchender und Mir lieb.

In diesen Zeilen werden die verschiedenen Eigenschaften eines Yogis zusammengefaßt, durch die er Gott lieb wird. Wer Gott Freude machen und Ihn erreichen will, muß regelmäßig und aufmerksam die Wissenschaft der Gottvereinigung *(Kriya-Yoga)* üben. Durch die Disziplin des Yoga (Verinnerlichung) löst er sein ruheloses, körpergebundenes Ego auf, das stets an «ich, mich und mein» denkt, und erkennt sein wahres Selbst. Wenn er seinen Geist und seine Unterscheidungskraft im Zustand der Ekstase und in reiner, intuitiver Wahrnehmung auf den GEIST in der schwingungslosen Sphäre richtet, kann er – sogar während er noch Mensch ist – die Allgegenwart des Herrn erleben.

Der Yogi, der den einen GEIST in der ganzen Schöpfung wahrnimmt, kann kein Lebewesen mehr hassen. Er ist zu allen freundlich und fühlt mit allen mit. Er schaut Gott auch hinter der Maske eines Feindes.

Da der Yogi den Segen innerer Ausgeglichenheit kennt, läßt er sich von körperlichem Schmerz oder Genuß nicht aus der Fassung bringen. Er findet seine einzige Freude in Gott und ist daher mit allen Bedingungen seines körperlichen Daseins zufrieden. Er sorgt für seine wenigen materiellen Bedürfnisse, ist aber frei von dem Bewußtsein: Dies ist *mein* Körper, dies ist *mein* Besitz. Er fühlt, daß er Gott in seinem eigenen Körper und auch in den Körpern aller anderen dient, die seinen Weg kreuzen.

Viele können verstehen, daß die *Bhagavad-Gita* Gleichgültigkeit gegenüber körperlichen Schmerzen lehrt, nicht aber, daß sie auch Gleichgültigkeit gegen Genuß empfiehlt. Rät diese heilige Schrift dem Yogi, zu einer Sphinx, einem gefühllosen Stein zu werden, der alle Freuden des Lebens ablehnt? Nein, sie gibt keinen solch sinnlosen Rat. Aber ebenso wie ein Millionär nicht außer sich vor Freuden ist, wenn er einen Dollar geschenkt bekommt, so ist auch der Besitzer unermeßlicher, allbefriedigender göttlicher Schätze nicht hocherfreut, wenn ihm die flüchtigen Freuden der Sinne geboten werden. Jeder, der nach Sinnenfreuden verlangt, beweist, daß er die göttliche Glückseligkeit noch nicht gekostet hat.

Vers 15

Wer die Welt nicht stört und wen die Welt nicht stören kann, wer frei ist von Überschwang und Eifersucht, von Argwohn und von Sorge – wahrlich, der ist mir lieb.

Wer auf Gott vertraut, ruhig ist, sich von äußeren Ereignissen nicht stören läßt und alle Menschen als verschiedene Ausdrucksformen des Herrn liebt, beweist, daß er Vereinigung mit Gott erreicht hat. Ein solch liebenswerter Yogi, der Gott als Glückseligkeit erlebt, gibt sich nie sinnlichen Erregungen, frivolen Vergnügungen, selbstsüchtiger Eifersucht, weltlichen Ängsten oder materiellen Sorgen hin.

Ein weltlicher Mensch, der sich selbst und andere ständig durch seine disharmonischen Schwingungen in Aufregung versetzt, kann die Gegenwart des segensreichen GEISTES im Tempel der Schöpfung nicht wahrnehmen.

Die Tugend ist oft unscheinbar und anspruchslos; sie beeinflußt das Leben auf ruhige, positive Weise, so daß der Mensch sich wohlfühlt; die eigentliche Quelle dieses Wohlbefindens wird leicht übersehen und deshalb als selbstverständlich hingenommen. In krassem Gegensatz dazu ist das Böse gewöhnlich so aufdringlich, und seine Folgen sind so schädlich und schmerzvoll, daß man es unmöglich übersehen kann. Deshalb schrieb Shakespeare so ironisch: «Was Menschen Übles tun, das überlebt sie. Das Gute wird mit ihnen oft begraben.»[2]

Wenn wir uns eine Welt vorstellen, in der es die Tugenden gibt, nicht aber die dämonischen Eigenschaften, die in der Gita aufgezählt werden, haben wir eine Schöpfung, wie sie der liebende Gott für Seine sich inkarnierenden Kinder geplant hatte.

Vers 16

Wer frei von weltlichen Wünschen ist, wer rein ist an Körper und Geist, wer stets zur Tätigkeit bereit ist, wer sich von den Geschehnissen der Welt nicht erregen und bekümmern läßt, wer jedem

[2] *Julius Caesar,* Akt III, Szene 2.

eigennützigen Wunsch entsagt hat – der ist ein echter Suchender und Mir lieb.

Ein Yogi, der das höchste Ziel erreicht hat, braucht nicht mehr tätig zu sein und keine Geschäfte aus menschlichen egoistischen Beweggründen mehr zu betreiben. Sein Glück hängt nicht vom Wohlergehen des physischen Körpers noch von den Freuden der Sinne, noch vom Erwerb weltlicher Dinge ab. Er hat den Zustand höchster Glückseligkeit erreicht.

Ein solcher Mensch ist immer bereit, sich und anderen durch geistige oder körperliche Tätigkeit zu helfen und dadurch Gott zu dienen, der in allen gegenwärtig ist. Auch wenn der Yogi etwas für sich selbst tut – essen, spazierengehen, denken, fühlen, wollen –, tut er es nur, um Körper und Geist gesund zu erhalten und Gottes Willen auszuführen. Er dient anderen nicht deshalb, weil er auf Anerkennung oder Vorteile hofft, sondern um dem Herrn, der in ihren Körpertempeln wohnt, Freude zu bereiten.

Ein Yogi, der seine Seele mit dem GEIST vereinigt hat, wird *Udasin* genannt (einer, der sich jenseits der Schwingungsebene der Sinneswahrnehmungen befindet). Deshalb können ihn körperliche oder geistige Bürden nicht aus dem Gleichgewicht bringen. Sein Zustand ewiger Zufriedenheit wird weder durch Abhängigkeit von materiellen Dingen noch durch materielle Wünsche getrübt.

Vers 17

Wer keinen Unterschied empfindet zwischen freudigen und traurigen Ereignissen [in der Welt der Erscheinungen], wer frei von Kummer und Begierden ist und den relativen Zustand des Bewußtseins von Gut und Böse überwunden und sich Mir ganz ergeben hat – der ist Mir lieb.

Der Herr liebt den Yogi, der sich nicht mit der Relativität der kosmischen Traumdramen identifiziert, sondern ständig den allgegenwärtigen Strahl der Gottheit schaut, der diese Welt erschaffen hat.

Ein wahrer Gottsucher zeigt in jeder Lebenslage echte Hingabe.

Er läßt sich nicht durch Glück oder Unglück aus dem inneren Gleichgewicht bringen und nie vom Kummer überwältigen; er fühlt keinen Ärger, wenn seine Wünsche nicht erfüllt werden, und ist frei von allem weltlichen Verlangen. Er hat sich über die Dualität von Gut und Böse erhoben.

Vers 18–19

Wer sich ruhig und gelassen verhält gegenüber Freund und Feind, bei Lob und Tadel, bei Hitze und Kälte, bei Lust und Leid; wer keine Bindungen mehr hat, wem Lob und Tadel nichts bedeuten, wer ruhig bleibt und leicht zufrieden ist, an keiner Häuslichkeit mehr hängt, von friedlicher Gesinnung und voller Andacht ist – der ist Mir lieb.

Wenn ein Yogi diese Welt als einen Traumfilm Gottes erkennt, der keine objektive Wirklichkeit hat, sieht er das Gebaren eines strahlenden Helden und eines grausamen Bösewichts, die Erfahrungen von Ehre und Unehre, Hitze und Kälte, Schmerz und Lust, Beleidigung und Schmeichelei oder andere dualistische Darstellungen auf der Leinwand des täglichen Lebens nur als unterhaltsame, aber bedeutungslose, ewig wechselnde Schatten der Täuschung an.

Ein solch friedvoller Yogi, der körperlich, geistig und in seiner Rede ruhig ist, der ständig den Nektar allerfüllender Glückseligkeit trinkt, ist Gott besonders lieb. Er hält sich fern von den entwürdigenden Eigenschaften, die in den gottlosen Traumfilmen des Lebens dargestellt werden, und entwickelt statt dessen die göttlichen Eigenschaften, die in den heilsamen Traumszenen zu sehen sind. So verdient er sich ein Zeugnis, das ihm Freiheit verschafft und besteht mit Auszeichnung das Examen sterblichen Daseins.

Der Yogi strebt nicht nach Ruhm und Anerkennung, während er seine vorübergehende Rolle im Drama der Inkarnationen spielt. Er weiß, daß echte Weisheit nur darin besteht, sich um die Anerkennung Gottes zu bemühen. Ein berühmter Mann ist sich nach seinem Tode nicht mehr seines Ruhmes bewußt. Für ihn hat es keinen Wert, wenn man ihm zu Ehren Standbilder errichtet oder seinen Namen in brüchige Steine eingraviert, die im Laufe der Zeit durch Witterungseinflüsse zerstört werden. Doch die Namen befreiter Seelen sind im Herzen Gottes aufgezeichnet und Seinen unsterblichen Engeln bekannt. Hierüber kann sich die Seele ewig freuen.

Ruhm an sich ist nichts Schlechtes. Eine duftende Blume wirbt für sich selbst; ähnlich wird auch ein Mensch, der höchste Dienste leistet, mit der Zeit bekannt. Doch es ist gefährlich, um jeden Preis nach Ruhm zu streben, denn das führt oft zu unermeßlichem Leid. Ein unfähiger Mensch mit einem übermäßigen Verlangen nach persönlichen Ehrungen wird wahrscheinlich Unehre ernten, denn «Hochmut kommt vor dem Fall». Ehre und Ruhm sind Auszeichnungen, die es in den Traumfilmen des Lebens nur selten gibt – nur durch gutes Karma oder auf Gottes Geheiß und durch Seine Gnade. Man sollte sie sich nicht zum Ziel setzen. Jeder, der anderen selbstlos dient und nicht danach trachtet, für groß gehalten zu werden, der nur Gott verherrlichen will, empfängt all die Ehre, die er verdient – entweder in diesem Leben oder einem künftigen Dasein.

Sowohl Ruhm als auch schlechter Ruf sind Prüfungen Gottes. Der durchschnittliche Mensch gerät aus dem Gleichgewicht, wenn er sich gefühlsmäßig in egoistische Wünsche verwickeln läßt. Er giert nach immer mehr Ruhm und ärgert sich über seinen schlechten Ruf, und so verfällt er immer mehr trügerischen Vorstellungen und Befürchtungen.

Wenn der Yogi Ruhm erfährt, weil Gott seine guten Eigenschaften anerkennt, steigt ihm das nicht zu Kopf. Er wird dadurch inspiriert, sich immer mehr zu vervollkommnen, um vor den Augen Gottes und seines Gurus und vor seinem eigenen Gewissen zu bestehen – nicht aber vor den Augen der Öffentlichkeit.

Wenn ein Yogi plötzlich von unvermeidlichen Krittlern verleumdet und verfolgt wird, fühlt er sich dank seiner natürlichen Demut weiterhin geborgen; er ist nicht verbittert, sondern versucht, wenn möglich, die Mißverständnisse und die Ursache der falschen Beurteilung zu beseitigen. Viele gute Menschen, Heilige und Märtyrer sind verfolgt und verleumdet und später freigesprochen und sogar vergöttert worden. Gott sorgt dafür, daß denen, die es verdienen, Anerkennung zuteil wird.

In einem Kapitel über den Frieden im *Mahabharata* heißt es, daß die Gottheit denjenigen einen Brahmanen nennt, der mit jedem Fetzen Kleidung, mit jeder Art Nahrung und jeder Unterkunft zufrieden ist. Auch Christus erteilte den gleichen Rat: «Sorget nicht für euer Leben, was ihr essen sollt, auch nicht für euren Leib, was ihr antun sollt..., und machet euch keine Unruhe. Nach solchem allen trachten die Heiden in der Welt; aber euer Vater weiß wohl, daß ihr des bedürfet. Doch trachtet nach dem Reich Gottes, so wird euch das alles zufallen.»[3]

Ein echter Yogi vernachlässigt nicht absichtlich seinen Körper. Er versucht nicht, durch einen langsamen Hungertod Selbstmord zu begehen oder sich eine Lungenentzündung zuzuziehen, indem er obdachlos umherwandert und draußen im Schnee schläft. Jedoch hängt ein großer Yogi, der in Gott versunken ist, nicht mehr an solch weltlichen Dingen wie Essen oder Wohnung, während der weltliche Mensch sehr um seinen materiellen Komfort besorgt ist.

Diese Verse preisen die heiligen Bettler aller Zeitalter – die Yogis im Himalaja und große Heilige wie Sri Chaitanya und Franz von Assisi. Die Worte weisen darauf hin, daß Gott den Yogi liebt, der sich von Ihm berauschen läßt, der – unabhängig von seinen Lebensbedingungen – jederzeit zufrieden ist und sich oft nur durch zufällige Gaben oder ein geringes Einkommen durchbringt, so daß er gerade genug hat, um Körper und Seele zusammenzuhalten. Ein solcher Yogi gleicht nicht dem trägen weltlichen Menschen, denn der Yogi verläßt sich auf die Göttliche Freigebigkeit und findet seine Sicherheit in seiner Einheit mit Gott. Er lebt im Zustand göttlicher Glückseligkeit und trachtet nicht nach unbedeutenden körperlichen Bequemlichkeiten. In seiner Hingabe an immaterielle Werte liebt er Freund und Feind gleich, denn er schaut in ihnen allen seinen geliebten Gott.

Vers 20

Doch wer, wie oben beschrieben, hingebungsvoll nach dieser unvergänglichen Religion [Dharma] lebt, wer Mir treu ist und sich ganz in Mich versenkt – ein solcher Gottsucher ist mir über alles lieb.

[3] *Lukas* 12, 22; 29–31.

Die Yogis, die ihre Seele in hingebungsvoller Konzentration mit dem allbeschützenden, unsterblichen GEIST, der jenseits der Schöpfung besteht, vereinigen – dem Unwandelbaren Absoluten, das frei von allen täuschenden Vorstellungen ist –, und die den ewigen göttlichen Grundsätzen folgen, die zur Vereinigung mit Gott führen, sind Ihm besonders lieb und unlöslich mit Ihm verbunden. Solche Yogis bleiben im Schoß Seiner transzendenten Glückseligkeit ewig mit Ihm vereint.

Kapitel IX, Vers 1–3

Der segensreiche Herr sprach:
(1) Dir, dem Makellosen, will ich nun das höchste Mysterium offenbaren [das immanente und transzendente Wesen des GEISTES]. Wenn du diese Weisheit intuitiv erfaßt, wirst du dem Bösen entrinnen.

(2) Diese Erkenntnis ist die Königin der Wissenschaften, das königliche Geheimnis, die einzigartige Läuterung und die Essenz des Dharma [der rechtmäßigen Pflicht des Menschen]. Es ist das unmittelbare Erkennen der Wahrheit – die immerwährende Erleuchtung –, die man durch leicht zu übende Methoden [des Yoga] erreichen kann.

(3) Menschen, die an dieses Dharma nicht glauben [die sich nicht mit den Übungen beschäftigen, die zur Erleuchtung führen], erreichen Mich nicht, o Schrecken der Feinde [Arjuna]! Wieder und wieder beschreiten sie den vom Tode verdunkelten Weg des Samsara [den Kreislauf der Wiedergeburten].

Der Herr Krishna verkündet hier, daß Selbst-Verwirklichung, echte Weisheit, der höchste Zweig aller menschlichen Erkenntnis ist – die Königin der Wissenschaften, der Wesenskern des *Dharma* (der «Religion») –, weil nur sie die Wurzel des dreifachen menschlichen Leidens entfernt und dem Menschen seine wahre Natur – die Glückseligkeit – offenbart. Selbst-Verwirklichung bedeutet Yoga oder «Einssein» mit der Wahrheit durch die allwissende intuitive

Wahrnehmung der Seele. Diese intuitive Erkenntnis ist die Grundlage aller echten religiösen Erfahrungen, der Wesenskern des *Dharma* (der Religion oder Rechtschaffenheit), wie es hier in der Gita heißt.

Der Gottsucher, der auf dem Wege des Yoga zur Selbst-Verwirklichung gelangt, besitzt allwissende intuitive Weisheit, die von direkter Wahrnehmung stammt und zum Kern des Mysteriums dringt; er erkennt, daß der Herr sowohl immanent als auch transzendent ist. Der mit Gott vereinte Yogi weiß, daß er selbst ein immanenter und transzendenter Mikrokosmos ist. Er bleibt weiterhin in der Welt tätig, ohne zu vergessen, daß er die erhabene Seele ist; und so entrinnt er dem «Bösen» – dem Netz der Täuschung.

Viele Philosophen, besonders in den westlichen Ländern, haben Gott gegenüber eine resignierende Einstellung und meinen, daß man Ihn nie erkennen könne. Die Gita aber erklärt das Gegenteil, und zwar nirgendwo klarer als in diesem Vers: Die höchste Wahrheit kann durch unmittelbares Erleben erkannt werden.

Unser jetziges Atomzeitalter ist von Wissenschaftlern ins Leben gerufen worden, die an eine umfassende Erweiterung menschlichen Wissens glaubten. Durch ihre visionäre Kraft und ihre unermüdlichen Versuche vollbrachten sie ein Werk, das die Menschen früherer Jahrhunderte als utopisch und phantastisch bezeichnet hatten: die Spaltung des Atoms und die Entfesselung seiner verborgenen Kräfte. Wenn diese Forschung von Menschen guten Willens weiter betrieben wird, werden diese von Gott richtig geleitet; die neuen Erkenntnisse werden dann konstruktiven Zwecken dienen und zur Verbesserung menschlicher Lebensbedingungen beitragen.

Ähnlich wurde auch die Wissenschaft des Yoga von Menschen entwickelt, die sich ein hohes Ziel gesetzt hatten. Sie hungerten nach der Ewigen Wahrheit und vervollkommneten eine Wissenschaft, die aus geistigen Techniken besteht und den bis dahin unüberwindlichen Abgrund zwischen Mensch und Schöpfer überbrückt. Der Unaussprechliche Einzigartige ist in der Tat nicht leicht zu erobern, und dennoch ist dies vielen edlen Weisen gelungen. Und überall, wo es Gottsucher gibt, die über die nötige Sehnsucht und Entschlossenheit verfügen, wird Er sich erobern lassen. Doch man muß «den Weg» kennen. Und dieser geheime Weg ist Yoga, die «leicht zu übenden Methoden», die «immerwährende Erleuchtung» bringen.

Die befreite Seele
(Aus der Bhagavad-Gita)

Kapitel XV, Vers 5

Wer frei von Ehrsucht, Täuschung und verderblichen Neigungen ist, wer alle Begierden überwunden und sich von den Gegensätzen Lust und Leid gelöst hat, wer fest gegründet im Selbst ruht, der geht nicht mehr in die Irre und erreicht den Zustand der Unwandelbarkeit.

Wenn ein Mensch der *Maya* entrinnt und ins Kosmische Bewußtsein eingeht, ist er von reiner, höchster Glückseligkeit erfüllt. Er ist frei von der täuschenden Relativität, vereint mit dem GEIST, und sein unwandelbares Selbst wird nicht mehr von den lebhaften Wellenbewegungen der Natur verzerrt: vom Stolz, von den wechselvollen Launen mit ihren impulsiven Trieben, den unglückbringenden Neigungen und den ständig wechselnden Gegensätzen von Freude und Leid.

Vers 6

Wo nicht Sonne noch Mond noch Feuer scheint, dort ist Mein erhabener Wohnsitz. Wer diesen erreicht, wird nicht mehr wiedergeboren.

Der makellose Yogi... bleibt ewig mit Gott vereint – ob er sich wieder inkarniert oder ob er die grobstofflichen Bereiche verläßt und für immer in den transzendenten GEIST eingeht. Während er in einem Körper lebt, vereinigt er sich im *Samadhi* mit dem GEIST; dabei erhebt er sein Bewußtsein über das «Feuer» der körperlichen Lebenskraft, über den «Mond» oder das widergespiegelte schöpferische Licht in den Zentren der Wirbelsäule und über die «Sonne» des astralen tausendblättrigen Lotos. Von dort aus geht er in die Sphäre Kosmischen Bewußtseins ein – den «erhabenen Wohnsitz» des

Herrn, den nicht die geringste Schwingung der Sonnen und Monde und des Feuers der Schöpfung erreicht.

Die *Bhagavad-Gita* enthält den Kern der Weisheit aus den *Upanischaden* (Zusammenfassung der Veden). Folgender Gedanke kehrt oft in den *Upanischaden* wieder: «Wo die feurigen Augen von Sonne und Mond, von Sternen und Blitzen nicht hinzuschauen wagen, dort wohne Ich in Meinem unmanifestierten Bereich. Es ist Mein unsichtbares Licht, das in den entliehenen Lichtern der Schöpfung leuchtet.»

Wenn Gott am Ende eines Zyklus Sein geheimnisvolles Licht zurückzieht, verlieren alle Himmelskörper ihre Leuchtkraft. Ähnlich ist es, wenn der befreite Yogi schließlich mit dem GEIST verschmilzt, um «nicht mehr hinauszugehen»; dann erleuchtet das von der Seele ausgehende Licht Gottes nicht mehr die drei körperlichen Lampen. Diese Formen kehren dann zu ihrem wahren Wesen im GEIST zurück und entschwinden wie eine Fata Morgana in der Wüste.

Der unmanifestierte Bereich des allgegenwärtigen GEISTES ist ewig frei von allen Schwingungen. Sonne, Mond und Feuer – in ihren kosmischen und mikrokosmischen Manifestationen – gehören alle zum bewegten Meer der kosmischen Schwingung. So wie die Strudel eines Wasserfalls nicht das Staubecken stören können, dem das Wasser entspringt, so können auch die lebhaften Schwingungen, die vom kosmischen Bewußtsein ausgehen, keine Bewegung in Ihm Selbst hervorrufen. Selbst die feinsten Vibrationen und Lichtschwingungen existieren nicht in der unbeschreiblich subtilen Sphäre der schwingungslosen, allgegenwärtigen Glückseligkeit Gottes.

Vers 7

Ein Teil Meines ewigen Selbst, das sich als lebende Seele in allen Wesen offenbart, zieht die sechs Sinne an, darunter das Sinnesbewußtsein, das in Prakriti ruht.

Gott ist das Meer, und der Mensch (*Jiva* oder die individuelle Seele) ist die Welle. Da der Mensch ein Teil Gottes ist, kann er niemals wirklich getrennt von Ihm sein. Durch die Kraft der *Maya* verschleiert sich ein Teil von Gottes kosmischem Bewußtsein und hüllt sich in das Gewand der Natur – in einen Körper, der fünf äußere Sinne und einen inneren Sinn hat: das Sinnesbewußtsein. Diese sechs Sinne sind die Werkzeuge der Seele, durch die sie mit der Welt der Relativität in Verbindung steht.

Gott ist der Eine, frei von jeder Relativität: Er nimmt Sich Selbst durch Sich Selbst wahr – durch Seine einzigartige Intuition oder Sein allwissendes Bewußtsein. Doch der kompliziert aufgebaute Mensch, der aus der relativen kosmischen Täuschung *(Prakriti)* hervorgegangen ist, braucht die Sinneswerkzeuge der Täuschung, um sich seiner Umgebung und seiner begrenzten Existenz bewußt zu werden. Er ist an diese begrenzten und begrenzenden Werkzeuge gebunden und fühlt sich von Gott getrennt. Unter dem Einfluß der *Maya* mißbraucht er seinen freien Willen und hält sich von Gott fern. Wenn er sich aber schließlich weigert, länger isoliert zu bleiben, gibt er willig der ewigen Anziehung Gottes nach. Er löst sich aus den Banden der *Prakriti* und wird in den allgegenwärtigen Schoß seines Schöpfers zurückgezogen.

Wenn sich der weite Himmel in einem kleinen trichterförmigen Messinggefäß widerspiegelt, nimmt er dieselbe trichterförmige Gestalt an; ähnlich nimmt auch der GEIST Gottes in verschiedenen Menschen und zahllosen anderen Lebewesen unterschiedliche Gestalt an. Und so, wie sich der kleine Himmel in dem Gefäß nicht wesentlich von dem weiten Himmel unterscheidet, so ist auch der unbegrenzte GEIST Gottes in allen reinen Seelen wesentlich derselbe. Nur wenn sich der *Jiva* mit seinem Körper identifiziert, glaubt er an dessen scheinbare Begrenzungen.

Gott ist also gleicherweise in jedem Lebewesen gegenwärtig – den Menschen und den Tieren. Jedoch manifestiert Er sich klarer in den transparent gewordenen und nur wenig verdunkelten *Jivas* als in solchen, die sich durch Unwissenheit und Bösartigkeit undurchsichtig gemacht haben. Ein *Jiva*, der unwissend und nicht Herr seiner Sinne ist, mag Grausamkeiten begehen; dennoch kann sich derselbe *Jiva* durch Meditation und Weisheit aus seiner dunklen Hülle befreien und wieder eins mit dem Unendlichen werden.

Wie man schlechte Launen kuriert

(1939)

Launen lassen sich nicht leicht definieren; doch ihr wißt, was sie sind. Wenn ihr schlechter Laune seid, verhaltet ihr euch nicht natürlich; ihr seid dann nicht die Person, die ihr sein solltet. Und das Ergebnis ist, daß ihr euch elend fühlt. Wie töricht ist es aber, sich selbst unglücklich zu machen! Niemand ist *gern* unglücklich. Das nächste Mal, wenn ihr schlechter Laune seid, solltet ihr euch genau prüfen. Dann werdet ihr feststellen, daß ihr euch willig und willentlich unglücklich gemacht habt. Und gleichzeitig fühlen alle Menschen, mit denen ihr zusammenkommt, wie miserabel euch zumute ist. Wohin ihr auch geht, verratet ihr anderen, ohne ein Wort zu sagen, wie es um euch steht; denn eure Augen spiegeln eure Stimmung wider, und jeder, der euch begegnet, fühlt die negativen Schwingungen, die von euch ausgehen. Wenn andere Menschen die schlechte Laune spüren, die sich in euren Augen widerspiegelt, fühlen sie sich abgestoßen; sie wollen sich diesen unangenehmen Schwingungen nicht aussetzen. Ihr müßt eure schlechte Laune zuerst vom Spiegel eures Geistes entfernen; dann wird sie sich auch nicht mehr in euren Augen widerspiegeln.

Wir leben in einem Glashaus

In dieser Welt lebt ihr wie in einem Glashaus, wo alle anderen euch beobachten. Ihr könnt euch nicht verstellen; ihr müßt ein natürliches Leben führen. Warum benehmt ihr euch nicht so, daß andere zu euch aufschauen können? Weshalb zeigt ihr ihnen nicht ein freudiges Gesicht? All eure schlummernden guten Eigenschaften werden von eurer Launenhaftigkeit erstickt.

Nicht nur beobachten andere, wie ihr euch benehmt; auch ihr achtet darauf, wie die anderen sich verhalten. Vielleicht geratet ihr in schlechte Laune, weil ihr euch mit anderen Menschen, die ihr ständig beobachtet, vergleicht. Oder vielleicht seid ihr deshalb launisch, weil man in dieser Welt vor endlose Schwierigkeiten gestellt wird.

Schlechte Laune hat oft etwas mit der Umgebung zu tun. Jeder von uns wird durch die Umwelt verschieden geprägt. Doch ihr solltet euch nicht durch äußere Umstände launisch machen lassen. Warum sich von der Umgebung beeinflussen lassen? Manche Menschen nehmen ihre Zuflucht zu Launen, weil sie einem Problem ausweichen wollen. Doch Launenhaftigkeit ist weder ein Ausweg noch ein emotionelles Sicherheitsventil. Es ist zwar verständlich, wenn man vorübergehend einmal schlechte Laune hat, doch dieser Zustand darf nicht anhalten!

Jede Stimmung hat ihre besondere Ursache; und die liegt in euren eigenen Gedanken. Um eine Laune vertreiben zu können, müßt ihr die Ursache beseitigen. Jeden Tag solltet ihr euch innerlich prüfen, um festzustellen, ob ihr eine schädliche Laune habt und wie ihr sie überwinden könnt. Vielleicht seid ihr zu gleichgültig. Was man euch auch vorschlägt, es interessiert euch nicht. Dann müßt ihr euch ganz bewußt anstrengen, um ein lebendiges Interesse in euch wachzurufen. Hütet euch vor Gleichgültigkeit, denn sie lähmt eure Willenskraft und verhindert jeden weiteren Fortschritt im Leben.

Vielleicht seid ihr trüber Stimmung, weil ihr dauernd krank seid und das Gefühl habt, ihr würdet nie wieder gesund. Dann müßt ihr versuchen, die Gesetze zu befolgen, die zu einem gesunden, arbeitsamen und sittlichen Leben führen, und darum beten, daß euer Glaube an die göttliche Heilkraft stärker werde.

Vielleicht aber beruht eure schlechte Laune auf der Überzeugung, daß ihr Versager seid und überhaupt keinen Erfolg haben könnt. In diesem Fall beschäftigt euch eingehend mit diesem Problem und fragt euch, ob ihr wirklich alles getan habt, was in euren Kräften steht. Überlegt euch einmal, welch schwere Verantwortung der Präsident der Vereinigten Staaten zu tragen hat. Er muß versuchen, alle 48 Staaten[1] zufriedenzustellen – und zudem noch andere Nationen. Es ist erstaunlich, daß ein einzelner Mensch soviel begreifen und schaffen kann. Und wenn schon der Unterschied zwischen der Arbeitsleistung eines gewöhnlichen Menschen und der eines Präsidenten so groß ist, wieviel größer ist er dann zwischen der eines Präsidenten und der Gottes; denn Gott hat unendlich viel mehr zu tun! Gott

[1] Alaska und Hawaii waren noch keine Bundesstaaten, als Paramahansaji diese Bemerkung machte.

lenkt das ganze Universum – bis in die kleinsten Einzelheiten –, *und wir sind Ihm zum Bilde geschaffen.* Deshalb gibt es keine Entschuldigung für uns, wenn wir etwas nicht zustande bringen. Fürchtet euch nicht vor anstrengender Arbeit; sie hat noch niemandem geschadet. Dennoch sollte man lernen, ruhig zu arbeiten – und ruhig zu denken. Wenn ihr in Ruhe arbeitet, könnt ihr alles vollbringen, was ihr euch vornehmt; denn dann ist euer Geist klar.

Die meisten Menschen sind nicht fleißig genug, und außerdem strengen sie sich geistig nicht genug an. Sie verbringen zuviel Zeit mit gedankenlosem Nichtstun und halten das für Entspannung. Bei richtiger Entspannung jedoch ist der Geist ruhig tätig; dann denkt man an Gott oder genießt eine schöne, friedliche Landschaft oder erinnert sich an ein schönes Erlebnis. Ruhige und erfreuliche geistige Tätigkeit hat eine belebende Wirkung. Irrtümlicherweise halten viele Leute schöpferische Leistungen für eine Strapaze und gehen deshalb mit einer gespannten, nervösen Haltung an sie heran.

Ein leerer Geist ist besonders anfällig für Launen

Schöpferisches Denken ist das beste Gegenmittel gegen schlechte Launen. Launen können schnell von eurem Bewußtsein Besitz ergreifen, wenn ihr euch in einem negativen oder passiven Zustand befindet. Wenn der Geist leer ist, wird man sehr leicht launisch; und wenn ihr launisch seid, hat der Teufel leichtes Spiel mit euch. Entwickelt deshalb kreatives Denken. Immer, wenn ihr euch körperlich ausruhen könnt, sollte der Geist aktiv sein. Haltet ihn beschäftigt, so daß ihr gar keine Zeit habt, launisch zu werden.

Schöpferisches Denken ist so wunderbar – man lebt dann in einer anderen Welt. Jeder sollte diese Fähigkeit entwickeln. Bevor ich hierherkomme, weiß ich kaum ein Wort von dem, was ich sagen werde; doch ich beschäftige mich innerlich mit dem Thema meines Vortrags, und dann flüstert mir meine Seele wunderbare Dinge zu. Wenn ihr kreativ denkt, vergeßt ihr den Körper und eure Launen; dann seid ihr auf den GEIST eingestellt. Unsere menschliche Intelligenz ist ein Ebenbild der schöpferischen göttlichen Intelligenz, durch die alle Dinge möglich sind; wenn wir aber nicht in diesem Bewußtsein leben, sind wir ständig Launen unterworfen. Schöpferisches Denken macht diese Launen zunichte; und durch schöpferisches Denken finden wir die Lösung all unserer Probleme – auch der Probleme anderer Menschen.

Launen gleichen einer Krebskrankheit: sie zersetzen den Frieden der Seele. Darum wird der launische Mensch seine Sorgen nie los. Merkt euch: ganz gleich, wieviel euch mißglückt ist, ihr habt kein Recht, launisch zu sein. In *geistiger* Hinsicht könnt ihr zu einem Eroberer werden. Wenn der launische Mensch in Bedrängnis gerät, gibt er sich geschlagen. Doch wer den Mut nie sinken läßt, bleibt Sieger, selbst wenn die Welt in Scherben fällt.

Wollt ihr Gefangene oder Eroberer sein? Wenn ihr euch ganz von Launen regieren laßt, wird es euch nie möglich sein, den Kampf des Lebens zu bestehen. Denn sobald ihr euren Launen nachgebt, wird euer Wille gelähmt. Launen umnebeln das Gehirn und trüben so das Urteilsvermögen; und dann sind alle Anstrengungen vergeblich.

Launen sind die Bremsen an den Rädern des Fortschritts

Wie schrecklich eure Launen auch sein mögen, ihr könnt über sie siegen. Nehmt euch fest vor, nie mehr launisch zu sein; und wenn euch trotz dieses Vorsatzes eine Laune befällt, stellt die Ursache fest und tut energisch etwas dagegen. Verharrt nicht länger im Zustand der Gleichgültigkeit, falls dies bei euch der Fall sein sollte; denn Gleichgültigkeit ist die schlimmste aller Launen. In solchen Zeiten müßt ihr euch daran erinnern, daß ihr euch nicht selber geschaffen habt; Gott hat euch erschaffen, und Er lenkt dieses Universum, nicht ihr! Ganz gleich, was eure Aufgabe ist, erfüllt sie Ihm zuliebe – und voller Begeisterung. Betätigt euch schöpferisch; denn Er hat euch unendliche Kraft verliehen. Wie könnt ihr es wagen, euch von Launen überwältigen zu lassen und dadurch geistig zu versagen! Befreit euch von solch verderblichen Gemütszuständen. Sie sind die Bremsen an den Rädern eures Fortschritts. Wenn ihr sie nicht loslaßt, könnt ihr nicht weiterfahren. Ruft euch jeden Morgen in Erinnerung, daß ihr Gottes Kinder seid, daß ihr – ganz gleich, was für Schwierigkeiten sich euch in den Weg stellen – die Kraft habt, sie zu überwinden. Ihr seid die Erben der kosmischen Kraft des GEISTES, ihr seid gefährlicher als jede Gefahr!

Ein intelligenter Junge gibt sich nicht gern mit einfachen Problemen ab; ihn reizen die schwierigeren Aufgaben. Doch viele Menschen haben Angst vor den Problemen des Lebens. Ich habe mich nie davor gefürchtet; denn ich habe immer gebetet: «Herr, laß Deine Kraft in mir zunehmen. Gib mir die Zuversicht, daß ich mit Deiner Hilfe all meine Schwierigkeiten meistern kann.» Denkt konstruktiv über ein Problem nach; denkt so lange, bis ihr nicht mehr denken könnt. Wenn ich ein Problem lösen will, beleuchte ich es von allen möglichen Seiten und denke tief darüber nach, so daß ich ehrlich sagen kann: «Ich habe mein Bestes versucht, und mehr kann ich nicht tun.» Dann vergesse ich die Sache.

Menschen, die sich wegen eines Problems ständig Sorgen machen, werden launisch. Vermeidet das! Wenn Schwierigkeiten auftauchen, solltet ihr nicht darüber brüten, sondern alle Möglichkeiten in Betracht ziehen, sie zu überwinden. Wenn euch nicht die richtigen Gedanken kommen, dann vergleicht eure Schwierigkeiten mit ähnlichen Problemen, die andere Menschen gehabt haben; lernt aus den Erfahrungen anderer und merkt euch, welche Wege zum Erfolg und welche zum Mißerfolg führen. Wählt die Mittel, die euch vernünftig und praktisch erscheinen, und macht euch dann ans Werk! Das ganze Wissen des Universums liegt in euch verborgen. Alles, was ihr wissen wollt, ist bereits in euch. Um es zum Vorschein zu bringen, müßt ihr schöpferisch denken.

Die Zauberkraft wahrer Liebe

Launen stumpfen das Gefühl und das Verständnis ab und machen es einem unmöglich, mit anderen auszukommen. Das Familienleben sollte ein himmlischer Tempel sein, doch schlechte Launen können es zur Hölle machen. Ein Mann kommt heim und findet seine Frau in mürrischer Stimmung vor, so daß er nicht vernünftig mit ihr reden kann. Oder er selber kommt schlecht gelaunt heim, und seine Frau kann ihn nicht zur Vernunft bringen. So viele Schwierigkeiten entstehen nur wegen schlechter Launen!

Wenn jemand in eurer Familie vor Wut außer sich ist oder sich völlig gleichgültig zeigt, steckt er euch mit seiner Stimmung sofort an. Oder aber ihr besucht jemanden voller Freude, doch er ist launisch und streitsüchtig und versetzt euch schließlich noch einen Schlag. Sofort ist eure Freude dahin, und ihr habt den Drang, euch zu rächen. Laßt euch nicht von der schlechten Laune eines andern anstecken! In der Bibel heißt es, wenn uns jemand auf die linke Wange schlägt, sollen wir ihm auch die rechte hinhalten. Wie viele tun das? Meistens will der Geschlagene seinem Angreifer zwölf Schläge zurückzahlen – und dazu vielleicht noch einen Tritt oder gar eine Kugel! Es ist so leicht, zurückzuschlagen; wenn man aber statt dessen Liebe gibt, wendet man die höchste Methode an, den Verfolger zu entwaffnen. Selbst wenn das nicht sofort wirkt, wird er nie vergessen, daß ihr ihm seine Schläge mit Liebe vergolten habt. Diese Liebe muß jedoch aufrichtig sein; wenn die Liebe von Herzen kommt, ist sie eine Zauberkraft. Ihr solltet allerdings nicht an das Ergebnis denken; selbst wenn eure Liebe zurückgewiesen wird, solltet ihr das nicht beachten. Verschenkt eure Liebe ganz einfach. Erwartet nichts dafür; dann werdet ihr sehen, welch magische Wirkung sie hat.

Wißt ihr auch, daß in eurem Innern, in eurer Seele, ein herrlicher Garten liegt? Ein Garten voll wundersamer Gedanken, die den Duft der Liebe, der Güte, des Verstehens und Friedens verbreiten – süßer als der aller irdischen Blumen. Jedesmal, wenn jemand euch in seinem Ärger mißverstanden hat und ihr ihm weiterhin Liebe erweist, habt ihr eine duftende Blume erblühen lassen. Hält der Duft solch verständnisvoller Liebe nicht länger an als der jeder Rose? Betrachtet euren Geist deshalb immer als einen Garten; pflegt ihn, damit er schön bleibt und den Duft göttlicher Gedanken verbreitet; laßt ihn nicht zu einem Sumpf werden, in dem übelriechende, gehässige Launen wuchern. Wenn ihr die himmlisch duftenden Blumen des Friedens und der Liebe züchtet, wird sich die Biene des Christusbewußtseins[2] in euren Garten stehlen. So wie die Biene nur honigsüße Blumen aufsucht, so kommt Gott nur zu euch, wenn euer Leben vom Honig süßer Gedanken erfüllt ist. Nehmt euch vor, daß ihr in eurem Garten guter Seeleneigenschaften das übelriechende Unkraut des Zorns nicht dulden werdet. Je mehr blumenhafte

[2] Gottes allgegenwärtige Intelligenz und die Anziehungskraft Seiner Liebe, die sich in der Schöpfung offenbart.

göttliche Eigenschaften ihr entwickelt, desto eher wird Gott eurer Seele Seine geheime Allgegenwart offenbaren.

«Wer Freund und Feind gegenüber ruhig bleibt, wer Bewunderung und Beleidigung, Wärme und Kälte, Freude und Leid... gleichmütig erträgt, der ist Mir lieb.»[3] Wenn ihr denen, die unfreundlich zu euch sind, stets mit Liebe begegnet, wenn ihr denen, die von Sorgen gequält werden, Frieden und den Notleidenden Freude bringt, wenn ihr die Verbitterten liebevoll behandelt und denen, die sich auf dem falschen Weg befinden, ein besseres Beispiel gebt, besiegt ihr eure Launen durch schöpferisches Denken. Wenn ihr äußerlich nicht tätig sein könnt, dann seid in Gedanken kreativ tätig...

Sobald ihr Gott ausschließt, befällt euch Angst

Es gibt so viele wunderbare Dinge über Leben und Tod zu erforschen, und das kann man durch die Meditation. Lernt, als Kinder Gottes in dieser Welt zu leben. Der Tod erschreckt die Menschen, weil sie Gott aus ihrem Leben ausgeschlossen haben. Alle schmerzlichen Erfahrungen ängstigen uns, weil wir die Welt lieben, ohne ihr Geheimnis und ihren Sinn zu verstehen. Doch wenn wir Gott in allen Dingen sehen, haben wir nichts zu fürchten. Wir werden immer wieder «geboren», sowohl im Leben als auch im Tod. Das Wort «Tod» ist eine höchst unzutreffende Bezeichnung, denn es gibt gar keinen Tod; wenn ihr des Lebens müde seid, legt ihr einfach den Mantel des Fleisches ab und kehrt in die Astralwelt zurück.

Der Tod bedeutet ein Ende. Ein Auto, dessen Teile völlig abgenutzt sind, ist hinüber; es hat sein Ende gefunden. Und so findet auch der physische Körper beim Tod sein Ende. Aber die unsterbliche Seele kann nicht sterben. Jede Nacht lebt die Seele im Schlaf, ohne sich eines physischen Körpers bewußt zu sein. Doch tot ist sie nicht. Der Tod ist nichts weiter als ein großer Schlaf, wobei die Seele im Astralleib weiterlebt, ohne sich eines physischen Körpers bewußt zu sein. Wenn der Verlust des Körperbewußtseins für den Menschen gleichbedeutend mit dem Tod wäre, würde die Seele sterben, sobald

[3] *Bhagavad-Gita* XII, 18–19.

wir einschlafen. Doch wir sind nicht tot, wenn wir schlafen; wir sind auch nicht völlig bewußtlos; denn wenn wir erwachen, wissen wir, ob wir gut oder schlecht geschlafen haben. Ebenso sterben wir auch im Zustand nach dem Tode nicht.

Nur wer seinen Geist verknöchern läßt, liegt wahrlich im Sterben. Wenn ihr das Geheimnis des Lebens lösen wollt, müßt ihr jeden Tag von neuem geboren werden. Das heißt: Ihr müßt euch jeden Tag auf irgendeine Weise um Vervollkommnung bemühen. Vor allem müßt ihr um Weisheit beten; denn die Weisheit sorgt für alles andere. Laßt euch nicht von Launen, sondern von Weisheit leiten. Außer dieser Weisheit müßt ihr euch schöpferisches Denken und Handeln zu eigen machen. Beschäftigt euch mit konstruktiven Dingen, die eurer Weiterentwicklung und dem Wohl anderer Menschen dienen; denn wer in das Reich Gottes eingehen will, muß anderen jeden Tag Gutes tun. Wenn ihr dies befolgt, werdet ihr bald die freudige Gewißheit haben, daß ihr körperlich, geistig und seelisch Fortschritte macht, und keine Laune mehr kennen. Ihr werdet Gott mit Sicherheit finden; denn dieser Weg führt ins Reich Gottes.

Bemüht euch ständig, schlechte Launen zu überwinden; denn sobald ihr launisch seid, pflanzt ihr die Saat des Irrtums in den Boden eurer Seele. Den Launen nachgeben bedeutet, langsam zu sterben; wenn ihr dagegen täglich versucht, trotz aller widrigen Erfahrungen fröhlich zu sein, werdet ihr eine Neugeburt erleben. Und ehe diese menschliche Geburt nicht in eine wahrhaft geistige Geburt verwandelt wird, könnt ihr nicht in Gott «von neuem geboren» werden.[4]

Launen sind «ansteckend» und können in allgemeinen Krisenzeiten große Teile der Bevölkerung erfassen. Der Mensch sollte die unerfreulichen Ereignisse des Lebens nicht allzu ernst nehmen. Es ist besser, ein wenig darüber zu lachen, als aus jedem Mißgeschick eine Tragödie zu machen. Die *Gita* lehrt: «Der ist Mir lieb, der keinen Unterschied zwischen den heiteren und traurigen [Erscheinungen des Lebens] macht, der sich über Leid und Begierde und [das relative Bewußtsein von] Gut und Böse hinweggesetzt hat.»[5] Eine optimi-

[4] «Es sei denn, daß jemand von neuem geboren werde, so kann er das Reich Gottes nicht sehen... Ihr müßt von neuem geboren werden.» (*Johannes* 3, 3; 7)

[5] *Bhagavad-Gita* XII, 17.

stische Haltung und ein Lächeln sind hilfreich und nützlich; denn jedesmal, wenn ihr göttliche Eigenschaften – wie Zuversicht und Freude – zum Ausdruck bringt, werdet ihr von neuem geboren. Euer Bewußtsein wird dadurch erneuert, daß ihr die wahre Natur eurer Seele zum Ausdruck bringt. Das ist die geistige Wiedergeburt, die euch befähigt, das «Reich Gottes zu schauen».

Wie man Religion als Wissenschaft betreibt

(1940)

Es heißt oft, daß Wissenschaft und Religion im Widerspruch zueinander stünden. Zwar ist es richtig, daß die Wissenschaftler die Behauptung der Bibel, «Himmel und Erde» seien in wenigen Tagen geschaffen worden, in Zweifel ziehen. Aufgrund ihrer praktischen Forschungen im Bereich der Erde und des Himmels haben sie bewiesen, daß die Schöpfung durch einen langsamen Evolutionsprozeß entstanden ist und daß es bereits Millionen von Jahren gedauert hat, bis sich aus Gasen die Erde gebildet und das Leben der Pflanzen, Tiere und Menschen entwickelt hat. So besteht also ein großer Unterschied zwischen den Erkenntnissen der Wissenschaft und einer wörtlichen Interpretation der Bibeltexte.

Ein großer Vorzug des echten Wissenschaftlers ist seine Unvoreingenommenheit. Er geht von bescheidenen Tatsachen aus und experimentiert dann so lange, bis er die Gesetze der Natur und ihre Wirkungsweise entdeckt hat und nachweisen kann; dann teilt er der Welt das Ergebnis seiner Forschungen mit. Und er ist bereit, alle neuen Befunde zu berücksichtigen und zu untersuchen. Den Bemühungen solcher Wissenschaftler ist es zu verdanken, daß all die Naturgesetze entdeckt worden sind, die man sich bis heute nutzbar gemacht hat. Immer mehr lernen wir, diese Gesetze in größerem Ausmaß anzuwenden; man denke da zum Beispiel an den modernen Komfort in unseren Wohnungen.

Wissenschaftler arbeiten mit Gott zusammen

Wissenschaftlern wird oft vorgeworfen, sie seien materialistisch eingestellt, weil sie unbewiesene religiöse Dogmen anzweifeln. Aber Gott verurteilt sie deswegen nicht. Seine universellen Gesetze wirken mit unparteiischer Gerechtigkeit, ohne sich um die Meinungen der Menschen zu kümmern. In diesem Sinne sieht Gott nicht die Person an, sondern das Gesetz. Er hat uns freien Willen gegeben, und ob wir Ihn anbeten oder nicht, wir ernten die entsprechenden guten Ergebnisse, wenn wir uns an Seine Gesetze halten. Ein skeptischer Wissenschaftler mag seine Einstellung folgendermaßen erklären: «Auch wenn ich nicht an Gott glaube, versuche ich dennoch zu tun, was richtig ist. Wenn es einen Gott gibt, wird Er mich belohnen oder bestrafen, je nachdem, ob ich Seine Gesetze beachte oder mißachte. Und wenn es keinen Gott gibt, werde ich sicher Gewinn daraus ziehen, daß ich den Gesetzen gehorche, die ich selbst als wahr erkannt habe.»

So arbeiten denn jene Naturwissenschaftler, die immer mehr von Gottes Gesetzen entdecken, Hand in Hand mit Ihm und tun Gutes für die Welt, ganz gleich, ob sie an Gott glauben oder nicht oder ob sie nach materiellem Gewinn trachten.

Der Glaube ist nur der erste Schritt

Im Weltall wird alles von Gesetzen regiert; doch die meisten Leute haben nie versucht, das wissenschaftliche Gesetz der experimentellen Forschung auf religiöse Lehren anzuwenden. Sie glauben einfach etwas, weil sie sich nicht vorstellen können, daß man die Aussagen der Heiligen Schriften überprüfen und beweisen kann. «Wir brauchen nur zu glauben», versichern sie sich selbst und anderen; und das bezieht sich auf alles, was mit Religion zu tun hat. In der Bibel jedoch heißt es: «Es ist aber der Glaube eine gewisse *Zuversicht* des, das man hofft, und ein *Nicht-Zweifeln* an dem, das man nicht sieht.»[1] Überzeugung bedeutet mehr als Glaube; dieser ist nur der erste Schritt. Wenn ich euch erzählte, daß hinter diesem Gebäude ein gewaltiger Löwe lauere, würdet ihr sicher sagen: «Das können wir uns nicht vorstellen!» Aber wenn ich mit Nachdruck versicherte: «Doch, da *ist* ein Löwe», würdet ihr mir immerhin soviel Glauben schenken, daß ihr hinausgeht und nachseht. Ihr braucht einen gewissen Grad von Überzeugung, ehe ihr überhaupt nachsehen wollt – und wenn ihr dann keinen Löwen gesehen hättet, würdet ihr sagen, ich hätte euch einen Bären aufgebunden. Wenn ich euch jetzt dazu bewegen will, ein geistiges Experiment zu machen, müßt ihr mir ebenfalls ein gewisses Vertrauen entgegenbringen, bevor ihr den

[1] *Hebräer* 11, 1.

Versuch macht. Ihr könnt mir zumindest so lange glauben, bis ihr selbst zu anderen Schlüssen gekommen seid.

Wahrer Glaube indessen ist unwiderlegbar: er ist die intuitive Überzeugung, daß etwas wahr ist, und diese kann selbst durch einen Gegenbeweis nicht erschüttert werden. Ein solcher Glaube kann Kranke heilen, Tote auferwecken und neue Welten erschaffen. Jesus sagte: «Wenn ihr Glauben habt wie ein Senfkorn, so könnt ihr sagen zu diesem Berge: Hebe dich von hinnen dorthin!, so wird er sich heben; und euch wird nichts unmöglich sein.»[2]

Die Wissenschaft ist einsichtig und bereit, ihre Anschauungen im Licht neuer Tatsachen zu ändern. Der Religion gegenüber ist sie nur deshalb skeptisch, weil sie dieses Gebiet noch nicht experimentell erforscht hat; doch an der Universität von Harvard beginnt man jetzt damit. Die experimentelle Psychologie hat große Fortschritte gemacht und tut ihr möglichstes, den inneren Menschen zu verstehen. Man hat Maschinen erfunden, welche die verschiedenen menschlichen Gefühlsregungen registrieren können; es heißt, wer am Lügendetektor angeschlossen sei, könne es in der Regel nicht verbergen, wenn er lüge, ganz gleich, wie sehr er sich dabei anstrenge.

Um Gott erleben zu können, braucht man Selbst-Verwirklichung

Wissenschaftliche Erkenntnisse beruhen auf Tatsachen. Die Medizin hat große Fortschritte gemacht, obgleich die Ursachen gewisser Krankheiten und die entsprechenden Heilverfahren erst noch entdeckt werden müssen. Was die Wissenschaft aber in Erfahrung gebracht hat, steht mehr oder weniger fest; denn die verschiedenen Faktoren auf den betreffenden Fachgebieten sind überprüft und die Theorien untersucht und bewiesen worden. Mit der Religion verhält es sich anders. Den Menschen werden gewisse Tatsachen oder Wahrheiten gepredigt, und sie sollen daran glauben. Wenn sich aber nach einiger Zeit der Glaube nicht bestätigt, regen sich Zweifel; und

[2] *Matthäus* 17, 20.

dann wechseln die Leute von einer Religion zur anderen, um Beweise zu erhalten. Ihr hört in den Kirchen und Tempeln über Gott; ihr könnt in Büchern über Ihn lesen; aber nur durch Selbst-Verwirklichung könnt ihr Gott *erleben*; und diese Verwirklichung gewinnt ihr durch das Üben bestimmter wissenschaftlicher Techniken. In Indien beruht die Religion auf solchen wissenschaftlichen Methoden. Indien hat sich auf die Selbst-Verwirklichung spezialisiert, und wer Gott erkennen will, sollte die entsprechenden Methoden erlernen; sie sind nicht nur Indiens Eigentum. Ebenso wie die Elektrizität im Westen entdeckt wurde und wir Inder davon profitieren, so hat Indien die Methoden entdeckt, durch die man zu Gott finden kann, und der Westen sollte daraus Nutzen ziehen. Durch experimentelle Forschung hat Indien die Wahrheit der Religion nachgewiesen. In Zukunft wird Religion überall eine Sache der Erfahrung sein; sie wird nicht nur auf dem Glauben beruhen.

Millionen von Menschen wechseln von einer Kirche zur andern, ohne in ihrem Herzen zu glauben, was sie über Gott gehört haben. Sie meinen: «Nun, ich bete zwar, aber meistens antwortet Er nicht.» Dennoch sind Gottes Augen immer auf uns gerichtet. Er weiß alles über uns, doch wir wissen absolut nichts über Ihn. Der Grund dafür sind die verschiedenen Zweifel, die uns beschleichen. Wenn es einen Gott gibt, müssen wir fähig sein, Ihn zu erkennen. Warum sollten wir immer nur über Ihn lesen und über Ihn sprechen hören, aber nichts aus persönlicher Erfahrung wissen?

Es gibt aber eine bestimmte Methode, durch die man Gott erleben kann. Und was ist diese Methode? Sie besteht im Experimentieren mit religiösen Wahrheiten. Sie besteht darin, daß man seinen Glauben in die Tat umsetzt! Es ist möglich, Religion in die Praxis umzusetzen und wie eine Wissenschaft zu behandeln, indem man mit sich selber experimentiert und die Beweise erbringt. Die Suche nach der Wahrheit ist die wunderbarste Suche, die es gibt. Religion besteht nicht nur darin, daß man zum Gottesdienst geht oder sein *Puja*[3] verrichtet, sie muß auch eine praktische Seite haben. Lernt euer ganzes Leben auf geistige Ideale auszurichten. Die Religion hat wenig Wert, wenn man sie nicht im täglichen Leben anwendet.

Ich kannte einen Mann, der hier in der Nähe eine Farm hatte und

[3] Ritueller Gottesdienst der Hindus.

der sehr materialistisch eingestellt war. Ich forderte ihn auf, von Zeit zu Zeit nach Encinitas zu kommen, was er auch tat. Bereits nach wenigen Besuchen sagte er mir mit Tränen in den Augen: «Ich hätte nie gedacht, daß es einen Ort gibt, der schon durch seine bloße Atmosphäre soviel über Gottes Gegenwart aussagen kann.» Ihr seht, Religion muß praktisch anwendbar sein. Sie muß einen Wandel in euch bewirken – einen Wandel in eurem Bewußtsein und eurem Verhalten. Alle, die regelmäßig hierhergekommen sind, haben ihr Leben geändert und sind besser geworden. Die geistige Umgebung hat sie verwandelt.

Man muß also mit der Religion experimentieren, um sie zu erproben und praktisch anwendbar zu machen. Manche Kirchen leisten Großes in der Sozialarbeit, doch sie zeigen euch nicht, wie ihr den Beweis erbringen könnt, daß Gott tatsächlich existiert, und wie ihr mit Ihm im Einklang leben könnt.

Das erste Experiment betrifft das Schweigen

Das erste religiöse Experiment muß mit dem Schweigen beginnen. Die meisten Menschen nehmen sich nie die Zeit zu schweigen oder sich still zum Meditieren hinzusetzen. Ich verharre stundenlang in innerem Schweigen. Wenn ich mit Menschen zusammen bin, freue ich mich außerordentlich über ihre Gesellschaft; ich widme mich ihnen voll und ganz. Aber wenn ich keine Menschen um mich habe, genieße ich ganz allein diese höchste Freude des Lebens – die Glückseligkeit Gottes. Ganz gleich, wo ich mich befinde, diese Freude Gottes verläßt mich nie. Warum experimentiert ihr nicht mit der Stille, damit ihr ebenso leben könnt? Die meisten von euch können nicht einmal zehn Minuten stillsitzen, ohne daß die Gedanken in alle Richtungen davonflattern. Ihr habt noch nicht gelernt, den Frieden in eurem inneren Zuhause zu genießen; denn eure Gedanken schweifen ständig rastlos umher. Mein Meister Sri Yukteswar pflegte zu sagen: «Der Mensch schließt die Tür zum Lagerhaus seines Glücks ab und rennt dann überall hin, um dieses Glück zu erbetteln. Wie töricht das ist, wo doch der ganze Reichtum an Freude in ihm selbst aufgespeichert liegt!» Seit meiner Kindheit habe ich Gott gesucht, und die Vereinigung mit Ihm hat mir ein solches

Glück geschenkt, wie keine Erfüllung materieller Wünsche es mir je hätte geben können. Ihr besitzt nichts, wenn ihr Gott nicht besitzt. Und ihr habt alles, wenn ihr Gott habt; denn Er ist der Herr des Universums.

Wenn euch die Religion noch keinen Gewinn gebracht hat, versucht es mit der Meditation. Rüttelt Gott aus Seinem Schweigen auf. Ihr müßt immer wieder in Ihn dringen: «Herr, sprich zu mir!» Wenn ihr euch in der Stille der Nacht und in den frühen Morgenstunden redlich darum bemüht, werdet ihr nach einer gewissen Zeit einen Schimmer von Gottes Licht sehen können, oder ein großes Glücksgefühl wird über euch kommen. Der Versuch, Gott in der Meditation und in der Stille näherzukommen, wird euch höchst fühlbare und erstaunliche Ergebnisse bringen.

Früher einmal glaubten die Wissenschaftler, daß das Wasser ein einziges Element sei. Später aber wurde durch Experimente bewiesen, daß zwei unsichtbare Elemente – Wasserstoff und Sauerstoff – in einer bestimmten Zusammensetzung Wasser bilden. In ähnlicher Weise gewinnt man durch religiöse Experimente erstaunliche geistige Einsichten. Wenn ihr still meditiert und euren Geist nach innen zurückzieht, werdet ihr den Beweis für Gottes Existenz und für euer eigenes wahres Wesen finden. Das Experimentieren mit religiösen Gesetzen ist auch darum wunderbar, weil ihr die Ergebnisse nicht irgendwo draußen suchen müßt, sondern unmittelbar in eurem eigenen Innern erlebt.

Das Endergebnis der Wahrheit ist immer gut

Nur durch Anwendung religiöser Methoden kann man dauerhaftes Glück finden. Einer der wichtigsten geistigen Grundsätze ist die Wahrhaftigkeit. Die meisten Menschen haben die Bedeutung der Wahrheit noch nicht richtig verstanden. Wahrheit bedeutet genaue Entsprechung der Wirklichkeit; deshalb muß ihr Endergebnis immer gut sein. Wer sich angewöhnt hat, ständig kleine Unwahrheiten zu erzählen, wird es schwer haben, völlig wahre Aussagen zu machen. Solche chronischen Lügner denken nie darüber nach, wie wichtig es ist, die Wahrheit zu sagen; sie merken nicht einmal, daß sie lügen. Ihre eigene Einbildung wird für sie zur Wahrheit, und sie sind gar nicht mehr in der Lage, die eigentliche Wahrheit in einer Situation zu erkennen.

Viele, die nicht verstehen, wie wichtig es ist, sich an die Wahrheit zu halten, rechtfertigen ihr Schwindeln wie folgt: «Na ja, wenn ich immer die Wahrheit sage, werde ich ganz sicher übers Ohr gehauen; denn andere sind auch nicht so ehrlich. Eine kleine Unwahrheit hie und da hilft mir, gut durchs Leben zu kommen.» Wie traurig das ist!

Um stets aufrichtig zu sein, müssen wir den Unterschied zwischen Tatsache und Wahrheit verstehen. Wenn ihr einen hinkenden Mann seht und meint, daß sein Gebrechen eine offenkundige Tatsache sei, und ihr ihn deshalb folgendermaßen begrüßt: «Wie geht es Ihnen, Herr Hinkebein?», beleidigt ihr ihn. Denn wenn ihr ihn offen auf sein Gebrechen hinweist, verletzt ihr ihn bloß, und das bringt nichts Gutes. Deshalb sollte man nicht ohne triftigen Grund unerfreuliche *Tatsachen* erwähnen, selbst wenn sie stimmen.

Es gibt keine harmlosen Lügen

Wenn ihr aber aus gutem Grund nicht die Wahrheit sagen wollt, erzählt zumindest keine Lüge!... Es ist ebenfalls nicht richtig, die Wahrheit zu sagen, wenn man dadurch einen anderen Menschen ohne triftigen Grund bloßstellt. Nehmen wir als Beispiel jemanden, der trinkt, das aber vor der übrigen Welt zu verheimlichen sucht. Ihr indessen kennt seine Schwäche und klärt im Namen der Wahrhaftigkeit eure Freunde auf: «Ihr wißt, daß dieser Mann ein Alkoholiker ist, nicht wahr?» Eine solche Bemerkung ist unangebracht; man sollte sich nicht in die Angelegenheiten anderer Leute mischen. Solange die Fehler anderer Menschen niemandem schaden, solltet ihr nicht darüber zu anderen reden. Sprecht lieber unter vier Augen mit den Betreffenden über ihre Schwäche, wenn sich die Gelegenheit dazu bietet oder wenn ihr verpflichtet seid, ihnen zu helfen...

Wahrheit ist immer heilsam, während eine Tatsache manchmal auch schaden kann. Ganz gleich, wie wahr eine Tatsache scheinen mag, wenn sie etwas Ungutes bewirkt, ist sie bloß eine Tatsache, keine Wahrheit. Deckt nie unerfreuliche Tatsachen auf, die einem anderen unnützes Leid zufügen, indem ihr zum Beispiel den Charakter eines anderen unnötigerweise anprangert. Das geschieht oft, wenn sensationslüsterne Zeitungsreporter prominente Persönlichkeiten bloßstellen. Sie beabsichtigen dadurch, den Ruf des Betreffenden zu schädigen oder auf dessen Kosten Gewinn zu machen. Ladet euch nicht schlechtes Karma auf, indem ihr Tatsachen enthüllt, die anderen Schaden zufügen, wenn dies keinem wichtigen oder edlen Zweck dient. Wenn ihr unangenehme Tatsachen nicht enthüllen dürft, müßt ihr auch aufpassen, daß ihr nicht etwa indirekt durchblicken laßt, was ihr verbergen wollt. Gott ist letzten Endes immer bereit zu vergeben, und wir, Seine Kinder, sollten das auch sein. Warum wollt ihr verantwortlich dafür sein, daß ein anderer Schaden leidet? Euer verletzendes Tun wird auf euch zurückfallen und euch ebenfalls schaden. Wir müssen die Folgen aller schmerzvollen Erfahrungen, die wir anderen zufügen, selber tragen. Es gibt Menschen, die in Frieden leben, und andere, die von Sorgen und Unglück verfolgt werden. Diese sind nicht weise genug, sich zu prüfen und festzustellen, wie man in Frieden leben kann. Sonst hätten sie gelernt, keine Unwahrheiten zu sagen und andere nicht durch üble Nachrede zu schädigen.

Das Glück der anderen ist wichtig für euch

Lernt außerdem, selbstloser zu sein. Jemand, der Gott liebt, setzt sich auch zum Ziel, andere glücklich zu machen, weil ihm das Freude bereitet. Anderen Glück zu schenken, ist unbedingt wichtig für unser eigenes Glück und bringt uns höchste Erfüllung. Einige denken bloß an ihre eigene Familie; «Wir vier und niemand sonst.» Andere denken nur an sich selbst: «Wie kann *ich* glücklich werden?» Aber gerade diese Menschen werden nie glücklich!

Es ist nicht richtig, nur nach seinem eigenen Glück zu trachten, ohne dabei das Wohl der anderen zu berücksichtigen. Wenn ihr andere auf skrupellose Weise um ihr Geld betrügt, werdet ihr vielleicht reich werden, aber bestimmt nicht glücklich; denn die haßerfüllten Gedanken der anderen werden ihre Wirkung auf euch nicht verfehlen. Wenn ihr versucht, auf Kosten anderer glücklich zu werden, wird das göttliche Gesetz dafür sorgen, daß diese danach trachten, euch unglücklich zu machen. Doch wenn ihr euch bemüht, andere glücklich zu machen, auch wenn es auf eure eigenen Kosten geht, werden sich die anderen ebenfalls um euer Wohlergehen kümmern. Immer wenn ihr daran denkt, was ihr selber braucht, vergeßt nicht die Not der anderen. Sobald ihr euch Sorgen um andere macht, werdet ihr auch den Wunsch haben, sie glücklich zu sehen. Der selbstlose Mensch kommt mit seiner Familie und mit der ganzen Menschheit gut aus. Der egoistische Mensch gerät immer in Schwierigkeiten und verliert seinen inneren Frieden.

Die «Will-nicht-Kraft» fördert die Willenskraft

Durch religiöses Experimentieren werdet ihr feststellen, daß auch ein zügelloses Leben Unglück bringt. Wer die ganze Zeit ein undisziplinertes Leben führt, ist ständig ruhelos und voller Sorgen. Wer aber gelernt hat, sich zu beherrschen, kennt den Weg, der zu wahrem Glück führt.

Immer wenn ihr meint, daß ihr ohne etwas Bestimmtes nicht leben könnt, seid ihr zu dessen Sklaven geworden. Das Geheimnis des Glücks besteht darin, Herr über euch selbst zu werden. Vieles, was ihr nicht tun solltet, möchtet ihr gern tun. Wenn ihr jedoch die Fähigkeit entwickelt habt, trotz aller Versuchungen auf die Erfüllung eines Wunsches zu verzichten, seid ihr Meister euer selbst. Die meisten Menschen müssen zuerst ihre «Will-nicht-Kraft» entwikkeln; diese befähigt euch, das, was ihr nicht tun solltet, zu unterlassen. Wenn ihr euch sagt: «Ich will dieser schlechten Gewohnheit nicht nachgeben» und euch dann wirklich daran haltet, seid ihr Herr euer selbst. Die «Will-nicht-Kraft» stärkt den Geist.

Das äußere Verhalten des Menschen spiegelt sein inneres Leben wider. Äußerer Luxus kann die Seele nicht glücklich machen; nur durch Selbstbeherrschung erlangt die Seele Glück und Frieden. Jeden Morgen, wenn ich aufstehe, nehme ich mir bestimmte Dinge vor, und dann mache ich während des ganzen Tages geistige Anstrengungen, um sie auch wirklich in die Tat umzusetzen. Das stärkt die Willenskraft sehr; und wenn ich sehe, daß ich all meine Vorsätze ausgeführt habe, fühle ich mich als Sieger. Übt euch in Selbstbeherrschung. Tut ihr das nicht, werdet ihr immer wieder von den Wellen der Gefühle umhergetrieben...

Wenn ihr also glücklich sein wollt, müßt ihr eure Gefühle beherrschen können. Dann kann euch niemand ärgerlich oder eifersüchtig machen. Ihr ruht unangefochten in eurem eigenen Bewußtsein. Ihr wißt, was ihr seid. Ihr habt mit euren Gedanken experimentiert, und ihr wißt, was für einen Schatz ihr in eurem inneren Frieden besitzt.

Es gibt immer einen Ausweg

Sorgen helfen euch andererseits gar nichts. Sie greifen nicht bloß die Nerven an, so daß ihr ständig gereizt und mürrisch seid, sondern überanstrengen auch das Herz. Wenn ihr eure Tagesarbeit erledigt habt, vergeßt sie; laßt eure Gedanken nicht mehr darum kreisen und tragt sie nicht mit nach Hause. Sorgen verdunkeln nur euren Geist, so daß ihr nicht mehr klar denken könnt. Ihr müßt lernen, euch mehr auf Gott zu verlassen. Das ist eine Wissenschaft, ein göttliches Gesetz. Es gibt immer einen Ausweg aus euren Schwierigkeiten; und wenn ihr euch die Zeit nehmt, klar zu denken und euch zu überlegen, wie ihr die Ursache eurer Angst beseitigen könnt, anstatt euch deswegen Sorgen zu machen, werdet ihr zu einem Meister.

Viele Menschen kommen zu mir, um mit mir über ihre Probleme zu sprechen. Ich fordere sie dann auf, sich ruhig hinzusetzen, zu meditieren und zu beten; und nachdem sie innerlich ruhig geworden sind, an verschiedene Möglichkeiten zu denken, wie sie das Problem lösen oder aus dem Wege schaffen könnten. Wenn ihr Geist Ruhe in Gott findet, wenn sie fest an Gott glauben, finden sie auch eine Lösung für ihr Problem. Solange man die Probleme einfach ignoriert, wird man sie nicht lösen; und ebensowenig, wenn man sich nur Sorgen darüber macht. Meditiert, bis ihr innerlich ruhig geworden seid; dann richtet eure ganze Aufmerksamkeit auf das Problem und betet inständig um Gottes Hilfe. Konzentriert euch auf das Problem, dann werdet ihr eine Lösung finden, ohne euch von Sorgen zermürben zu lassen.

Gottes Gesetze wirken ohne «wenn und aber»

Ein inniges und aufrichtiges Gebet wird sicher eine Antwort von Gott bringen. Doch wenn ihr euch nicht wirklich im Gebet bemüht, werdet ihr auch nicht fühlen, daß Er euch antwortet. Irgendwann einmal hat jeder Mensch erlebt, daß eines seiner Gebete erhört wurde. Wenn ihr einen starken Willen habt, so erreicht ihr damit den Vater, und dann willigt der Vater ein, daß euer Wunsch erfüllt wird. Wenn *Er* etwas will, horcht die ganze Natur auf. Gott antwortet, wenn ihr inständig, vertrauensvoll und fest entschlossen zu Ihm betet. Manchmal antwortet Er dadurch, daß Er einem anderen Menschen einen entsprechenden Gedanken eingibt, so daß dieser euren Wunsch erfüllt oder euch das Nötige beschafft; diese Person dient dann als Gottes Werkzeug, welches das gewünschte Ergebnis herbeiführt.

Ihr wißt gar nicht, wie wunderbar diese große Kraft wirkt. Sie arbeitet mit mathematischer Genauigkeit. Da gibt es kein «Wenn» und «Aber». Und das ist mit dem Wort «Glaube» in der Bibel gemeint; er ist der *Beweis* für das, was man nicht sieht...

Sehen heißt glauben – Religion als Wissenschaft

Alles Sichtbare kommt aus dem Unsichtbaren. Da ihr Gott nicht seht, glaubt ihr nicht, daß Er hier ist. Dennoch wird jeder Baum und jeder Grashalm innerlich von der Kraft Gottes am Leben erhalten. Diese Kraft kann man von außen nicht sehen. Was ihr seht, sind nur Auswirkungen jener Kraft, die den Samen innewohnt: nachdem diese Samen in die Erde gestreut worden sind, wachsen sie als Bäume oder Grashalme empor. Ihr seht nicht, was im Innern, in der Fabrik des Unendlichen, vor sich geht. Jeder Gegenstand in diesem Universum und dessen ganzes Potential sind zuerst in der Fabrik des göttlichen Geistes geschaffen worden; und Gott verleiht Seine Kraft der Fabrik des menschlichen Geistes. Aus dieser kleinen Fabrik des menschlichen Geistes kommt alles, was der Mensch hervorbringt – gute Bücher, komplizierte Maschinen, hervorragende Leistungen auf allen Gebieten des Lebens. Und vor allem liegt in dieser Geistesfabrik die einzigartige Fähigkeit des Menschen, Gott zu finden.

Wenn ihr gelernt habt, euer Leben auf Wahrheit zu gründen, wird der Geist zu einem vollkommenen Werkzeug der Erkenntnis. Dann seht ihr alles klar und unverzerrt – genauso, wie es ist. Lernt deshalb, mit diesem Geist zu experimentieren. Lernt, die Wissenschaft der Religion anzuwenden, dann könnt ihr zum bedeutendsten Wissenschaftler, zum größten Erfinder und zum Meister eures eigenen Schicksals werden.

Wenn ihr euch immer an die Wahrheiten, die ich euch vermittelt habe, erinnert und danach lebt, gibt es nichts im Leben, was ihr nicht erreichen könnt. Und die größte aller Errungenschaften ist es, Gott zu finden. Dadurch, daß ihr die Religion als Wissenschaft betreibt, kann euer noch unsicherer Glaube zur unumstößlichen Erfahrung der höchsten Erfüllung werden. Dann werdet ihr zu den erfolgreichsten Menschen zählen und alle Wissenschaftler auf Erden überragen. Die großen Heiligen, die Ihn gefunden haben, kennen keine Zweifel mehr; sie haben die Wahrheit erlebt. Ihr «werdet die Wahrheit erkennen, und die Wahrheit wird euch frei machen»[4]. Wenn ihr Gott gefunden habt, seid ihr im Besitz aller Dinge.

[4] *Johannes* 8, 32.

Das Spektrum des geistigen Bewußtseins

(1934)

Das geistige Bewußtsein ist ein umfangreiches Thema; es umfaßt den ganzen Wirkungskreis unseres menschlichen Bewußtseins.

Das Bewußtsein ist im Kern seines Wesens immer rein. Es beschäftigt sich mit allem möglichen, mit guten und bösen Dingen, wird aber durch sie weder beeinflußt noch getrübt. Ein Schwert kann ein Blatt zerschneiden und von ihm befleckt werden, doch das Schwert selbst ändert sich dadurch nicht. So ist es auch mit dem Bewußtsein. Ein Schwert, das dazu benutzt wurde, einen unschuldigen Menschen zu töten, wird als böse verdammt. Ein Schwert, das dazu verwendet wurde, einen lasterhaften Feind zu töten, wird als edel bezeichnet. Ähnlich ist es, wenn das Bewußtsein dazu benutzt wird, Gutes zu tun, dann nennt man es geistiges Bewußtsein; und wenn es dazu gebraucht wird, Schlechtes zu tun, nennt man es böses Bewußtsein.

Ebenso wie jeder Fluß eine Quelle hat, so hat auch der Strom des Bewußtseins einen Ursprung. Er entspringt dem Kosmischen Bewußtsein, dem Bewußtsein Gottes, das sich jenseits der ganzen Schöpfung befindet. Wenn das Kosmische Bewußtsein den Bereich der Materie erreicht und in jedes der Atome, aus denen die Planeten und Sternnebel bestehen, sowie in die verschiedenen Körper der Pflanzen, Tiere und des Menschen eingeht, wird es Christusbewußtsein genannt. Wenn das Christusbewußtsein in die Seele und die reinen Gedanken des Menschen hinabsteigt, wird es Überbewußtsein genannt. Wenn das Überbewußtsein dann in den Bereich der Vorstellungskraft absinkt, wird es Unterbewußtsein genannt. Steigt das Unterbewußtsein in die Muskeln und Sinne des menschlichen Organismus hinab, wird es menschliches Bewußtsein oder Wachbewußtsein genannt. Sobald das Wachbewußtsein an den Sinnen und materiellen Dingen zu haften beginnt, wird es weltliches Bewußtsein genannt. Und wenn man es dazu gebraucht, sich selbst und anderen zu schaden, nennt man es böses Bewußtsein. Gebraucht man es aber dazu, Gutes zu tun und sich auf Gott einzustellen, wird es geistiges Bewußtsein genannt.

Dieses sind die Stufen, durch die das Kosmische Bewußtsein in das menschliche Bewußtsein hinabsteigt – vom GEIST in den Körper, der unsere weltlichen und geistigen Wünsche erzeugt. Auf diese Weise – indem das Kosmische Bewußtsein hinabsteigt und nach außen fließt – wird es zum materiellen Bewußtsein. Unsere Seelen gleichen Wracks, die sich auf diesem Fluß des Bewußtseins immer weiter von ihrer Quelle, dem GEIST, entfernen und auf die Felsenriffe des Elends zutreiben. Will man diesen nach außen gerichteten, evolutionsbedingten Sog des Bewußtseins aufhalten, gibt es nur eine Methode: man muß gegen die Strömung anschwimmen – zurück zum Urquell des GEISTES. Man sagt, daß diejenigen, die sich vom abwärts fließenden Strom des Bewußtseins zu ihren weltlichen Zielen hintreiben lassen, ein materielles Bewußtsein haben. Und von den anderen, die sich stromaufwärts bewegen – auf die Quelle, den GEIST zu –, sagt man, daß sie ein vergeistigtes Bewußtsein besitzen.

Zeitweilig mag sich das menschliche Denken und Bewußtsein mehr aufwärts, zum Guten hin, bewegen und dann wieder mehr abwärts zum Materiellen hin. Der jeweils vorherschende Trend zeigt sich bei Familien, Nationen und der ganzen Welt – ebenso auch bei einzelnen Menschen. Denn so, wie jeder Mensch verschiedene Bewußtseinsstadien durchschreitet, so ist es im erweiterten Rahmen auch mit Familien, Nationen und der Welt. Indien hatte es in seinem Goldenen Zeitalter zu höchsten wissenschaftlichen Errungenschaften und höchster geistiger Entwicklung gebracht. Amerika verfügt jetzt über die höchste materielle Leistungsfähigkeit und bewegt sich auf eine mehr geistige Entwicklung zu. Indien ist auf dem Gebiet der geistigen Wissenschaft fortschrittlicher als irgendein anderes Land der Erde. Seine geistige Entwicklung wird an seinen Heiligen deutlich – denen, die Selbst-Verwirklichung erlangt haben. Schaut euch Mahatma Gandhi an: Dieser kleine Mann stellt Forderungen an das mächtige britische Imperium. Es wird euch einleuchten, daß eine große geistige Kraft hinter einem Menschen stehen muß, der über Millionen seiner Landsleute herrscht – nicht durch das Schwert, sondern durch die Sprache der Wahrheit –, indem er die Wahrheit lebt.

Ob ein Land oder ein einzelner Mensch wirklich im Besitz geistiger Wahrheit ist, zeigt sich an seiner wissenschaftlichen Kenntnis vom Leben und an seiner Lebenskunst. Diese befähigt den Menschen, mit den kosmischen Gesetzen im Einklang zu leben und eine innige Verbundenheit mit Gott, dem GEIST, zu erlangen. Eine solch hohe geistige Entwicklung wird einem aber nicht dadurch zuteil, daß man theologische Ideen verschlingt, sondern daß man die Wahrheit erkennt, die hinter aller Theologie liegt. Man muß fähig sein, aus den Hülsen des Dogmas und der Theorie den Kern der Wahrheit herauszuschälen.

Was ist Wahrheit?

Ein wesentliches Merkmal der *Self-Realization Fellowship* besteht darin, daß sie euch lehrt, wie ihr die Wahrheit durch eigenes Erleben erkennen könnt. Eine Wahrheit ist erst dann wahr für euch, wenn ihr sie in euch selbst erfahren habt. Ohne eigene Erfahrung ist sie eine bloße Vorstellung. Deshalb bewegen sich geistig noch unentwickelte Menschen und auch ganze Nationen in den alten Gleisen des Mißtrauens und fragen sich: Was ist Geistigkeit? Warum ist sie überhaupt nötig? Kann sie mich wirklich glücklicher machen? Was ist Wahrheit? Zweifel können nur durch Erkenntnis überwunden werden. Daher ist eure eigene Selbst-Verwirklichung das beste Laboratorium, in dem ihr die Wahrheit auf die Probe stellen könnt; denn geistige Erkenntnisse und ein geistiges Bewußtsein erreicht man nicht durch vage theologische Vorstellungen, sondern nur durch eigene Selbst-Verwirklichung. Diese sollte das Kriterium für das Wissen des einzelnen und das Wissen einer ganzen Nation sein.

Das Wort «Wahrheit» ist derart mißbraucht worden, daß es fast alles bedeuten kann, was man hineinlegen will, besonders, wenn es sich um geistige Vorstellungen handelt. Im täglichen Leben bedeutet Wahrheit einen Bewußtseinszustand, der von geistiger Weisheit geleitet wird und uns dazu ansporn, auf eine bestimmte Weise zu handeln – nicht weil jemand es gesagt hat, sondern weil es richtig ist.

Keine Gruppe und keine Einzelperson hat ein Monopol auf die Wahrheit. Jeder Mensch hat das Recht, in seinem eigenen Leben Wahrheit zum Ausdruck zu bringen. Zwar gibt es verschiedene Ausdrucksformen der Wahrheit, doch ihr Kern ist überall derselbe. Das gerade macht sie so interessant. Wahrheit kann nicht begrenzt werden. Sie ist ewig. Sie wird sich stets durch das kosmische Gesetz und durch erleuchtete Menschen Ausdruck verschaffen – unabhängig davon, ob die Mehrzahl der Menschen sie akzeptiert oder nicht.

Glücklicherweise sind die kosmischen absoluten Wahrheiten nicht vom Glauben oder der Billigung der Menschen abhängig.

Ein geistiges Bewußtsein hält sich an alle Regeln, die das Leben vollkommen machen

Ein geistiges Bewußtsein zu haben, bedeutet, höchste Weisheit und Kenntnis der Wahrheit zu besitzen und das zu tun, was euch und anderen am meisten dient. Denkt einmal hierüber nach. Es schließt selbstloses Dienen am Nächsten ein sowie richtiges Betragen, Beachten der hygienischen Gesetze und aller anderen Gesetze des Lebens und willige Erfüllung all eurer Pflichten – der weltlichen und der geistigen –, ohne daß eine Pflicht mit der anderen in Widerspruch gerät. Ein geistiges Bewußtsein bedeutet, daß ihr innerlich ganz von der Wahrheit erfüllt seid, was sich in einem ausgeglichenen, harmonischen Leben widerspiegelt, das euch und auch anderen wahres Glück bringt.

Ein Bewußtsein, das nicht all die Gesetze befolgt, die das Leben vollkommen machen, ist kein geistiges Bewußtsein. Um ein Beispiel zu nennen: Einige Menschen werden Künstler und vergessen über ihrer Kunst andere, praktische und geistige Pflichten. Sicher ist die Kunst ein wunderbares Ausdrucksmittel, das geistige Anregungen vermittelt; dennoch mag der schaffende Künstler nicht geistig veranlagt sein. Wer ein unausgeglichenes Leben führt, indem er eine bestimmte Pflicht als Entschuldigung dafür benutzt, andere Pflichten zu vernachlässigen, lebt nicht nach den geistigen Grundsätzen. Wenn ihr all eure Aufgaben freudig erfüllt, ohne dabei eure innere Ruhe und Freude zu verlieren, und wenn ihr verhindern könnt, daß eure verschiedenen Pflichten im Widerstreit miteinander stehen und euer Leben aus dem Gleichgewicht bringen, werdet ihr wahres geistiges Glück finden. Dann wird euer ganzes Denken, euer ganzes Bewußtsein zu Gott, seiner Quelle, zurückströmen. Das geistige Bewußtsein ist das höchste von allen, und das müßt ihr erlangen, wenn ihr ein harmonisches und friedliches Leben führen wollt. Ohne ein solch geistig ausgeglichenes Leben kann niemand glücklich werden. Ein Leben voller Widersprüche ist unausgeglichen; und ein unausgeglichenes Leben führt mit Sicherheit ins Unglück.

Die innere im Vergleich zur äußeren Welt

An der Wurzel des materiellen Bewußtseins liegen die Sinne. Der Durchschnittsmensch ist mehr an der Welt und materiellen Dingen interessiert als an geistigen Dingen, denn das Scheinwerferlicht seiner Sinne ist nach außen gerichtet. Er läßt die fünf Scheinwerfer – des Sehens, Hörens, Riechens, Schmeckens und Tastens – über irdische Dinge und Vergnügen gleiten. Deshalb erscheint ihm alles, was mit der Außenwelt zu tun hat, schön und erfreulich. Ihr könnt niemals die «innere Welt» wahrnehmen, wenn ihr diese Scheinwerfer nicht umkehrt und nach innen richtet. Nur wenn ihr lernt, euch nicht von den Sinnen verleiten zu lassen, werdet ihr euch des geistigen Bewußtseinszustands erfreuen können.

Wenn ihr euer Bewußtsein nach innen zurückzieht, werdet ihr allmählich feststellen, daß es im eigenen Innern viel wunderbarere Dinge gibt als in der Außenwelt. Wenn ihr meint, daß die Musik dieser Welt wunderbar ist, dann werdet ihr erleben, daß die astrale Musik weitaus bezaubernder klingt. Ähnlich wie ihr die kühle Brise und den warmen Sonnenschein und alle anderen angenehmen Empfindungen genießt, so könnt ihr auch, wenn ihr euer Bewußtsein nach innen zurückzieht, höchst wundersame und feine Kraftströme in der Wirbelsäule spüren, die von den geistigen Zentren ausgehen. Alles Schöne in dieser Welt ist bloß eine vergröberte Nachahmung der strahlenden Herrlichkeit im Reich der Astralwelt. Nichts im Reich der Materie läßt sich mit den wunderbaren Visionen der inneren Welt vergleichen. Im geistigen Bewußtseinszustand nimmt man die Weisheit und Schönheit der Astralwelt wahr, die sich hinter allen materiellen Erscheinungsformen verbirgt.

Die Schönheit der Natur gleicht einem Springbrunnen. Ihr seht die schöne Fontäne, aber nicht die Wunderwelt, die sich innerhalb der einzelnen Tröpfchen befindet. Das astrale Licht und die Farbenpracht, die hinter jedem Atom liegen, sind unbeschreiblich. Im Springbrunnen der Naturschönheiten seht ihr nur die groben äußeren Formen, aber weder die feinstoffliche innere Schönheit noch die Kraft, die der Natur diese Schönheit verleiht...

Geistigkeit umfaßt ein weites Gebiet geregelter Tätigkeit

Ein geistiger Mensch ist kein Engel mit Flügeln, sondern etwas viel Größeres: jemand, der in Verbindung mit Gott steht. Ihr müßt anders leben als der durchschnittliche Mensch, dessen Bewußtsein nur an den Sinnen hängt. Das geistige Bewußtsein besteht in einem vollkommenen Sieg über das menschliche Bewußtsein. Geistigkeit bedeutet nun nicht, daß man nichts anderes tut als meditieren; sie umfaßt ein weites Gebiet geregelter Tätigkeit. Meditation ist jedoch die beste Grundlage – die beste Methode, sich zu vergeistigen, die einfachste Methode, das Bewußtsein zu erweitern. All das Gute, das ihr euch je erträumt habt, wird euch dann zuteil werden. Wenn ihr aber meditiert und trotzdem leicht zornig werdet und ein unstetes Leben führt, ist es, wie wenn ihr mit euren Füßen in zwei Booten steht, die sich in entgegengesetzter Richtung fortbewegen. Ihr müßt nicht nur meditieren, sondern auch lernen, euch richtig zu betragen. Ein geistiger Bewußtseinszustand bedeutet, daß ihr fähig seid, das zu tun, was in eurem eigenen höchsten Interesse liegt. Und ich gehe jede Wette ein, daß 99 Prozent der Menschen nicht wissen, was zu ihrem eigenen Besten dient.

Eine praktische Methode, richtiges Verhalten von falschem zu unterscheiden, liegt darin, Innenschau zu üben und uns selbst kritisch zu untersuchen. Jeder Mensch sollte in Gedanken ein Tagebuch führen. Ein gedankliches Tagebuch ist viel besser als ein geschriebenes, das für andere nur ein Objekt der Neugier ist. Viele Menschen schreiben schöne Gedanken und Vorsätze in ihre Tagebücher und vergessen sie gleich wieder. Besser ist es, wenn ihr in Gedanken ein Tagebuch führt, so daß ihr euer Denken und Handeln ständig beobachten könnt. Prüft zu gewissen Zeiten des Tages eure körperliche, geistige und seelische Verfassung und seht, wie es mit euch steht. Das wird euch helfen, ein geistiges Bewußtsein zu entwickeln.

Nur Gott wird euer gedankliches Tagebuch kennen. Wenn ihr es mit richtigen Gedanken und gutem Betragen angefüllt habt, ist das euer Passierschein zum Himmel. Schreibt nur Gutes in euer gedankliches Tagebuch. Hört euch keine negativen Dinge an, redet nichts Negatives, hegt keine negativen Gedanken. Keine eurer Handlungen darf für andere negative Folgen haben. Wenn ihr andere verletzt, wirkt dieses Betragen wie ein Bumerang und trifft euch selbst am härtesten. Die Sünde ist kein Dynamit, das ihr aus der Ferne zur Explosion bringen könnt, ohne euch selbst zu schaden. Sie muß in eurer eigenen Seele entschärft werden.

Seid nie boshaft. Tragt niemandem etwas nach. Ich ziehe manche Sünder, die ein gutes Herz haben, den sogenannten guten Menschen vor, die scheinheilig sind und kein Mitleid kennen. Ein geistiger Mensch ist großzügig, er versteht und verzeiht, er ist allen ein Freund.

Wenn ihr behauptet, Freundschaft für alle Menschen zu fühlen, so muß das auch stimmen. Wenn ihr jemandem eure Freundschaft anbietet, müßt ihr das auch so meinen. Ihr dürft nicht äußerlich freundlich sein oder Einverständnis vortäuschen, während ihr innerlich das Gegenteil fühlt. Das geistige Gesetz ist sehr streng. Handelt nie gegen geistige Grundsätze. Betrügt und verratet niemanden. Wenn ihr anderen echte Freunde sein wollt, müßt ihr wissen, wann ihr euch nicht einmischen dürft; ihr müßt wissen, worin eure Aufgabe besteht – wann ihr eine Sache unterstützen sollt und wann ihr genug Willenskraft aufbringen müßt, eure Einwilligung zu verweigern.

Wenn ihr anderen Menschen das Gefühl gebt, daß ihr echte Freunde seid, und sie wissen laßt, daß ihr immer bereit seid zu helfen, so gibt das eurem eigenen Leben viel Kraft ... Ich denke da an einen Jungen in meiner Knabenschule in Indien – ein problematisches Kind, das die Eltern zu mir brachten. Wir pflegten nur Kinder unter zwölf Jahren anzunehmen, doch er war viel älter. Ich sprach ihm ins Gewissen und erklärte ihm, daß die Türen unserer Schule nicht verriegelt seien, daß er jederzeit gehen könne. Ich sagte ihm auch, er solle nur bleiben, wenn er bereit wäre, sich gut zu betragen. Dann appellierte ich an seine Vernunft und sagte: «Du hast vor zu rauchen, und Deine Eltern wünschen das nicht. Es ist dir gelungen, deine Eltern zu hintergehen, aber es ist dir nicht gelungen, Deine Unzufriedenheit loszuwerden. Du bist es, der am meisten unter deinem unrichtigen Verhalten leidet.»

Mein Pfeil hatte ins Schwarze getroffen. Er begann zu weinen und sagte: «Sie schlagen mich immer.»

Ich fuhr fort: «Sieh, was du dir selbst angetan hast. Aber laß es gut sein; ich will dich unter einer Bedingung aufnehmen: daß ich Dein

Freund und nicht Dein Detektiv bin. Solange Du bereit bist, Dich zu bessern, will ich dir dabei helfen. Aber wenn Du mich belügst, werde ich nichts für Dich tun. Lügen zerstören jede Freundschaft.» Dann fügte ich hinzu: «Wenn Du irgendwann rauchen möchtest, tu es nicht hinter meinem Rücken. Sag es mir, dann besorge ich Dir die Zigaretten.»

Eines Tages kam er zu mir und sagte: «Ich habe ein schreckliches Verlangen zu rauchen.» Ich gab ihm Geld und schickte ihn weg, damit er sich die Zigaretten kaufen könne. Er traute seinen Augen nicht.

«Nehmen Sie das Geld zurück», erwiderte er.

Ich drängte ihn zu gehen, aber er wollte nicht. Schließlich, nach einigem Hin und Her, sagte er: «Sie werden mir nicht glauben, aber ich will keine Zigaretten mehr.» Später wurde er zu einem heiligen Menschen. Ich hatte das geistige Bewußtsein in ihm erweckt.

Auf Aufrichtigkeit und intensive Bemühungen kommt es an

Geistiges Bewußtsein bedeutet, daß man sich innerlich aufrichtig bemüht, stromaufwärts zu schwimmen – einem echten und dauerhaften Glück entgegen. Viele Menschen behaupten, daß sie ein rechtschaffenes Leben führen, aber nur wenige strengen sich wirklich an. Niemand erwartet von euch, daß ihr über Nacht zu Engeln werdet. Da nur das Absolute vollkommen ist, können wir sagen, daß vor Gott selbst der beste Engel noch ein Sünder ist. Heilige sind Sünder, die nie aufgegeben haben. Ganz gleich, worin eure Schwierigkeiten bestehen: Wenn ihr nie aufgebt, macht ihr Fortschritte in euren Bemühungen, gegen den Strom zu schwimmen. Wer sich bemüht, zieht Gottes Gnade an. Ihr müßt also größte Anstrengungen machen. Laßt euch nicht tatenlos vom Leben stromabwärts treiben.

Ihr könnt Gott nicht täuschen, denn Er kennt eure Gedanken. Er fragt nicht danach, wie lange ihr euch um geistige Verwirklichung bemüht habt; Er will sehen, daß ihr euch intensiv bemüht. Ganz gleich, wieviel schlechtes Karma ihr aus früheren Inkarnationen mitbringt, wenn eure Hingabe und Aufrichtigkeit echt sind, so daß sie das Licht Gottes in euer Bewußtsein bringen, wird das Dunkel alles Bösen, das ihr seit Inkarnationen angesammelt habt, ausgebrannt.

Bemüht euch also ständig um geistige Vervollkommnung, auch wenn der Abgrund eurer Sünden so tief ist wie der Atlantische Ozean. Während einiger Inkarnationen seid ihr Menschen gewesen, doch in alle Ewigkeit seid ihr Gottes Kinder. Betrachtet euch nie als Sünder, denn Sünde und Unwissenheit sind nichts als irdische Alpträume. Wenn wir in Gott erwachen, werden wir feststellen, daß wir – die Seele, das reine Bewußtsein – niemals etwas Schlechtes getan haben. Unbeeinflußt von menschlichen Erfahrungen, waren und sind wir immer Kinder Gottes gewesen. Wir gleichen dem Gold, das im Schlamm steckt. Wenn der Schmutz der Unwissenheit abgewaschen wird, leuchtet darunter das Gold der Seele hervor, die Gott zum Bilde erschaffen ist.

Geistiges Bewußtsein entwickelt man durch feste innere Entschlußkraft. Ganz gleich, was andere Menschen eurer Umgebung tun oder wie sie sich euch gegenüber verhalten, ihr selbst müßt immer rechtschaffen handeln... Tut das, was ihr tun sollt, und tut nichts, was eurem geistigen Bewußtsein schadet.

Gegensätze des materiellen und geistigen Bewußtseins

Der Zustand des geistigen Bewußtseins ist das Gegenteil von materiellem Bewußtsein. Ihr könnt selbst feststellen, ob ihr in einem materiellen oder geistigen Bewußtseinszustand lebt. Das geistige Bewußtsein drängt euch dazu, euer Glück und Wohlergehen mit anderen zu teilen. Das materielle Bewußtsein treibt euch an, auf jede mögliche Weise Geld zu verdienen und es für euch zu behalten. Die augenblickliche Inflation[1] ist durch ein materielles Bewußtsein verursacht worden. Das materielle Bewußtsein rät euch, euren Apfel und eure Kekse allein zu essen. Das geistige Bewußtsein motiviert euch, anderen etwas abzugeben und sie an allem teilhaben zu lassen.

Immer wenn ihr ärgerlich auf jemanden seid, könnt ihr sicher sein, daß ihr euch in einem materiellen Bewußtseinszustand befindet.

[1] Hinweis auf die steigende Inflation, die 1929 einsetzte.

Selbst wenn ihr schlecht behandelt werdet, solltet ihr bereit sein zu vergeben. Wenn ihr vergeben könnt, lebt ihr in einem geistigen Bewußtseinszustand. Zu verzeihen bedeutet, daß ihr eurem Feind Gelegenheit gebt, mehr Verständnis zu entwickeln. Doch wenn ihr rachsüchtig oder zornig werdet, facht ihr den blinden Zorn eures Feindes nur noch mehr an. Ihr könnt euch dann sogar noch mehr Feinde machen, denn ein zorniger Mensch wird von allen als Zielscheibe benutzt. Außerdem versteht ihr im Zustand des Zorns leicht etwas falsch. Ihr nährt eure fehlgeleiteten Gefühle mit der wohligen Wärme eures Zorns und eures falschen Denkens. Laßt euch nie zum Zorn hinreißen. Solltet ihr diese Veranlagung haben, dann bekämpft sie energisch. Sie ist eine der schlimmsten Eigenschaften und zerstört das geistige Leben. Ihr müßt erkennen, daß es zu eurem eigenen Vorteil ist, wenn ihr euren Ärger im Zaum haltet. Ärger schadet eurem Glück. Laßt das Fieberthermometer eurer Gefühle nie in die Höhe schnellen. Bleibt innerlich ruhig. Beherrscht euren Zorn. Gebt ihm keinen Raum in eurem Herzen.

Ein Mensch mit materiellem Bewußtsein ist streitsüchtig; ein Mensch mit geistigem Bewußtsein lebt mit allen in Frieden. Bessert euch selbst, dann werdet ihr dadurch ganz automatisch andere anregen, sich zu bessern. Das sind die Kennzeichen eines geistigen Bewußtseins. Seid in dem, was ihr sagt und denkt, immer liebenswürdig. Seit meiner Kindheit bin ich niemals absichtlich unfreundlich gewesen. Seid auch nicht kritisch. Wenn sich jemand über einen anderen beschwert, hat er gewöhnlich einen Groll auf ihn. Jesus sprach: «Richtet nicht, auf daß ihr nicht gerichtet werdet.»[2] Wenn ihr jemanden richten wollt, dann richtet euch selbst. Wenn ihr über die Fehler anderer sprechen wollt, dann sprecht über eure eigenen. Fühlt im Herzen nur Liebe für andere. Je mehr ihr das Gute in ihnen seht, um so mehr werdet ihr euch selbst zum Guten ändern. Haltet am Bewußtsein des Guten fest. Wenn man Menschen bessern will, muß man das Gute in ihnen erkennen. Mäkelt nicht an ihnen herum. Bleibt ruhig und heiter und verliert nie die Selbstbeherrschung. Dann werdet ihr sehen, wie einfach es ist, mit anderen auszukommen.

Ich bin, was die Menschen betrifft, ein Optimist, denn ich liebe sie. Wenn ihr alle Menschen liebt, seht ihr Gott in ihnen allen. Und

[2] *Matthäus* 7, 1.

wenn ihr wißt, daß jeder eine Ausdrucksform Gottes ist, dann könnt ihr auch auf niemanden mehr ärgerlich sein oder ihn unfreundlich behandeln, denn sonst gilt euer Ärger und eure Unfreundlichkeit ja Gott selbst. Immer wenn ihr ärgerlich, niederträchtig oder mitleidslos seid, errichtet ihr eine Wand zwischen eurer Seele und den Seelen der anderen.

Anmaßung und Überheblichkeit sind ebenfalls ungeistige Eigenschaften. Sie entspringen einem Minderwertigkeitskomplex... Der überhebliche Mensch verrät sein mangelhaftes Wissen und auch seinen Mangel an Bildung. Wenn ihr einen guten Eindruck auf andere machen wollt, warum stellt ihr dann eure Minderwertigkeit zur Schau, indem ihr euch anmaßend und überheblich aufführt? Das beweist nur, daß es euch an guten Manieren und an Intelligenz fehlt und daß ihr euch nicht beherrschen könnt. Anmaßung und Überheblichkeit sind Ausdrucksformen der Unwissenheit – es sind ungeistige Gewohnheiten primitiver Art.

Euer höchstes Gut ist ein geistiges Bewußtsein

Ihr müßt wissen, worin euer höchstes Gut liegt. Ganz gleich, wo ihr sein mögt oder was eure Aufgaben sind, euer höchstes Glück besteht darin, daß ihr nach den Idealen lebt, die ihr durch diese Lehren der Selbst-Verwirklichung empfangt. Gut und Böse sind nicht vom Menschen erschaffen worden, Tugend und Sünde dagegen schon. Denn diese sind das Ergebnis eurer Entscheidung – ob ihr das Gute oder das Böse wählt. Im geistigen Bewußtseinszustand ist euer ganzes Denken auf das Gute – auf Gott – gerichtet, was eure Schwächen auch sein mögen. Haltet euch an diese einfachen Richtlinien:

Beherrscht eure Sinne. Richtet diese fünf Scheinwerfer während der Meditation nach innen. In dieser inneren Stille werdet ihr eine Schönheit und Glückseligkeit erleben, die alle materiellen Vorstellungen übertrifft – und das ist Gott. Die Sinne halten nicht ihr Versprechen, euch Glück zu bringen. Auch wenn ihr alles besitzt, was die Welt zu bieten hat, werdet ihr immer noch mehr haben wollen; euer Glück wird zum Sklaven eures Besitztums. Wenn ihr absolut glücklich und frei sein wollt, müßt ihr entsagen können – ihr müßt eure Sinne meistern und nicht am Besitz haften. Wahre Entsagung bedeutet, dem materiellen Bewußtsein zu entsagen, um das geistige Bewußtsein zu entwickeln. Dieses schließt nichts aus, es schließt sogar alles ein, denn wenn ihr im geistigen Bewußtseinszustand lebt, besitzt ihr alles, was euch wirklich und dauerhaft glücklich macht.

Achtet auf eure Gewohnheiten und euer Betragen. Ein geistig ausgewogenes Leben – und das bezieht sich sowohl auf das einzelne Leben als auch auf das Zusammenleben im Ashram, in der Familie, im eigenen Land und in der ganzen Welt – erfordert williges Befolgen der Regeln richtigen Betragens, Hilfsbereitschaft und ein liebevolles Verständnis für die Menschen. Für die geistige Harmonie gelten höhere Maßstäbe und Gesetze als für eine Harmonie auf dem Gebiet der Materie. Haltet euch unbedingt an diese Maßstäbe. Seid euer eigener Richter und stellt euch selbst vor das Kriegsgericht. Wenn der Urteilsspruch lautet, daß ihr falsch gehandelt habt, ändert euch. Sonst werden eure schlechten Gewohnheiten und euer falsches Betragen zu einem Bumerang für euch. Noch besser aber ist es, wenn ihr bei allem, was ihr tut, auf die innere Stimme eures geistigen Bewußtseins hört; dann könnt ihr nie unrichtig handeln.

Führt ein ausgeglichenes Leben. Das bedeutet: Lebt im Einklang mit den göttlichen Gesetzen, denen sowohl materielle als auch geistige Pflichten unterstehen – achtet darauf, daß keine eurer Pflichten mit einer anderen wichtigen Pflicht in Widerspruch gerät; achtet auf eure Gesundheit – Millionen von Menschen müssen mehr für ihre Gesundheit tun; denn Krankheiten wurden nicht von Gott erschaffen, sie entstehen, wenn der Mensch den göttlichen Gesetzen zuwiderhandelt; sorgt für ausreichenden Wohlstand – laßt andere an eurem eigenen Gewinn teilhaben; und pflegt menschliche Beziehungen. Verweigert niemandem eure Liebe. Habt ein Herz für andere Menschen, dann werden sie auch auf euch Rücksicht nehmen. Dann regiert ihr als König auf dem Thron aller Herzen und könnt – nicht mit Gewalt, sondern durch eure Liebe – andere so beeinflussen, daß sie lieben und Gutes wirken.

Wie man den Weg findet, der zum Sieg führt

(1939)

Diese Erde, die mir einst so groß schien, sehe ich jetzt nur noch als eine winzige, aus Atomen bestehende Kugel, die sich, von der Sonne erwärmt, im Raume dreht und von nebelartigen Gasen umspielt wird – als einen winzigen Erdklumpen, auf dem verschiedene Lebewesen gedeihen. Das allgegenwärtige Wort[1] Gottes, das die Stimme des GEISTES ist – die Manifestation des Ewigen –, durchdringt alles. Die furchtbaren Verwüstungen, die es in dieser begrenzten Sphäre gibt, werden durch die Selbstsucht der Menschen verursacht – durch die Disharmonie der Menschen untereinander und durch den Mißklang zwischen dem Menschen und dem aller Schöpfung innewohnenden verborgenen GEIST. Da die Menschheit keine Lehre aus diesen Katastrophen gezogen hat, leidet die Erde weiterhin unter vernichtenden Stürmen, Erdbeben, Überschwemmungen, Krankheiten und, noch schlimmer als das, verheerenden Kriegen.

Es gibt eine Methode, diese Welt – und die Natur – zu bezwingen und über Armut und Krankheit, über Kriege und andere Leiden des Lebens zu siegen. Wir müssen uns diese Methode, die uns zum Siege verhilft, zu eigen machen. Große Herrscher wie Napoleon, Dschingis-Khan und Wilhelm der Eroberer erreichten unumschränkte Macht über Menschen und Länder. Doch ihre Siege waren nur kurzfristig. Der Sieg, den Jesus erlangte, währt ewig. Wie kann man einen solchen unvergänglichen Sieg erringen? Ihr müßt bei euch selbst anfangen. Vielleicht denkt ihr, es sei ein zweckloser Versuch, über den Haß zu siegen und die Menschen dazu zu bewegen, christusähnliche Liebe zu fühlen; doch noch nie war dies so notwendig wie jetzt. Atheistische Ideologien versuchen, die Religion zu verdrängen. Der harte Existenskampf der Welt geht weiter. Wenn wir uns gegen diesen tosenden Sturm stemmen, kommen wir uns vor wie kleine Ameisen, die auf dem Meere treiben. Dennoch dürft ihr eure Kraft nicht unterschätzen. Der wahre Sieg besteht in der

[1] Die Kosmische Intelligente Schwingung, welche die ganze Schöpfung aufbaut und belebt.

Überwindung des eigenen Ichs, so wie Jesus Christus es vorgelebt hat. Seine Selbstüberwindung verlieh ihm Herrschaft über die ganze Natur. Die Wissenschaft bemüht sich auf andere Weise, Herrschaft über die Natur und das Leben zu gewinnen. Doch die anfänglich vielversprechenden wissenschaftlichen Entdeckungen bringen oft keine bleibenden Resultate. Die vorübergehenden guten Wirkungen halten nicht lange an; dann geschieht wieder etwas viel Schlimmeres, was das Glück und Wohlergehen des Menschen gefährdet. Einen vollständigen Sieg kann man nicht allein durch wissenschaftliche Methoden erreichen, weil diese sich mit äußeren Dingen befassen, das heißt mit den Wirkungen und nicht mit deren verborgenen Ursachen. Die Welt wird trotz aller Katastrophen weiterbestehen, und die Wissenschaft wird immer wieder neue Entdeckungen machen. Aber nur eine geistige Wissenschaft kann uns den Weg zum vollständigen Sieg weisen.

Der Geist darf sich nicht unterjochen lassen

Der geistigen Wissenschaft zufolge hängt alles von der Einstellung des menschlichen Geistes ab. Es ist sinnvoll, sich bei extremer Hitze durch künstlich gekühlte Luft und bei extremer Kälte durch künstlich erzeugte Wärme Erleichterung zu verschaffen. Während ihr aber versucht, das Unbehagen durch äußere Mittel zu beseitigen, übt euch geistig darin, alle Umstände gleichmütig zu ertragen. Der menschliche Geist gleicht dem Löschpapier, das sofort jede Farbe annimmt, die man ihm aufdrückt. Die meisten Menschen lassen ihren Geist von der Farbe ihrer Umgebung prägen. Doch es gibt keine Entschuldigung für den menschlichen Geist, sich von äußeren Umständen unterjochen zu lassen. Wenn eure geistige Haltung unter dem Druck von Prüfungen immer wieder ins Wanken gerät, unterliegt ihr im Kampf des Lebens. Das geschieht oft, wenn ein gesunder und intelligenter Mensch in die Welt hinaustritt, um seinen Lebensunterhalt zu verdienen und schon bei den ersten Hindernissen aufgibt. Wenn ihr keinen Erfolg habt und deshalb *versagt*, dann *seid* ihr ein Versager. Nicht der durch Krankheit Behinderte noch derjenige, der es trotz wiederholter Rückschläge ständig von neuem versucht, ist der Versager, sondern der körperlich und geistig Träge. Wer sich weigert, richtig zu denken und vernünftige Überlegungen anzustellen, wer keinen Gebrauch von seiner Unterscheidungskraft, seinem Willen und seiner Kreativität macht, ist so gut wie tot.

Ihr müßt psychologische Methoden anwenden, wenn ihr erfolgreich sein wollt. Einige Leute sagen: «Man darf gar nicht über Fehlschläge reden.» Aber das allein hilft nichts. Untersucht zuerst die Ursachen eurer Mißerfolge, zieht die nötige Lehre aus euren Erfahrungen und denkt dann nicht mehr daran. Auch wenn ein Mensch viele Male versagt hat, jedoch weiterhin vorwärtsstrebt und sich innerlich nie geschlagen gibt, ist er in Wirklichkeit erfolgreich. Die Welt mag ihn für einen Versager halten, doch wenn er selbst seine geistigen Bemühungen nie aufgibt, hat er in den Augen Gottes nicht verloren. Diese Wahrheit habe ich durch meine innere Verbundenheit mit dem GEIST gelernt.

Ihr vergleicht euer Los immer mit dem anderer Menschen. Wenn jemand geistig aufgeschlossener und erfolgreicher ist als ihr, seid ihr niedergeschlagen. So widersprüchlich ist die menschliche Natur. Beklagt euch nicht über euer Schicksal. In dem Augenblick, wo ihr das, was ihr habt, mit dem vergleicht, was andere haben, schadet ihr euch selbst. Wenn ihr nur die Gedanken anderer lesen könntet – dann würdet ihr nicht mehr mit einem anderen tauschen wollen.

Wir sollten niemanden beneiden. Laßt die anderen *uns* beneiden. So wie wir sind, ist kein anderer. Seid stolz auf das, was ihr habt, und auf das, was ihr seid. Niemand anders hat genau eure Persönlichkeit. Niemand anders hat genau euer Gesicht. Niemand anders hat eine Seele so wie ihr. Jeder einzelne ist ein einzigartiges Geschöpf Gottes. Darauf solltet ihr stolz sein!

Böse ist alles, was die Gott-Verwirklichung verhindert

Zu behaupten, daß es nichts Böses gäbe, ist unrealistisch. Wir können dem Bösen nicht dadurch entgehen, daß wir es ignorieren. Was ist böse? Alles, was die Verwirklichung Gottes verhindert. Gott kennt all unsere falschen Gedanken und Handlungen und kennt die Schwierigkeiten, denen wir ausgesetzt sind. Wenn Er nicht wüßte, daß das Böse existiert, dann müßte Er ein sehr unwissender Gott sein! In dieser Welt existiert also beides: das Gute und das Böse, das

Positive und das Negative. Viele Menschen, die versuchen, positiv zu denken, haben dennoch eine übertriebene Furcht vor negativen Gedanken. Es hat keinen Zweck, negative Gedanken zu verdrängen, aber man sollte sie auch nicht fürchten. Macht von eurer Unterscheidungskraft Gebrauch, um falsche Gedanken zu erkennen; und dann laßt sie fallen.

Wenn das Gift negativer Gedanken einmal vom kleinen Ich[2] Besitz ergriffen hat, ist es sehr schwer, sich wieder davon zu befreien. Es gibt eine Geschichte von einem Mann, der versuchte, eine Frau von einem bösen Geist zu befreien. Er schleuderte ihr ein Senfkorn entgegen, das den Geist angeblich vertreiben sollte. Aber der böse Geist lachte nur: «Ich bin in das Senfkorn hineingeschlüpft, ehe du es geworfen hast, deshalb kann es mir nichts anhaben.» Ähnlich ist es, wenn das Gift negativer Gedanken euer Bewußtsein gänzlich durchdrungen hat; dann ist das Bewußtsein geschwächt. Der «böse Geist» negativer Gedanken bohrt sich in das «Senfkorn» eurer geistigen Kraft ein. Um ein Beispiel zu nennen: Wenn ihr einen Monat lang krank gewesen seid, neigt ihr zu der Befürchtung, daß ihr nie wieder gesund werdet. Wie kann aber dieser eine Monat des Krankseins die vielen Jahre guter Gesundheit aufwiegen, deren ihr euch erfreut habt? Solche Überlegungen werden eurem Geist nicht gerecht.

Der echte Metaphysiker taucht tief in das Bewußtsein seiner Seele und macht von seiner göttlichen Kraft Gebrauch, um alle Spuren des Bösen aus seinem Leben zu tilgen. Durch diese Yoga-Methode lassen sich alle Hindernisse, die sich der Vereinigung der Seele mit Gott in den Weg stellen, beseitigen; sie beruht nicht auf Einbildung, sondern auf wissenschaftlicher Grundlage. Yoga ist der höchste Weg, der zu Gott führt. Auf dem Weg des Yoga könnt ihr alle negativen Gedanken abwerfen und die höchsten Bewußtseinszustände erreichen. Yoga ist der Weg für die Wissenschaftler des Geistes. Es handelt sich um einen rein wissenschaftlichen Weg, der eine vollkommene Wissenschaft in sich darstellt. Yoga lehrt euch, ehrlich mit euch selbst zu sein und festzustellen, wie es um euch steht – und dann mit der

[2] Das menschliche Bewußtsein, das sich mit dem Körper und daher auch mit sterblichen Begrenzungen identifiziert. Das göttliche Bewußtsein der Seele identifiziert sich mit Gott und ist gefeit gegen alle negativen Gedanken.

ganzen Kraft eurer Seele alles Böse in euch zu bekämpfen. Es genügt nicht, das Böse einfach zu ignorieren. Der geistige Wissenschaftler läßt sich nie entmutigen, ganz gleich, wieviel Beharrlichkeit es ihn kostet. Er weiß, daß keine noch so großen Schwierigkeiten ihn der Kraft berauben können, die Gott ihm verliehen hat.

Der Sieg über sich selbst ist der höchste Sieg

Lernt euch selbst aufrichtig zu prüfen und all eure positiven und negativen Neigungen zu erkennen: Wie habt ihr euch zu dem entwickelt, der ihr jetzt seid? Welches sind eure guten und schlechten Eigenschaften, und wie habt ihr sie euch angeeignet? Dann geht ans Werk und vernichtet die schlechte Ernte. Entfernt das Unkraut niedriger Charakterzüge aus eurer Seele und sät die Saat geistiger Eigenschaften hinein, damit die gute Ernte überwiegt. Wenn ihr eure Schwächen erkennt und sie auf wissenschaftliche Weise beseitigt, nehmt ihr an Kraft zu. Deshalb dürft ihr euch durch eure Schwächen nicht entmutigen lassen; denn dann gebt ihr euch selber geschlagen. Ihr helft euch am besten durch ehrliche Selbsterkenntnis. Wer keine Unterscheidungskraft gebraucht, bleibt blind, und die der Seele angeborene Weisheit wird durch Unwissenheit verdunkelt. Deshalb leiden die Menschen.

Gott hat uns die Macht verliehen, unsere Unwissenheit zu beseitigen und die uns angeborene Weisheit zu entdecken – ebenso wie Er uns die Fähigkeit gegeben hat, die Augenlider zu öffnen und das Licht wahrzunehmen. Übt jeden Abend etwas Innenschau und führt ein geistiges Tagebuch; und während des Tages haltet hin und wieder inne und legt euch Rechenschaft über euer Tun und Denken ab. Wer sich selbst keiner Prüfung unterzieht, ändert sich auch nicht. Er wird nicht besser und nicht schlechter, er steht einfach still. Und das ist ein gefährlicher Zustand.

Wenn ihr euch durch äußere Umstände von dem, was ihr für richtig haltet, abbringen laßt, werdet ihr träge. Es geschieht leicht, daß man Zeit vergeudet und das Reich Gottes aus den Augen verliert, zum Beispiel, wenn ihr euch zuviel mit unwichtigen Dingen beschäftigt, so daß ihr keine Zeit mehr habt, an Ihn zu denken. Prüft euch bei eurer abendlichen Innenschau, prüft euch besonders daraufhin, ob ihr träge geworden seid. Ihr seid nicht auf die Welt gekommen, um euch in ihr zu verlieren, sondern um euer wahres Selbst zu finden. Gott hat euch als Seine Krieger hergesandt, damit ihr über das Leben siegt. Ihr seid Seine Kinder, und die größte Sünde besteht darin, eure höchste Pflicht zu vernachlässigen oder aufzuschieben; diese besteht darin, den Sieg über euer kleines Ich zu erringen und den euch zustehenden Platz im Reich Gottes wiederzugewinnen...

Solange ihr euch fragt, ob ihr den Lebenskampf gewinnen oder verlieren werdet, könnt ihr sicher sein, daß ihr ihn weiterhin verliert. Doch wenn ihr in Gott ein solches Glück gefunden habt, daß ihr ganz davon berauscht seid, werdet ihr immer zuversichtlicher und auch demütiger. Geht nicht rückwärts, und steht auch nicht still. Die meisten Menschen bleiben ein Leben lang so, wie sie sind, oder sie befinden sich in einem ständigen Tauziehen zwischen ihren guten und schlechten Eigenschaften. Welche werden gewinnen? Versuchungen sind die Einflüsterungen Satans, die in euer Bewußtsein dringen. Der Satan versucht stets, euch alles zu verpfuschen. Schwächen zu haben, ist keine Sünde, aber in dem Augenblick, wo ihr euch nicht mehr anstrengt, diese Schwächen zu überwinden, seid ihr verloren. Solange ihr immer vorwärtsstrebt, solange ihr immer wieder aufsteht, wenn ihr gefallen seid, werdet ihr auch Erfolg haben. Nicht der Sieg selbst bringt uns Freude, sondern die dadurch gewonnene Kraft und die Zufriedenheit, über eine Schwäche gesiegt zu haben.

Beschäftigt euch mit dem Leben der Heiligen. Das, was euch leichtfällt, ist nicht der Weg Gottes. Das, was euch schwerfällt, ist Sein Weg. Der heilige Franziskus hatte mehr Schwierigkeiten auf seiner Gottsuche, als ihr euch vorstellen könnt, aber er gab nicht auf. Durch die Kraft seines Geistes überwand er ein Hindernis nach dem anderen und wurde eins mit dem Meister des Universums. Warum könnt ihr nicht diese Art von Entschlossenheit aufbringen? Ich denke oft, die größte Sünde im Leben besteht darin, sich geschlagen zu geben, denn dadurch leugnet ihr die höchste Kraft eurer Seele – das Ebenbild Gottes in euch. Gebt eure Bemühungen nie auf!

Verfolgt eifrig solche Ziele, die euch helfen, Herr über euch selbst zu werden. Der wahre Sieg besteht darin, trotz aller Schwierigkeiten an seinen guten Vorsätzen festzuhalten. Laßt euch durch nichts von eurem Entschluß abbringen. Die meisten Leute denken: «Laß es für heute gut sein; morgen kann ich es nochmals versuchen.» Betrügt euch nicht selbst. Ein solches Denken wird euch keinen Sieg bringen. Wenn ihr einmal einen Entschluß gefaßt habt und ständig bemüht seid, ihn auch auszuführen, werdet ihr Erfolg haben. Die heilige Theresia von Avila sagte: «Heilige sind Sünder, die niemals aufgaben.» Wer niemals aufgibt, wird schließlich siegen.

Fühlt euch sicher, weil ihr innerlich gut seid

Eines Tages werdet ihr diese Welt verlassen müssen. Einige werden um euch weinen, und andere mögen dies oder das gegen euch sagen. Vergeßt aber nicht, daß alle schlechten und guten Gedanken, die ihr gehabt habt, mit euch ziehen. Deshalb ist es so wichtig, daß ihr euch selbst beobachtet und vervollkommnet und stets euer Bestes tut. Achtet nicht auf das, was andere über euch reden oder gegen euch unternehmen; wichtig ist nur, daß ihr ehrlich bestrebt seid, das Richtige zu tun. Ich bin immer bemüht, niemanden zu verletzen, und im Herzen weiß ich, daß ich mein Bestes getan habe, zu allen freundlich zu sein. Doch ich kümmere mich nicht um die Meinung anderer Menschen, sei es Lob oder Tadel. Gott ist bei mir, und ich bin bei Ihm.

Was ich jetzt sage, ist kein Eigenlob: ich weiß mit großer Freude und Sicherheit, daß niemand Rachegefühle in meiner Seele erwecken kann. Ich würde mir lieber selbst etwas antun, als einem anderen gegenüber niederträchtig sein. Wenn ihr an eurem Entschluß, stets freundlich zu sein, festhaltet, auch wenn andere versuchen, euch zu ärgern, bleibt ihr Sieger. Denkt einmal darüber nach. Wenn jemand euch droht und ihr ruhig bleibt und keinerlei Angst habt, dann könnt ihr gewiß sein, daß ihr über das kleine Ich gesiegt habt. Der Feind kann euch innerlich nichts anhaben.

Ich könnte nie unfreundlich zu irgend jemand sein, nicht einmal zu einem Todfeind. Es würde mir selbst schaden. Ich sehe so viel Lieblosigkeit in der Welt und finde keine Entschuldigung dafür, sie zu vermehren. Wenn ihr Gott liebt und Ihn in jeder Seele seht, könnt ihr nie niederträchtig sein. Und wenn jemand euch verletzt, tut euer Bestes, ihm gegenüber liebevoll zu sein. Verhält er sich dann immer noch rücksichtslos, dann zieht euch für einige Zeit von ihm zurück.

Bleibt ihm im Herzen freundlich gesinnt und zeigt keinerlei Lieblosigkeit in eurem Verhalten. Einer der größten Siege über das kleine Ich besteht in der inneren Gewißheit, daß ihr immer rücksichtsvoll und liebevoll bleiben werdet und daß niemand euch dazu zwingen kann, anders zu handeln. Übt euch hierin. Das ganze Römische Reich hätte Christus nicht dazu bewegen können, lieblos zu werden. Er betete sogar für diejenigen, die ihn kreuzigten: «Vater, vergib ihnen, denn sie wissen nicht, was sie tun.»[3]

Wenn ihr sicher seid, Herrschaft über euch selbst erlangt zu haben, seid ihr siegreicher als der größte Diktator – denn ihr habt einen Sieg errungen, der vor dem Tribunal eures Gewissens bestehen kann. Euer Gewissen ist euer Richter. Macht eure Gedanken zu eurem Schwurgericht und euch selbst zum Angeklagten. Stellt euch jeden Tag auf die Probe, und sooft euer Gewissen euch dazu verpflichtet, positiv zu reagieren – das heißt, eurem göttlichen Wesen entsprechend zu handeln –, werdet ihr siegen.

Das Alter ist keine Entschuldigung dafür, sich nicht zu bessern. Den Sieg erringt man nicht aufgrund seiner Jugend, sondern aufgrund seiner Beharrlichkeit. Bemüht euch um dieselbe Beharrlichkeit, die Jesus hatte. Vergleicht einmal seinen Geisteszustand, als die Zeit für ihn gekommen war, seinen Körper aufzugeben, mit dem irgendeines scheinbar erfogreichen freien Mannes auf den Straßen von Jerusalem. Bis zu seinem Ende, in jeder Prüfung – sogar, als er gefangengenommen und von seinen Feinden gekreuzigt wurde – war er im höchsten Sinne siegreich. Er hatte Macht über die ganze Natur, und er spielte mit dem Tod, um den Tod zu besiegen. Wer den Tod fürchtet, wird leicht von ihm besiegt. Wer dagegen ehrlich mit sich selbst ist und jeden Tag versucht, sich zu bessern, wird dem Tod mutig ins Auge sehen und den wahren Sieg erringen. Und dieser Sieg der Seele ist der wichtigste von allen.

Für mich gibt es keinen trennenden Schleier zwischen Leben und Tod, deshalb erschreckt mich der Tod nicht im geringsten. Die im Körper eingefangene Seele gleicht der Welle auf dem Meer. Wenn jemand stirbt, sinkt die Seelenwelle wieder zurück und taucht ein in das Meer des GEISTES, aus dem sie gekommen ist. Für den Durchschnittsmenschen, der sich nie bemüht hat, Gott zu erkennen,

[3] *Lukas* 23, 34.

bleibt der Tod ein Geheimnis. Solche Menschen können sich nicht vorstellen, daß in ihnen selbst das Reich Gottes mit all Seinen Wundern verborgen liegt. Dort gibt es kein Leid, keine Armut, keine Sorgen und keine Alpträume, welche die Seele in der Täuschung gefangen halten. Ich brauche nur mein geistiges Auge zu öffnen, und schon versinkt alles um mich herum, und ich bin in einer anderen Welt. In jener Sphäre schaue ich den unendlichen Gott. Diesen Zustand erreicht man durch den richtigen Ausgleich zwischen Tätigkeit und Meditation. Unermüdliche Tätigkeit ist nötig – nicht zu eigennützigen Zwecken, sondern aus dem Wunsch heraus, Gott zu dienen. Und genauso wichtig sind die täglichen Bemühungen, Ihn in tiefer Meditation zu erkennen.

Vernachlässigt Gott nicht um der Arbeit willen und eure Arbeit nicht um Gottes willen

Auch wenn euch das tägliche Leben sehr beschäftigt hält, ist das keine Entschuldigung dafür, Gott zu vergessen. Ein Gottsucher auf dem geistigen Weg hat sogar mehr Prüfungen zu bestehen als andere, die ein weltliches Leben führen. Gebraucht eure weltlichen Verpflichtungen also nicht als Ausrede, um Gott zu ignorieren.

Ihr dürft Gott nicht wegen eurer Arbeit und die Arbeit nicht wegen Gott vernachlässigen. Ihr müßt den richtigen Ausgleich zwischen beiden finden. Meditiert jeden Tag und denkt an Gott, während ihr euren weltlichen Verpflichtungen nachgeht. Tut alles aus dem Wunsch heraus, Ihm Freude zu bereiten. Wenn ihr für Gott tätig seid, werden eure Gedanken immer bei Ihm sein, ganz gleich, welche Aufgaben ihr zu erfüllen habt.

Bei dem schwierigen Kampf, den richtigen Ausgleich zwischen Meditation und Tätigkeit zu finden, hilft uns die Vergegenwärtigung Gottes am meisten. Alles, was ich im Gedanken an Gott tue, wird Meditation. Wer die Gewohnheit hat zu trinken, kann auch arbeiten, während er unter dem Einfluß von Alkohol steht. Wenn ihr also die Gewohnheit habt, euch an Gott zu berauschen, könnt ihr auch arbeiten, ohne die innere göttliche Verbundenheit einzubüßen. Im Zustand tiefer Meditation, wenn euer Bewußtsein alles andere abgeschaltet hat und ihr eins mit dem Bewußtsein Gottes werdet, kann kein ablenkender Gedanke die Schwelle eurer Erinnerung überschreiten. Dann befindet ihr euch an Gottes Seite hinter der eisernen Festung eurer Konzentration und Hingabe, in die weder Götter noch Kobolde einzudringen wagen. Das ist der herrlichste aller Siege.

Zieht euch hin und wieder von allen zurück, damit ihr mit Gott allein sein könnt. Kommt dann mit niemand zusammen. Übt euch in der Innenschau, beschäftigt euch mit geistigem Studienmaterial und meditiert. Nachts ist die beste Zeit dazu. Vielleicht meint ihr, daß ihr eure Gewohnheiten unmöglich ändern könnt, daß ihr dies nie schaffen werdet, weil so viele Pflichten eure Zeit in Anspruch nehmen. Die Nacht gehört euch aber ganz, deshalb gibt es keine Entschuldigung dafür, Gott nicht zu suchen. Habt keine Angst, daß es eurer Gesundheit schaden könnte, wenn ihr ein wenig Schlaf einbüßt. Durch tiefe Meditation werdet ihr eine stabilere Gesundheit erlangen.

Zu einer bestimmten Zeit am Abend sind meine Gedanken gar nicht mehr mit der Welt verbunden; alles ist innerlich von mir abgefallen. Schlaf hat keine große Bedeutung in meinem Leben. Abends versuche ich, so wie andere, müde zu werden. Ich rede mir ein, daß ich jetzt schlafen will; aber dann erscheint ein großes Licht, und jeder Gedanke an Schlaf entschwindet. Ich vermisse den Schlaf nie. Die Freude göttlicher Weisheit ist viel erfrischender für das Bewußtsein.

Ich erlebe das Drama Gottes so wie niemand sonst – ausgenommen solche Menschen, denen Er sich offenbart hat. Ich bin ein Teil dieses Weltendramas und stehe dennoch abseits. Ich sehe euch alle als Schauspieler in diesem kosmischen Drama. Gott ist der Regisseur. Obgleich euch bestimmte Rollen übertragen worden sind, hat Er euch nicht zu Automaten gemacht. Er verlangt, daß ihr eure Rollen verständig und voller Aufmerksamkeit spielt und wißt, daß ihr es nur für Ihn tut. So solltet ihr immer denken. Gott hat euch bestimmte Aufgaben in dieser Welt übertragen: Ob ihr nun ein Geschäftsmann oder eine Hausfrau oder ein Arbeiter seid, spielt eure Rolle, um Ihm allein Freude zu machen. Dann werdet ihr über alle Leiden und Begrenzungen dieser Welt siegen. Wer Gott im Herzen trägt, hat alle machtvollen Engel an seiner Seite. Niemand kann seinen Sieg aufhalten.

Gott lehrt nicht auf geheimnisvolle Weise, sondern durch erleuchtete Seelen

Wenn ihr als Blinde durch das Tal des Lebens wandert und in der Dunkelheit immer wieder stolpert, braucht ihr jemanden, der Augen hat und euch helfen kann. Ihr braucht einen Guru. Einem Erleuchteten zu folgen, ist die einzige Methode, die einem aus dem Wirrwarr dieser Welt heraushilft. Ich habe nicht eher wahres Glück und wahre Freiheit gefunden, als bis ich meinem Guru begegnete, der um mein geistiges Wohl bemüht war und die Weisheit besaß, mich richtig zu leiten.

Ruft im Innersten eures Herzen ständig nach Gott. Wenn ihr Gott davon überzeugt habt, daß ihr euch wirklich nach Ihm sehnt, wird Er euch jemanden senden – euren Guru –, der euch zeigen kann, wie man zu Ihm gelangt. Nur wer Gott kennt, kann andere zu Ihm führen. Als ich meinen Guru Swami Sri Yukteswarji gefunden hatte, erkannte ich, daß Gott nicht auf geheimnisvolle Weise lehrt, sondern durch erleuchtete Seelen. Gott ist unsichtbar, kann aber durch die Weisheit und die geistigen Wahrnehmungen eines Menschen, der ständig mit Ihm in Verbindung ist, sichtbar werden. Wir mögen in unserem Leben viele Lehrer haben, aber es gibt nur einen Guru für uns. Das Verhältnis zwischen Guru und Jünger entspricht einem göttlichen Gesetz, das auch im Leben Jesu zum Ausdruck kam; denn er erkannte Johannes den Täufer als seinen Guru an.[4]

Nur wer Gottverwirklichung besitzt und von Gott den Auftrag erhalten hat, andere Seelen zu erlösen, ist ein Guru. Man wird nicht dadurch zum Guru, daß man sich selbst für einen hält. Jesus zeigte, daß der wahre Guru nur auf Gottes Geheiß handelt, denn er sagte: «Es kann niemand zu mir kommen, es sei denn, daß ihn ziehe der Vater, der mich gesandt hat.»[5] Er schrieb alles der Kraft Gottes zu.

[4] «Zu der Zeit kam Jesus aus Galiläa an den Jordan zu Johannes, daß er sich von ihm taufen ließe. Aber Johannes wehrte ihm und sprach: Ich bedarf wohl, daß ich von dir getauft werde, und du kommst zu mir? Jesus aber antwortete und sprach zu ihm: Laß es jetzt also sein! also gebührt es uns, alle Gerechtigkeit zu erfüllen. Da ließ er's ihm zu.» (*Matthäus* 3, 13–15)

[5] *Johannes* 6, 44.

Wenn ein Lehrer frei von jeglichem Egoismus ist, dann könnt ihr sicher sein, daß nur noch Gott in seinem Körper-Tempel wohnt; und wenn ihr mit ihm im Einklang seid, seid ihr auch im Einklang mit Gott. Jesus erklärte seinen Jüngern: «Wer mich aufnimmt, der nimmt nicht mich auf, sondern den, der mich gesandt hat.»[6]

Lehrer, die sich von anderen anbeten lassen, huldigen nur ihrem eigenen Ich. Wenn ihr feststellen wollt, ob es sich bei einem geistigen Weg um etwas Gutes handelt, prüft zuerst, was für ein Lehrer dahinter steht – ob er bei seinen Handlungen von Gott geführt wird oder von seinem kleinen Ich. Ein Führer, der keine Selbst-Verwirklichung besitzt, kann euch den Weg zum Reich Gottes nicht zeigen, ganz gleich, wie groß seine Anhängerschaft sein mag. Alle Kirchen haben Gutes getan, doch der blinde Glaube an religiöse Dogmen hält die Menschen im Zustand geistiger Unwissenheit, so daß ihre Entwicklung zum Stillstand kommt. Viele Male schon habe ich in großen Kirchengemeinden Gottes Namen singen hören, aber Gott war ihrem Bewußtsein so fern wie die fernsten Sterne. Niemand kann dadurch erlöst werden, daß er eine Kirche besucht. Der wahre Weg zur Freiheit ist der Weg des Yoga, der Weg wissenschaftlicher Selbstprüfung, und dabei müßt ihr jemandem folgen, der das Dikkicht der Theologie durchquert hat und euch sicher zu Gott führen kann.

Der Erfolg hängt vom Gottsucher ab

Faßt jetzt den festen Entschluß, größere Anstrengungen zu machen, um mit Gott in Verbindung zu treten. Ich bin nicht hier, um lediglich Vorträge über philosophische und theologische Gottesbegriffe zu halten, sondern um euch dazu anzuregen, Ihn zu *erkennen*. Deshalb verpflichte ich mich nie dazu, Versammlungen abzuhalten. Ich komme nur dann, wenn ich die Inspiration des Himmlischen Vaters durch mich hindurchfließen fühle. Die göttliche Inspiration hat keinen Anfang und kein Ende; ich fühle mich jetzt von derselben Inspiration durchflutet wie vorhin, als ich anfing. Ganz gleich,

[6] *Markus* 9, 37.

wieviele Tropfen ihr aus dem Meer herausschöpft, es bleibt immer dasselbe Meer. Gott ist das Meer des GEISTES. Nehmt alles aus Ihm heraus, und Er bleibt dennoch derselbe: ohne Anfang und ohne Ende. Er kann sich niemals erschöpfen...

Ich bemühe mich nicht darum, eine große, mechanisch aufgebaute Organisation ins Leben zu rufen, sondern einen Bienenstock zu schaffen, der mit dem geistigen Honig Gottes gefüllt ist. Ein Geistlicher sollte nie versuchen, große Menschenmengen anzuziehen, um seine Kirche bis auf den letzten Platz zu füllen. Der Wunsch nach einer großen Anhängerschaft und prächtigen Tempeln ist für mich dahingeschmolzen wie Schnee in der Sonne. Ich freue mich nur an Gottes Glückseligkeit, und ich freue mich, wenn ich allen helfen kann, die Er zu mir schickt. Tragt auch ihr euren Teil dazu bei. Verbreitet die Lehre der Selbst-Verwirklichung durch eure Worte, euer Beispiel und eure Hingabe. Ich breche nie unter der Last meiner Arbeit zusammen. Ich bin immer bemüht, allen zu helfen, die mich darum bitten; und auch ihr habt die Pflicht, diese Lehre durch eure geistigen Schwingungen an andere weiterzugeben, damit sie diese Wahrheit empfangen können. Ich sehe, wie eine große Lawine der Wahrheit durch dieses bescheidene Werkzeug in Bewegung gesetzt wird, und ich bin Gott dankbar, daß Er einem solch unbedeutenden Menschen wie mir die ehrenvolle Aufgabe übertragen hat, Seine Botschaft zu verbreiten. Wer diesem Weg aufrichtig folgt, wird mit Sicherheit erlöst werden...

Gott zu gewinnen, ist der höchste Sieg

Denkt deshalb nie, daß ihr euch nicht ändern oder bessern könnt. Unterzieht euch jeden Abend einer Selbstprüfung und meditiert tief; betet zu Ihm: «Herr, zu lange schon habe ich ohne Dich gelebt. Ich habe das Spiel mit meinen Wünschen satt. Was soll nun aus mir werden? Ich muß Dich finden. Komm mir zu Hilfe. Brich Dein Gelübde des Schweigens. Leite Du mich.» Er mag zehnmal nicht antworten; dann aber, wenn ihr es am wenigsten erwartet, wird Er zu euch kommen. Er kann nicht immer fernbleiben. Solange ihr von unlauterer Neugierde getrieben werdet, wird Er nicht erscheinen, aber wenn ihr völlig aufrichtig seid, wird Er bei euch sein, ganz gleich, wo ihr euch befindet. Es ist wirklich all eure Anstrengungen wert!

Abgeschiedenheit ist der Preis, den man für wahre Größe zahlen muß. Geht nicht zu oft unter die lärmende Menge. Lärm und ruhelose Tätigkeit peitschen die Nerven auf. So gelangt man nicht zu Gott. Das ist der Weg, der zum Untergang führt; denn alles, was euch den Frieden raubt, lenkt euch von Gott ab. Wenn ihr still und ruhig seid, ist Gott bei euch. Ich versuche oft, allein zu sein, aber auch wenn ich unter vielen Menschen bin, finde ich Zuflucht in meiner Seele – wie in einer einsamen Höhle! Aller Lärm auf Erden verstummt, wenn ich mich in die Höhle des Friedens zurückziehe, und die Welt versinkt um mich herum. Wenn ihr dieses Reich des Innern noch nicht gefunden habt, solltet ihr keine Zeit mehr vergeuden. Wer wird euch erlösen? Nur ihr selbst könnt es tun. Verliert deshalb keine Zeit mehr.

Selbst wenn ihr Gebrechen habt, wenn ihr blind, taub, stumm und von aller Welt verlassen seid, gebt nicht auf! Betet zu Ihm: «Herr, ich kann nicht in Deinen Tempel gehen, weil meine Augen und meine Glieder mir den Dienst versagen, aber mit all meinen Gedanken bin ich immer bei Dir.» Dann neigt sich Gott zu euch herab und sagt: «Mein Kind, die Welt hat Dich aufgegeben, aber Ich nehme Dich in Meine Arme. In Meinen Augen hast Du gesiegt.» Ich lebe jeden Tag im herrlichen Bewußtsein Seiner Gegenwart und fühle mich auf wunderbare Weise von allem losgelöst. Selbst wenn ich versuche, mir etwas Besonderes zu wünschen, hat sich mein Bewußtsein bereits davon gelöst. Der GEIST ist meine Nahrung; der GEIST ist meine Freude; der GEIST ist mein Gefühl; der GEIST ist mein Tempel und mein Auditorium; der GEIST ist meine Bibliothek, aus der ich meine Inspiration schöpfe; der GEIST ist meine Liebe und mein Geliebter. Der Geist Gottes erfüllt all meine Wünsche, denn in Ihm finde ich alle Weisheit, alle Liebe der Liebenden, alle Schönheit und alles andere. Dann habe ich keinen anderen Wunsch, keine andere Sehnsucht mehr als Gott. Alles, was ich je suchte, habe ich in Ihm gefunden.

Versäumt keine Gelegenheit, Gott zu suchen

Vergeudet keine Zeit mehr; denn wenn ihr euren körperlichen Wohnsitz wechseln müßt, wird viel Zeit vergehen, bis ihr wieder Gelegenheit habt, Gott aufrichtig zu suchen: Zunächst müßt ihr wieder geboren werden und den hilflosen Zustand der Kindheit und die Ruhelosigkeit der Jugend durchleben. Warum also eure Zeit an nutzlose Wünsche verschwenden? Ist es nicht töricht, euer ganzes Leben lang danach zu trachten, Dinge zu erwerben, die ihr im Augenblick des Todes wieder hergeben müßt? Auf diese Weise findet ihr niemals wahres Glück. Doch jede eurer Bemühungen, zu meditieren und mit Gott in Verbindung zu treten, bringt eurer Seele bleibenden Gewinn. Beginnt jetzt damit – ihr alle, die ihr Gott wirklich liebt und nicht nach eigenem Ruhm trachtet, sondern nach der Herrlichkeit des GEISTES...

Jeder von euch, der diese Predigt gehört hat und aufrichtig bemüht ist, sich zu ändern, wird tiefere Verbundenheit mit Gott erleben und in Ihm den wahren und dauerhaften geistigen Sieg erringen.

Die Wissenschaft des Kriya-Yoga

Aufgrund bestimmter, seit alters bestehender Yoga-Vorschriften kann ich den Kriya-Yoga in diesem für eine weite Leserschaft bestimmten Buch nicht in allen Einzelheiten erklären. Die eigentliche Technik wird von einem bevollmächtigten *SRF-YSS-Kriyaban (Kriya-Yogi)* gelehrt.[1] Hier soll ein umfassender Überblick genügen.

Kriya-Yoga ist eine einfache, psychophysische Methode, mit deren Hilfe dem menschlichen Blut Kohlendioxyd entzogen und Sauerstoff zugeführt wird. Diese zusätzlichen Sauerstoffatome werden in einen «Lebensstrom» verwandelt, der das Gehirn und die Rückenmarkszentren neu belebt. Dadurch, daß der Yogi die Anhäufung venösen Blutes verhindert, kann er den Verfall der Zellen reduzieren oder sogar aufheben. Ein fortgeschrittener Yogi verwandelt seine Körperzellen in reine Energie. Elias, Jesus, Kabir[2] und andere Propheten der Vergangenheit waren Meister im *Kriya* oder in einer ähnlichen Technik, die es ihnen ermöglichte, ihren Körper beliebig zu materialisieren oder zu entmaterialisieren.

Kriya ist eine uralte Wissenschaft, die Lahiri Mahasaya von seinem großen Guru Babaji empfing. Dieser hatte die im Dunklen Zeitalter verlorengegangene Technik wiederentdeckt, neu erklärt und ihr die einfache Bezeichnung *Kriya-Yoga* gegeben.

«Der *Kriya-Yoga*, den ich der Welt in diesem 19. Jahrhundert durch dich übergebe», sagte Babaji zu Lahiri Mahasaya, «ist eine Wiederbelebung derselben Wissenschaft, die Krishna vor mehreren

[1] Paramahansa Yogananda verlieh denen, die ihm als Präsident und geistliches Oberhaupt seiner Organisation *(Self-Realization Fellowship/ Yogoda Satsanga Society* in Indien) nachfolgen würden, die Vollmacht, qualifizierten Schülern den *Kriya-Yoga* zu vermitteln und sie in die Technik einzuweihen – oder aber einen ordinierten Geistlichen der *SRF/ YSS* damit zu betrauen. Er traf auch Vorsorge, daß die Verbreitung des *Kriya-Yoga* durch die Lehrbriefe der *Self-Realization Fellowship (Yogoda)* geschieht, die vom internationalen Mutterzentrum der *SRF* in Los Angeles erhältlich sind (siehe Seite 379). *(Anmerkung des Herausgebers)*

[2] Großer indischer Meister des Mittelalters.

Jahrtausenden Arjuna vermittelte und die später auch Patanjali und Christus sowie Johannes, Paulus und anderen Jüngern bekannt wurde.»

Der *Kriya-Yoga* wird von Krishna, dem größten Propheten Indiens, zweimal in der *Bhagavad-Gita* erwähnt. Ein Vers lautet wie folgt: «Indem der Yogi die Einatmung der Ausatmung und die Ausatmung der Einatmung darbringt, hebt er sie beide auf; damit befreit er das *Prana* vom Herzen und gewinnt Herrschaft über seine Lebenskraft.»[3] Diese Worte sind so zu verstehen: «Der Yogi hält den Verfall seines Körpers auf, indem er sich durch Beruhigung der Lungen- und Herztätigkeit einen zusätzlichen Vorrat an *Prana* (Lebenskraft) verschafft. Außerdem wirkt er den wachstumsbedingten Veränderungen im Körper durch Beherrschung des *Apana* (ausscheidenden Stromes) entgegen. Indem der Yogi auf diese Weise Verfall und Wachstum neutralisiert, erlangt er Herrschaft über seine Lebenskraft.»

Ein anderer *Gita*-Vers lautet: «Wer der Meditation kundig ist (der *Muni*), wer das höchste Ziel verfolgt und sich von allen äußeren Erscheinungen abkehrt, indem er den Blick auf die Stelle zwischen den Augenbrauen richtet und die gleichmäßigen Ströme des *Prana* und *Apana* (die) innerhalb der Nase und der Lunge (fließen) neutralisiert, wer sein Sinnesbewußtsein und seine Geisteskräfte beherrscht und Begierde, Furcht und Zorn überwindet, erlangt ewige Freiheit.»[4]

Außerdem berichtet Krishna[5], daß er es war, der (in einer früheren Inkarnation) die zeitlose Yoga-Technik Vivasvat, einem erleuchteten Seher des Altertums, übermittelte, der sie an Manu, den großen Gesetzgeber[6], weitergab. Dieser lehrte sie seinerseits Ikshvaku, den Begründer der indischen Krieger- und Sonnendynastie. So wurde der königliche Yoga von einer Generation an die andere weitergegeben und von den *Rishis* bis zum Beginn des materialisti-

[3] *Bhagavad-Gita* IV, 29.
[4] *Bhagavad-Gita* V, 27-28.
[5] *Bhagavad-Gita* IV, 1-2.
[6] Der aus der Vorzeit stammende Verfasser der *Manava-Dharma-Shastras* (Gesetze des Manu). Diese gewohnheitsrechtlichen, kanonischen Satzungen haben bis zum heutigen Tage Rechtsgültigkeit in Indien.

schen Zeitalters bewahrt[7]. Von da ab jedoch wurde die heilige Lehre immer unzugänglicher, was einerseits an der zunehmenden Gleichgültigkeit der Menschen lag und andererseits durch die Tatsache bedingt war, daß die Priester diese Technik geheimzuhalten begannen.

Der *Kriya-Yoga* wird zweimal von dem ehrwürdigen Weisen Patanjali, dem hervorragendsten Yoga-Interpreten, erwähnt, der folgendes schreibt: «Der *Kriya-Yoga* besteht aus der Disziplinierung des Körpers, Herrschaft über die Gedanken und Meditation über *OM*.»[8] Patanjali spricht von *OM* als dem Gott offenbarenden Wort, das man in der Meditation hören kann.[9] *OM* ist das Schöpferwort, das Summen des kosmischen Motors, der Zeuge[10] der Göttlichen Gegenwart. Selbst der Anfänger im Yoga kann in seinem Inneren bald den wundersamen Laut *OM* erklingen hören und gewinnt aufgrund dieses freudigen geistigen Erlebnisses die Überzeugung, mit übernatürlichen Bereichen in Verbindung zu stehen.

[7] Das materialistische Zeitalter begann, den heiligen Schriften der Hindus zufolge, im Jahre 3102 v. Chr., als das letzte absteigende *Dvapara-Yuga* des Universalzyklus einsetzte. Die meisten Anthropologen nehmen an, daß die Menschheit vor 10 000 Jahren in einem barbarischen Steinzeitalter lebte, und lehnen daher die weitverbreitete mündliche Überlieferung, die von einer uralten Kultur in Lemuria, Atlantis, Indien, China, Japan, Ägypten, Mexiko und vielen anderen Ländern berichtet, kurzerhand als «Mythos» ab.

[8] *Yoga-Sutras* II, 1. Wenn Patanjali die Bezeichnung *«Kriya-Yoga»* gebraucht, so bezieht er sich entweder auf dieselbe Technik, die später von Babaji gelehrt wurde, oder auf eine sehr ähnliche. Daß Patanjali von einer ganz bestimmten Technik spricht, die Herrschaft über die Lebenskraft verleiht, geht aus seinem Aphorismus II, 49 in den *Yoga-Sutras* hervor.

[9] *Yoga-Sutras* I, 27.

[10] «Das sagt, der Amen heißt, der treue und wahrhaftige Zeuge, der Anfang der Kreatur Gottes.» (*Offenbarung* 3, 14) «Im Anfang war das Wort, und das Wort war bei Gott, und Gott war das Wort ... Alle Dinge sind durch dasselbe gemacht, und ohne dasselbe ist nichts gemacht, was gemacht ist.» (*Johannes* 1, 1–3) Das *OM* der Veden wurde zum heiligen Wort *Hum* der Tibetaner, *Amin* der Mohammedaner und *Amen* der Ägypter, Griechen, Römer, Juden und Christen. Auf hebräisch bedeutet es: «sicher, treu».

Ein andermal erwähnt Patanjali die *Kriya*-Technik (Herrschaft über die Lebenskraft) wie folgt: «Befreiung kann durch jenes *Pranayama* erlangt werden, in dem man den Fluß der Einatmung vom Fluß der Ausatmung trennt.»[11]

Auch dem Apostel Paulus war der *Kriya-Yoga* oder eine ähnliche Technik bekannt, mit deren Hilfe er die Lebensströme in den Sinnesorganen beliebig an- oder abschalten konnte. Deshalb behauptete er: «Bei unserm Ruhm, den ich habe in Christo Jesu, unserm Herrn, ich sterbe täglich.»[12] Aufgrund dieser Methode, welche die ganze Lebenskraft des Körpers (die gewöhnlich nach außen auf die Sinnenwelt gerichtet ist und ihr somit eine scheinbare Gültigkeit verleiht) nach innen lenkt, erlebte Paulus täglich die wahre Yoga-Vereinigung mit dem «Ruhm» (der Glückseligkeit) des Christusbewußtseins. In diesem glückseligen Zustand fühlte er, daß er in der Welt der Sinnestäuschungen *(Maya)* «gestorben», das heißt ihrer ledig geworden war.

In den anfänglichen Stadien der Gottvereinigung *(Savikalpa-Samadhi)* verschmilzt das Bewußtsein des Meditierenden mit dem Kosmischen GEIST; seine Lebenskraft wird vom Körper zurückgezogen, der «tot», das heißt starr und leblos, erscheint. Dabei ist sich der Yogi der aufgehobenen Lebenstätigkeit seines Körpers vollkommen bewußt. Wenn er jedoch höhere geistige Bewußtseinsstadien erreicht *(Nirvikalpa-Samadhi)*, ist er auch im normalen Wachzustand, ja, selbst bei intensiver weltlicher Tätigkeit, mit Gott verbunden, ohne daß der Körper dabei erstarrt.[13]

«Mit Hilfe des *Kriya-Yoga* kann die menschliche Entwicklung erheblich beschleunigt werden», erklärte Sri Yukteswar seinen Schülern. «Die Yogis des Altertums entdeckten, daß der Schlüssel zum Kosmischen Bewußtsein hauptsächlich in der Herrschaft über den Atem liegt. Hierin besteht Indiens einzigartiger und zeitloser

[11] *Yoga-Sutras* II, 49.

[12] *1. Korinther* 15, 31.

[13] Das Sanskritwort *Bikalpa* bedeutet «Unterschied, Ungleichheit». *Sabikalpa* ist der *Samadhi*-Zustand «mit Unterschied», *Nirbikalpa* der Zustand «ohne Unterschied»; d.h., im *Sabikalpa-Samadhi* fühlt der Gottsucher noch eine geringe Trennung von Gott, während er im *Nirbikalpa-Samadhi* voll und ganz im GEIST aufgegangen ist.

Beitrag zum Wissensschatz der Welt. Die Lebenskraft, die gewöhnlich durch die Herztätigkeit verausgabt wird, muß mit Hilfe einer atemberuhigenden Methode für höhere Funktionen frei gemacht werden.»

Der *Kriya-Yogi* lernt, seine Lebenskraft geistig in einem Bogen um die sechs Rückenmarkszentren auf- und abwärts kreisen zu lassen (das Mark-, Nacken-, Herz-, Lenden-, Kreuzbein- und Steißbeinzentrum), die den zwölf astralen Tierkreiszeichen, das heißt dem symbolischen Kosmischen Menschen, entsprechen. Diese eine halbe Minute lang um das empfindsame Rückenmark des Menschen fließende Energie bewirkt einen subtilen Fortschritt in seiner Evolution; denn eine halbe Minute *Kriya* entspricht einem Jahr natürlicher geistiger Entwicklung.

Das astrale Nervensystem des Menschen mit seinen sechs (durch Polarität zwölf) inneren Konstellationen, die um die Sonne des allwissenden geistigen Auges kreisen, steht in Wechselbeziehung zur physischen Sonne und den zwölf Tierkreiszeichen. Alle Menschen unterliegen daher dem Einfluß eines inneren und eines äußeren Universums. Die alten *Rishis* entdeckten, daß der Mensch sowohl durch seine irdische als auch durch seine himmlische Umgebung in einer Reihe von Zwölf-Jahres-Zyklen auf dem natürlichen Entwicklungsweg vorangetrieben wird. Den heiligen Schriften zufolge benötigt der Mensch normalerweise eine Million Jahre krankheitsfreier Entwicklung, um sein menschliches Gehirn zu vervollkommnen und in das Kosmische Bewußtsein einzugehen.

Tausend in achteinhalb Stunden geübte *Kriyas* ermöglichen es dem Yogi, an einem einzigen Tag den gleichen Fortschritt zu erzielen, für den er auf dem natürlichen Entwicklungsweg tausend Jahre gebraucht hätte; mit anderen Worten: 365 000 Jahre geistiger Entwicklung in einem Jahr. In drei Jahren kann der *Kriya-Yogi* daher durch anhaltende geistige Bemühungen dasselbe Ergebnis erzielen, wozu die Natur eine Million Jahre benötigt. Dieser abgekürzte *Kriya*-Weg kann selbstverständlich nur von hoch entwickelten Yogis beschritten werden, die ihren Körper und ihr Gehirn unter der Führung eines Gurus sorgfältig vorbereitet haben und somit der Energie, die durch ein derartig intensives Üben erzeugt wird, standhalten können.

Der Anfänger im *Kriya* übt seine Yoga-Technik morgens und

abends nur 14- bis 24mal. Eine Anzahl von Yogis erreicht ihre Befreiung nach 6, 12, 24 oder 48 Jahren. Wenn ein Yogi stirbt, bevor er höchste Verwirklichung erreicht hat, strebt er aufgrund seines guten Karmas (das er durch gewissenhaftes Üben des *Kriya* erworben hat) im nächsten Leben ganz von selbst wieder dem höchsten Ziel entgegen.

Der Körper des Durchschnittsmenschen kann mit einer 50-Watt-Birne verglichen werden, die nicht auf eine Stromstärke von Milliarden Watt, wie sie bei einem übermäßigen *Kriya*-Üben erzeugt würde, eingestellt ist. Wenn dagegen die einfachen und absolut ungefährlichen *Kriya*-Übungen allmählich und regelmäßig gesteigert werden, finden täglich astrale Veränderungen im menschlichen Körper statt, bis dieser schließlich die unbegrenzte kosmische Energie – die erste physische Ausdrucksform des GEISTES – zu offenbaren vermag.

Kriya-Yoga hat nichts mit den unwissenschaftlichen Atemübungen gemein, die von einer Anzahl irregeleiteter Fanatiker gelehrt werden. Jeder Versuch, den Atem gewaltsam in der Lunge zurückzuhalten, ist unnatürlich und ausgesprochen unangenehm. Den *Kriya* dagegen begleitet von Anfang an ein Gefühl des Friedens und eine angenehme, belebende Empfindung in der Wirbelsäule.

Durch diese von alters her überlieferte Yoga-Technik wird der Atem in Geiststoff verwandelt. Bei höherer geistiger Entwicklung kann man den Atem als einen rein geistigen Vorgang oder eine geistige Vorstellung, das heißt als «Traum-Atem», erkennen.

Viele Beispiele für die mathematische Beziehung zwischen der Atemgeschwindigkeit und den unterschiedlichen menschlichen Bewußtseinsstadien könnten hier angeführt werden. Wer sich tief auf etwas konzentriert, wer zum Beispiel einer anstrengenden geistigen Debatte folgt oder ein schwieriges körperliches Kunststück versucht, wird ganz automatisch viel langsamer atmen. Anhaltende Aufmerksamkeit ist immer von verlangsamter Atmung abhängig. Dagegen ist schnelles oder unregelmäßiges Atmen ein untrügliches Zeichen schädlicher Gemütsbewegungen wie Furcht, Wollust oder Zorn. Der ruhelose Affe atmet 32mal in der Minute, der Durchschnittsmensch jedoch nur 18mal. Die Atemgeschwindigkeit des Elefanten, der Schildkröte, der Schlange und anderer für ihre Langlebigkeit bekannter Tiere liegt noch unter der des Menschen. Die

Riesenschildkröte, die ein Alter von 300 Jahren erreichen kann, atmet nur 4mal in der Minute.

Die verjüngende Wirkung des Schlafs beruht darauf, daß der Mensch seinen Körper und seinen Atem vorübergehend vergißt. Der Schlafende wird also zu einem Yogi und vollzieht jede Nacht unbewußt einen Yoga-Ritus, wobei er sich von jeder Identifizierung mit dem Körper frei macht und seine Lebenskraft in die heilenden Ströme der Haupthirnregion und ihrer sechs Nebendynamos, der Rückenmarkszentren, führt. Auf diese Weise wird der Schlafende, ohne daß er es weiß, von der lebenspendenden kosmischen Energie aufgeladen.

Der «freiwillige» Yogi hingegen wendet voll bewußt (und nicht unbewußt wie der Schläfer) ein einfaches und natürliches Verfahren an. Wenn der *Kriya-Yogi* seine Technik übt, erfüllt er all seine Körperzellen mit unvergänglichem Licht und erhält sie dadurch in einem geistig magnetisierten Zustand. Er macht also mit einer wissenschaftlichen Methode das Atmen überflüssig, ohne daß er während des Übens in einen passiven Zustand (Schlaf, Unterbewußtsein oder Tod) eingeht.

In Menschen, die unter dem Einfluß der *Maya* (der Naturgesetze) stehen, fließt die Lebenskraft nach außen und wird durch die Sinne vergeudet und mißbraucht. Beim Üben des *Kriya* aber fließen die Lebensströme in umgekehrter Richtung, das heißt, die Lebenskraft wird auf geistigem Wege zum inneren Kosmos gelenkt, wo sie sich mit den feinen Energien der Wirbelsäule verbindet. Derart verstärkt, wirkt sie wie ein geistiges Elixier, das die Körper- und Gehirnzellen des Yogis neu belebt.

Menschen, die sich nur von der im All wirkenden natürlichen Kraft führen lassen, werden nach einer Million Jahren Selbst-Verwirklichung erlangen, wenn sie sich richtig ernähren, genug Sonnenlicht aufnehmen und harmonische Gedanken hegen. Man braucht zwölf Jahre, um nur die geringste Verfeinerung in der Gehirnstruktur zu bewirken, und eine Million Sonnenjahre, um das Gehirn so weit zu veredeln, daß es Kosmisches Bewußtsein auszudrücken vermag. Ein *Kriya-Yogi* jedoch, der eine wissenschaftliche geistige Technik übt, braucht sich nicht mehr für derart lange Zeit den Naturgesetzen zu unterwerfen.

Der Atem ist das Band, das die Seele an den Körper fesselt; *Kriya* aber durchtrennt dieses Band und bewirkt somit eine Verlängerung des Lebens und eine unendliche Erweiterung des Bewußtseins. Das ständige «Tauziehen», das zwischen dem Geist und den körperverhafteten Sinnen stattfindet, kann durch Anwendung der Yoga-Technik beendet werden. Dann ist der Gottsucher endlich frei und kann das Erbe seines ewigen Reiches antreten. Dann weiß er, daß sein wahres Selbst weder an die körperliche Hülle noch an den Atem – Sinnbild seiner Versklavung durch den Sauerstoff und die natürlichen Triebe – gebunden ist.

Hat der *Kriya-Yogi* einmal Herrschaft über Körper und Geist erlangt, siegt er schließlich auch über seinen «letzten Feind», den Tod.[14]

> Du lebst vom Tod so, wie vom Menschen er,
> Und wenn der Tod stirbt, gibt's kein Sterben mehr.[15]

Innenschau oder «schweigendes Stillsitzen» sind unwissenschaftliche Methoden, mit denen man versucht, den Geist von den Sinnen (mit denen er durch die Lebenskraft verknüpft ist) zu lösen. Denn der kontemplative Geist, der sich bemüht, zu Gott zurückzukehren, wird durch die Lebenskraft ständig wieder zu den Sinnen hingezogen. Das einfachste, wirkungsvollste und wissenschaftlichste Mittel, sich dem Unendlichen zu nähern, ist der *Kriya*, der durch seine direkte Einwirkung auf die Lebenskraft auch Herrschaft über den Geist ausübt. Im Vergleich zu dem langsamen, unsicheren «Ochsen-

[14] «Der letzte Feind, der aufgehoben wird, ist der Tod.» (*1. Korinther* 15, 26) Der unverweste Körper Paramahansa Yoganandas (siehe Seite 377) beweist, daß er ein vollendeter *Kriya-Yogi* war. Doch nicht alle großen Meister bewahren nach ihrem Tod einen unverweslichen Körper. Solche Wunder geschehen, wie in den heiligen Schriften der Hindus erklärt wird, nur zu einem besonderen Zweck. Im Falle Paramahansajis war der «besondere Zweck» zweifellos der, den Westen vom Wert des Yoga zu überzeugen. Yoganandaji kam im Auftrag Babajis und Sri Yukteswars nach dem Westen, um den dort lebenden Menschen zu helfen, und blieb seiner Aufgabe bis über den Tod hinaus treu. *(Anmerkung des Herausgebers)*

[15] Shakespeare: Sonett 146 (deutsche Übersetzung von Friedrich Bodenstedt).

karren» der Theologie kann der *Kriya-Yoga* mit Recht als der «Flugweg» zu Gott bezeichnet werden.

Die Yoga-Wissenschaft beruht auf einer Anzahl erprobter Konzentrations- und Meditationsmethoden, mit deren Hilfe man den Strom der Lebenskraft willkürlich in die fünf «Sinnestelephone» (Gesicht, Gehör, Geruch, Geschmack und Tastsinn) leiten und ihn wieder von ihnen zurückziehen kann. Wenn der Yogi seine Sinne derart «an- und abschalten» kann, ist er auch in der Lage, sich nach Belieben auf die göttlichen Sphären oder auf die irdische Welt einzustellen; das heißt, er kann nicht mehr gegen seinen Willen in den Bereich sinnlicher Empfindungen und ruheloser Gedanken zurückgezogen werden.

Das Leben eines fortgeschrittenen *Kriya-Yogis* wird nicht von den Auswirkungen seiner früheren Taten, sondern nur noch von der Seele regiert. Ihm genügt es nicht, lediglich aus den Folgen seiner guten und bösen Taten zu lernen und sich dadurch allmählich höherzuentwickeln; denn ein solches Schneckentempo ist dem Adlerflug seines Geistes nicht angemessen.

Dank seinem geistigen Lebenswandel vermag der Yogi aus dem Kerker seines eigenen Ichs hinauszutreten und die reine Luft der Allgegenwart zu atmen. Damit verglichen ist das «natürliche Leben» ein Sklavendasein, in dem die Entwicklung beschämend langsam voranschleicht. Wer sich nur auf den normalen Evolutionsvorgang verläßt, kann von der Natur keine Eile verlangen. Selbst wenn er nie gegen irgendein physisches oder geistiges Gesetz verstößt, muß er sich dennoch eine Million Jahre immer wieder in neue Körper kleiden, bis er seine endgültige Befreiung erlangt.

Die weitsichtigen Yoga-Methoden, die einem dazu verhelfen, sich weder mit seinem Körper noch mit seinem Geist, sondern nur noch mit seiner Seele zu identifizieren, sind daher all denen zu empfehlen, die sich gegen die tausend und abertausend Jahre auflehnen. Und diese Zeitspanne verlängert sich noch für den Durchschnittsmenschen, der nicht einmal mit der Natur, geschweige denn mit seiner Seele in Einklang ist, sondern ein naturwidriges Leben führt und den physischen und geistigen Gesetzen zuwiderhandelt. Ihm genügen kaum zwei Millionen Jahre für die Befreiung.

Primitive Menschen erkennen selten oder nie, daß ihr Körper ein Königreich ist, das von der Seele regiert wird; sie wissen nicht, daß die Seele auf dem Thron des Großhirns sitzt und über sechs Hilfsregenten in den Rückenmarkszentren (Bewußtseinssphären) befiehlt. Diese Theokratie herrscht über eine Menge gehorsamer Untertanen: 27 Billionen Zellen (die mit einer untrüglichen, wenn auch scheinbar «bloß» automatischen Intelligenz begabt sind und das Wachstum, den Stoffwechsel und den Zerfall im Körper bewirken) und 50 Millionen primäre Gedanken, Gemütsbewegungen und wechselnde Bewußtseinsphasen bei einer durchschnittlichen Lebensdauer von 60 Jahren.

Jede sichtbare Auflehnung des Körpers oder Geistes gegen die Regentin Seele in Form von Krankheit oder Unvernunft kann nicht etwa den treuen Untertanen zur Last gelegt werden, sondern nur dem Menschen selbst, der jetzt oder früher keinen richtigen Gebrauch von seiner Individualität, das heißt seinem freien Willen, gemacht hat. Dieser wurde ihm gleichzeitig mit seiner Seele verliehen und kann ihm nie wieder genommen werden.

Solange sich der Mensch mit seinem oberflächlichen Ich identifiziert, glaubt er auch, daß er es ist, der denkt, will, fühlt, Nahrung verdaut und sich am Leben erhält. Nie wird er zugeben (obschon ihm nur ein wenig Nachdenken diese Einsicht vermitteln könnte), daß er im täglichen Leben nichts als eine Marionette ist, deren Verhalten vom Karma (ehemaligen Handlungen), von der Natur und von der Umgebung bestimmt wird. Alle verstandesmäßigen Reaktionen, Gefühle, Stimmungen und Gewohnheiten sind nichts anderes als die Wirkungen der jetzt oder in früheren Leben von ihm selbst erzeugten Ursachen. Die königliche Seele jedoch ist über all diese Einflüsse erhaben. Darum kämpft sich der *Kriya-Yogi*, der an keiner ephemeren Wahrheit oder Freiheit interessiert ist, durch alle Täuschungen hindurch, bis er zum Selbst – zur wahren Freiheit – vorgedrungen ist. Die heiligen Schriften aller Religionen erklären, daß der Mensch kein vergänglicher Körper, sondern eine lebendige Seele ist. Im *Kriya-Yoga* findet er eine Methode, die den Beweis dafür liefert.

«Man kann die Unwissenheit nicht durch religiöse Riten aufheben, weil diese nicht im Gegensatz zu ihr stehen», schrieb Shankara in seinen berühmten *Hundert Versen*. «Unwissenheit kann nur durch wahres Wissen beseitigt werden. Und Wissen gewinnt man nur durch Nachforschen. ‹Wer bin ich? Wie ist dieses Universum entstanden? Wer hat es erschaffen? Wie entstand die Materie?› Von dieser Art Nachforschung spreche ich.» Da der Intellekt keine Antwort auf diese Fragen geben kann, entwickelten die *Rishis* die geistigen Forschungsmethoden des Yoga.

Der wahre Yogi, dessen Denken, Wollen und Fühlen nicht mehr von körperlichen Trieben bestimmt wird, verbindet seinen Geist mit den überbewußten Kräften in der Wirbelsäule und lebt in dieser Welt so, wie Gott es für ihn geplant hat: Er läßt sich weder von seinen alten Gewohnheiten noch von neuen unvernünftigen Beweggründen zwingen. Er hat seine höchste Erfüllung gefunden und ruht geborgen im letzten Hafen – in der unerschöpflichen Glückseligkeit des GEISTES.

Drei Wege zum Kosmischen Bewußtsein

(1934)

Solange sich auch nur die Andeutung eines Gedankens oder die kleinste geistige Ruhelosigkeit in euch regt, könnt ihr das Kosmische Bewußtsein nicht erlangen. Die Konzentrationstechnik der Selbst-Verwirklichung[1] kann euch wesentlich dabei helfen, eure Konzentration zu verbessern und zu vertiefen. Sie erspart es dem ernsthaften Sucher, viele Jahre auf der Ebene des Unterbewußtseins umherzuschweifen. Diesen Bereich solltet ihr nämlich meiden; er ist voller Täuschungen und eingebildeter geistiger Erlebnisse. Wer echte geistige Erfahrungen gewinnen und die Wahrheit erkennen will, muß den Zustand des Überbewußtseins erreichen.[2]

Die Menschen haben die Gewohnheit, viel zu lehren und wenig davon anzuwenden. Selbst wenn ihr hundert Vorlesungen über Zucker hört, wißt ihr noch nicht, wie er schmeckt, bis ihr ihn selbst gekostet habt. So lernt ihr auch die wahre Bedeutung einer Lehre erst durch eigene Erfahrung kennen. Ihr müßt die Lehren der Propheten

[1] Konzentration ist vollständige Ausrichtung des Bewußtseins auf einen Gegenstand und völlige Gedankenstille. Das Wesen der Schöpfung besteht in der Bewegung, das Wesen des GEISTES in der Bewegungslosigkeit. «Seid stille und erkennet, daß ich Gott bin.» (*Psalm* 46, 11) Konzentration ist deshalb eine wesentliche Voraussetzung für die Vereinigung mit Gott. Die Konzentrations- und Meditationstechniken, die in den *Lehrbriefen* der *Self-Realization Fellowship* erläutert werden, führen zum vollkommenen Einklang des menschlichen Bewußtseins mit dem göttlichen Bewußtsein.

[2] Das Unterbewußtsein ist sehr nützlich, weil es die Gedächtniseindrücke bewahrt und weil es der Bereich des Schlafs und Traumes ist. Doch in der Meditation kann es eine wirkliche Gefahr darstellen, weil es den geistesabwesenden, phantasievollen oder für Übersinnliches empfänglichen Schüler dazu verleitet, sich an phantastische Trugbilder zu verlieren, die nicht mehr Wirklichkeit oder geistigen Wert haben als gewöhnliche nächtliche Träume. Wissenschaftliche Meditationstechniken und die persönlichen Bemühungen des Schülers, sie richtig anzuwenden, führen den Geist statt dessen in den überbewußten Zustand der Selbst-Verwirklichung und Gottesvereinigung.

und der großen Gurus befolgen. Dadurch macht ihr euch deren Wahrheiten zu eigen und erkennt, daß die Wahrheit beweisbar und allgemeingültig ist. Wenn ihr die Wahrheit in die Tat umsetzt, ist es gleichgültig, ob ihr Christen, Hindus, Buddhisten oder Anhänger irgendeiner anderen Religion seid; Christus wird euch annehmen, und ebenso Krishna, Buddha und jede andere göttliche Inkarnation.

Folgt unbeirrbar dem Weg der Wahrheit. Denkt daran, daß es unter Tausenden nur wenige gibt, die Gott suchen; und von diesen wenigen kennt vielleicht nur ein einziger Gott wirklich.[3] Wer beharrlich ist, wird Gott erkennen. Versucht deshalb euer Bestes, regelmäßig zu meditieren. Vergeßt Gott nie, und gebt euch nicht eher zufrieden, als bis ihr Ihn gefunden habt! Ihr müßt voller Überzeugung sagen können: «Hinter dieser endlichen Form fühle ich den Unendlichen.» Ich betrete keinen Vortragssaal, ehe ich nicht weiß, daß Er bei mir ist. Ich unterrichte nie, bevor ich diese vollständige Gottverbundenheit erlebe. Und wenn ich von dieser Ebene aus spreche, weiß ich, daß die Schüler meine Worte nicht mehr vergessen werden.

Konzentration ist erforderlich, wenn man Gott finden will

Ihr müßt euch konzentrieren können, wenn ihr geistige Fortschritte machen wollt; denn ohne Konzentration werdet ihr Gott nie finden. Ihr müßt lernen, alle Geräusche und weltlichen Ablenkungen aus eurem Bewußtsein zu verbannen. Sobald ihr euer Bewußtsein richtig auf Gott einstellt, ist Er auch da. Er verbirgt sich nicht vor euch; ihr verbergt euch vor Ihm. Wenn ihr in tiefer Meditation ein inneres Licht[4] seht, versucht es festzuhalten und zu fühlen, daß ihr in ihm und eins mit ihm seid. Dort nämlich ist Gott. Vergegenwärtigt euch, daß ihr dieses Licht Gottes seid.

Je mehr Frieden ihr während der Meditation fühlt und je länger ihr euch konzentriert, desto tiefer werdet ihr in Gott eindringen. Wenn

[3] «Unter Tausenden von Menschen strebt nur einer nach Erlösung; und unter diesen auserwählten Suchern wird Mich vielleicht nur einer so wahrnehmen, wie Ich bin.» (*Bhagavad-Gita* VII, 3)

[4] Das göttliche Licht oder das geistige Auge.

ihr die Zeit, die ihr mit dem Lesen von Büchern über geistige Wahrheiten zubringt, für die Meditation verwendet, werdet ihr sowohl geistig als auch intellektuell viel größere Fortschritte machen. Schlaft weniger und widmet mehr Stunden der Meditation; die Ruhe, die ihr dadurch gewinnt, erfrischt euch hundertmal mehr als jeder Schlaf.

Ihr müßt in der Lage sein, alle Geräusche, die in euer Bewußtsein dringen, auszuschalten, sonst könnt ihr Gott nicht erreichen. Eben darum bevorzugen die Heiligen die Abgeschiedenheit von Höhlen und Wäldern. Taucht immer wieder in das innere Schweigen ein, indem ihr die Konzentrations- und Meditationstechniken übt, die ich euch gegeben habe; dann werdet ihr tiefen Frieden und großes Glück finden. In der *Gita* heißt es: «Der Yogi, der sich von ständigen Wünschen und weltlichem Besitz befreit hat, sollte sich in die Stille und Einsamkeit zurückziehen, seine Gefühle und Gedanken (durch Yoga-Konzentration) beherrschen lernen und sich stets bemühen, mit seiner Seele eins zu werden.»[5]

In allen Kirchen und Tempeln sollte man sich mehr darin üben, in das Schweigen tiefer Meditation zu tauchen. Es sollte weniger geredet werden. Während meiner Schulung in der indischen Einsiedelei hielt mein Guru Sri Yukteswar nur selten Vorträge. Die meiste Zeit saßen wir schweigend um ihn herum und richteten unsere Aufmerksamkeit nach innen. Wenn wir uns auch nur ein wenig bewegten, tadelte er uns. Ein echter Lehrer besitzt mehr als nur Bücherwissen, und auf dem geistigen Weg ist es nötig, die Weisheit eines solchen Lehrers in sich aufzunehmen – eines Menschen, der nicht nur weiß, sondern auch weiß, daß er weiß, weil er die Wahrheit selbst erlebt und nicht nur einiges über sie gelesen hat.

Die unsichtbare Quelle der sichtbaren Welten

Der Raum zerfällt in zwei Teile oder Aspekte. Auf der einen Seite des Raumes ist die Schöpfung. Auf der anderen Seite ist Gott allein; da gibt es keine Schöpfung. Es ist die Welt des «dunkellosen Dunkels» und des «lichtlosen Lichts». In der *Gita* spricht der Herr: «Wo keine

[5] *Bhagavad-Gita* VI, 10.

Sonne, kein Mond noch irgendein Feuer leuchtet, dort ist Meine Höchste Wohnstatt.»[6]

Dieselbe Gegensätzlichkeit besteht im menschlichen Bewußtsein. Ihr seid ein zweigeteiltes Wesen – denn ihr habt eine sichtbare und eine unsichtbare Seite. Mit offenen Augen seht ihr die objektive Schöpfung, in der ihr euch befindet. Mit geschlossenen Augen seht ihr nur eine dunkle Leere; doch euer Bewußtsein, auch wenn es sich von allem Gegenständlichen gelöst hat, ist noch hellwach und tätig. Wenn ihr in tiefer Meditation durch das Dunkel dringt, das hinter den geschlossenen Augen liegt, schaut ihr das Licht, aus dem die ganze Schöpfung hervorgeht. Im tieferen *Samadhi* erhebt ihr euch sogar über das offenbarte Licht und erreicht das allumfassende, selige Bewußtsein jenseits aller Formen – das jedoch unendlich viel wirklicher, fühlbarer und freudiger ist als jede sinnliche oder übersinnliche Wahrnehmung.

Gott hat euch die Gelegenheit gegeben, in eurem eigenen Bewußtsein das Wirken derselben Gesetze zu beobachten, die das Weltall regieren. Der Bewußtseinszustand, den man mit geschlossenen Augen erlebt und in dem es keine Formen gibt, kann mit dem endlosen Bereich des «dunkellosen Dunkels» und des «lichtlosen Lichts» verglichen werden, wo Gott allein existiert. Dort gibt es keine Formen, Eigenschaften oder Gegensätzlichkeiten, wie sie den Bereich Seiner materiellen Schöpfung kennzeichnen. In der grenzenlosen Ausdehnung der Ewigkeit jenseits der Schöpfung lebt Gott allein im uneingeschränkten Bewußtsein der ewig bestehenden, ewig bewußten, ewig neuen Seligkeit. In dem Teil Seines unendlichen Bewußtseins, wo Er allein als das Absolute herrscht, existieren keine Welten noch irgendwelche erschaffenen Dinge. Doch im anderen Teil des Weltalls ist Er sich aller Dinge und der ganzen Schöpfung bewußt.

Das Unsichtbare ist die Werkstatt des Universums. Einstein sagte, daß der Weltraum sehr verdächtig sei, weil alles von ihm herkomme und alles in ihm verschwinde. Wohin entschwinden die Elektronen, wohin ganze Welten?

Wenn euch etwas in der materiellen Schöpfung fasziniert, schließt die Augen, blickt nach innen und meditiert über seinen Ursprung.

[6] *Bhagavad-Gita* XV, 6.

Ihr seht nichts und fühlt nichts. Und doch sind alle sichtbaren Gegenstände aus diesem Unsichtbaren entstanden. «Das Licht scheint in der Finsternis.»[7] Wenn ihr euch konzentriert und anhaltend in die Finsternis blickt, werdet ihr dieses große Licht finden. Hinter der Dunkelheit liegt das Christusbewußtsein. Hinter der Dunkelheit liegen andere Welten, in denen unerschöpfliches Leben pulsiert. «In meines Vaters Haus sind viele Wohnungen.»[8]

Unmittelbar hinter dem Raum liegt die Höchste Intelligenz. Und unmittelbar hinter euch liegt Gott. Lebt nicht länger in Unkenntnis Seiner Gegenwart. Rüttelt das Dunkel mit eurer Meditation auf! Laßt nicht nach, bis ihr Ihn findet. Es gibt noch so viel zu erforschen! Es gibt im eigenen Innern so viel zu sehen! Das Unendliche kann jedes Problem sofort für euch lösen. Die Wahrheiten, die ich innerlich durch die Meditation erfahre, enthüllen mir grundlegende physiologische Gesetze, welche die Wissenschaft auf andere Weise entdeckt. Wenn ich die Augen schließe, nehme ich die feinstofflichen Lebensströme in meinem Körper wahr.

In der Stille, die ihr bei geschlossenen Augen fühlt, dürft ihr euch nicht allein wähnen. Gott ist bei euch. Warum solltet ihr annehmen, Er sei es nicht? Der Äther ist angefüllt mit Musik, die man mit dem Radio empfangen kann, von der ihr sonst aber nichts wüßtet. So verhält es sich auch mit Gott. Er ist jede Minute eures Lebens bei euch, doch ihr könnt das nur durch die Meditation erfahren. Und diejenigen unter euch, die meditieren, sollten tiefer gehen! Laßt euch nachts nicht vom Schlaf übermannen, bevor ihr tatsächlich Gottes Gegenwart gefühlt habt. Späht ins Dunkel hinein, bis ihr dessen wundersame Geheimnisse entdeckt.

Um euch zu ermutigen, will ich euch von einem Erlebnis berichten, das ich heute im überbewußten Zustand hatte. Ich saß etwa gegen vier Uhr in der Bibliothek von Mt. Washington. Plötzlich schwand mein Atem, und meine Glieder erstarrten. Ich beobachtete den Vorgang des Sterbens, der sich in mir abspielte. Mein Körper war atem- und bewegungslos; dennoch war ich bei vollem Bewußtsein. Dieses Todeserlebnis war wunderbar. Ich schaute meinen Körper und die ganze Natur als einen kosmischen Film, der von

[7] *Johannes* 1, 5.
[8] *Johannes* 14, 2.

Gottes Licht geschaffen wurde. Freudig rief ich aus: «Es gibt keinen Tod, Herr! Die ganze Welt ist nichts als ein Lichtspieltheater!»

Ein Herrscher auf seinem Thron mag sich brüsten: «Seht, ich bin König!» Doch sobald der Tod bei ihm anklopft, ist es um den König geschehen. Nur der ist ein wahrer König, der Gott in allen Formen der Schöpfung wahrnimmt. Ihn wird der Tod nicht schrecken, denn für ihn ist er das Tor zum Reich Gottes.

Der erste Weg zum Kosmischen Bewußtsein

Der erste der drei Wege, auf denen man das menschliche Bewußtsein zum Kosmischen Bewußtsein erweitern kann, ist der soziale Weg; hier vergißt man sein «Ich» und lebt für alle. Seid euren Freunden treu und bringt allen Menschen Liebe entgegen. Gott gab euch eine Familie, damit ihr lernt, für andere zu sorgen und so euer Bewußtsein auszudehnen. Im Familienleben lernen wir, unsere Angehörigen zu lieben und uns für sie aufzuopfern; dadurch erreichen wir eine gewisse Ausweitung des Bewußtseins. Aber das genügt nicht. Eine Liebe, die persönlich wird, schließt andere aus und ist begrenzt; doch wenn sie überpersönlich wird, erweitert sie sich. Macht eure Liebe überpersönlich, so daß ihr für alle dieselbe Liebe fühlen könnt, die ihr eurer Famile entgegenbringt, so daß ihr auch für andere das tut, was ihr für euch selbst tätet. Der soziale Weg zum Kosmischen Bewußtsein besteht darin, sich jedem Menschen gegenüber so zu verhalten.

Gott liebt alle Seine Kinder gleich – sie alle gehören zu Seiner göttlichen Familie, und Seine Liebe ist überpersönlich. Seine Kinder sollten einander dieselbe Art der Liebe entgegenbringen. So hat es der göttliche Plan vorgesehen. Wer dies vergißt, muß leiden. Eure ganze Einstellung zur Welt muß sich ändern. Ihr seid in *jedem* Menschen, denn euer wahres Wesen ist Allgegenwart.

Ich beschenke andere gern; wenn ich ihre Freude darüber sehe, bin ich überglücklich. Wenn wir andere lieben und mit ihnen mitempfinden, fühlen wir uns eins mit der ganzen Schöpfung. Jesus, der sein Leben zu «einer Erlösung für viele»[9] gab, zeigte uns den sozialen

[9] *Matthäus* 20, 28.

Weg, Kosmisches Bewußtsein zu erlangen. Wie Christus solltet auch ihr der ganzen Menschheit wie eurem eigenen Selbst dienen.

Wer im Kosmischen Bewußtsein lebt, ist ein glücklicher Mensch. Er beschränkt seine Liebe nicht auf einige wenige und schließt alle anderen aus. Deshalb solltet ihr die ganze Welt als eure Familie betrachten. Vergeßt dies bitte nie! Ich lebe ständig in diesem Bewußtsein. Ich kenne keine Kaste und kein Heimatland – ich fühle, daß alle zu mir gehören. Liebt alle Männer als eure Brüder, alle Frauen als eure Schwestern und alle älteren Leute als eure Eltern. Liebt alle Menschen als eure Freunde.

Der zweite Weg

Der zweite Weg zum Kosmischen Bewußtsein ist der Weg der Selbstdisziplin. Fallt nicht der Unmäßigkeit zum Opfer! Freut euch an allen Dingen, aber hängt nicht an ihnen! Bleibt frei! Seid höflich und habt euch in der Gewalt. Laßt euch nicht zu Sklaven falscher Gewohnheiten machen, sondern handelt immer so, wie ihr es für richtig haltet. Um Kosmisches Bewußtsein zu erlangen, muß man Selbstbeherrschung besitzen und sich über die Gegensätze – Hitze und Kälte, Lust und Leid, Gesundheit und Krankheit – erheben können. Lernt, alles zu ertragen, ohne euch aufzuregen und ohne eure innere Ruhe zu verlieren. «Derjenige, der an nichts mehr hängt, der sich weder durch das Gute freudig erregen noch durch das Böse stören läßt, hat höchste Weisheit erlangt.»[10]

Der dritte und höchste Weg

Zuletzt kommt der Weg der Meditation, der metaphysische Weg. Wenn ihr euch während der Meditation immer noch des Atems bewußt seid, bleibt ihr ans Körperbewußtsein gebunden. Um ins Kosmische Bewußtsein eingehen zu können, muß man sich zuerst durch die vom Guru gelehrten Meditationsmethoden von den Fesseln des Körpers befreien.

[10] *Bhagavad-Gita* II, 57.

Wenn ihr ein luftdicht verschlossenes Gefäß mit Wasser in einen Wassertank stellt, ist das Wasser im Gefäß vom umgebenden Wasser innerhalb des Tanks getrennt; wenn ihr aber den Gefäßdeckel entfernt, kann sich das Wasser des Gefäßes mit dem Wasser im Tank vermischen. Ähnlich schließt der durchschnittliche Mensch Gott aus, weil sein Bewußtsein mit dem Deckel der Unwissenheit verschlossen ist. Wird dieser Deckel durch richtige Meditationsmethoden entfernt, fühlt man Gottes Frieden in sich selbst und auch außerhalb des Körpers. Wenn ihr immer länger und tiefer meditiert, werdet ihr immer mehr Frieden finden und einen Zustand ewig neuer Freude erleben. Alles andere, was ihr unternehmen mögt, wird euch nicht dasselbe göttliche Bewußtsein vermitteln wie die Meditation.

Gott ist allüberall, doch ihr fühlt Ihn nicht. Und ihr könnt Ihn weder in euch noch außerhalb fühlen, wenn ihr Ihn nicht in euch selbst entdeckt, indem ihr den Deckel der Unwissenheit entfernt und euer Bewußtsein mit Seinem Bewußtsein verschmelzen laßt. Wenn ihr euch in materielle Wünsche verstrickt, werdet ihr ersticken. Wenn ihr in Gottes Meer eintaucht, werdet ihr ewig leben.

Habt ihr Gott erst einmal gefunden, erlebt ihr wirkliche, unvergängliche Freude. Von menschlichen Freunden könnt ihr getrennt werden; Gott aber verläßt euch nie. Selbst wenn euch alle anderen im Stich lassen – wenn ihr Ihn habt, dann habt ihr alles!

Das wahre Erleben geistiger Ekstase

(1934)

Gott hat uns die seelische Kraft der Inspiration verliehen – die Fähigkeit, Seine Gegenwart, das heißt reine Glückseligkeit, im eigenen Innern zu erleben. Doch die Kraft des Bösen, die in der Schöpfung wirksam ist, hat irreführende Imitationen erschaffen. So erzeugen die vorübergehend aufheiternden Wirkungen des Alkohols und der Rauschgifte Trugbilder echter geistiger Erlebnisse. Der Genuß von Alkohol und Rauschgiften führt oft zu sexuellen Ausschweifungen. Dadurch wird die seelische Kraft der Inspiration unterbunden, weil der Geist dann völlig ans Körperbewußtsein gefesselt ist.

Viele trinken Wein, um ihre traurigen oder unangenehmen Erinnerungen und Sorgen zu vergessen, aber diese Art des Vergessens beraubt die Seele ihrer natürlichen Weisheit – eben der Kraft, die ihr helfen kann, alle Prüfungen zu bestehen und bleibendes Glück zu finden. Gott, der die Freude selbst ist, will, daß wir Seine ewig neue Glückseligkeit in unserer eigenen Seele suchen und finden.

Die Imitationen schaden uns, denn sie sind Versuchungen der Maya, der kosmischen Kraft der Täuschung, die ständig versucht, alles Wunderbare, das Gott in diesem Universum erschaffen hat, zu entstellen. Überall in der Schöpfung können wir diese miteinander im Widerstreit liegenden dualistischen Kräfte von Gut und Böse beobachten: Gott erschuf die Liebe, die satanische Kraft erschuf den Haß; Gott erschuf Güte, die satanische Kraft erschuf Selbstsucht; Gott erschuf den Frieden, die satanische Kraft erschuf die Disharmonie.

Weil ihr dies wißt, solltet ihr euch auch klar darüber sein, daß Alkohol und Rauschgifte eurem Glück im Wege stehen; sie zerstören die echte Freude und Intelligenz der Seele. Selbst ein einziges Glas Alhohol oder der erste Versuch mit Drogen[1] kann zu einer festen Gewohnheit führen, wenn nämlich in eurem Unterbewußtsein be-

[1] Es sei denn, ein anerkannter Arzt verschreibt sie, und man nimmt sie unter seiner Aufsicht ein.

reits eine solche Neigung aus früheren Leben besteht. Was böse ist, sollte stets als «das Böse» gemieden werden.

Der Wein geistiger Ekstase läßt sich mit nichts anderem vergleichen

Wenn ihr einmal den Wein geistiger Ekstase gekostet habt, werdet ihr feststellen, daß er mit nichts anderem zu vergleichen ist. Bemüht euch immer, in euren Kindern das göttliche Bewußtsein zu erwekken, indem ihr sie meditieren lehrt; dann werden sie gar nicht erst versucht, mit dem Feuer täuschender, irreführender Freuden zu spielen. Heilige Glückseligkeit kennt kein Ende, wogegen die durch Alkohol und Rauschgifte erzeugten Freuden von kurzer Dauer sind und einen schließlich ins Elend stürzen.

Jede Nacht genießt ihr während des Schlafs einen Vorgeschmack von Frieden und Freude. Wenn ihr in tiefen Schlaf versinkt, läßt Gott euch im friedlichen Überbewußtsein leben, in dem alle Ängste und Sorgen dieses Daseins vergessen sind. Durch Meditation könnt ihr diesen heiligen Geisteszustand auch im Wachbewußtsein erreichen, so daß ihr ständig von einem heilsamen Frieden durchdrungen seid.

Wenn die göttliche Freude über mich kommt, steht mein Atem sofort still, und ich werde zum GEIST emporgehoben. Dann fühle ich eine Glückseligkeit, die tausendmal wunderbarer ist als jeder Schlaf, und dennoch verliere ich mein normales Bewußtsein nicht. Das ist die allgemeine Erfahrung all derer, die in die Tiefen des Überbewußtseins tauchen. Wenn euch echte göttliche Ekstase überkommt, wird der Körper regungslos, der Atem steht still, und alle Gedanken verebben – durch den magischen Befehl der Seele verbannt. Dann trinkt ihr Gottes Glückseligkeit und erlebt einen Freudenrausch, den selbst tausend Becher Wein euch nicht verschaffen könnten.

Wenn der durchschnittliche Mensch langsam in den Schlaf hinübergleitet, fühlt er ein wenig Freude; doch dieses Bewußtsein hält nicht lange an, weil er bald fest eingeschlafen ist. Im Schlaf verliert ihr das Bewußtsein nicht ganz, denn wenn ihr aufwacht, wißt ihr immer, ob ihr gut oder schlecht geschlafen habt.

Es gibt verschiedene Arten von Schlaf – den leichten und den tiefen. Doch berauschender als selbst der seligste Schlummer sind die bewußten geistigen Erlebnisse mit Gott. Jenseits des geheimnisvollen Schlaflandes warten all diese göttlichen Freuden auf uns. Ich kann mich in jeden gewünschten Zustand versetzen. Oft verharre ich im überbewußten Zustand – an der Grenze zwischen Schlafen und Wachen.

Das Bewußtsein hat eine unbegrenzte Reichweite

Euer Geist hat eine unermeßliche, unbegrenzte Reichweite; doch ihr seid euch dessen nicht bewußt. Ich kann in tiefen Schlaf versinken und den Schlafzustand genießen, während ich mir gleichzeitig meiner Umwelt bewußt bin. Oder ich kann schlafen und träumen und gleichzeitig alles hören, was um mich herum vor sich geht. Manchmal schlafe ich so wie ein durchschnittlicher Mensch, und dann wieder schlafe ich ganz bewußt und beobachte, wie ich schlafe. Im überbewußten Zustand könnt ihr euren Körper und Geist schlafen sehen und euch dennoch alles dessen, was geschieht, bewußt sein. Das ist aber nur dann möglich, wenn ihr die Fähigkeit entwickelt habt, willentlich ins Überbewußtsein einzugehen und willentlich wieder ins normale Bewußtsein zurückzukehren.

Ihr braucht euch keine Sorgen zu machen, daß ihr durch Meditation (oder durch Einbildung oder das Üben inneren Schweigens) den Körper verlassen und nicht mehr zurückkehren könntet. Das ist eine völlig irrige Vorstellung. Die von *Maya* erschaffene Anhänglichkeit an den Körper ist so machtvoll, daß es euch nicht gelingen wird, ihm so leicht zu entrinnen. Selbst wenn ihr das Wachbewußtsein verliert, könnt ihr euren Körper nicht für immer verlassen, solange er an das Unterbewußtsein gebunden bleibt.

Was ist der Beweis für den Zustand der Selbst-Verwirklichung?

Wenn ihr euch irgend etwas intensiv vorstellt, wird es als Halluzination sichtbar; die jedoch hat keine Wirklichkeit. Ihr müßt wissen, was der Unterschied zwischen Einbildung und Selbst-Verwirklichung ist. *Ein sicherer Beweis für Selbst-Verwirklichung – für das göttliche Bewußtsein in euch – ist es, wenn ihr wahrhaft und bedingungslos glücklich seid.* Wenn ihr eine ständig anwachsende Freude in der Meditation fühlt und wenn dieser Zustand anhält, dann wißt ihr, daß Gott euch Seine Gegenwart fühlen läßt. Verliert ihr dieses göttliche Glücksgefühl aber, dann stimmt etwas mit eurem Bewußtsein nicht – dann muß irgendein Defekt mit der Hilfe eures Gurus behoben werden. Wenn ihr ständig mit diesem in Verbindung bleibt, indem ihr täglich meditiert und seinen Geboten folgt – dem *Sadhana*[2], das er euch gegeben hat –, wird er euren Defekt beheben.

Ihr könnt nicht dadurch zu Gott gelangen, daß ihr euch einbildet, ihr wäret göttlich erleuchtet. Ihr müßt euch selbst ändern – das heißt, ihr müßt euch vervollkommnen. Zwischen der potentiellen und der tatsächlichen Verwirklichung Gottes besteht ein gewaltiger Unterschied. Ihr könnt Ihn nicht eher erkennen, als bis ihr Demut, Weisheit und Hingabe besitzt. Der demütige Mensch ist derjenige, der Gott finden wird.

Wer tief ins Überbewußtsein taucht, entwickelt ganz von selbst überdurchschnittliche geistige Kräfte und Herrschaft über die Naturgewalten. Doch kein Mensch, der wahres Gottesbewußtsein besitzt, gebraucht seine Kräfte zu unvernünftigen, egoistischen Zwecken. Die Weisen haben erkannt, daß Gott der einzige Handelnde ist, und geben Ihm die außergewöhnlichen Gaben, die Er ihnen verliehen hat, demütig zurück. Ist nicht alles im Universum ein Wunder? Ist die bloße Existenz des Menschen nicht ein Wunder? Wenn die Menschen mit all diesen von Gott erschaffenen Wundern nicht zufrieden sind, warum sollten die Heiligen dann noch mehr Wunder vollbringen? Sie tun es auch nicht, es sei denn, daß der Herr sie aus irgendeinem besonderen und unerforschlichen Grunde dazu auffordert.

[2] Geistige Lehre und Disziplin, die der Guru vermittelt.

Hinter dem Kaleidoskop des Unterbewußtseins

Ich will einmal beschreiben, wie sich das Überbewußtsein vom Unterbewußtsein unterscheidet. Das Überbewußtsein ist jener Zustand, in dem ihr während des Wachseins oder auch im Schlaf irgendeine körperliche Empfindung *bewußt* und willentlich, ohne jede äußere Anregung hervorrufen könnt. Das ist der Beweis. Im unterbewußten Traumland könnt ihr ein Glas heiße Milch trinken, doch ist das eine unfreiwillige Erfahrung; wer sich im Überbewußtsein befindet, kann diese oder irgendeine andere Erfahrung bewußt und willentlich herbeiführen. Solange ihr dies noch nicht könnt, bildet euch nicht ein, daß ihr den überbewußten Zustand erreicht habt.

Millionen von Gottsuchern gelangen nie über das Kaleidoskop des Unterbewußtseins hinaus, das seine Wunder fast nur während des Schlafs offenbart. Doch im überbewußten Zustand könnt ihr alles, was ihr wünscht, sehen oder erfahren – nicht durch Einbildung, sondern in Wirklichkeit. Ich kann auf diesem Stuhl sitzen bleiben und meinen Geist nach Indien versetzen; dann sehe ich genau, was sich in meinem Elternhaus abspielt.

Gottsucher, die immer größere Fortschritte machen, erfahren drei Stadien geistiger Wahrnehmung, nämlich die heilige Trinität: Zuerst erreichen sie das Überbewußtsein, das heißt die Vereinigung mit der schöpferischen Kraft im Universum – mit dem *OM*, «Gott, dem Heiligen Geist». Als nächstes gehen sie ins Christusbewußtsein ein, wo sie mit der unendlichen Intelligenz innerhalb der Schöpfung verschmelzen – mit dem *Tat*, «dem Sohn Gottes». Und schließlich erreichen sie das höchste oder Kosmische Bewußtsein, die Wahrheit jenseits der Schöpfung – das unaussprechliche Absolute, *Sat*, «Gottvater.»

Manchmal befindet sich ein Heiliger im Unterbewußtsein, manchmal erhebt er sich ins Überbewußtsein und Christusbewußtsein, und einige wenige große Seelen sind fähig, jenseits des Christusbewußtseins ins Kosmische Bewußtsein einzugehen, in den Bereich des ursachelosen GEISTES.

Im Christusbewußtsein braucht ihr euch das, was ihr erleben wollt, nicht erst zu vergegenwärtigen. Ihr braucht euch nicht Indien vorzustellen – ihr seid da; ihr seid euch der ganzen Schöpfung bewußt. Dieses Erlebnis bedeutet eine endlose Erweiterung des Bewußtseins. Ihr seid *in* jedem Grashalm und *oben* auf den Berggipfeln; ihr könnt jede Zelle eures Körpers und jedes Atom im weiten Raum fühlen.

Doch das Kosmische Bewußtsein geht noch darüber hinaus. Wenn ihr eure Gegenwart in der ganzen Schöpfung fühlen könnt und außerdem die Freude erlebt, die jenseits der Schöpfung ist, dann seid ihr ein gottähnliches Wesen geworden.

Ein Erlebnis im Kosmischen Bewußtsein

Das Erlebnis des Kosmischen Bewußtseins wird einem Jünger von seinem Guru erst dann vermittelt, wenn dieser entsprechende geistige Fortschritte gemacht hat. In nachfolgendem Text beschreibt Paramahansa Yogananda wie sein Guru Sri Yukteswar ihm dieses Erlebnis vermittelte.

Der Meister sprach tröstend und voller Zärtlichkeit. Sein Blick war still und unergründlich, als er fortfuhr: «Dein Herzenswunsch soll erfüllt werden.» Sri Yukteswar sprach selten in Rätseln, und so wußte ich nicht, wie ich seine Worte verstehen sollte. Da schlug er mir oberhalb des Herzens sanft auf die Brust.

Sogleich stand ich wie festgewurzelt da. Der Atem wurde mir, wie von einem gewaltigen Magneten, aus der Lunge gesogen. Geist und Seele sprengten augenblicklich ihre irdischen Fesseln und strömten gleich einer blendenden Lichtflut aus jeder Pore meines Körpers. Das Fleisch fühlte sich wie abgestorben an, und dennoch war ich im Besitz intensiver Wahrnehmungskraft und wußte, daß ich nie so lebendig gewesen war. Mein Ichbewußtsein beschränkte sich nicht mehr auf den Körper, sondern umfaßte alle mich umgebenden Atome. Menschen aus fernen Straßen tauchten plötzlich in meinem Blickfeld auf, das sich ins Unermeßliche erstreckte. Die Wurzeln der Pflanzen und Bäume schimmerten durch den transparent gewordenen Boden hindurch, und ich konnte den inneren Saftstrom erkennen.

Die ganze nähere Umgebung lag unverhüllt vor mir da. Meine gewöhnliche Sicht erweiterte sich zur unermeßlichen sphärischen Sicht, so daß ich alles gleichzeitig wahrnehmen konnte. Durch meinen Hinterkopf sah ich einige Menschen bis zum Ende der Rai-Ghat-Gasse hinuntergehen und bemerkte unter anderem eine weiße Kuh, die sich gemächlich unserem Hause näherte. Als sie das offene Tor des Ashrams erreicht hatte, sah ich sie wie mit meinen physischen Augen. Auch als sie hinter der Ziegelmauer des Hofes verschwand, konnte ich sie immer noch genau erkennen.

Alle Gegenstände innerhalb meines panoramischen Blickfeldes zitterten und vibrierten wie Filmbilder. Mein Körper, der Körper des Meisters, der von Säulen umstandene Hof, die Möbel und der Fußboden, die Bäume und der Sonnenschein begannen sich zeitweise heftig zu bewegen, bis sie sich alle in einem leuchtenden Meer auflösten – ähnlich wie Zuckerkristalle in einem Glas Wasser zergehen, wenn es geschüttelt wird. Das vereinigende Licht und die sich materialisierenden Formen wechselten ständig miteinander ab – eine Metamorphose, die mir das im Universum herrschende Gesetz von Ursache und Wirkung vor Augen führte.

Eine überwältigende Freude ergoß sich über die stillen, endlosen Ufer meiner Seele. Ich erkannte, daß der göttliche GEIST unerschöpfliche Glückseligkeit ist und daß Sein Körper aus zahllosen Lichtgeweben besteht. Die sich in meinem Innern ausbreitende Seligkeit begann Städte, Kontinente, die Erde, Sonnen- und Sternsysteme, ätherische Urnebel und schwebende Universen zu umfassen. Der ganze Kosmos flimmerte wie eine ferne, nächtliche Stadt in der Unendlichkeit meines eigenen Selbst. Das blendende Licht jenseits der scharf gezeichneten Horizontlinie verblaßte leicht an den äußeren Rändern und wurde dort zu einem gleichbleibenden, milden Glanz von unsagbarer Feinheit. Die Bilder der Planeten dagegen wurden von einem gröberen Licht gebildet.

Die göttlichen Strahlen flossen aus einem ewigen Quell nach allen Richtungen und bildeten Milchstraßensysteme, die von einem unbeschreiblichen Glanz verklärt wurden. Immer wieder sah ich, wie sich die schöpferischen Strahlen zu Konstellationen verdichteten und sich dann in ein transparentes Flammenmeer auflösten. In rhythmischem Wechsel gingen Abermillionen Welten in diesem durchsichtigen Glanz auf und wurde das Feuer wieder zum Firmament.

Ich fühlte, daß das Zentrum dieses Lichthimmels in meinem eigenen Herzen lag, daß es der Kern meiner intuitiven Wahrnehmung war. Strahlender Glanz ergoß sich aus diesem inneren Kern in jeden Teil des Universums. Segensreicher *Amrita*, der Nektar der Unsterblichkeit, pulsierte gleich einer quecksilbrigen Flüssigkeit in mir. Ich hörte das Schöpferwort *OM*[1] – den Laut des vibrierenden Kosmischen «Motors».

Plötzlich kehrte der Atem in meine Lunge zurück. Mit fast

[1] «Im Anfang war das Wort, und das Wort war bei Gott, und Gott war das Wort.» (*Johannes* 1, 1)

unerträglicher Enttäuschung fühlte ich, daß ich meine Unermeßlichkeit verloren hatte. Wiederum sah ich mich in einem elenden, körperlichen Käfig eingesperrt, der sich nur schwer zum GEIST aufzuschwingen vermag. Gleich einem verlorenen Sohn war ich aus meiner makrokosmischen Heimat fortgelaufen und hatte mich im beengenden Mikrokosmos eingeschlossen.

Mein Guru stand unbeweglich vor mir. Ich wollte ihm aus Dankbarkeit für das Erlebnis des Kosmischen Bewußtseins, das ich seit langem leidenschaftlich herbeigesehnt hatte, zu Füßen fallen. Er aber fing mich auf und sagte ruhig:

«Laß dich nicht zu sehr von der Ekstase trunken machen. Für dich gibt es noch viel Arbeit in dieser Welt. Komm, wir wollen den Balkon fegen und dann zum Ganges hinuntergehen.»

Ich holte einen Besen herbei, denn ich verstand, daß der Meister mich das Geheimnis eines ausgeglichenen Lebens lehren wollte. Die Seele muß sich über kosmogonische Abgründe hinausschwingen können, während der Körper seinen täglichen Pflichten nachgeht.

Als ich etwas später mit Sri Yukteswar spazierenging, befand ich mich noch immer in einem Zustand unbeschreiblicher Entrücktheit. Unsere beiden Körper glichen zwei Astralbildern, die sich an einem Strom aus reinem Licht entlangbewegten.

«Alle Formen und Kräfte im Universum werden allein vom GEIST Gottes belebt und aufrechterhalten; dennoch befindet Er sich in der glückseligen, unerschaffenen Leere jenseits der vibrierenden Welt der Erscheinungen, wo er uns fern und transzendent scheint», erklärte der Meister. «Wer hier auf Erden Selbst-Verwirklichung erlangt hat, führt ein ähnliches Doppelleben. Er erfüllt gewissenhaft seine Aufgaben in der Welt, bleibt dabei aber stets in innere Glückseligkeit versunken.

Gott hat alle Menschen aus der grenzenlosen Freude Seines eigenen Seins erschaffen. Obgleich die Menschen, die Er sich zum Bilde geschaffen hat, in einen Körper eingezwängt worden sind, erwartet Gott dennoch, daß sie sich dereinst über alle Sinnestäuschungen erheben und sich wieder mit Ihm vereinigen.»

Ich zog viele unvergeßliche Lehren aus meiner kosmischen Vision. Jeden Tag brachte ich nun meine Gedanken zum Schweigen und machte mich innerlich frei von der trügerischen Vorstellung, daß mein Körper eine Masse von Fleisch und Knochen sei, die sich über den festen Boden der Materie bewegt. Ich erkannte, daß der Atem und der ruhelose Geist Sturmwinden gleichen, die das Meer des Lichts aufpeitschen und die stofflichen Wellen – Erde, Himmel, Menschen, Tiere, Vögel und Bäume – hervorrufen. Nur wer diesen Sturm stillt, kann das Unendliche als das all-einige Licht wahrnehmen.

Jedesmal, wenn ich diese beiden natürlichen Sturmwinde vollkommen zur Ruhe gebracht hatte, sah ich die vielgestaltigen Wellen der Schöpfung in ein leuchtendes Meer zerfließen – ähnlich wie sich die bewegte See nach dem Sturm wieder glättet.

Ein Meister verleiht seinem Jünger das Erlebnis des Kosmischen Bewußtseins erst dann, wenn dieser seinen Geist durch Meditation so weit gefestigt hat, daß ihn die unermeßliche innere Schau nicht mehr überwältigt. Verstandesmäßige Bereitschaft und geistige Aufgeschlossenheit allein genügen nicht. Nur eine entsprechende Ausdehnung des Bewußtseins, die man durch Yoga und hingebungsvolle *Bhakti* erlangt, kann einen darauf vorbereiten, den befreienden Schock der Allgegenwart zu ertragen...

Jahre später schrieb ich nachfolgendes Gedicht «*Samadhi*», in dem ich versucht habe, dem Leser eine kleine Vorstellung von diesem seligen Zustand zu geben:

Entschwunden die Schleier von Licht und Schatten,
Zerflossen die Nebel all meiner Schmerzen,
Verblichen das Morgenrot flüchtiger Freuden,
Zerronnen die Fata Morgana der Sinne.
Liebe und Haß, Gesundheit und Krankheit, Leben und Tod,
Sie alle verschwinden – gleich flüchtigen Schatten –
Von der Leinwand der Dualität.
Der Zauberstab tiefer Intuition
Hat den Sturm der *Maya* gestillt.
Vergangenheit, Gegenwart, Zukunft,
Sie existieren nicht mehr!
Doch überall gegenwärtig, überall schwebend bin ich.
Planeten und Sonnen, Spiralnebel und die Erde,
Vulkanausbrüche und Sintflut des Jüngsten Gerichts,
Der flammende Ofen der Schöpfung
Und die Gletscher schweigender Röntgenstrahlen,

Das glühende Meer der Elektronen
Und die Gedanken der Menschen,
Die waren und sind und kommen werden,
Jeder Grashalm, ich selbst, das ganze Menschengeschlecht,
Jedes Stäubchen im Universum,
Zorn und Habgier, Gutes und Böses, Begierde, Erlösung –
Sie alle verschling' und verwandle ich
Im unermeßlichen Meer meines Blutes,
Meines all-einen Seins.
Die Glut der Freude, die – oft entfacht durch die Meditation –
Meine tränenden Augen blendete,
Lodert in endlosen Flammen der Seligkeit auf,
Verzehrt meine Tränen, mein Fleisch, mein alles!
Du bist ich, und ich bin Du!
Erkennen, Erkennender und Erkannter sind eins!
Ruhige, immerwährende Seligkeit,
Ewiges Leben, unvergänglicher Friede,
Freude jenseits aller Vorstellungskraft –
Seligkeit des *Samadhi*!
Kein unterbewußter Zustand und keine Narkose des Geistes,
Die mir den freien Rückweg verwehrt.
Samadhi erweitert mein Bewußtsein
Über die Grenzen des sterblichen Körpers hinaus
Bis zu den fernsten Gestaden der Ewigkeit,
Wo ich – als das Kosmische Meer –
Das winzige Ich gewahre, das in mir schwimmt,
Und das Raunen aller Atome höre.
Die dunkle Erde, die Berge und Täler,
Siehe! Sie alle schmelzen dahin!
Fließende Seen werden zu dampfenden Nebeln,
Das *OM* bläst durch dichten Nebeldunst
Und weht die mystischen Schleier beiseite –
Enthüllt das Lichtmeer der Elektronen,
Bis beim Klang der kosmischen Trommel
Das gröbere Licht in die ewigen Strahlen
Allumfassender Seligkeit taucht.
Aus der Freude bin ich gekommen,
Aus Freude lebe ich,

In heilige Freude gehe ich wieder ein.
Geistmeer bin ich, das alle Wellen der Schöpfung trinkt.
Erde und Wasser, Dampf und Licht –
Die vier dichten Schleier –
Lösen sich auf.
Ich selbst bin in allen Dingen
Und verschmelze mit meinem Großen Selbst.
Die launischen Schatten menschlichen Denkens
Sind für immer entschwunden,
Ungetrübt ist mein geistiger Himmel
Unter mir, vor mir, hoch über mir:
Ich und die Ewigkeit – ein vereinigter Strahl!
Ich selbst, eine winzige Welle des Lachens,
Werde zum Meer aller Seligkeit!

Sri Yukteswars Bericht aus der höheren Astralwelt

(1936)

«Es gibt viele Astralsphären, die von astralen Wesen bevölkert sind», begann der Meister. «Ihre Bewohner bedienen sich astraler Beförderungsmittel aus Licht, mit denen sie schneller als die Elektrizität oder radioaktive Energie von einem Planeten zum anderen reisen.

Das astrale Universum besteht aus feinen Licht- und Farbschwingungen und ist vielhundertmal größer als der physische Kosmos. Die ganze grobstoffliche Schöpfung hängt wie eine kleine massive Gondel unter dem riesigen, leuchtenden Ballon der Astralsphäre. Ebenso wie es viele physische Sonnen und Sterne gibt, die im Weltraum schweben, so gibt es auch zahllose astrale Sonnen- und Sternsysteme. Die astralen Sonnen und Monde sind viel prächtiger als die physischen. Man kann sie etwa mit dem Nordlicht vergleichen, wobei das astrale Nordlicht der Sonne strahlender ist als das milde Nordlicht des Mondes. Tag und Nacht sind in der Astralwelt viel länger als auf Erden.

Das astrale Universum ist unvorstellbar schön, sauber, rein und geordnet. Dort gibt es keine ausgestorbenen Planeten und kein verödetes Land. Auch die irdischen Plagen wie Unkraut, Bakterien, Insekten und Schlangen existieren dort nicht. Während es auf Erden krasse Temperaturunterschiede und den Wechsel der Jahreszeiten gibt, haben die Astralsphären das gleichbleibende Klima eines ewigen Frühlings mit gelegentlichem leuchtend weißem Schneefall und vielfarbigem Lichtregen. Die Astralwelt ist reich an kristallklaren Seen, leuchtenden Meeren und regenbogenfarbenen Flüssen.

Das gewöhnliche astrale Universum – nicht der höhere Astralhimmel von Hiranyaloka[1] – ist von Millionen Astralwesen bevölkert, die vor kürzerer oder längerer Zeit von der Erde gekommen sind, sowie von Myriaden Feen, Wassernixen, Fischen, Tieren, Kobolden, Gnomen, Halbgöttern und Geistern, die alle – je nach ihrer

[1] «Erleuchteter Astralplanet». Die Bewohner von Hiranyaloka haben bereits eine hohe geistige Entwicklungsstufe erreicht.

karmischen Beschaffenheit – auf entsprechenden Astralebenen leben. Gute und böse Geister wohnen in getrennten Sphären. Während sich die guten frei umherbewegen können, bleiben die bösen Geister auf die ihnen zugewiesene Zone beschränkt. Genauso wie die menschlichen Wesen auf der Oberfläche der Erde, die Würmer im Boden, die Fische im Wasser und die Vögel in der Luft leben, so leben auch die Astralwesen, je nach ihrem Entwicklungsgrad, in ihrem natürlichen Schwingungsbereich.

Zwischen den bösen, gefallenen Engeln, die aus verschiedenen Astralwelten ausgestoßen wurden, finden Kämpfe und Kriege statt. Bomben aus Biotronen und vibrierende mantrische[2] Strahlen dienen ihnen als Waffen. Diese Ausgestoßenen leben in den finsteren Regionen des niederen Astralkosmos, wo sie ihr schlechtes Karma abbüßen.

In den unermeßlichen Gefilden oberhalb des dunklen Astralkerkers ist alles leuchtend und schön. Der astrale Kosmos kann sich viel leichter als die Erde dem göttlichen Willen und dem vollkommenen göttlichen Plan angleichen. Jeder astrale Gegenstand wird in erster Linie durch Gottes Willen, zum Teil aber auch durch den Willen der Astralwesen erschaffen. Diese besitzen die Macht, die Form irgendeines Gegenstandes, der bereits von Gott erschaffen wurde, abzuändern oder seine Schönheit noch zu steigern. Der Herr hat Seinen Astralkindern das Vorrecht gegeben, die Astralwelt nach Wunsch zu verändern oder zu verbessern. Auf Erden kann eine feste Substanz nur durch einen natürlichen oder chemischen Prozeß in einen anderen Aggregatzustand verwandelt werden; die Astralwesen dagegen können die festen Astralformen allein durch ihren Willen in astrale Flüssigkeiten, Gase oder in Atomenergie verwandeln.

Auf der dunklen Erde gibt es Mord und Kriege zu Wasser, zu Land und in der Luft... In den astralen Gefilden aber herrscht eine beglückende Harmonie und Übereinstimmung. Die astralen Wesen

[2] Ein Adjektiv zu *Mantra*, bestehend aus gesprochenen oder gesungenen Lauten, die bei tiefer Konzentration wie geistige Geschosse wirken. Die *Puranas* (die alten *Shastras* oder Erzählungen) beschreiben mantrische Kriege zwischen den *Devas* und *Asuras* (den Göttern und Dämonen). Ein *Asura* versuchte einst, einen *Deva* mit einem machtvollen Lied zu schlagen; da er aber eine falsche Betonung hineinlegte, wurde die geistige Bombe zu einem Bumerang, der den Dämon tötete.

entmaterialisieren und materialisieren ihren Körper nach Wunsch. Auch Blumen, Fische und Tiere können sich vorübergehend in astrale Menschen verwandeln. Allen Astralwesen steht es frei, irgendeine Gestalt anzunehmen und sich mühelos miteinander zu verständigen. Kein unabänderliches Naturgesetz hindert sie; so kann zum Beispiel jeder astrale Baum auf Wunsch eine astrale Mango, eine Blume oder irgendeinen anderen Gegenstand hervorbringen. Allerdings gibt es auch in der Astralwelt gewisse karmische Begrenzungen, jedoch nicht in bezug auf gewünschte Formen. Gottes schöpferisches Licht pulsiert in allen Dingen.

Niemand wird von einer Frau geboren. Die Astralwesen können ihre Nachkommen kraft ihres kosmischen Willens materialisieren und ihnen bestimmte Formen geben. Ein Wesen von der Erde wird, je nach seinen geistigen und seelischen Neigungen, von einer ihm entsprechenden Astralfamilie angezogen.

Der Astralkörper ist weder Hitze noch Kälte noch anderen natürlichen Bedingungen unterworfen. Anatomisch gesehen, besteht er aus einem astralen Gehirn mit dem teilweise tätigen, allwissenden ‹tausendblättrigen Lotos des Lichts› und den sechs erweckten Zentren in der *Sushumna* – der astralen Gehirn- und Rückenmarksachse. Das Herz entzieht dem astralen Gehirn Licht und kosmische Energie und leitet diese an die astralen Nerven und Körperzellen, oder Biotronen, weiter. Astralwesen können durch die Kraft dieser Biotronen und durch heilige mantrische Schwingungen Veränderungen an ihrem Körper vornehmen.

In den meisten Fällen gleicht der Astralkörper der Form des letzten irdischen Körpers. Gesicht und Gestalt eines Astralwesens ähneln der jugendlichen Erscheinung seiner letzten irdischen Verkörperung...

Während die dreidimensionale irdische Welt nur durch die fünf Sinne des Menschen erkannt werden kann, werden die astralen Sphären durch den allumfassenden sechsten Sinn – die Intuition – wahrgenommen... Die Astralwesen sehen, hören, riechen, schmekken und fühlen nur durch ihre Intuition. Sie haben drei Augen, von denen zwei halb geschlossen sind. Das dritte und größte Auge jedoch, das sich senkrecht auf der Stirn befindet, ist geöffnet. Die Astralmenschen besitzen alle äußeren Sinnesorgane – Augen, Ohren, Nase, Zunge und Haut –, nehmen die verschiedenen körperlichen Empfindungen aber mit ihrem sechsten Sinn wahr. So können sie zum Beispiel mit den Ohren, der Nase oder der Haut sehen, mit den Augen oder der Zunge hören, mit den Ohren oder der Haut schmecken usw.[3]

Der physische Körper des Menschen ist zahlreichen Gefahren ausgesetzt und kann leicht verstümmelt oder verletzt werden. Auch der ätherische Astralkörper wird zuweilen verwundet oder gequetscht, kann aber sofort durch reine Willenskraft wieder geheilt werden...

Schönheit ist in der Astralwelt vor allem eine geistige Eigenschaft... Aus diesem Grunde legen die Astralwesen kein großes Gewicht auf ihr Aussehen. Sie haben jedoch die Macht, sich jederzeit mit neuen, farbenfreudigen Astralkörpern zu bekleiden, die sie selbst materialisieren. Ebenso wie sich die Menschen auf der Erde bei besonderen Anlässen festlich kleiden, so nehmen auch die Astralwesen gelegentlich nach Wunsch eine bestimmte Gestalt an.

Freudenfeste finden auf den höheren Astralplaneten wie zum Beispiel Hiranyaloka dann statt, wenn sich ein Wesen geistig so hoch entwickelt hat, daß es sich von der Astralwelt lösen und in den Himmel der Kausalwelt eingehen kann. Bei solchen Gelegenheiten materialisieren sich die mit Gott vereinten Heiligen und sogar der unsichtbare Himmlische Vater selbst in leuchtenden Astralkörpern, um an der Festlichkeit teilzunehmen. Gott kann jede gewünschte Form annehmen, um Seinen geliebten Kindern Freude zu machen. *Bhaktas* oder hingebungsvolle Naturen erblicken Ihn oft als Göttliche Mutter. Jesus sah in Gott vor allem den liebenden Vater. Der Schöpfer hat jedem Seiner Geschöpfe Individualität verliehen und muß daher alle vorstellbaren und unvorstellbaren Ansprüche an Seine Vielseitigkeit in Kauf nehmen.» Bei diesen Worten brachen wir beide in fröhliches Lachen aus.

«Freunde aus früheren Leben erkennen sich in der Astralwelt leicht wieder. Dort erfreuen sie sich jener ewigen Liebe und Freundschaft, an der sie auf Erden – besonders in der Stunde des scheinbar endgültigen Abschieds – so oft zweifelten.

Mittels ihrer Intuition können die astralen Wesen den Schleier, der

[3] An Beispielen hierfür fehlt es selbst auf Erden nicht, wie im Fall von Helen Keller und anderen außergewöhnlichen Menschen.

sie von der irdischen Welt trennt, lüften und die Tätigkeit der Menschen beobachten; doch die Menschen können nicht in die astralen Sphären schauen, es sei denn, daß ihr sechster Sinn bis zu einem gewissen Grad entwickelt ist. Es gibt Tausende von Erdenbewohnern, die für kurze Augenblicke ein Astralwesen oder eine der Astralwelten erblickt haben.[4]

Die Bewohner von Hiranyaloka befinden sich während der langen astralen Tage und Nächte gewöhnlich im Wachzustand der *Nirvikalpa*-Ekstase und helfen bei der Lösung schwieriger Probleme, die mit der Regierung des Kosmos und der Befreiung ‹verlorener Söhne› (erdgebundener Seelen) zusammenhängen. Wenn die Bewohner von Hiranyaloka schlafen, haben sie gelegentlich Traumerlebnisse und astrale Visionen.

Alle Bewohner des Astralkosmos sind jedoch noch seelischen Leiden unterworfen. So verursacht es den sensiblen Wesen, die auf Hiranyaloka oder ähnlichen Planeten leben, tiefen Schmerz, wenn sie sich nicht richtig verhalten haben oder nicht auf den Grund der Wahrheit gedrungen sind. Diese fortgeschrittenen Wesen bemühen sich, all ihr Denken und Handeln in Einklang mit den geistigen Gesetzen zu bringen.

Die Verständigung zwischen den Bewohnern aller Astralwelten geschieht ausschließlich durch Telepathie und astrales Fernsehen. Es gibt keine der Irrtümer und Mißverständnisse, wie sie auf Erden durch das gesprochene und geschriebene Wort entstehen. So wie die Darsteller auf der Filmleinwand nur aus Licht und Schatten bestehen und sich bewegen und verschiedenen Tätigkeiten nachgehen, ohne wirklich zu atmen, so handeln und wandeln die Astralwesen wie intelligent gelenkte und aufeinander abgestimmte Lichtbilder, ohne Sauerstoff zum Leben zu brauchen. Die Existenz der Erdbewohner hängt von festen, flüssigen und gasförmigen Stoffen und der aus der Luft gewonnenen Lebensenergie ab; doch die Astralbewohner ernähren sich hauptsächlich von kosmischem Licht...

[4] Kinder, die ein reines Herz haben, können manchmal auf Erden eine anmutige Astralgestalt, z. B. eine Fee, erblicken. Andererseits können Drogen und berauschende Getränke, deren Genuß von allen heiligen Schriften untersagt wird, das Bewußtsein des Menschen derart zerrütten, daß er die abschreckenden Gestalten der astralen Hölle sieht.

Der astrale Boden bringt leuchtende, strahlenähnliche Pflanzen hervor... Die Astralbewohner nehmen Früchte und Pflanzen zu sich und trinken einen Nektar, der sich aus schimmernden Lichtquellen ergießt oder in astralen Bächen und Strömen fließt. So wie auf Erden die Bilder entfernter Menschen aus dem Äther herbeigeholt und durch den Fernsehapparat sichtbar gemacht werden, um sich später wieder im Raum zu verlieren, so können die Astralbewohner die im Äther schwebenden unsichtbaren astralen Bilder von Pflanzen und Früchten durch ihren Willen herbeiziehen. Ähnlich können sie allein durch ihre grenzenlose Vorstellungskraft herrliche Gärten erschaffen, die sich später wieder im unsichtbaren Äther auflösen. Die Bewohner himmlischer Sphären wie Hiranyaloka bedürfen also kaum der Nahrung. Noch unabhängiger aber sind die nahezu vollkommenen Wesen in der Kausalwelt, deren einzige Nahrung aus dem Manna der Glückseligkeit besteht.

Ein Astralwesen begegnet zahllosen Freunden und Verwandten: Vätern, Müttern, Ehefrauen, Ehemännern und Kindern, mit denen es in früheren Inkarnationen verbunden war[5] und die von Zeit zu Zeit in den verschiedenen Regionen des Astralkosmos auftauchen. Daher weiß es nicht, wen es am meisten lieben soll, und lernt auf diese Weise, allen die gleiche göttliche Liebe zu schenken und in ihnen allen verschiedene Ausdrucksformen Gottes, das heißt Seine Kinder, zu sehen. Die äußere Erscheinung ehemaliger Angehöriger mag sich mehr oder weniger verändert haben, je nachdem, welche neuen Charakterzüge sie im letzten Leben entwickelt haben; und dennoch erkennt ein Astralwesen mit untrüglicher Intuition alle wieder, die ihm einst auf einer anderen Daseinsebene nahegestanden haben, und heißt sie in ihrer neuen astralen Heimat willkommen. Jedes Atom der Schöpfung besitzt unveränderliche Individualität;[6]

[5] Buddha wurde einst gefragt, warum man alle Menschen gleich lieben solle. «Weil jedes Wesen (irgendwann einmal in irgendeiner tierischen oder menschlichen Form) einem jeden von uns nahegestanden hat», erwiderte der große Lehrer.

[6] Die acht Elementarkräfte – die wesentlichen Bestandteile allen erschaffenen Lebens, vom Atom angefangen bis zum Menschen – sind: Erde, Wasser, Feuer, Luft, Äther, Sinnesbewußtsein *(Manas)*, Intelligenz *(Buddhi)* und Individualität oder das Ich *(Ahamkara)*.

aus diesem Grunde können die Astralwesen ihre Freunde ohne weiteres wiederfinden, ganz gleich, in welchem Gewand diese erscheinen – ebenso wie man auf Erden, bei näherem Hinsehen, einen Schauspieler in seinen verschiedenen Verkleidungen wiedererkennt.

Jeder Mensch lebt während einer bestimmten Zeitspanne auf einem Astralplaneten. Die Lebensspanne in der Astralwelt ist viel länger als auf Erden. Ein einigermaßen fortgeschrittenes Wesen verbringt nach irdischem Zeitmaß 500–1000 Jahre in der Astralwelt. Aber ebenso wie gewisse Mammutbäume andere Bäume um Jahrtausende überleben und wie einige Yogis mehrere hundert Jahre alt werden, während der Durchschnittsmensch noch vor Vollendung seines 60. Lebensjahres stirbt, so bleiben einige Astralwesen viel länger als gewöhnlich in den Astralsphären. Besucher der Astralwelt leben dort für kürzere oder längere Zeit, je nach der Beschaffenheit ihres irdischen Karmas, das sie zur festgesetzten Zeit wieder auf die Erde zurückzieht.

Ein Astralwesen kennt keinen qualvollen Todeskampf, wenn die Zeit gekommen ist, seinen Lichtkörper abzuwerfen. Dennoch werden manche bei dem Gedanken, ihre Astralform gegen die feinere Kausalform einzutauschen, von einer leichten Unruhe befallen. In der Astralwelt gibt es keinen gewaltsamen Tod, keine Krankheit und kein Altern. Diese drei Geißeln liegen wie ein Fluch über der Erde, wo der Mensch seinem Bewußtsein gestattet hat, sich ganz und gar mit einem gebrechlichen, irdischen Körper zu identifizieren, dessen Existenz von Sauerstoff, Nahrung und Schlaf abhängt.

Beim körperlichen Tod tritt Stillstand der Atmung und Auflösung aller fleischlichen Zellen ein. Der astrale Tod dagegen besteht in der Auflösung der Biotronen – jener kosmischen Energieeinheiten, aus denen sich der Körper eines Astralwesens zusammensetzt. Beim körperlichen Tod löst sich das Bewußtsein des Menschen von der fleischlichen Hülle und gewahrt statt dessen seinen feinstofflichen Körper in der Astralwelt. Wenn seine Zeit drüben abgelaufen ist, erlebt er den astralen Tod; auf diese Weise pendelt sein Bewußtsein zwischen Geburt und Tod auf Erden und Geburt und Tod in der Astralwelt hin und her. Dieser sich ständig wiederholende Kreislauf astraler und irdischer Verkörperungen ist das unentrinnbare Schicksal aller unerleuchteten Wesen. Was wir in den heiligen Schriften über Himmel und Hölle lesen, erweckt oft schlummernde Erinnerungen in uns, die aus tieferen Schichten als denen des Unterbewußtseins kommen und uns zahlreiche Erlebnisse in den seligen Astralregionen und der leidvollen irdischen Welt ins Gedächtnis zurückrufen.

Als individuelle Seele gesehen, ist der Mensch im wesentlichen ein Kausalkörper. Die Kausalform ist der Nährboden für die 35 *Ideen* Gottes – die grundlegenden oder kausalen Gedankenkräfte –, die Gott später aufteilte, um aus 19 dieser Elemente den feinstofflichen Astralkörper und aus den 16 übrigen Elementen den grobstofflichen irdischen Körper zu bilden.

Die 19 Elemente des Astralkörpers sind mentaler, emotionaler und vitaler Art. Diese Elemente sind: Erkenntnisvermögen, Ichbewußtsein, Gefühl, Geist (Sinnesbewußtsein), die fünf Werkzeuge der *Erkenntnis* – die feinstofflichen Gegenstücke der fünf Sinne: Gesicht, Gehör, Geruch, Geschmack und Tastsinn –, die fünf Werkzeuge der *Tätigkeit*, welche für die körperlichen Vorgänge der Zeugung, Ausscheidung, des Sprechens, Gehens und der Fingerfertigkeit verantwortlich sind, und die fünf Werkzeuge der *Lebenskraft*, welche die Kristallisation, Assimilation, Elimination, den Stoffwechsel und Kreislauf im Körper bewirken. Diese feinstoffliche astrale Hülle überlebt die irdische Form, die aus 16 grobstofflichen, chemischen Elementen besteht.

Gott erschuf in sich selbst verschiedene Ideen und projizierte sie dann als Träume. So entstand die kosmische Traumwelt, die sich – wie eine schöne Frau – mit dem prunkvollen Schmuck der Relativität behängt hat.

In den 35 Gedankenkategorien des Kausalkörpers hat Gott die 19 astralen Elemente und die sie ergänzenden 16 physischen Elemente bis ins einzelne ausgearbeitet. Zuerst verdichtete Er die feinstofflichen Schwingungskräfte und erzeugte somit den Astralkörper; dann verdichtete Er die grobstofflichen Elemente und erschuf den physischen Körper. Bedingt durch das Relativitätsgesetz, das aus der Ursprünglichen Einheit eine verwirrende Vielfalt schuf, unterscheidet sich der kausale Kosmos und der Kausalkörper vom astralen Kosmos und vom Astralkörper. Ebenso unterscheidet sich der physische Kosmos und der physische Körper von den anderen Formen der Schöpfung.

Der irdische Körper ist ein fester, manifestierter Traum des

Schöpfers. Auf der Erde gibt es die ewigen Gegensätze: Gesundheit und Krankheit, Lust und Schmerz, Gewinn und Verlust, und die menschlichen Wesen finden in der dreidimensionalen Welt überall Begrenzung und Widerstand. Wenn der Lebenswille des Menschen durch Krankheit oder andere Ursachen gebrochen wird, tritt der Tod ein, und das schwere Gewand des Fleisches wird vorübergehend abgeworfen. Die Seele bleibt jedoch weiterhin im Astral- und Kausalkörper eingeschlossen.[7] Die Kohäsionskraft, die alle drei Körper zusammenhält, sind die Wünsche; es ist diese Triebkraft der unerfüllten Wünsche, welche die Knechtschaft des Menschen verursacht.

Körperliche Wünsche wurzeln im Egoismus und in der Sinnenlust. Der Zwang, den die Sinne ausüben, und die sinnlichen Verlokkungen sind stärker als der Wunsch nach astralen oder kausalen Wahrnehmungen.

Astrale Wünsche wurzeln in geistigen Genüssen, die sich durch Schwingungen mitteilen. So lauschen die astralen Wesen zum Beispiel der ätherischen Musik der Sphären und berauschen sich am Anblick der Schöpfung, die sich ihnen in ewig wechselnden Lichterscheinungen offenbart. Astrale Wesen können das Licht auch riechen, schmecken und berühren. So hängen die astralen Wünsche also mit der Fähigkeit der Astralwesen zusammen, jeden gewünschten Gegenstand unmittelbar als Lichtform zu verdichten und in Gedanken oder Träumen herrliche Erlebnisse hervorzurufen.

Kausale Wünsche können nur durch geistige Wahrnehmungen erfüllt werden. Die nahezu freien Wesen, die nur noch in die Kausalhülle eingeschlossen sind, nehmen den ganzen Kosmos als projizierte Traumgedanken Gottes wahr. Sie können alles und jedes durch bloße Gedanken materialisieren. Daher empfindet ihre sensible Seele jede körperliche Lust oder astrale Freude als grob und beklemmend. Die Kausalwesen befreien sich von ihren Wünschen, indem sie diese augenblicklich materialisieren. Da sie nur noch von dem feinen Schleier des Kausalkörpers umgeben sind, können sie – wie der Schöpfer – ganze Universen ins Leben rufen. Alle Welten bestehen aus kosmischem Traumstoff; deshalb besitzt ein Wesen,

[7] Unter Körper versteht man jede grob- oder feinstoffliche Hülle, in der die Seele eingeschlossen ist. Die drei Körper werden als «Käfige des Paradiesvogels» bezeichnet.

das nur noch mit einem feinen Kausalkörper bekleidet ist, ungeheure Kraft der Verwirklichung.

Die Seele, die von Natur unsichtbar ist, kann nur dann wahrgenommen werden, wenn sie sich mit einem oder mehreren Körpern bekleidet. Das bloße Vorhandensein eines Körpers bedeutet also, daß er aufgrund unerfüllter Wünsche entstanden ist.[8]

Solange die menschliche Seele in ein, zwei oder drei körperliche Gefäße eingeschlossen ist, die fest mit dem Korken der Unwissenheit und der Wünsche verschlossen sind, kann sie nicht mit dem Meer des GEISTES verschmelzen. Wenn das grobstoffliche, körperliche Gefäß im Tode zerstört wird, bleiben noch die beiden anderen Behälter – der astrale und der kausale – bestehen und hindern die Seele daran, sich bewußt mit dem Allgegenwärtigen Leben zu vereinigen. Erst wenn man Weisheit und dadurch Wunschlosigkeit erlangt hat, lösen sich die anderen beiden Gefäße auf. Dann endlich ist die kleine Menschenseele frei und wird eins mit der Unermeßlichen Unendlichkeit.»

Ich bat meinen göttlichen Guru, mir die erhabene und geheimnisvolle Kausalsphäre noch näher zu erläutern.

«Die Kausalwelt ist von unbeschreiblicher Feinheit», erwiderte er. «Um sie zu verstehen, müßte man über eine derartig starke Konzentrationskraft verfügen, daß man sich bei geschlossenen Augen den unermeßlichen Astralkosmos sowie den physischen Kosmos – den leuchtenden Ballon mit der festen Gondel – nur noch als Idee vergegenwärtigen kann. Wenn es einem durch eine solch übermenschliche Konzentration gelänge, diese beiden Welten und ihre verwirrende Mannigfaltigkeit in reine Ideen zu verwandeln oder aufzulösen, würde man die Kausalwelt, das Grenzgebiet zwischen Geist und Materie, erreichen. Dort nimmt man alle erschaffenen Dinge – feste, flüssige und gasförmige Stoffe, Elektrizität, Energie und alle Lebewesen: Götter, Menschen, Tiere, Pflanzen und Bakte-

[8] Er aber sprach zu ihnen: «Wo das Aas ist, da sammeln sich auch die Geier». (*Lukas* 17, 37) Überall, wo die Seele in einem physischen, astralen oder kausalen Körper eingeschlossen ist, versammeln sich auch die Geier der Wünsche und halten die Seele gefangen. Sie nähren sich von den menschlichen Schwächen, die in der inneren Bindung an die Sinnenfreuden oder an die Freuden der Astral- und Kausalwelt bestehen.

rien – lediglich als Bewußtseinsformen wahr, ähnlich wie man bei geschlossenen Augen noch weiß, daß man existiert, obgleich man seinen Körper nicht mehr sehen kann.

Alles, was der Mensch in seiner Phantasie tun kann, kann ein Kausalwesen in Wirklichkeit tun. Intelligente Menschen mit lebhafter Vorstellungskraft können sich in Gedanken zwischen extremen Gegensätzen bewegen, können von einem Planeten zum anderen schweben, oder sich in den endlosen Abgrund der Ewigkeit stürzen; sie können gleich einer Rakete in den sternübersäten Himmel emporsteigen und wie ein Scheinwerferlicht über die Milchstraßensysteme des Weltraums gleiten. Die Wesen in der Kausalwelt können aber noch mehr tun: Sie können ihre Gedanken mühelos materialisieren, und dies ohne irgendwelche stofflichen und astralen Widerstände oder karmischen Begrenzungen.

Die Kausalwesen erkennen, daß der physische Kosmos nicht in erster Linie aus Elektronen und der astrale Kosmos nicht im wesentlichen aus Biotronen besteht, sondern daß beide in Wirklichkeit aus unendlich kleinen Bruchteilchen des göttlichen GEISTES geschaffen sind, der durch *Maya*, das Gesetz der Relativität (das dem Anschein nach die Schöpfung von ihrem Schöpfer trennt) gespalten und aufgeteilt worden ist.

Seelen in der Kausalwelt nehmen sich gegenseitig als individualisierte Funken des glückseligen GEISTES wahr. Die einzigen ‹Dinge›, mit denen sie sich umgeben, sind Gedankenbilder. Für die Kausalmenschen besteht der Unterschied zwischen ihren Körpern und Gedanken nur in der Vorstellung. Genauso, wie sich der Mensch mit geschlossenen Augen ein weißes Licht oder einen bläulichen Nebeldunst vorstellen kann, so können die Kausalwesen allein durch ihre Gedanken sehen, hören, riechen, schmecken und fühlen. Sie erschaffen alles aus der Kraft ihres kosmischen Geistes und lösen es auf dieselbe Weise wieder auf.

Geburt und Tod vollziehen sich in der Kausalwelt nur in Gedanken. Die einzige Speise, welche die Kausalmenschen zu sich nehmen, ist die Ambrosia ewig neuer Erkenntnis. Sie trinken aus dem Quell des Friedens, schweben über den unberührten Boden göttlicher Wahrnehmungen und treiben im endlosen Meer der Freude dahin. Sieh, wie ihre leuchtenden Gedankenkörper an Abermillionen aus GEIST-Stoff erschaffener Planeten, an neu entstandenen Universen, an Weisheitssternen und Traumgebilden aus goldenen Spiralnebeln vorübergleiten, die alle im Schoß der Unendlichkeit ruhen!

Viele Wesen bleiben mehrere tausend Jahre im Kausalkosmos. Durch immer tiefere Ekstase befreit sich die Seele schließlich von ihrem kleinen Kausalkörper und geht in den unermeßlichen Kausalkosmos ein. Alle einzelnen Gedankenwellen – Macht, Liebe, Wille, Freude, Frieden, Intuition, Stille, Selbstbeherrschung und Konzentration – lösen sich dann im unerschöpflichen Meer der Glückseligkeit auf. Nicht länger mehr braucht die Seele ihr Glück in einer individuellen Bewußtseinswelle zu suchen. Sie ist in das große Kosmische Meer eingegangen, das alle Wellen in sich birgt – ewige Freude, ewiges Lachen, ewiges Leben.

Wenn die Seele aus dem Kokon der drei Körper hinausgelangt ist, entrinnt sie auf immer dem Gesetz der Relativität und wird zum unnennbaren Ewigen Dasein.[9] Schau den Schmetterling der Allgegenwart, in dessen Flügel Sonnen, Monde und Sterne eingeätzt sind! Die Seele, die zum GEIST geworden ist, bleibt allein in der Sphäre des lichtlosen Lichts, des dunkellosen Dunkels, des gedankenlosen Gedankens und berauscht sich in ekstatischer Freude am Kosmischen Schöpfungstraum Gottes....

Wenn sich die Seele endlich aus den drei körperlichen Hüllen der Täuschung befreit, vereinigt sie sich, ohne ihre Individualität zu verlieren, mit dem Unendlichen. Christus hatte diese endgültige Freiheit bereits erlangt, ehe er als Jesus geboren wurde. In seinen früheren Inkarnationen hatte er drei Entwicklungsstufen zurückgelegt – die in seinem letzten Erdenleben durch die drei Tage von Tod und Auferstehung versinnbildlicht wurden – und schließlich die Macht gewonnen, voll und ganz zum GEIST aufzusteigen.

Der unentwickelte Mensch muß zahlreiche irdische, astrale und kausale Inkarnationen durchmachen, ehe er sich von seinen drei Körpern lösen kann. Einem Meister, der seine endgültige Freiheit erlangt hat, steht es frei, als Prophet zur Erde zurückzukehren und

[9] «Wer überwindet, den will ich machen zum Pfeiler in dem Tempel meines Gottes, und er soll nicht mehr hinausgehen (d. h., soll sich nicht mehr wiederverkörpern)... Wer überwindet, dem will ich geben, mit mir auf meinem Stuhl zu sitzen, wie ich überwunden habe und mich gesetzt mit meinem Vater auf seinen Stuhl.» (*Offenbarung* 3, 12; 21)

andere Menschen auf den Weg zu Gott zu führen. Oder er kann, wie ich, im Astralkosmos leben und den dortigen Bewohnern einen Teil ihres Karmas abnehmen. Dadurch hilft er ihnen, den Kreislauf der Wiedergeburten im astralen Kosmos zu beenden und für immer in die Kausalsphäre einzugehen.[10] Auch kann eine befreite Seele in der Kausalwelt bleiben, um den dortigen Wesen zu helfen, ihre Zeitspanne im Kausalkörper zu verkürzen und endgültig befreit zu werden.»

«Auferstandener Meister, ich möchte gern mehr über das Karma wissen, das die Seele zwingt, in die drei Welten zurückzukehren.» Ich hätte meinem allwissenden Meister in alle Ewigkeit zuhören können. Niemals hatte ich während seines Erdenlebens in so kurzer Zeit so viel von seiner Weisheit in mich aufnehmen können. Jetzt gewann ich zum ersten Mal einen tiefen Einblick in die geheimnisvollen Bereiche zwischen Diesseits und Jenseits.

«Das irdische Karma, das heißt die irdischen Wünsche des Menschen, muß völlig ausgelöscht sein, ehe dieser für immer in der Astralwelt bleiben kann», erklärte mein Guru mit seiner melodischen Stimme. «Es gibt zwei Arten von Astralwesen. Diejenigen, die noch irdisches Karma zu sühnen haben und daher wieder in einen grobstofflichen Körper zurückkehren müssen, gelten nach ihrem körperlichen Tod nur als Besucher, nicht als ständige Bewohner der Astralwelt.

Wesen mit ungetilgtem irdischem Karma dürfen nach ihrem Tod in der Astralwelt nicht in die höhere Kausalsphäre – die Sphäre kosmischer Ideen – eingehen, sondern müssen zwischen der physischen und astralen Welt hin- und herwandern, wo sie sich abwechselnd eines irdischen Körpers aus 16 grobstofflichen Elementen und eines Astralkörpers aus 19 feinstofflichen Elementen bewußt sind. Unentwickelte Menschen jedoch fallen nach dem Verlust ihres irdischen Körpers meist in einen tiefen, dumpfen Todesschlaf und sind sich der wunderbaren Astralgefilde kaum bewußt. Nach dieser

[10] Hiermit deutete Sri Yukteswar an, daß er, ebenso wie in seiner irdischen Inkarnation, wo er gelegentlich die Krankheit eines seiner Jünger auf sich genommen hatte, um dessen Karma zu erleichtern, auch als Erlöser in der Astralwelt die Fähigkeit hat, anderen einen Teil ihres astralen Karmas abzunehmen; dadurch beschleunigt er ihre Entwicklung und bereitet sie für die höhere Kausalwelt vor.

astralen Ruhepause kehren sie auf die körperliche Ebene zurück, um weitere Erfahrungen zu sammeln. Allmählich aber gewöhnen sie sich durch ihre wiederholten Besuche an die feinstoffliche, astrale Welt.

Die ständigen Bewohner des astralen Universums dagegen sind frei von allen materiellen Wünschen und brauchen daher nicht mehr in die grobe Schwingungssphäre der Erde zurückzukehren. Solche Wesen haben nur noch ihr astrales und kausales Karma abzutragen. Nach ihrem astralen Tode betreten sie die unendlich feinere Kausalwelt und kehren nach einer vom kosmischen Gesetz bestimmten Zeitspanne wieder zu Hiranyaloka oder einem anderen hochentwikkelten Astralplaneten zurück, wo sie in einem neuen Astralkörper geboren werden, um ihr noch verbleibendes astrales Karma zu sühnen...

Wie die meisten Menschen auf dieser Erde noch nicht gelernt haben, zu meditieren und sich die höheren Freuden der Astralwelt vorzustellen und sich daher, sobald sie gestorben sind, nach den unvollkommenen irdischen Freuden zurücksehnen, so können sich auch viele Astralwesen nach der natürlichen Auflösung ihres Astralkörpers noch nicht den erhabenen Geisteszustand der Kausalwesen vorstellen. Sie sehnen sich nach dem gröberen und prunkvolleren Astralhimmel zurück. Solche Menschen haben noch schweres astrales Karma zu sühnen, ehe sie nach ihrem astralen Tode ständig in der kausalen Welt der Gedanken bleiben können, die sie nur noch um ein geringes von ihrem Schöpfer trennt.

Nur wer sich nach keinen weiteren Erlebnissen in dem für das Auge so verlockenden Astralkosmos sehnt und nicht in Versuchung geführt werden kann, zu ihm zurückzukehren, darf in der Kausalwelt bleiben. Dort sühnt die eingeschlossene Seele ihr noch verbleibendes kausales Karma, das heißt, sie zerstört die Saat aller ehemaligen Wünsche und entfernt den letzten der drei Korken der Unwissenheit. Dann endlich wirft sie ihre letzte Hülle – den Kausalkörper – ab, um mit dem Ewigen zu verschmelzen.»

O Wein der Jahrhunderte

Seit ich mich innerlich auf Dich eingestellt habe, ist mein Leben von göttlicher Inspiration erfüllt. Deine Glückseligkeit überflutet mich im Wachen und Schlafen, im traumlosen Schlummer und im tiefen *Turiya*[1].

Eine erhabene Vision nach der anderen! Oh, was ist aus mir geworden? Wie gewaltige Wogen erfaßt mich unbeschreibliche göttliche Trunkenheit.

O geweihter Wein zahlloser Jahrhunderte! Ich habe Dich endlich, endlich gefunden. Gib mir die Ewigkeit, damit ich Deine Süße ganz auskosten kann.

[1] Die wörtliche Sanskritbedeutung ist: der «vierte» oder überbewußte Zustand. Dem Menschen sind drei verschiedene Bewußtseinszustände bekannt: der Wachzustand, der von Träumen unterbrochene Schlaf und der traumlose Tiefschlaf. Letzterer wirkt – auch wenn er nicht lange dauert – erfrischend, weil der Mensch dann unbewußt in seinem Seelengrund ruht. Wenige nur erforschen die vierte oder unbegrenzte Region des GEISTES. Beharrliche Yogis und andere große Gottsucher können in den *Turiya*-Zustand eingehen, den bewußten, unwiderruflichen Zustand der Verwirklichung, in dem sie eins mit dem GEIST werden.

Begegnungen mit großen Persönlichkeiten

Sei Du der Präsident einer Vereinigten Welt

O Herr der Schöpfung, Präsident des Universums, oberster Befehlshaber der Planeten, Sterne und Milchstraßen! Deine demokratische Herrschaft verleiht all Deinen Bürgern das Recht, ihren freien Willen zu gebrauchen und sich höherzuentwickeln, bis sie Deinen Idealen immer näherkommen.

Wir wurden im Bewußtsein der Allgegenwart erschaffen und erhielten von Dir das Erbgut ewiger Freiheit. Doch ach! wir haben unsere Unendlichkeit hinter den Gittern der Selbstsucht und Engherzigkeit eingekerkert. Mögen wir lernen, immer mehr Herzlichkeit, Liebe und Verständnis zum Ausdruck zu bringen, um die eisigen Schranken des Egoismus zu schmelzen.

Segne uns, o Vater, damit wir die Vereinigten Staaten der Welt bilden und Dich zu unserem immerwährenden geistigen Präsidenten wählen. Mögen wir uns unter Deiner Führung weise regieren, indem wir auf unser Gewissen hören und richtige Urteilskraft entwickeln.

Lehre uns, unseren geistigen Horizont und unser Mitgefühl zu erweitern, damit wir nicht nur unser Vaterland, sondern alle Bewohner der Erde lieben – ohne an ihre Rasse, Kaste und Klasse, ihr Geschlecht oder ihren Glauben zu denken.

O Herr des Kosmos, hilf uns, die Unabhängigkeit Deiner freigeborenen Söhne zu achten und gütig zu ihnen zu sein. Laß uns alle Menschen, ob sie nun gut oder vorübergehend im Irrtum befangen sind, als Deine Kinder ehren.

Indiens großer Wissenschaftler Jagadis Chandra Bose

«Jagadis Chandra Bose hat die drahtlose Telegraphie eher erfunden als Marconi!»

Diese herausfordernde Bemerkung, die ich zufällig auffing, kam von einem der Professoren, die zusammen auf dem Bürgersteig diskutierten. Ich gesellte mich sogleich zu ihnen und muß zu meinem Leidwesen gestehen, daß dies vielleicht aus einem gewissen Nationalstolz geschah. Ich kann jedoch nicht leugnen, daß ich jedesmal lebhaftes Interesse zeige, wenn ich höre, daß Indien nicht nur in der Metaphysik, sondern auch in der Physik eine führende Rolle spielen kann.

«Wie meint Ihr das, Sir?»

Da erklärte mir der Professor bereitwillig: «Bose ist der erste, der einen drahtlosen Fritter sowie ein Instrument, das die Brechung elektromagnetischer Wellen anzeigt, erfunden hat. Doch der indische Wissenschaftler war nicht daran interessiert, seine Erfindungen kommerziell auszuwerten, und befaßte sich bald mehr mit der organischen als mit der anorganischen Welt. Seine umwälzenden Entdeckungen auf dem Gebiet der Pflanzen-Physiologie übertreffen sogar noch seine Errungenschaften auf dem der Physik.»

Nachdem ich dem Professor höflich gedankt hatte, fügte dieser noch hinzu: «Der große Wissenschaftler ist mein Kollege an der Presidency-Universität.»

Am nächsten Tag suchte ich den Weisen in seiner Wohnung auf, die in der Garparstraße lag, nicht weit von unserem Haus entfernt. Schon seit langem hatte ich ihn ehrfurchtsvoll aus der Ferne bewundert. Der ernste und zurückhaltende Botaniker begrüßte mich äußerst herzlich. Er war ein gut aussehender, kräftiger Mann in den Fünfzigern mit dichtem Haar, breiter Stirn und dem abwesenden Blick eines Träumers. Seine präzise Ausdrucksweise zeugte von jahrelanger wissenschaftlicher Tätigkeit.

«Ich bin erst vor kurzem von einer Forschungsreise nach dem Westen zurückgekehrt, wo ich mit mehreren wissenschaftlichen Gesellschaften Verbindung aufgenommen habe», teilte er mir mit. «Sie alle zeigten lebhaftes Interesse an den von mir erfundenen hochempfindlichen Instrumenten, mit denen die unteilbare Einheit allen Lebens nachgewiesen werden kann.[1] Der Bose-Crescograph[2] ermöglicht eine zehnmillionenfache Vergrößerung, während das Mikroskop nur einige tausend Male vergrößert. Wohl hat dieses der Biologie einen bedeutenden Aufschwung gegeben; der Crescograph aber eröffnet ihr ungeahnte Möglichkeiten.»

«Es ist zum großen Teil Euer Verdienst, Sir, daß sich Ost und West dank der objektiven Wissenschaft nähergekommen sind.»

«Ich erhielt meine Ausbildung in Cambridge. Wie bewundernswert ist doch die abendländische Methode, alle Theorien durch exakte Experimente zu beweisen oder zu widerlegen. Dieses empirische Verfahren sowie meine Neigung zur Innenschau, die mein morgenländisches Erbteil ist, haben es mir ermöglicht, seit langem unzugängliche Gebiete der Natur zu erforschen. Die Anzeigetabellen meines Crescographen können selbst den größten Skeptiker davon überzeugen, daß die Pflanzen ein empfindsames Nervensystem und ein wandlungsfähiges Gefühlsleben haben. Liebe, Haß, Freude, Furcht, Lust, Schmerz, Erregbarkeit, Erstarrung und zahllose andere Reaktionen auf bestimmte Anreize gibt es bei den Pflanzen ebenso wie bei den Tieren.»

«Der eine Pulsschlag des Lebens, der das ganze Weltall durchdringt, kann von nun an nicht mehr als dichterische Einbildung gelten, Sir. Ich kannte einen Heiligen, der es nie übers Herz brachte, eine Blume zu pflücken. ‹Soll ich den Rosenstrauch seiner stolzen Schönheit berauben? Soll ich durch meinen rohen Eingriff seine Würde verletzen?› Seine feinfühligen Worte werden durch Eure Entdeckungen buchstäblich bestätigt.»

«Der Dichter steht in einem innigen Verhältnis zur Wahrheit, während der Wissenschaftler sich ihr nur unbeholfen nähert. Besuche mich einmal in meinem Laboratorium, um dich mit eigenen Augen von der Wirkung des Crescographen zu überzeugen.»

[1] «Jede Wissenschaft muß transzendent sein, um bestehen zu können. Die Botanik ist im Begriff, sich die richtige Theorie anzueignen – und bald werden es Brahmas Avatare sein, die der Naturwissenschaft als Textbücher dienen.» *(Ralph Waldo Emerson)*

[2] Von dem lateinischen Wort *crescere* = «zunehmen» abgeleitet. Bose wurde für die Erfindung seines Crescographen und andere Entdeckungen im Jahre 1917 zum Ritter geschlagen.

Dankbar nahm ich die Einladung an und verabschiedete mich. Später erfuhr ich, daß der Botaniker die Presidency-Universität verlassen hatte, um in Kalkutta ein Forschungsinstitut zu errichten.

Als das Bose-Institut eröffnet wurde, wohnte ich der Einweihungsfeier bei. Hunderte von begeisterten Menschen wanderten durch die Anlage. Ich freute mich an der geistigen Symbolik und der geschmackvollen Einrichtung dieses neuen Heimes der Wissenschaft. Das jahrhundertealte Eingangstor stammt aus einem entfernt gelegenen Heiligtum. Hinter einem Lotosteich[3] steht eine aus Stein gemeißelte weibliche Figur mit einer Fackel in der Hand; sie bringt die Achtung der Inder vor der Frau, der unsterblichen Lichtträgerin, zum Ausdruck. Ein kleiner Tempel im Garten ist dem Absoluten geweiht, das sich jenseits der Welt der Erscheinungen befindet. Das Fehlen jeglicher Altarbilder soll an die Unkörperlichkeit des Göttlichen gemahnen.

Boses Ansprache an diesem großen Tag hätte ebensogut von einem erleuchteten *Rishi* des Altertums stammen können.

«Ich weihe dieses Institut heute nicht nur als ein Laboratorium, sondern auch als einen Tempel ein.» Sein feierlicher Ernst nahm die Zuhörer in dem dichtbesetzten Auditorium sichtlich gefangen. «Im Verlauf meiner Forschungen geriet ich unbeabsichtigt in das Grenzgebiet zwischen Physik und Physiologie. Zu meiner Verwunderung stellte ich fest, daß die Grenzlinien allmählich verschwanden und immer mehr Berührungspunkte zwischen dem Lebenden und Nichtlebenden auftauchten. Die anorganische Materie zeigte sich durchaus nicht als gefühllos, sondern erzitterte unter der Einwirkung verschiedenartiger Kräfte.

Eine universelle Reaktionsfähigkeit schien Metalle, Pflanzen und Tiere unter ein gemeinsames Gesetz zu bringen. Sie alle zeigten im wesentlichen dieselben Ermüdungs- und Depressionserscheinungen, dieselbe Fähigkeit, sich zu erholen oder sich zu erregen, und den Verlust jeglichen Gefühls beim Eintritt des Todes. Diese erstaunliche Universalität erfüllte mich mit Ehrfurcht, und bald darauf gab ich der

[3] Die Lotosblume gilt seit jeher als göttliches Symbol in Indien. Ihre sich öffnenden Blütenblätter deuten die Entfaltung der Seele an, und ihre aus dem Schlamm aufsteigende reine Schönheit versinnbildlicht eine hohe geistige Verheißung.

Royal Academy voller Hoffnung meine Ergebnisse bekannt – Ergebnisse, die durch Experimente bewiesen worden waren. Doch die anwesenden Physiologen rieten mir, meine Forschungen auf das Gebiet der Physik zu beschränken, auf dem ich schon sichere Erfolge erzielt hatte, und nicht in ihr Territorium einzudringen. Ich war, ohne es zu wissen, in das Gebiet eines unbekannten Kastensystems geraten und hatte gegen dessen Etikette verstoßen.

Als weiterer Faktor spielte hier noch ein instinktives Vorurteil der Theologen mit, die Unwissenheit mit Glauben verwechseln. Es wird oft vergessen, daß Gott, der uns in diese sich ständig neu entfaltende, geheimnisvolle Welt hineingestellt hat, uns auch den Wunsch gab, zu fragen und zu verstehen. Ich habe erfahren, daß das Leben eines Jüngers der Wissenschaft endlosen Kampf bedeutet. Er muß sein Leben freudig zum Opfer bringen und Gewinn und Verlust, Erfolg und Mißerfolg gleichmütig hinnehmen.

Mit der Zeit jedoch wurden meine Theorien und praktischen Ergebnisse von den führenden wissenschaftlichen Gesellschaften der ganzen Welt akzeptiert und damit zugleich der bedeutende Beitrag Indiens auf dem Gebiet der Wissenschaft anerkannt.[4] Hat sich der indische Geist jemals mit irgendwelchen Nichtigkeiten oder Begrenzungen zufriedengegeben? Dieses Land hat sich aufgrund seiner ununterbrochenen, lebendigen Tradition und seiner sich ständig erneuernden Kraft in zahllosen Entwicklungsphasen behauptet. Immer wieder haben sich Inder erhoben, die auf die Gunst des Augenblicks verzichteten und nach der Verwirklichung höchster Ideale strebten – und zwar nicht durch passive Entsagung, sondern durch aktive Bemühungen. Der Schwächling, der jeden Konflikt meidet und nichts erreicht, hat auch nichts, dem er entsagen könnte.

[4] «Wir glauben, daß kein Studiengebiet – vor allem im Bereich der Geisteswissenschaften – auf den größeren Universitäten als vollwertig gelten kann, solange es keinen gründlich geschulten Spezialisten für indisches Gedankengut einbezieht. Wir sind ferner der Meinung, daß jede Universität, die ihre Studenten für ein intelligentes Wirken in der Welt, in der sie leben sollen, vorbereiten will, in ihrer Dozentenschaft einen kompetenten Gelehrten für das Fachgebiet der indischen Kultur haben muß.» (Auszüge aus einem Artikel von Prof. W. Norman Brown von der Universität von Pennsylvanien; erschienen im Mai 1939 im Bulletin des *American Council of Learned Societies*, Washington, D. C.)

Nur wer gekämpft und gesiegt hat, kann die Welt mit den Früchten seiner gewonnenen Erfahrungen bereichern.

Die Versuche, die im Bose-Laboratorium über die Reaktionsfähigkeit der Materie und die überraschenden Entdeckungen im Pflanzenleben bereits durchgeführt werden, haben die Forschungsgebiete der Physik, Physiologie, Medizin, Landwirtschaft und sogar der Psychologie erheblich erweitert. Probleme, die bis dahin als unlösbar galten, sind nun in den Bereich experimenteller Forschung gerückt.

Große Erfolge können jedoch nicht ohne peinliche Genauigkeit erzielt werden. Daher konstruierte ich eine Reihe von hochempfindlichen Instrumenten und Apparaten, die Sie hier in den Gehäusen der Eingangshalle sehen können. Sie zeugen von unseren langjährigen Bemühungen, den trügerischen Schein zu durchbrechen und in die unsichtbare Wirklichkeit vorzustoßen; sie zeugen von der unermüdlichen Arbeit, Ausdauer und Findigkeit, die wir brauchten, um die Grenzen des sogenannten Menschenmöglichen zu überschreiten. Alle produktiven Wissenschaftler sind zu der Erkenntnis gekommen, daß der menschliche Geist das eigentliche Laboratorium ist, in dem die hinter allen täuschenden Erscheinungen liegenden Gesetze der Wahrheit entdeckt werden.

Die Vorlesungen, die hier gehalten werden, sollen nicht nur Wissen aus zweiter Hand vermitteln, sondern über neue Entdeckungen berichten, die zum ersten Mal in diesen Sälen vorgeführt werden. Durch regelmäßige Veröffentlichungen über die an unserem Institut geleistete Arbeit sollen diese Beiträge Indiens in alle Welt gehen und Allgemeingut werden; denn wir werden keine Patente darauf anmelden. Es läßt sich nicht mit dem Geist unserer Kultur vereinbaren, unser Wissen zu profanieren, um persönlichen Gewinn daraus zu ziehen.

Ferner ist es mein Wunsch, daß die Einrichtungen dieses Institutes so weit wie möglich auch den Forschern anderer Länder zur Verfügung stehen. Auf diese Weise will ich versuchen, an die Tradition meines Landes anzuknüpfen, die bereits vor 2500 Jahren begonnen hat, als Indien auf seinen alten Universitäten Nalanda und Taxila Gelehrte aus allen Teilen der Welt willkommen hieß.

Obgleich die Wissenschaft weder dem Morgen- noch dem Abendland gehört, sondern in ihrer Universalität als international gelten muß, ist Indien besonders dafür geeignet, große Beiträge zu leisten.[5] Die glühende indische Einbildungskraft, die aus einer Anzahl sich scheinbar widersprechender Tatsachen eine neue Ordnung herzustellen vermag, wird durch systematische Konzentrationsübungen im Zaum gehalten; und diese innere Disziplin ermöglicht es dem Geist, mit unendlicher Geduld nach der Wahrheit zu forschen.»

[5] Die atomare Struktur der Materie war den alten Hindus wohlbekannt. Eines der sechs Systeme der indischen Philosophie ist das *Vaisheshika* (von der Sanskritwurzel *visheshas* = «atomare Individualität»). Der vor 2800 Jahren lebende Aulukja, der auch Kanada (der «Atomesser») genannt wurde, war einer der hervorragendsten Interpreten des *Vaisheshika.*

In einem Artikel von Tara Mata in der Zeitschrift *East-West* vom April 1934 wurde folgende Übersicht über das im *Vaisheshika* enthaltene Wissen gegeben: «Obgleich die moderne ‹Atomtheorie› allgemein als jüngste wissenschaftliche Entdeckung gilt, wurde sie schon in alter Zeit von Kanada, dem ‹Atomesser›, aufs genaueste erläutert. Das Sanskritwort *Anu* kann in der Tat mit ‹Atom› übersetzt werden, was auf griechisch soviel wie ‹ungeschnitten› oder ‹unteilbar› heißt. Andere wissenschaftliche *Vaisheshika*-Abhandlungen aus der Zeit vor Christus behandeln folgende Themen: 1. Die Bewegung der Magnetnadeln, 2. den Kreislauf des Wassers in den Pflanzen, 3. den inaktiven und formlosen *Akash* oder Äther als Übertragungsmittel subtiler Kräfte, 4. das Feuer der Sonne als Ursache aller anderen Wärmeformen, 5. Wärme als Ursache molekularer Veränderungen, 6. das Gesetz der Schwerkraft, bedingt durch die besondere Eigenart der Erdatome, die ihnen Anziehungs- oder Schwerkraft verleiht, 7. die kinetische Energie, die stets von der Masse und der Geschwindigkeit eines sich bewegenden Körpers abhängig ist, 8. die Auflösung des Universums durch den Zerfall der Atome, 9. die Ausstrahlung von Wärme und Licht, die darin besteht, daß sich unendlich kleine Teilchen mit unvorstellbarer Geschwindigkeit nach allen Richtungen ausbreiten (die moderne kosmische Strahlentheorie), und 10. die Relativität von Zeit und Raum.

Nach der Lehre des *Vaisheshika* ist die Welt aus Atomen entstanden, die ihrem Wesen, d. h. ihrer ursprünglichen Beschaffenheit nach, ewig sind und sich ständig in einem vibrierenden Zustand befinden... Die kürzliche Entdeckung, derzufolge jedes Atom ein Miniatur-Sonnensystem darstellt, wäre für die alten *Vaisheshika*-Philosophen nichts Neues gewesen, denn ihre kleinste mathematische Zeiteinheit bestand in der Spanne, in der ein Atom seinen eigenen Raum durchmißt.»

Tränen traten in meine Augen, als der Wissenschaftler diese Schlußworte sprach. Ist «Geduld» nicht wahrhaftig ein Synonym für Indien und beschämt sowohl die Zeit als auch die Historiker?

Kurz nach der Eröffnung besuchte ich das Forschungsinstitut wieder; und getreu seinem Versprechen führte mich der große Botaniker in sein ruhiges Laboratorium.

«Ich will jetzt den Crescographen an diesem Farn befestigen. Die Vergrößerung ist ungeheuer. Könnte man das Kriechen einer Schnecke im gleichen Maße beschleunigen, so würde sich das Tier mit der Geschwindigkeit eines Eilzuges vorwärtsbewegen.»

Ich richtete den Blick gespannt auf die Leinwand, die das vergrößerte schattenhafte Bild des Farns wiedergab. Die winzigsten Lebensvorgänge wurden nun deutlich sichtbar – und die Pflanze begann äußerst langsam vor meinen erstaunten Augen zu wachsen. Da berührte der Wissenschaftler die Spitze des Farns mit einem kleinen Metallstab, und die sich vor meinen Augen entfaltende Pantomime kam zu einem plötzlichen Stillstand, nahm ihren beredten Rhythmus aber sogleich wieder auf, als der Stab entfernt wurde.

«Du siehst, wie der geringste äußere Eingriff sich nachteilig auf die empfindsamen Gewebe auswirkt», bemerkte Bose. «Paß auf! Ich werde die Pflanze jetzt chloroformieren und ihr dann ein Gegenmittel geben.»

Die Wirkung des Chloroforms ließ alles Wachstum zum Stillstand kommen, während das Gegenmittel wiederbelebend wirkte. Diese Entwicklungsvorgänge auf der Leinwand fesselten mich mehr als der spannendste Film. Mein Gefährte (der hier die Rolle des Bösewichts spielte) durchstach den Farn mit einem spitzen Instrument; sogleich drückte sich durch krampfartiges Flattern eine Schmerzempfindung aus. Als er daraufhin mit einer Rasierklinge einen Teil des Stengels durchschnitt, bewegte sich das Schattenbild heftig, um dann beim endgültigen Eintritt des Todes stillzustehen.

«Ich habe einen Baum erfolgreich umpflanzen können, indem ich ihn zuvor chloroformierte. Gewöhnlich sterben diese Könige des Waldes bald nach ihrer Umpflanzung ab.» Ein glückliches Lächeln huschte über Boses Gesicht, als er mir von diesem Lebensrettungsmanöver berichtete. «Durch die mit meinen empfindlichen Apparaten erzielten graphischen Darstellungen ist bewiesen worden, daß die Bäume ein Kreislaufsystem haben. Die Bewegung ihres Saftes entspricht dem Blutdruck in den Tierkörpern. Das Aufsteigen des Saftes läßt sich nämlich nicht durch eine der üblichen mechanischen Ursachen wie etwa Kapillarität erklären. Mit Hilfe des Crescographen ist nun bewiesen worden, daß es sich bei dieser Erscheinung um die Tätigkeit lebender röhrenförmiger Zellen handelt, die den Baum in Längsrichtung durchziehen und die Funktion eines Herzens ausüben, indem sie peristaltische Wellen aussenden. Je schärfer unser Wahrnehmungsvermögen wird, um so deutlicher erkennen wir, daß es nur einen universellen Plan gibt, der allen Lebensformen zugrunde liegt.»

Dann wies der große Wissenschaftler auf ein anderes Bose-Instrument.

«Ich will jetzt verschiedene Versuche mit einem verzinnten Eisenblech ausführen. Die Lebenskraft in den Metallen reagiert auf schädliche Reizmittel ganz anders als auf heilsame, was durch entsprechende Tintenmarkierungen aufgezeichnet wird.»

Gespannt verfolgte ich die graphischen Darstellungen, die in charakteristischen Wellenlinien den inneren Bau der Atome wiedergaben. Als der Professor Chloroform auf das Eisenblech tat, hörten die vibrierenden Aufzeichnungen auf; doch als das Metall allmählich seinen Normalzustand wiedererlangte, setzten sie erneut ein. Dann wandte der Professor ein Ätzmittel an. Während das Leben in dem Blech zitternd verlöschte, schrieb die Nadel dramatisch das Todeszeichen auf die Tabelle.

«Mit Hilfe der Bose-Instrumente», fuhr der Wissenschaftler fort, «ist bewiesen worden, daß Metalle, wie zum Beispiel der Stahl, den man zur Herstellung von Scheren und Maschinen verwendet, nach langer Beanspruchung Ermüdungserscheinungen zeigen, jedoch nach einer gewissen Ruhepause wieder leistungsfähig sind. Auch elektrischer Strom oder hoher Druck kann die Lebensschwingung in den Metallen ernstlich gefährden oder sogar vernichten.»

Ich schaute mir die zahlreichen im Raum stehenden Erfindungen an – beredte Zeugen eines unermüdlichen Forschergeistes.

«Sir, es ist schade, daß Eure wunderbaren Erfindungen nicht vermehrt in der Landwirtschaft ausgewertet werden. Könnte man nicht mit einigen Apparaten Laborversuche machen, um festzustellen, was für eine Wirkung die verschiedenen Düngemittel auf das Wachstum der Pflanzen haben?»

«Du hast ganz recht. Künftige Generationen werden größeren Nutzen aus den Bose-Instrumenten ziehen. Der Wissenschaftler selbst erntet nur selten den Lohn für seine Bemühungen. Ihm genügt die Freude, schöpferisch dienen zu können.»

Als ich mich mit lebhaften Dankesworten von dem unermüdlich tätigen Weisen verabschiedete, dachte ich bei mir: «Ob sich die Fruchtbarkeit dieses genialen Geistes wohl jemals erschöpft?»

Die nachfolgenden Jahre brachten keinen Rückgang seiner Leistungen. Bose erfand ein neues, kompliziertes Instrument – den «klingenden Kardiographen», mit dem er ausgedehnte Versuche an zahlreichen indischen Pflanzen anstellte und auf diese Weise eine Reihe nützlicher Heilmittel entdeckte. Der Kardiograph ist mit einer solchen Exaktheit konstruiert worden, daß er Zeiteinheiten von einer hundertstel Sekunde anzeigt. Seine Tonaufnahmen geben unwahrscheinlich winzige Schwingungen in den pflanzlichen, tierischen und menschlichen Lebensformen wieder. Der große Botaniker sagte voraus, daß man seinen Kardiographen später dazu benutzen werde, Vivisektionen an Pflanzen anstatt an Tieren durchzuführen.

«Wenn man die Aufzeichnungen über die Wirkung eines Medikaments, das gleichzeitig einer Pflanze und einem Tier verabreicht wurde, miteinander vergleicht, gelangt man zu überraschend ähnlichen Ergebnissen», erklärte er. «Alles, was im Menschen vor sich geht, ist bereits andeutungsweise in der Pflanze vorhanden. Deshalb werden die Versuche mit den Pflanzen dazu beitragen, sowohl das Leiden der Menschen als auch das der Tiere zu mindern.» ...

Der Dichter Rabindranath Tagore war dem indischen Wissenschaftler und Idealisten in treuer Freundschaft verbunden. Ihm widmete der liebenswerte bengalische Sänger folgende Verse:

Rufe, o Einsiedler, mit den verbürgten Worten
Des alten *Sama*-Hymnus: «Erhebe dich! Erwache!»
Rufe dem Mann, der mit shastrischem Wissen sich rühmt,
Ruf diesem närrischen Prahler,
Der durch pedantischen Wortstreit
Umsonst sich müht,
Rufe ihm zu, hinauszutreten
Vor das Antlitz der freien Natur,
Der unermeßlichen Erde.

Laß diesen Ruf vor Deinen Gelehrten erschallen,
Und laß sie alle
Sich um Dein Feueropfer versammeln.
Dann wird Indien, unser uraltes Land,
Heimfinden zu sich selbst,
Zu seiner redlichen Arbeit,
Zu seinen Pflichten, seinen Visionen
Und seiner ernsthaften Meditation.
Laß es noch einmal still und ohne Begierde,
Ohne Ehrgeiz und voller Reinheit
Als Lehrmeister aller Länder
Auf seinem erhabenen Throne sitzen.

Ein Gespräch mit Rabindranath Tagore

Ich begegnete Rabindranath, kurz nachdem er den Nobelpreis für Literatur erhalten hatte... Ich wollte gern den Mann kennenlernen, der sich mit solch bewundernswerter Zivilcourage seiner Kritiker entledigt hatte... Die Sprachgelehrten ließen kein gutes Haar an Tagore,... weil er einen neuen Stil in die bengalische Dichtkunst eingeführt hatte. Er verschmolz Worte der Umgangssprache mit klassischen Ausdrucksformen, ohne sich an die vorgeschriebenen Regeln zu halten, die den Pandits so sehr am Herzen liegen. Seine Lieder drücken tiefe philosophische Wahrheiten aus, und zwar in einer Sprache, die an das Gefühl appelliert und sich nur wenig nach den überlieferten Versmaßen richtet.

Ein einflußreicher Kritiker bezeichnete Rabindranath verächtlich als einen «Gimpel, der sein gedrucktes Gezwitscher für eine Rupie verkauft». Doch Tagores Revanche ließ nicht lange auf sich warten. Kurz nachdem er sein *Gitanjali* (Sangesopfer) ins Englische übersetzt hatte, lag ihm die ganze literarische Welt des Abendlandes zu Füßen. Und nun traf ein ganzer Waggon voller Pandits, darunter auch seine einstigen Kritiker, in Shantiniketan ein, um ihm ihre Glückwünsche darzubringen.

Rabindranath empfing seine Gäste erst nach einer absichtlich langen Wartezeit und hörte sich ihre Lobpreisungen dann schweigend an, ohne eine Miene zu verziehen. Schließlich schlug er sie mit ihrer eigenen Waffe – der Ironie.

«Meine Herren, der Weihrauch, den Sie mir hier spenden, paßt nicht gut zum üblen Geruch Ihrer früheren Verachtung. Besteht vielleicht irgendeine Beziehung zwischen dem mir kürzlich verliehenen Nobelpreis und Ihrer plötzlichen Geschmacksverfeinerung? Ich bin noch derselbe Dichter, der Ihnen mißfiel, als er seine ersten bescheidenen Blumen auf den Altar Bengalens legte.»

Die kühne Zurechtweisung, die Tagore seinen Kritikern erteilt hatte, wurde in mehreren Zeitungen veröffentlicht. Ich bewunderte die Offenheit dieses Mannes, der sich nicht durch Schmeicheleien blenden ließ... Später lernte ich Rabindranath in Kalkutta kennen, und zwar durch seinen Sekretär, C. F. Andrews[1], der nur mit einem einfachen *Dhoti*[2] bekleidet war und Tagore liebevoll seinen *Gurudeva* nannte.

Rabindranath empfing mich mit großer Herzlichkeit. Ein besonderes Fluidum ging von ihm aus – eine Mischung von Charme, feingeistiger Bildung und Liebenswürdigkeit. Auf meine Frage nach seinem dichterischen Werdegang erzählte mir Tagore, daß es hauptsächlich unsere religiösen Epen und die Werke Vidyapatis, eines volkstümlichen Dichters des 14. Jahrhunderts, gewesen seien, die einen maßgebenden Einfluß auf ihn ausgeübt hatten...

Etwa zwei Jahre nach der Gründung meiner Schule in Ranchi erhielt ich eine Einladung von Rabindranath nach Shantiniketan; er war an einem Gedankenaustausch über unsere Erziehungsideale interessiert. Ich sagte freudig zu. Der Dichter saß in seinem Arbeitszimmer, als ich eintraf. Wie bei unserer ersten Begegnung, so kam mir auch jetzt wieder der Gedanke, daß er der Inbegriff reifer, männlicher Schönheit war – ein Modell, das jeden Maler begeistert hätte: das edel geschnittene Patriziergesicht, das von langem Haar und wallendem Bart umrahmt war, die großen, seelenvollen Augen, das engelhafte Lächeln und die melodische Stimme, die im wahrsten Sinne des Wortes bezaubern konnte. Obgleich er von hoher und kräftiger Gestalt war, besaß er dennoch eine fast frauliche Zartheit und eine herzerfrischende, kindliche Ursprünglichkeit. Er war in jeder Hinsicht die ideale Verkörperung eines Dichters.

Tagore und ich waren bald in ein angeregtes Gespräch über unsere Schulen vertieft, die beide unkonventionelle Grundsätze verfolgten. Wir stellten viele gemeinsame Richtlinien fest: Unterricht im Freien, einfaches Leben, freien Spielraum für die schöpferische Gestaltungskraft des Kindes. Rabindranath legte jedoch besonderen Wert auf das Studium der Literatur und Dichtkunst und auf freie Ausdrucksgestaltung in Musik und Gesang. Die Kinder in Shantiniketan hielten Schweigezeiten ein, empfingen aber keinen besonderen Yoga-Unterricht.

[1] Der englische Schriftsteller und Publizist, der eng mit Mahatma Gandhi befreundet war. Andrews genießt in seiner Wahlheimat Indien, der er große Dienste erwiesen hat, allgemeine Verehrung.

[2] Lendentuch. *(Anmerkung des Herausgebers)*

Der Dichter hörte mit schmeichelhafter Aufmerksamkeit zu, als ich ihm die *Yogoda*-Methode zum Aufladen des Körpers und die Yoga-Konzentrationstechniken beschrieb, die von allen Schülern in Ranchi geübt werden.

Er erzählte mir daraufhin, welche Schwierigkeiten er selbst während seiner Schulzeit gehabt hatte. «Ich lief schon als Sextaner von der Schule fort», gestand er mir lachend. Ich konnte mir gut vorstellen, wie sich seine poetische, feinfühlige Natur gegen die strenge Disziplin und die nüchterne Atmosphäre des Klassenzimmers aufgelehnt hatte.

«Deshalb errichtete ich Shantiniketan unter den schattigen Bäumen und dem strahlenden Himmel», sagte er und wies mit beredter Geste auf eine kleine Gruppe, die in einem malerischen Winkel des Gartens beim Unterricht saß. «Inmitten von Blumen und Singvögeln befindet sich das Kind in seiner natürlichen Umgebung. Dort kann es den verborgenen Reichtum seiner Seele viel leichter entfalten. Denn wahre Bildung wird nicht eingetrichtert oder von außen hineingepumpt, sondern bringt den unendlichen Wissensschatz, der bereits im Innern schlummert, ans Licht.»[3]

Ich stimmte ihm zu und sagte: «In den meisten Schulen läßt man die heroischen Gedanken und Ideale verkümmern, weil man den Kindern nicht viel mehr als Statistiken und chronologische Geschichtsdaten bietet.»

Der Dichter sprach mit großer Liebe von seinem Vater, Devendranath, der die Gründung von Shantiniketan angeregt hatte.

«Vater schenkte mir dieses fruchtbare Land, auf dem er bereits ein Gästehaus und einen Tempel errichtet hatte», erzählte Rabindranath. «1901 begann ich hier meine Erziehungsversuche mit nicht mehr als zehn Knaben. Die 8000 Pfund, die ich mit dem Nobelpreis erhielt, wurden ausschließlich für die Aufrechterhaltung der Schule verwendet.» . . .

[3] «Da die Seele oft wiedergeboren wird oder, wie die Hindus sagen, ‹in Tausenden von Geburten auf den Wegen des Daseins dahinwandert› . . ., gibt es nichts, wovon sie noch keine Kenntnis hätte; ist es daher verwunderlich, daß sie sich an Dinge erinnern kann . . ., die sie früher bereits wußte? Denn alles Fragen und Lernen ist nichts weiter als Erinnerung.» (*Emerson* in *Repräsentanten der Menschheit*, Zürich 1988, Neuausgabe)

Rabindranath forderte mich auf, über Nacht im Gästehaus zu bleiben. Am Abend saß der Dichter, von seinen Schülern umringt, auf der Terrasse des Hauses – ein Bild, das ich nie vergessen werde. Ich fühlte, wie sich das Rad der Zeit zurückdrehte; denn die Szene erinnerte mich an eine Einsiedelei des Altertums: der fröhliche Sänger im Kreise seiner Schüler, alle von einer Aura göttlicher Liebe umgeben. Tagore knüpfte seine Freundschaftsbande mit den Fingern der Harmonie. Er drängte sich niemals auf, sondern eroberte alle Herzen durch seine unwiderstehliche Anziehungskraft. Die seltenen Blüten der Dichtkunst, die er im Garten des Herrn wachsen ließ, zogen jedermann durch ihren natürlichen Duft an.

Mit seiner melodischen Stimme trug Rabindranath uns einige seiner kürzlich verfaßten meisterhaften Gedichte vor. Der größte Teil seiner Lieder und Dramen, die er zur Erbauung seiner Schüler schrieb, ist in Shantiniketan entstanden. Für mich liegt die besondere Schönheit seiner Verse darin, daß er sich in fast jeder Strophe an Gott wendet, Seinen heiligen Namen aber nur selten erwähnt. «Trunken von der Freude des Singens», so schrieb er, «vergesse ich mich und nenne Dich Freund, der Du mein Herr bist.»

Am folgenden Tag nach dem Mittagsmahl nahm ich widerstrebend Abschied von dem Dichter. Ich freue mich, daß seine kleine Schule inzwischen zu einer internationalen Universität, *Visva-Bharati*[4], angewachsen ist – einer idealen Bildungsstätte für Studenten aus vielen Ländern.

Wo der Geist ohne Furcht ist und man das Haupt erhoben trägt,
Wo man das Wissen frei verschenkt,
Wo die Welt nicht durch enge Grenzen zerstückelt wird,
Wo die Worte dem Quellgrund der Wahrheit entspringen,
Wo die Hände in unermüdlichem Streben nach der Vollendung greifen,

[4] Der von allen geliebte Dichter starb im Jahre 1941; doch sein *Visva-Bharati*-Institut steht nach wie vor in voller Blüte. Im Januar 1950 trafen 65 Lehrer und Schüler aus Shantiniketan zu einem zehntägigen Besuch in der *Yogoda-Satsanga*-Schule in Ranchi ein. Die Gruppe stand unter der Leitung des Rektors der *Visva-Bharati*-Schule, Sri Ghosal, und überraschte die Schüler von Ranchi mit einer Aufführung des wunderschönen Versdramas *Pujarini* von Tagore.

Wo der klare Strom der Vernunft nicht im Wüstensand trockner
Gewohnheit versiegt,
Wo Du den Geist zu immer edlerem Denken und Handeln
bewegst,
In diesem Himmel der Freiheit, o Vater, lasse mein Land
erwachen![5]

[5] Aus: *Gitanjali* von Rabindranath Tagore.

Luther Burbank, ein amerikanischer Heiliger

«Das Geheimnis der Pflanzenveredlung beruht nicht nur auf wissenschaftlichen Kenntnissen, sondern vor allem auf Liebe», sagte Luther Burbank, als ich mit ihm durch seinen Garten in Santa Rosa (Kalifornien) wanderte. Wir blieben vor einem Beet mit eßbaren Kakteen stehen.

«Während meiner Versuche, eine Kakteenart ohne Stacheln zu züchten», fuhr er fort, «sprach ich oft zu den Pflanzen, um Schwingungen der Liebe zu erzeugen. ‹Ihr habt nichts zu befürchten›, sagte ich ihnen immer wieder, ‹ihr braucht eure abwehrenden Stacheln nicht, denn ich beschütze euch.› Und mit der Zeit brachte die nützliche Wüstenpflanze tatsächlich eine Art ohne Stacheln hervor.»

Dieses Wunder entzückte mich. «Geben Sie mir bitte ein paar Kaktusblätter mit, damit ich sie in meinem Garten in Mount Washington anpflanzen kann.»

Ein Arbeiter, der in der Nähe stand, wollte sogleich einige Blätter abreißen, aber Burbank hielt ihn zurück.

«Ich möchte sie gern selbst für den Swami pflücken», sagte er und reichte mir dann drei Blätter, die ich später einpflanzte; zu meiner Freude wuchsen sie zu stattlichen Kakteen heran.

Der große Pflanzenzüchter erzählte mir, daß er seinen ersten bemerkenswerten Erfolg mit einer großen Kartoffel hatte, die jetzt seinen Namen trägt. Sein unermüdlicher, genialer Geist schenkte der Welt Hunderte von Kreuzungsprodukten, darunter neue Sorten von Tomaten, Mais, Kürbis, Kirschen, Pflaumen, Nektarinen, Beeren, Mohn, Lilien und Rosen.

Als Luther mich zu dem berühmten Walnußbaum führte, durch den er bewiesen hatte, daß sich die natürliche Entwicklung erheblich beschleunigen läßt, zückte ich meine Kamera.

«Bereits nach sechzehn Jahren», sagte er, «brachte uns dieser Walnußbaum eine reiche Ernte. Ohne der Natur nachzuhelfen, hätten wir doppelt so lange dazu gebraucht.»

In diesem Augenblick kam Burbanks kleine Adoptivtochter mit ihrem Hund in den Garten gelaufen.

«Das ist meine menschliche Pflanze», sagte Luther, indem er ihr zärtlich zuwinkte. «Ich betrachte die ganze Menschheit jetzt als eine einzige große Pflanze, die nichts als Liebe, ein gesundes Leben in freier Natur und intelligente Kreuzung und Auslese braucht, um höchste Erfüllung zu finden. Ich selbst habe bereits viele wunderbare Ergebnisse mit dem Veredeln von Pflanzen erzielt und glaube daher, daß wir einer gesünderen und glücklicheren Welt entgegensehen dürfen, sobald wir die Kinder dazu erziehen, einfach und vernünftig zu leben. Wir müssen zur Natur und zum Gott der Natur zurückkehren.»

«Luther, Sie würden Ihre Freude an meiner Schule in Ranchi haben, wo der Unterricht im Freien abgehalten wird und ein Geist der Fröhlichkeit und Genügsamkeit herrscht.»

Meine Worte hatten die empfindsamste Saite seines Herzens berührt – die der Jugenderziehung. Er überschüttete mich sogleich mit Fragen und hörte mir mit leuchtenden Augen zu.

«Swamiji», sagte er schließlich, «Schulen wie die Ihre sind die einzige Hoffnung auf ein künftiges Goldenes Zeitalter. Ich lehne die modernen Erziehungsmethoden, die sich immer mehr von der Natur entfernen und jede Individualität im Kinde ersticken, entschieden ab. Ihren praktischen Erziehungsidealen kann ich jedoch von ganzem Herzen zustimmen.»

Als ich mich von dem gütigen Weisen verabschiedete, schenkte er mir ein kleines Buch, in das er eine Widmung schrieb.

«Dies ist mein Buch *Die Zucht der Menschenpflanze*»,[1] sagte er. «Was wir heutzutage dringend brauchen, sind neue Erziehungsmethoden – kühne Experimente. Oft haben die gewagtesten Versuche die besten Blumen und Früchte hervorgebracht. Auch auf dem Gebiet der Jugenderziehung sollte man den Mut haben, eine Reihe von Neuerungen einzuführen.»

Noch in derselben Nacht las ich sein kleines Buch mit lebhaftem Interesse durch. Eine großartige Zukunftsvision, in der er das künftige Menschengeschlecht schaute, hatte ihn zu folgenden Worten inspiriert: «Das eigensinnigste Lebewesen auf dieser Erde, welches sich am allerwenigsten zu einer Abweichung bewegen läßt, ist eine Pflanze mit ihren eingewurzelten Gewohnheiten ... Man stelle sich vor, daß die Pflanze ihre Individualität seit Jahrtausenden bewahrt hat. Vielleicht kann man sie sogar über Äonen hinweg bis zu

[1] Leipzig, 1926.

ihren versteinerten Formen zurückverfolgen und feststellen, daß sie sich während dieser gewaltigen Zeiträume kaum verändert hat. Glaubt ihr nicht, daß die Pflanze nach allen diesen Zeitaltern ständiger Wiederholung von einem Willen (wenn man es so nennen darf), von einer beispiellosen Zähigkeit besessen ist? Es gibt tatsächlich Pflanzen, wie zum Beispiel gewisse Palmenarten, die so hartnäckig sind, daß alle menschlichen Bemühungen, ihre Form zu verändern, fehlgeschlagen sind. Der menschliche Wille ist ein armseliges Ding im Vergleich zu dem Willen einer Pflanze. Seht aber, wie dieser lebenslange Eigensinn der Pflanze gebrochen wird, wenn man ihr neues Leben beimischt, wenn man durch Kreuzung eine einschneidende und bleibende Änderung in ihr bewirkt. Sobald die neue Art zum Durchbruch kommt, muß man sie mehrere Generationen lang geduldig überwachen und durch richtige Auslese festigen; dann schlägt die neue Pflanze schließlich einen neuen Weg ein, um nie mehr zu dem alten zurückzukehren. Ihr hartnäckiger Wille ist endlich gebrochen und in neue Bahnen gelenkt worden.

Handelt es sich aber um eine solch empfindsame und anpassungsfähige Natur wie die eines Kindes, ist das Problem sehr viel leichter zu lösen.»

Ich fühlte mich magnetisch zu diesem großen Amerikaner hingezogen und besuchte ihn immer wieder. Eines Morgens traf ich zugleich mit dem Briefträger ein, der etwa tausend Briefe in Luthers Arbeitszimmer auslieferte. Botaniker aus allen Teilen der Welt schrieben an ihn.

«Swamiji, Ihr Kommen ist gerade die Entschuldigung, die ich brauche, um in den Garten hinauszugehen», sagte Luther fröhlich. Dann öffnete er eine große Schreibtischschublade und zeigte mir Hunderte von Reiseprospekten.

«Sehen Sie», sagte er, «das ist meine Art zu reisen. Ich bin durch meine Pflanzen und die umfangreiche Korrespondenz derart gebunden, daß ich meine Sehnsucht nach fernen Ländern durch diese Bilder befriedige.»

Ich hatte meinen Wagen vor dem Tor stehen und fuhr mit Luther durch die Straßen der kleinen Stadt, deren Gärten im Schmuck seiner eigenen Santa Rosa-, Purpur- und Burbank-Rosen prangten.

Der große Wissenschaftler hatte während eines meiner früheren Besuche die *Kriya*-Einweihung erhalten. «Ich übe die Technik regelmäßig, Swamiji», sagte er. Nachdem er mehrere tiefgründige Fragen über die verschiedenen Yoga-Wege gestellt hatte, sagte er nachdenklich:

«Der Orient besitzt einen ungeheuren Wissensschatz, den der Okzident erst jetzt zu erforschen beginnt.»[2]

Burbanks inniges Verhältnis zur Natur, die ihm viele ihrer sorgsam gehüteten Geheimnisse offenbarte, war auch der Grund, daß er eine grenzenlose Ehrfurcht vor geistigen Dingen hatte.

«Manchmal fühle ich mich dem Unendlichen sehr nahe», gestand er mir scheu, während ein versonnenes Lächeln über sein empfindsames, feingeschnittenes Antlitz huschte. «Dann ist es mir möglich gewesen, kranke Menschen, die sich in meiner Nähe befanden, und auch viele kranke Pflanzen zu heilen.» ...

Nur widerstrebend fuhren wir zu seinem Haus mit den tausend wartenden Briefen zurück.

«Luther», sagte ich, «nächsten Monat will ich eine Zeitschrift herausgeben, in der die großen Wahrheiten des Morgen- und Abendlandes veröffentlicht werden sollen. Helfen Sie mir bitte, einen passenden Titel dafür zu finden.»

Wir besprachen mehrere in Frage kommende Titel und einigten uns schließlich auf *Ost-West*[3]. Als wir wieder in sein Arbeitszimmer traten, überreichte mir Burbank einen von ihm verfaßten Artikel über das Thema «Wissenschaft und Zivilisation».

«Dieser Aufsatz soll in der ersten Ausgabe von *Ost-West* erscheinen», sagte ich dankbar.

[2] Dr. Julian Huxley (1887–1975), der bekannte englische Biologe und Generaldirektor der UNESCO, schlug den abendländischen Wissenschaftlern unlängst vor, die «orientalischen Techniken», die zum Tranczustand und zur Beherrschung des Atems führen, zu erlernen. «*Was* geschieht dabei und *wie* geschieht es?» lauteten seine Fragen. Ein Bericht der *Associated Press* aus London vom 21. August 1948 hatte folgenden Wortlaut: «Dr. Huxley gab dem Neuen Weltbund für Geistige Gesundheit den Rat, sich mehr mit den mystischen Lehren des Orients zu befassen und diese wissenschaftlich zu erforschen. ‹Dann›, sagte er den Psychologen, ‹werden Sie meiner Meinung nach wesentliche Fortschritte auf Ihrem Wissensgebiet machen.›»

[3] Englischer Originaltitel: *East-West*. Die Zeitschrift wurde im Jahre 1948 umbenannt und heißt jetzt: *Self-Realization*.

Später, als unsere Freundschaft sich vertiefte, nannte ich Burbank meinen «amerikanischen Heiligen». «Sehet, welch ein Mensch», pflegte ich zu zitieren, «an ihm ist kein Fehl».[4] Er besaß ein tiefes Innenleben und hatte sich seit langem in echter Demut, Geduld und Opferbereitschaft geübt. Sein Haus inmitten von Rosen war von spartanischer Einfachheit. Er hatte die Wertlosigkeit luxuriöser Einrichtung erkannt und war am glücklichsten, wenn er einfach leben konnte. In seiner großen Bescheidenheit, an der auch sein wissenschaftlicher Ruhm nichts änderte, erinnerte er mich oft an einen Baum, der seine mit reifen Früchten beladenen Zweige tief herabsenkt. Es sind nur die kahlen Bäume, die ihre Zweige stolz in die Höhe strecken.

Als mein lieber Freund im Jahre 1926 seine Augen für immer schloß, befand ich mich in New York. Tränen traten in meine Augen, als mich die Nachricht erreichte, und ich dachte: «Wie gern würde ich zu Fuß nach Santa Rosa wandern, wenn ich ihn nur noch einmal sehen könnte!» Dann zog ich mich für die nächsten 24 Stunden in mein Zimmer zurück und war weder für Sekretäre noch Besucher zu sprechen...

Der Körper Burbanks liegt in Santa Rosa unter einer Libanon-Zeder begraben, die er vor Jahren in seinem Garten angepflanzt hatte; doch seine Seele schaut mir aus jeder Blume am Wegrand entgegen. Er, der für einige Zeit in den allumfassenden Geist der Natur zurückgekehrt ist, flüstert er nun nicht leise in den Winden und grüßt uns mit der Morgendämmerung?

Sein Name ist bereits in den allgemeinen Sprachgebrauch eingegangen. Das neue internationale Wörterbuch von Webster führt *«burbank»* als transitives Verb an und erläutert es folgendermaßen: «Kreuzen oder pfropfen (einer Pflanze). Daher im übertragenen Sinne: veredeln (einen Vorgang oder eine Einrichtung), indem man die guten Eigenschaften auswählt und die schlechten ausmerzt oder indem man gute Eigenschaften hinzufügt.»

«Geliebter Burbank», rief ich aus, als ich diese Deutung las, «nun ist sogar dein Name ein Synonym für das Gute geworden!»

[4] *Johannes* 1, 47.

Ein Besuch bei Therese Neumann

Wir überquerten den Ärmelkanal, der uns zum europäischen Kontinent führte, denn ich beabsichtigte, eine Pilgerfahrt nach Bayern zu machen. Ich fühlte, daß dies die einzige Gelegenheit für mich sein würde, die große katholische Mystikerin Therese Neumann von Konnersreuth zu besuchen.

Vor Jahren hatte ich einen erstaunlichen Bericht über sie gelesen, der folgende Informationen enthielt:

1. Therese, die am Karfreitag 1898 geboren wurde, erlitt im Alter von 20 Jahren einen schweren Unfall; die Folge davon war, daß sie erblindete und gelähmt war.
2. Im Jahre 1923 gewann sie durch ihre Gebete zur heiligen Therese von Lisieux auf wunderbare Weise ihr Augenlicht wieder. Später wurde sie ebenso plötzlich von ihrer Lähmung geheilt.
3. Von 1923 an hat sich Therese aller Nahrung und Getränke enthalten mit Ausnahme einer kleinen geweihten Hostie, die sie täglich zu sich nimmt.
4. 1926 erschienen die Stigmata, die heiligen Wundmale Christi, an Thereses Kopf, Brust, Händen und Füßen. Jeden Freitag[1] erlebt sie die Passion Christi an ihrem eigenen Körper.
5. Sie spricht normalerweise nur ihren heimatlichen Dialekt, äußert jedoch jeden Freitag während ihrer Trance Sätze in einer fremden Sprache, welche die Gelehrten als Altaramäisch identifiziert haben. Zu bestimmten Zeiten ihrer Vision spricht sie auch hebräisch oder griechisch.
6. Mit kirchlicher Erlaubnis hat sich Therese mehrmals eingehenden wissenschaftlichen Untersuchungen unterzogen. Dr. Fritz Ger-

[1] Nach den Kriegsjahren erlebte Therese die Passion nicht mehr jeden Freitag, sondern nur an gewissen heiligen Tagen des Jahres. Mehrere Bücher sind über ihr Leben geschrieben worden, unter anderem *Therese Neumann. Die stigmatisierte Sühneseele von Konnersreuth* von Dr. Erwein Freiherr von Aretin, sowie *Therese Neumann von Konnersreuth. Ein Lebensbild nach authentischen Berichten, Tagebüchern und Dokumenten* von Johannes Steiner.

lach, der Herausgeber einer deutschen evangelischen Zeitung, der nach Konnersreuth fuhr, «um den katholischen Schwindel zu entlarven», schrieb später eine von großer Ehrfurcht zeugende Biographie über Therese.

Ich war jederzeit daran interessiert, Heiligen zu begegnen – mochten sie im Morgen- oder Abendland leben –, und freute mich daher, als unsere kleine Gruppe am 16. Juli in das altertümliche Dorf Konnersreuth einfuhr. Die bayerischen Bauern zeigten lebhaftes Interesse für unseren Ford (den wir aus Amerika mitgebracht hatten) und seine gemischten Insassen: einen jungen Amerikaner, eine ältere Dame und einen Orientalen mit brauner Hautfarbe, der seine langen Haare unter dem Mantelkragen versteckt hielt.

Thereses sauberes und schmuckes Häuschen neben einem altertümlichen, von Geranien umwachsenen Brunnen lag leider stumm und verriegelt da. Die Nachbarn und selbst der Dorfbriefträger, der gerade vorbeikam, konnten uns keine Auskunft geben. Es begann zu regnen, und meine Begleiter schlugen vor, daß wir wieder abfahren.

«Nein», sagte ich hartnäckig. «Ich bleibe hier, bis ich festgestellt habe, wo wir Therese finden.»

Zwei Stunden später saßen wir noch immer in unserem Wagen, während der Regen unaufhörlich herniederprasselte. «Herr», protestierte ich schweigend, «warum hast Du mich hierhergeführt, wenn sie spurlos verschwunden ist?»

In diesem Augenblick blieb ein Mann neben uns stehen, der englisch sprach und uns höflich seine Hilfe anbot.

«Ich kann nicht mit Bestimmtheit sagen, wo Therese sich aufhält», meinte er. «Aber sie ist öfter bei Professor Wutz in Eichstätt zu Besuch, der an der dortigen Universität Dozent für fremde Sprachen ist. Der Ort liegt etwa hundert Kilometer von hier entfernt.»

Am folgenden Morgen machte sich unsere Gruppe auf den Weg nach dem friedlichen Eichstätt. Dr. Wutz begrüßte uns äußerst herzlich. «Ja, Therese ist hier», sagte er und ließ sie sogleich von unserem Besuch unterrichten. Bald kam ein Bote mit ihrer Antwort zurück.

«Obgleich der Bischof mich gebeten hat, niemanden ohne seine Erlaubnis zu sprechen, will ich den Gottesmann aus Indien empfangen.»

Tief berührt von diesen Worten folgte ich Dr. Wutz zum Wohnzimmer im oberen Stockwerk. Gleich darauf trat Therese ein und strahlte Frieden und Freude aus. Sie trug ein schwarzes Gewand und ein blütenweißes Kopftuch. Obgleich sie damals 37 Jahre alt war, wirkte sie viel jünger und besaß eine bezaubernde kindliche Frische. Gesund, gut gewachsen, fröhlich und mit rosigen Wangen – so stand sie vor mir, die Heilige, die nichts ißt!

Therese begrüßte mich mit einem freundlichen Händedruck. Wir lächelten uns in stillem Einvernehmen an, und jeder wußte vom anderen, daß er Gott liebte.

Dr. Wutz bot sich freundlicherweise als Dolmetscher an. Als wir uns setzten, bemerkte ich, daß Therese mich mit naiver Neugier betrachtete; Hindus waren offensichtlich eine Seltenheit in Bayern.

«Sie essen nie etwas?» Ich wollte die Antwort gern aus ihrem eigenen Munde hören.

«Nein, nur eine Hostie, die ich jeden Morgen um sechs Uhr zu mir nehme.»

«Wie groß ist die Hostie?»

«Nicht größer als eine Münze und hauchdünn.» Und erklärend fügte sie hinzu: «Ich empfange sie als Sakrament. Wenn sie nicht geweiht ist, kann ich sie nicht schlucken.»

«Sie können aber nicht zwölf Jahre lang nur davon gelebt haben.»

«Ich lebe von Gottes Licht.»

Wie einfach ihre Antwort war – wie «einsteinisch»!

«Ich verstehe! Sie wissen, daß Sie von der Kraft erhalten werden, die aus dem Äther, der Luft und den Sonnenstrahlen in Ihren Körper einströmt.»

Ein flüchtiges Lächeln huschte über ihre Züge. «Ich freue mich so, daß Sie verstehen, wie ich lebe.»

«Durch Ihr heiliges Leben beweisen Sie täglich die von Christus verkündete Wahrheit: ‹Der Mensch lebt nicht vom Brot allein, sondern von einem jeglichen Wort, das durch den Mund Gottes geht.›»[2]

[2] *Matthäus* 4, 4. Die Körperbatterie des Menschen wird nicht nur von grobstofflicher Nahrung (Brot) erhalten, sondern auch von der vibrierenden kosmischen Energie (dem Wort, *OM*), jener unsichtbaren Kraft, die durch das Tor des verlängerten Marks in den menschlichen Körper

Wiederum zeigte sie offensichtliche Freude über meine Erklärung. «So ist es wahrhaftig. Einer der Gründe, um derentwillen ich heute auf Erden lebe, ist der, den Menschen zu beweisen, daß sie von Gottes unsichtbarem Licht und nicht nur von Nahrung leben können.»

«Können Sie andere lehren, wie man ohne Nahrung lebt?»

Diese Frage schien sie ein wenig zu erschrecken. «Das kann ich nicht – Gott will es nicht!»

Als mein Blick auf ihre kräftigen und schön geformten Hände fiel, zeigte mir Therese auf beiden Handrücken eine frisch verheilte, viereckige Wunde. Dann ließ sie mich ihre Handflächen sehen, in denen sich eine kleinere, halbmondförmige Wunde befand, die gerade verheilt war. Beide Wunden gingen durch die ganze Hand hindurch. Dieser Anblick rief mir deutlich die breiten, viereckigen Eisennägel mit halbmondförmiger Spitze in Erinnerung, die noch heute im Orient verwendet werden. Ich erinnere mich jedoch nicht, sie irgendwo im Abendland gesehen zu haben.

Die Heilige erzählte mir daraufhin einiges über ihre wöchentlichen Trancen. «Ich erlebe als hilflose Zuschauerin die ganze Leidensgeschichte Christi mit.» Jede Woche von Donnerstag um Mitternacht bis Freitag mittag um ein Uhr öffnen sich ihre Wunden und bluten. Dabei verliert sie zehn Pfund ihres gewöhnlichen Gewichts, das 121 Pfund beträgt. Obgleich Therese in ihrem tiefen Mitgefühl während

einströmt. Das verlängerte Mark ist das sechste Zentrum im Körper und liegt im Nacken oberhalb der fünf *Chakras* (Sanskritwort für «Räder» oder Zentren der ausstrahlenden Lebenskraft) in der Wirbelsäule.

Das verlängerte Mark – eines der wichtigsten Organe, weil es die kosmische Lebensenergie *(OM)* in den Körper einströmen läßt – steht in polarer Beziehung zum Zentrum des Christusbewußtseins *(Kutastha)*, das sich im «einfältigen» Auge zwischen den Augenbrauen, dem Sitz der menschlichen Willenskraft, befindet. Diese kosmische Energie wird im siebenten Zentrum, dem Gehirn, aufgespeichert, wo sie ein Reservoir unerschöpflicher Möglichkeiten bildet (in den Veden «tausendblättriger Lotos des Lichts» genannt). In der Bibel wird *OM* als Heiliger Geist bezeichnet; es ist die unsichtbare Lebenskraft, welche die ganze göttliche Schöpfung aufrechterhält. «Oder wisset ihr nicht, daß euer Leib ein Tempel des Heiligen Geistes ist, der in euch ist, welchen ihr habt von Gott, und seid nicht euer selbst?» (*1. Korinther* 6, 19) dieser wöchentlichen Visionen unsagbar leidet, freut sie sich dennoch jedesmal darauf.

Ich erkannte sofort, daß ihr Gott diese ungewöhnliche Aufgabe übertragen hatte, um alle Christen von der historischen Tatsache der Kreuzigung Jesu, so wie sie im Neuen Testament beschrieben wird, zu überzeugen; denn ihre dramatischen Visionen offenbaren das zwischen dem galiläischen Meister und seinen Gläubigen bestehende ewige Band.

Von Professor Wutz erfuhr ich nähere Einzelheiten über die Heilige.

«Oft machen wir mit unserer Gruppe, zu der auch Therese gehört, einen mehrtägigen Ausflug in die Umgebung», erzählte er mir. «Therese ißt während der ganzen Zeit überhaupt nichts, während wir anderen drei Mahlzeiten am Tag einnehmen – ein erstaunlicher Kontrast! Dabei bleibt sie frisch wie eine Rose und wird niemals müde. Wenn wir anderen hungrig werden und uns nach einem Gasthaus umsehen, lacht sie vergnügt.»

Der Professor teilte uns auch einige interessante physiologische Tatsachen mit. «Da Therese keine Nahrung zu sich nimmt, ist ihr Magen eingeschrumpft. Sie hat keine Ausscheidungen, doch ihre Schweißdrüsen funktionieren normal, und ihre Haut bleibt immer fest und geschmeidig.»

Zum Abschied bat ich Therese, bei ihrer nächsten Trance zugegen sein zu dürfen.

«Ja, gern. Kommen Sie bitte nächsten Freitag nach Konnersreuth», sagte sie liebenswürdig. «Der Bischof wird Ihnen die nötige Bescheinigung ausstellen. Ich freue mich sehr, daß Sie nach Eichstätt gekommen sind, um mich zu besuchen.»

Dann drückte mir Therese mehrmals herzlich die Hand und begleitete uns bis ans Tor. Herr Wright schaltete das Radio im Auto an, das die Heilige begeistert ausprobierte. Bald aber versammelte sich eine solch riesige Kinderschar um uns, daß Therese sich ins Haus zurückzog. Etwas später erschien sie oben am Fenster und winkte uns mit kindlichem Lächeln nach.

Am folgenden Tag erfuhren wir von zwei Brüdern Thereses, die beide sehr freundlich und zuvorkommend waren, daß die Heilige nachts nur ein oder zwei Stunden schläft. Trotz der vielen Wunden an ihrem Körper ist sie voller Energie und Tatkraft. Sie liebt Vögel, betreut Fische in einem Aquarium und arbeitet oft in ihrem Garten. Außerdem führt sie eine umfangreiche Korrespondenz, denn zahlreiche katholische Gläubige schreiben ihr und bitten sie um ihren Segen oder ihre Heilgebete. Viele sind durch sie von schweren Krankheiten geheilt worden.

Ihr Bruder Ferdinand, der damals etwa 23 Jahre alt war, erklärte, daß Therese die Fähigkeit besitzt, die Krankheiten anderer an ihrem eigenen Körper abzutragen. Seit der Zeit, da sie darum betete, daß die Kehlkopfkrankheit eines jungen Mannes ihrer Gemeinde, der sich auf die Priesterweihe vorbereitete, auf ihren eigenen Kehlkopf übertragen werde, hat sie sich jeglicher Nahrung enthalten.

Am Donnerstagnachmittag fuhr unsere Gruppe zum Haus des Bischofs, der etwas erstaunt auf mein langes, wallendes Haar blickte. Bereitwillig schrieb er uns die nötige Bescheinigung aus. Wir brauchten keine Gebühr zu zahlen. Die von der Kirche getroffene Regelung soll Therese nur vor dem Ansturm neugieriger Touristen schützen, die Konnersreuth in den vergangenen Jahren jeden Freitag zu Tausenden überschwemmt hatten.

Wir trafen Freitag morgen gegen halb 10 Uhr im Dorf ein. Ich bemerkte, daß Thereses kleines Häuschen zum Teil mit Glasziegeln gedeckt war, um recht viel Licht einzulassen. Die Türen waren nicht mehr verschlossen, sondern standen gastfreundlich offen. Wir gesellten uns zu einer Reihe von etwa zwanzig Besuchern, die alle eine Bescheinigung in der Hand hielten. Viele waren von weither gekommen, um die mystische Trance mit anzusehen.

Therese hatte meine erste Prüfung im Haus des Professors bestanden, denn sie hatte intuitiv erkannt, daß ich aus einem geistigen Grunde zu ihr gekommen war und nicht, um eine flüchtige Neugier zu befriedigen.

Meine zweite Prüfung bestand darin, daß ich mich – kurz ehe ich in ihr Zimmer hinaufging – in einen Yoga-Trancezustand versetzte, um mich auf telepathischem und «fernsehendem» Wege mit ihr in Verbindung zu setzen. Dann betrat ich ihr Zimmer, in dem sich bereits viele Besucher befanden, und sah sie in einem weißen Gewand auf ihrem Bett liegen. Ich blieb an der Schwelle stehen, während Herr Wright sich dicht hinter mir hielt, und schaute ehrfurchtsvoll auf das seltsame und erschreckende Schauspiel, das sich uns bot.

Aus Thereses unteren Augenlidern floß unaufhörlich ein dünner Blutstrom von etwa 2 cm Breite. Ihr Blick war auf das geistige Auge in der Stirnmitte gerichtet. Das um ihren Kopf gewickelte Tuch, das die Wunden der Dornenkrone verdeckte, war von Blut durchtränkt, und das weiße Gewand von der Wunde über ihrem Herzen – jener Seitenwunde, die der Körper Christi einst als letzte Schmähung durch den Speer eines Kriegsknechtes erlitten hatte – wies rote Flecken auf.

Thereses Hände waren in einer mütterlich-flehenden Geste ausgestreckt; ihr Antlitz hatte einen gequälten und zugleich göttlichen Ausdruck. Sie schien schmächtiger und sowohl innerlich als auch äußerlich auf geheimnisvolle Weise verwandelt. Ab und zu murmelte sie Worte in einer fremden Sprache und wandte sich mit leicht bebenden Lippen an irgendwelche Personen, die ihrer überbewußten Schau sichtbar waren.

Da ich mich innerlich auf sie eingestellt hatte, begann nun auch ich die Szenen ihrer Vision zu erblicken. Sie beobachtete Jesus, wie er inmitten der höhnenden Menge die Balken seines Kreuzes trug.[3] Plötzlich hob sie entsetzt den Kopf: Der Herr war unter dem grausamen Gewicht des Kreuzes zu Boden gestürzt. Die Vision verschwand. Von brennendem Mitleid erfüllt, sank Therese erschöpft auf ihr Kissen zurück...

Mit Rücksicht auf die geduldig wartenden Pilger nahmen wir schweigend Abschied von Therese und verließen die heilige Stätte.[4]

[3] Während der Stunden vor meiner Ankunft hatte Therese bereits viele Visionen von den letzten Erdentagen Christi gehabt. Ihre Trance beginnt gewöhnlich mit den Ereignissen nach dem Abendmahl und endet mit Jesu Kreuzestod oder auch mit seiner Grablegung.

[4] Ein Bericht des Internationalen Nachrichtendienstes aus Deutschland (vom 26. März 1948) lautete wie folgt: «Am diesjährigen Karfreitag lag eine deutsche Bauersfrau auf ihrem Bett, deren Kopf, Hände und Schultern an denselben Stellen bluteten, an denen der Körper Christi einst die Wundmale von den Nägeln und der Dornenkrone empfangen hatte. Tausende von Deutschen und Amerikanern zogen in ehrfürchtigem Schweigen am Bett der Therese Neumann vorbei.» Die Stigmatisierte starb am 18. September 1962 in Konnersreuth. *(Anmerkung des Herausgebers)*

Begegnung mit Ananda Moyi Ma

«Sir, Ihr dürft Indien nicht verlassen, ehe Ihr nicht Nirmala Dewi kennengelernt habt. Sie ist eine große Heilige, die weit und breit nur unter dem Namen ‹Ananda Moyi Ma› (Glückselige Mutter) bekannt ist.» Mit diesen Worten schaute mich meine Nichte, Amijo Bose, erwartungsvoll an.

«Gern! Ich bin sehr daran interessiert, dieser Heiligen zu begegnen, denn ich habe bereits von ihrem hohen Zustand der Gottverwirklichung gehört.» ...

Einige Tage später hörte ich, daß sich die Glückselige Mutter bei einem Jünger im Bhowanipur-Bezirk von Kalkutta aufhielt, und machte mich sogleich mit Herrn Wright vom Haus meines Vaters aus auf den Weg. Als unser Ford sich dem Haus in Bhowanipur näherte, bot sich uns mitten auf der Straße ein ungewöhnliches Bild.

Ananda Moyi Ma stand in einem offenen Automobil und segnete gerade eine Menge von etwa hundert Jüngern. Anscheinend war sie im Begriff aufzubrechen. Herr Wright parkte den Ford in einigem Abstand und ging mit mir zu Fuß auf die schweigende Versammlung zu. Die Heilige blickte in unsere Richtung, stieg aus dem Wagen und kam auf uns zu.

«Vater, Ihr seid gekommen!» sagte sie herzlich auf Bengali, während sie den Arm um meinen Nacken legte und ihren Kopf an meine Schulter sinken ließ. Herr Wright, dem ich gerade gesagt hatte, daß ich die Heilige nicht kenne, freute sich königlich über dieses unerwartet liebevolle Willkommen. Auch die zahlreichen *Chelas* blickten ziemlich verwundert drein.

Ich sah sofort, daß sich die Heilige in einem hohen Zustand des *Samadhi* befand. Sie hatte ihre äußere weibliche Erscheinungsform vergessen und war sich nur noch ihrer unwandelbaren Seele bewußt. Und von dieser Ebene aus begrüßte sie freudig ein anderes Gotteskind. Dann nahm sie meine Hand und führte mich zu ihrem Wagen.

«Ananda Moyi Ma, ich will Euch nicht aufhalten», wandte ich ein. «Ihr seid mitten im Aufbruch.»

«Vater, ich begegne Euch zum ersten Mal in diesem Leben[1] – nach ewig langer Zeit», sagte sie. «Geht bitte noch nicht fort.»

Wir nahmen auf den hinteren Wagensitzen Platz, und die Glückselige Mutter versank bald darauf in den regungslosen Zustand der Ekstase. Ihre schönen Augen blickten himmelwärts und blieben unter halbgeschlossenen Lidern unbeweglich – in das nahe und zugleich ferne Elysium schauend. Die Jünger sangen leise: «Sieg der Göttlichen Mutter».

Ich war bereits vielen Männern in Indien begegnet, die Gottverwirklichung besaßen; doch nie zuvor hatte ich eine solch entrückte Heilige gesehen. Aus ihrem liebevollen Antlitz leuchtete unbeschreibliche Freude – jene Freude, die ihr den Namen «Glückselige Mutter» eingebracht hatte. Von ihrem unverschleierten Haupt fiel das lose geflochtene Haar in langen schwarzen Zöpfen herab. Auf der Stirn trug sie ein rotes Mal aus Sandelholzpaste – das Symbol des geistigen Auges, das ständig in ihr geöffnet war. Ihr winziges Antlitz sowie die zierlichen Hände und Füße standen in auffallendem Gegensatz zu ihrer geistigen Größe.

Während Ananda Moyi Ma in ihrer Trance verharrte, richtete ich einige Fragen an eine ihrer *Chelas*.

«Die Glückselige Mutter reist überall in Indien umher; in vielen Gegenden hat sie Hunderte von Jüngern», erzählte mir die *Chela*. «Ihren eifrigen Bemühungen ist es zu verdanken, daß schon viele erwünschte soziale Reformen durchgesetzt worden sind. Obgleich die Heilige Brahmanin ist, erkennt sie die Kastengrenzen nicht an. Einige von uns reisen ständig mit ihr mit, um sie zu versorgen. Wir müssen sie bemuttern, weil sie ihren Körper völlig vergißt. Wenn keiner ihr zu essen gäbe, würde sie nie etwas zu sich nehmen und auch um nichts bitten. Selbst wenn man ihr Nahrung vorsetzt, rührt sie diese nicht an. Um zu verhindern, daß sie der Erde entschwindet, füttern wir sie mit eigener Hand. Oft bleibt sie tagelang im göttlichen Zustand der Ekstase, wobei sie kaum atmet und ihre Augen sich nicht bewegen. Einer ihrer größten Jünger ist ihr eigener Mann, Bolanath. Vor vielen Jahren, kurz nach ihrer Vermählung, legte er das Gelübde des Schweigens ab.»

[1] Ananda Moyi Ma wurde 1896 in dem Dorf Kheora im Tripura-Bezirk von Ost-Bengalen [heute Bangladesh] geboren.

Mit diesen Worten wies die *Chela* auf einen breitschultrigen Mann mit edlen Gesichtszügen, langem Haar und grauem Bart. Er stand schweigend inmitten der Menge und hatte die Hände, gleich einem ergebenen Jünger, ehrfurchtsvoll gefaltet.

Erfrischt durch ihr Untertauchen in die Unendlichkeit, richtete Ananda Moyi Ma ihr Bewußtsein nun wieder auf die Außenwelt.

«Vater, sagt mir bitte, wo Ihr Euch aufhaltet.» Ihre Stimme klang rein und melodisch.

«Zur Zeit in Kalkutta oder in Ranchi. Bald aber fahre ich nach Amerika zurück.»

«Nach Amerika?»

«Ja! Wollt Ihr nicht mit mir kommen? Eine indische Heilige würde dort von den geistigen Suchern begeistert aufgenommen.»

«Wenn der Vater mich mitnehmen kann, so komme ich.»

Diese Antwort rief bei ihren Jüngern große Bestürzung hervor.

«Zwanzig von uns begleiten die Glückselige Mutter auf allen ihren Reisen», sagte einer von ihnen mit fester Stimme. «Wo sie hingeht, müssen auch wir hingehen.»

Dieser unerwartete Zuwachs machte meinen Plan praktisch undurchführbar, und so gab ich ihn mit Bedauern auf.

«Kommt aber wenigstens mit Euren Jüngern nach Ranchi», bat ich, als ich mich von der Heiligen verabschiedete. «Ihr werdet Freude an den Kleinen in meiner Schule haben, denn Ihr seid selbst ein göttliches Kind.»

«Wenn der Vater mich mitnehmen will, komme ich gern.»

Nicht lange danach standen die Schüler des *Vidyalaya* in Ranchi in festlicher Aufmachung Spalier, um die Heilige zu empfangen. Die Jungen freuen sich über jeden freien Tag: kein Unterricht, viel Musik und als Höhepunkt noch ein Festessen!

«Sieg! Ananda Moyi Ma, *ki jai*!» erscholl es begeistert aus vielen kleinen Kehlen, als die Heilige mit ihren Begleitern durch das Eingangstor schritt. Ein Regen von Ringelblumen fiel auf sie hernieder; fröhlich erklangen die Zymbeln und das Blasen der Muschelhörner, während die *Mridanga*-Trommeln den Takt schlugen. Die Glückselige Mutter schritt lächelnd über das sonnige *Vidyalaya*-Grundstück – das Paradies stets in ihrem eigenen Herzen tragend.

«Wie schön es hier ist», sagte Ananda Moyi Ma, als ich sie in das Hauptgebäude führte; dann ließ sie sich mit kindlichem Lächeln an meiner Seite nieder. Man fühlt sich in ihrer Gegenwart wie ihr vertrautester Freund, und doch ist immer eine Aura der Entrücktheit um sie – die paradox erscheinende Isolierung der Allgegenwart.

«Erzählt mir bitte etwas aus Eurem Leben!»

«Der Vater weiß alles darüber, warum soll ich es wiederholen?» Anscheinend war sie der Ansicht, daß die Ereignisse ihres jetzigen kurzen Lebens nicht erwähnenswert seien.

Ich lachte und wiederholte meine Bitte sanft.

«Vater, es gibt wenig zu berichten», sagte sie mit einer verlegenen Geste ihrer anmutigen Hände. «Mein Bewußtsein hat sich niemals mit diesem vergänglichen Körper identifiziert. Ehe ich[2] auf diese Erde kam, Vater, ‹war ich die gleiche›. Als kleines Mädchen ‹war ich die gleiche›. Ich wuchs zur Frau heran und war immer noch ‹die gleiche›. Als die Familie, in die ich hineingeboren wurde, Vorbereitungen traf, diesen Körper zu verheiraten, ‹war ich die gleiche›. Jetzt, vor Euch, Vater, ‹bin ich die gleiche›. Und in alle Ewigkeit, solange das Spiel der ewig wechselvollen Schöpfung an mir vorbeizieht, ‹werde ich die gleiche sein›.

Dann versank Ananda Moyi Ma in tiefe Meditation, und ihr Körper wurde regungslos wie eine Statue. Sie war in ihr inneres Reich entflohen, das sie immerdar zurücklockt. Die dunklen Spiegel ihrer Augen erschienen leblos und glasig – ein Ausdruck, den man oft bei Heiligen beobachten kann. Sobald sie ihr Bewußtsein vom irdischen Körper zurückziehen, ist dieser nur noch ein seelenloser Erdenkloß. Wir saßen eine Stunde lang in ekstatischer Trance beisammen. Dann kehrte sie mit einem kurzen, fröhlichen Lachen in diese Welt zurück.

«Ananda Moyi Ma», sagte ich, «kommt bitte mit mir in den Garten. Herr Wright möchte einige Bilder aufnehmen.»

«Gern, Vater. Euer Wunsch ist auch mein Wunsch.» Während verschiedene Aufnahmen von ihr gemacht wurden, behielten ihre wunderbaren Augen stets dasselbe göttliche Leuchten bei.

[2] Ananda Moyi Ma gebraucht nie das Wort «ich», sondern Umschreibungen wie «dieser Körper» oder «dieses Mädchen» oder «deine Tochter». Auch bezeichnet sie niemanden als ihren «Jünger». Sie ist in ihrer Weisheit überpersönlich und schenkt allen Menschen, den Unbekannten und den vertrauten Schülern, die göttliche Liebe der Universellen Mutter.

Nun folgte das Festmahl. Ananda Moyi Ma kauerte auf ihrem Deckensitz, und eine Jüngerin setzte sich neben sie, um sie zu füttern. Wie ein Kleinkind schluckte die Heilige gehorsam die Bissen hinunter, die ihr die *Chela* an den Mund hielt. Es war unverkennbar, daß die Glückselige Mutter keinen Unterschied zwischen Curry und Süßspeisen schmeckte.

Bei Einbruch der Dunkelheit verließ uns die Heilige wieder, während von allen Seiten Rosenblätter auf sie herabregneten. Segnend breitete sie zum Abschied die Hände über die jungen Knaben, deren Gesichter die zärtliche Liebe widerstrahlten, die sie mühelos in ihnen erweckt hatte...

Ananda Moyi Ma, die frei von allen irdischen Bindungen ist, fühlt sich nur an Gott gebunden. Nicht durch die haarspalterischen Methoden der Gelehrten, sondern durch die sichere Logik des Glaubens hat diese kindliche Heilige die einzige Aufgabe, die das Leben uns stellt – die Vereinigung der Seele mit Gott –, gelöst.

Die Menschheit hat diese einfache Wahrheit vergessen und sie durch zahllose Argumente verschleiert. Völker, die den Schöpfer nicht auf monotheistische Weise lieben, versuchen ihre Untreue damit zu bemänteln, daß sie in übertriebener Weise ihren öffentlichen Wohlfahrtseinrichtungen huldigen. Solch humanitäre Bestrebungen sind zwar lobenswert, weil sie die Aufmerksamkeit des Menschen für kurze Zeit von seinem kleinen Ich ablenken, entbinden ihn aber keinesfalls von seiner höchsten Pflicht, die Jesus als das «vornehmste Gebot» bezeichnete. Mit dem ersten freien Atemzug, den der Mensch tut, geht er die hohe Verpflichtung ein, Gott, seinen einzigen Wohltäter, zu lieben.[3]

Einige Zeit, nachdem Ananda Moyi Ma uns in Ranchi besucht hatte, begegnete ich ihr unerwartet wieder. Sie stand mit einer Gruppe von Jüngern auf dem Bahnsteig in Serampur und wartete auf den Zug.

[3] «Viele haben den Drang, eine neue und bessere Welt zu erschaffen. Anstatt solchen Gedanken nachzuhängen, sollte man sich lieber auf *Ihn* konzentrieren, der allein unvergänglichen Frieden schenken kann. Jeder Mensch hat die Pflicht, zu einem Gottsucher oder Wahrheitssucher zu werden.» *(Ananda Moyi Ma)*

«Ich fahre zum Himalaja, Vater», teilte sie mir mit. «Einige gütige Menschen haben in Dehra Dun eine Einsiedelei für uns errichtet.»

Als sie in den Zug stieg, stellte ich wiederum fest, daß ihre Augen immer in Gott ruhen – ganz gleich, ob sie sich inmitten einer Menschenmenge, in der Eisenbahn, bei einem Festessen oder in tiefer Meditation befindet.

Noch immer hallt ihre Stimme – wie ein unsagbar liebliches Echo – in mir wider:

«Siehe, jetzt und immer bin ich eins mit dem Ewigen – ‹bin ich die gleiche›.»

Ein Besuch bei Mahatma Gandhi in Wardha

«Willkommen in Wardha!» rief uns Mahatma Gandhis Sekretär Mahadev Desai herzlich zu, während er uns Kränze aus *Khaddar* (selbstgesponnener Baumwolle) umhängte. Es war ein Morgen im August, und Frau Bletch, Herr Wright und ich waren soeben auf dem Bahnhof von Wardha eingetroffen, froh, der Hitze des staubigen Zuges zu entrinnen. Nachdem wir unser Gepäck in einem Ochsenwagen verstaut hatten, bestiegen wir mit Herrn Desai und seinen Begleitern – Babasaheb Deshmukh und Dr. Pingale – ein offenes Auto. Noch eine kurze Strecke auf schlammigen Landstraßen, und wir befanden uns im *Maganvadi*, dem Ashram des heiligen indischen Staatsmannes.

Herr Desai führte uns sogleich in das Arbeitszimmer, wo Mahatma Gandhi mit gekreuzten Beinen auf dem Boden saß. In der einen Hand hielt er einen Federhalter und in der anderen ein Stück Papier. Ein gewinnendes, warmherziges Lächeln lag auf seinem Gesicht.

«Willkommen!» kritzelte er in Hindi auf das Papier, denn es war Montag – sein wöchentlicher Schweigetag.

Obgleich dies unsere erste Begegnung war, lächelten wir uns sogleich wie alte Freunde an. Mahatma Gandhi hatte im Jahre 1925 die Schule in Ranchi besucht und sich mit einigen anerkennenden Worten in das dortige Gästebuch eingetragen.

Der schmächtige Heilige, der kaum hundert Pfund wog, strahlte körperliches, geistiges und seelisches Wohlbefinden aus. Klugheit, Aufrichtigkeit und Unterscheidungskraft leuchteten aus seinen sanften, braunen Augen. Dieser Staatsmann kann sich an Scharfsinn mit jedem anderen messen und ist aus zahlreichen rechtlichen, sozialen und politischen Kämpfen als Sieger hervorgegangen. Kein anderer Führer in der Welt hat mit solcher Sicherheit den Weg zum Herzen seines Volkes gefunden wie Gandhi; ihm schlagen die Herzen von Millionen indischer Analphabeten entgegen. Diese waren es auch, die ihm in spontaner Anerkennung den Titel *Mahatma* («große Seele») verliehen.[1] Und nur ihnen zuliebe hat Gandhi seine Klei-

[1] Sein Geburtsname war Mohandas Karamchand Gandhi. Er selbst bezeichnete sich nie als «Mahatma».

dung auf das so oft bespöttelte Lendentuch reduziert – als Zeichen seiner Verbundenheit mit den unterdrückten Massen, die sich nichts anderes leisten können.

«Die Ashram-Bewohner stehen ganz zu Eurer Verfügung», schrieb der Mahatma eilig auf einen Zettel, den er mir mit der für ihn bezeichnenden Höflichkeit überreichte. Dann führte Herr Desai unsere Gruppe zum Gästehaus.

Wir schritten durch Obstgärten und blühende Felder und gelangten schließlich zu einem Ziegelsteingebäude mit vergitterten Fenstern. Ein Brunnen im Vorhof – mit einem Durchmesser von sieben Metern – diente als Tränke, wie Herr Desai erklärte. Nicht weit davon befand sich ein drehbares Zementrad zum Dreschen von Reis. Jedes unserer kleinen Schlafzimmer enthielt nur das allernotwendigste Mobiliar: ein Bett aus geflochtenem Tauwerk. In der einen Ecke der weißgetünchten Küche befand sich ein Wasserhahn und in der anderen ein Feuerloch zum Kochen. Arkadische Laute drangen an unser Ohr: das Lärmen der Krähen und Spatzen, das Brüllen des Viehs und das Stampfen der Steinmeißel...

Zwei Stunden nach unserer Ankunft wurden meine Begleiter und ich zum Mittagessen gebeten. Der Mahatma saß bereits unter den Arkaden der Terrasse, gegenüber seinem Arbeitszimmer. Etwa 25 barfüßige *Satyagrahis* hockten dort vor ihren Messingbechern und -tellern am Boden. Nach einem gemeinsam gesprochenen Gebet wurde die Mahlzeit aus großen Messingtöpfen serviert: *Chapatis* (ungesäuertes Vollkorn-Weizenbrot), die mit Ghi (zerlassener Butter) bestrichen waren, *Talsari* (in Würfel geschnittenes und gekochtes Gemüse) und Zitronenmarmelade.

Der Mahatma aß *Chapatis*, gekochte Rote Beete, etwas rohes Gemüse und Apfelsinen. Auf der einen Seite seines Tellers befand sich eine große Portion bitterer *Nim*-Blätter, ein bekanntes Blutreinigungsmittel. Er teilte etwas davon mit seinem Löffel ab und legte es mir auf den Teller. Ich schluckte meine Portion schnell mit Wasser hinunter und dachte dabei an meine Kinderjahre, als Mutter mir regelmäßig diese «bittere Pille» verabreicht hatte. Gandhi jedoch kaute das bittere Gemüse Blatt für Blatt – ohne das geringste Zeichen des Widerwillens.

Dieser kleine Vorfall zeigte mir, daß der Mahatma seine Sinne willentlich abschalten konnte. Ich erinnerte mich in diesem Zusammenhang auch seiner in weiten Kreisen bekanntgewordenen Blinddarmoperation, der er sich vor mehreren Jahren hatte unterziehen müssen. Der Heilige hatte alle Betäubungsmittel abgelehnt und sich während der ganzen Operation heiter mit seinen Anhängern unterhalten. Dabei verriet sein ruhiges Lächeln, daß er sich keiner Schmerzen bewußt war.

Am Nachmittag hatte ich Gelegenheit, mit einer bekannten Jüngerin Gandhis zu sprechen, mit Madeleine Slade, der Tochter eines englischen Admirals, die jetzt den Namen Mira Behn führt.[2] In fließendem Hindi erzählte sie mir von ihrer täglichen Arbeit, wobei ihr kraftvolles, ruhiges Gesicht vor Begeisterung strahlte.

«Die Aufbauarbeit auf dem Lande ist eine so dankbare Aufgabe. Jeden Morgen um fünf Uhr geht eine Gruppe von uns in das benachbarte Dorf, um den Dörflern zur Hand zu gehen und sie die Grundregeln der Hygiene zu lehren. Es gehört zum Beispiel zu unserer Arbeit, ihre Lehmhütten und Latrinen zu reinigen. Da die Dorfbewohner Analphabeten sind, können wir sie nur durch unser Beispiel erziehen!» Dabei lachte sie fröhlich.

Ich bewunderte diese aus vornehmen Kreisen stammende Engländerin, die in echter christlicher Demut all die schmutzigen Arbeiten verrichtete, die gewöhnlich nur von den «Unberührbaren» ausgeführt werden.

«Ich kam 1925 nach Indien», erzählte sie mir, «und hatte sofort das Gefühl, ‹nach Hause gekommen zu sein›. Ich könnte nie wieder zu meinem früheren Leben und meinen früheren Interessen zurückkehren.»

Wir sprachen dann eine Weile über Amerika. «Ich bin immer wieder freudig überrascht, wenn ich das geistige Interesse sehe, das

[2] Sie hat eine Anzahl der Briefe des Mahatma veröffentlicht, die von der strengen Schulung ihres Gurus zeugen *(Gandhi's Letters to a Disciple* – «Gandhis Briefe an eine Jüngerin» –, New York 1950). In einem späteren Werk (*An der Seite des Mahatma*, 1970) erwähnt Madeleine Slade die große Zahl der Besucher, die Gandhi in Wardha aufsuchten, und schrieb u.a.: «Nach so langer Zeit kann ich mich auf die meisten nicht mehr besinnen, aber zwei werde ich nie vergessen: Halide Edib Adivar, die berühmte türkische Schriftstellerin, und Swami Yogananda, den Gründer der *Self-Realization Fellowship* in Amerika.» *(Anmerkung des Herausgebers)*

so viele Amerikaner während ihres Indien-Aufenthaltes zeigen», sagte sie.

Dann nahm sie ein *Chakra* (Spinnrad) zur Hand.[3] Dank der Bemühungen des Mahatmas sind die *Chakras* überall in den ländlichen Gegenden Indiens wieder in Betrieb.

Gandhi hat triftige wirtschaftliche und kulturelle Beweggründe für die Wiederbelebung der Heimindustrie, ist aber andererseits kein fanatischer Gegner des modernen Fortschritts. Maschinen, Eisenbahnen, Automobile und Fernschreiber haben in seinem eigenen Leben eine wichtige Rolle gespielt. Fünfzig Jahre Staatsdienst – zum Teil in Gefängnissen verbracht – und der alle praktischen Einzelheiten betreffende tägliche Kampf des politischen Lebens haben sein inneres Gleichgewicht, seine geistige Aufgeschlossenheit, seinen gesunden Menschenverstand und seine humorvolle Einstellung zu dem wunderlichen menschlichen Drama nur noch verstärkt.

Um sechs Uhr nachmittags waren wir bei Babasaheb Deshmukh zum Abendessen eingeladen; und um sieben Uhr, zur abendlichen Gebetsstunde, fanden wir uns wieder im *Maganvadi*-Ashram ein und kletterten auf das flache Dach hinauf, wo sich bereits 30 *Satyagrahis* im Halbkreis um Gandhi versammelt hatten. Der Mahatma kauerte auf einer Strohmatte; vor ihm war eine altmodische Taschenuhr aufgestellt worden. Die untergehende Sonne warf ihre letzten Strahlen auf die Palmen und Banyanbäume, und leise begannen die Grillen ihr nächtliches Lied zu zirpen. Diese friedlich-heitere Atmosphäre übte einen eigenartigen Zauber auf mich aus.

Herr Desai stimmte eine feierliche Hymne an, welche die anderen im Wechselgesang aufnahmen. Danach wurde ein Abschnitt aus der *Gita* verlesen, und gegen Ende der Andacht bat der Mahatma mich, das Schlußgebet zu sprechen. Welch göttliche Harmonie der Gedan-

[3] Madeleine Slade erinnert mich an eine andere außergewöhnliche Frau, Margaret Wilson, die älteste Tochter des bedeutenden amerikanischen Präsidenten Woodrow Wilson. Ich begegnete ihr in New York, und sie war zutiefst an Indien interessiert. Später zog sie nach Pondicherry, um die letzten fünf Jahre ihres Lebens bei Sri Aurobindo Ghose zu verbringen und sich seiner Disziplin zu unterwerfen.

ken und Bestrebungen! Diese Meditation auf dem Dach in Wardha unter dem abendlichen Sternenhimmel wird mir stets in Erinnerung bleiben.

Pünktlich um acht Uhr abends beendete Gandhi sein Schweigen. Das gewaltige Arbeitspensum, das er täglich zu bewältigen hat, zwingt ihn dazu, seine Zeit genau einzuteilen.

«Willkommen, Swamiji!» begrüßte mich der Mahatma diesmal mit Worten. Dann führte er mich in sein Arbeitszimmer, dessen einfaches Mobiliar aus viereckigen Matten (anstelle von Stühlen) und einem niedrigen Pult bestand, auf dem Bücher, Papiere und ein paar einfache Federhalter (keine Füllfederhalter) lagen. In einer Ecke des Raumes tickte eine gewöhnliche Uhr. Alles war von einer Atmosphäre des Friedens und der Andacht erfüllt. Gandhi blickte mich mit seinem bezwingenden, fast zahnlosen Lächeln an.

«Vor Jahren begann ich damit, einen wöchentlichen Schweigetag einzulegen», erklärte er mir, «um Zeit für meine Korrespondenz zu finden. Jetzt aber sind diese vierundzwanzig Stunden eine geistige Notwendigkeit für mich geworden. Regelmäßige Schweigezeiten sind keine Qual, sondern ein wahrer Segen.»

Ich stimmte ihm von ganzem Herzen zu.[4] Dann stellte der Mahatma einige Fragen über Amerika und Europa, und anschließend sprachen wir über Indien und die allgemeine Weltlage.

«Mahadev», sagte Gandhi, als Herr Desai ins Zimmer trat, «triff bitte die nötigen Vorbereitungen, damit Swamiji morgen abend in der Stadthalle einen Vortrag über Yoga halten kann.»

Als ich dem Mahatma gute Nacht wünschte, reichte er mir vorsorglich eine Flasche mit Zitronellöl.

«Die Moskitos in Wardha haben leider nicht die geringste Ahnung von *Ahimsa*[5], Swamiji», sagte er lachend.

[4] Seit Jahren hatte ich in Amerika Schweigezeiten eingehalten – zum Entsetzen meiner Besucher und Sekretäre.

[5] Harmlosigkeit, Gewaltlosigkeit: das Fundament des Glaubensbekenntnisses Gandhis. Er ist zutiefst von der Lehre der Jainas beeinflußt worden, die *Ahimsa* als die Quelle aller Tugenden ansehen. Der Jainismus ist eine Sekte des Hinduismus, die im 6. Jahrhundert v. Chr. durch Mahavira, einen Zeitgenossen Buddhas, weit verbreitet wurde. Möge Mahavira (der große Held) über die Jahrhunderte hinweg auf seinen heroischen Sohn Gandhi herabblicken!

Am folgenden Morgen wurde uns ein Frühstück aus Weizenbrei, Melasse und Milch serviert. Und um halb elf Uhr wurden wir zum Essen gebeten, das wir gemeinsam mit Gandhi und den *Satyagrahis* auf der Terrasse des Ashrams einnahmen. Diesmal gab es Vollreis mit Kardamom und verschiedene Gemüse.

Um die Mittagszeit streifte ich durch das Gelände des Ashrams bis zum Weideplatz, wo einige Kühe ungestört grasten. Die Kuh zu schützen, ist eine Angelegenheit, die Gandhi sehr am Herzen liegt.

«Für mich versinnbildlicht die Kuh die gesamte höhere Tierwelt; sie erweitert unser Mitgefühl, das sich auch auf die niederen Lebewesen erstrecken soll», hatte der Mahatma erklärt. «Durch die Kuh fühlt sich der Mensch mit allem, was da lebt, verbunden; auch verstehe ich gut, warum die ehrwürdigen *Rishis* gerade die Kuh zum Gegenstand der Verehrung wählten. Für den Inder gibt es kein besseres Sinnbild als die Kuh, der er so viel zu verdanken hat. Nicht nur, daß sie ihn mit Milch versorgt, sie ist ihm auch in der Landwirtschaft unentbehrlich. Schon beim Anblick dieses sanften Tieres wird man von Mitleid bewegt. Für Millionen von Kindern ist die Kuh eine Art zweite Mutter. Wer der Kuh Schutz gewährt, schützt die ganze stumme Kreatur Gottes. Der Hilferuf der niedrigen Geschöpfe ist gerade deshalb so ergreifend, weil er wortlos ist...[6]

Heilige wie Gandhi haben nicht nur beachtliche materielle Opfer gebracht, sondern haben auch – was weit schwieriger ist – allen selbstsüchtigen Motiven und allem persönlichen Ehrgeiz entsagt, um mit ihrem ganzen Wesen im Strom der Menschheit aufzugehen.

Bewundernswert war die Frau des Mahatmas, Kasturbai. Sie erhob keinen Einspruch, als er nichts von seinem Vermögen für sie und die Kinder zurücklegte. Gandhi und seine Frau, die früh geheiratet hatten, legten nach der Geburt ihrer vier Söhne das

[6] Gandhi hat wunderbare Abhandlungen über viele Themen verfaßt. Über das Gebet schrieb er folgendes: «Es erinnert uns daran, daß wir ohne Gottes Hilfe verloren sind. Keine unserer Bemühungen kann ohne das Gebet vollkommen sein – ohne die tiefe Erkenntnis, daß auch die höchsten menschlichen Bestrebungen umsonst sind, wenn Gottes Segen nicht dahintersteht. Das Gebet ist ein Aufruf zur Demut. Es ist ein Aufruf zur inneren Läuterung und Selbsterforschung.»

Gelübde der Keuschheit ab.[7] Kasturbai hat als stumme Heldin das Schicksal ihres Mannes geteilt, ist ihm ins Gefängnis gefolgt, hat an seinen dreiwöchigen Fasten teilgenommen und ihm unermüdlich geholfen, seine schwere Verantwortung zu tragen. Ihre Verehrung für Gandhi kommt in folgenden Worten zum Ausdruck:

> Ich danke Dir, daß ich das Vorrecht hatte, Deine lebenslange Gefährtin und Gehilfin zu sein. Ich danke Dir für die vollkommenste Ehe der Welt, die auf *Brahmacharya* (Selbstbeherrschung) und nicht auf Sinnlichkeit beruht. Ich danke Dir, daß Du mich für ebenbürtig gehalten hast, Dir bei Deinem Lebenswerk für Indien zu helfen. Ich danke Dir, daß Du nicht zu den Ehemännern gehörst, die ihre Zeit mit Spiel, Rennsport, Frauen, Wein und Gesang verbringen und ihrer Frau und Kinder schnell überdrüssig werden, so wie ein Knabe seines Spielzeugs müde wird. Ich danke Dir, daß Du auch nicht zu jenen Ehemännern gehörst, die ihr ganzes Leben lang Reichtümer ansammeln und die Arbeitskraft anderer Menschen ausbeuten.
>
> Wie dankbar bin ich, daß Gott und Dein Vaterland Dir mehr bedeuten als Bestechungsgelder, daß Du mutig für Deine Überzeugungen eintrittst und ein unerschütterliches Vertrauen in Gott hast. Wie dankbar bin ich, daß ich einen Mann habe, dem Gott und sein Vaterland wichtiger sind als ich. Ich danke Dir für die Nachsicht,

7 Gandhi hat in seinem Buch *Autobiographie oder Die Geschichte meiner Experimente mit der Wahrheit* (Freiburg/Brsg., 1960) sein Leben mit schonungsloser Offenheit geschildert. Diese Autobiographie ist bereits unter dem Titel *Mahatma Gandhi, His Own Story* von C. F. Andrews herausgegeben worden (Gandhi: *Mein Leben*, Leipzig 1930; Neuausgabe Frankfurt/M. 1983), mit einer Einführung von John Haynes Holmes. Es gibt viele Autobiographien, die eine Fülle berühmter Namen und interessanter Erlebnisse enthalten, aber so gut wie gar nichts über die Erforschung und Entwicklung des Innenlebens aussagen. Man legt diese Bücher mehr oder weniger unbefriedigt aus der Hand und sagt sich: «Das ist ein Mensch, der viele berühmte Personen, nicht aber sich selbst kannte.» Diese Reaktion kann man unmöglich beim Lesen der Autobiographie Gandhis haben; denn er beschreibt seine Fehler und Ausflüchte mit einer derart unpersönlichen Liebe zur Wahrheit, daß man nur schwerlich ein ähnliches Werk finden wird.

die Du mit meinen jugendlichen Schwächen hattest – als ich mich gegen die Änderungen, die Du in unserem Leben vornahmst, gegen den Übergang von Wohlstand zu Armut, auflehnte.
Schon als Kind kam ich ins Haus Deiner Eltern. Deine Mutter war eine wunderbare und gütige Frau. Sie gab mir die richtige Schulung und lehrte mich, wie ich eine tapfere, unerschrockene Ehefrau werden und mir die Liebe und Achtung meines künftigen Ehemannes erhalten könne. Als Du mit den Jahren der geliebte Führer Indiens wurdest, fürchtete ich mich keinen Augenblick davor, beiseite geschoben zu werden, wie viele Frauen in anderen Ländern, deren Männer auf den Gipfel des Ruhms gelangt sind. Ich wußte, daß wir bis in den Tod als Mann und Frau vereint bleiben werden.

Jahrelang hatte Kasturbai die Verwaltung der öffentlichen Fonds unter sich, für die der angebetete Mahatma Millionen aufbringt. In indischen Familien erzählt man sich manch humorvolle Geschichte darüber – zum Beispiel, daß die Ehemänner nervös werden, wenn ihre Frauen während einer Gandhi-Versammlung irgendwelchen Schmuck tragen. Wenn er um Hilfe für die Unterdrückten bittet, bewirkt die Zauberkraft seiner Worte, daß die goldenen Spangen und diamantenen Ketten vom Arm und Hals der Reichen direkt in den Sammelkorb gleiten!...

Jedoch zurück nach Wardha. Gegen drei Uhr nachmittags begab ich mich, wie vereinbart, in das Arbeitszimmer dieses Heiligen, der das seltene Wunder vollbracht hatte, aus seiner eigenen Frau eine standhafte Jüngerin zu machen. Gandhi blickte mit seinem charakteristischen Lächeln auf, das jedem, der es gesehen hat, unvergeßlich bleiben wird.

«Mahatmaji», sagte ich, während ich neben ihm auf einer harten Matte niederkauerte, «was versteht Ihr, genau genommen, unter *Ahimsa*?»

«Daß man vermeidet, irgendeinem Lebewesen in Gedanken oder Tat ein Leid anzutun.»

«Ein hohes Ideal! Aber die Menschen in der Welt werden immer fragen: Darf man nicht einmal eine Kobra töten, um einem Kind oder sich selbst das Leben zu retten?»

«Ich könnte keine Kobra töten, ohne zwei meiner Gelübde zu brechen: Furchtlosigkeit und Nicht-Töten. Ich würde eher versuchen, die Schlange durch Schwingungen der Liebe zu besänftigen; denn ich kann unmöglich mein sittliches Niveau senken, um es den Umständen anzupassen.» Und mit entwaffnender Aufrichtigkeit fügte er hinzu: «Ich muß gestehen, daß ich nicht so unbekümmert darüber sprechen könnte, wenn ich mich einer Kobra gegenüber sähe.»

Ich machte eine Bemerkung über einige neuzeitliche Diätbücher westlicher Herkunft, die auf seinem Schreibtisch lagen.

«Ja, die Ernährung spielt, wie überall in der Welt, auch in der *Satyagraha*-Bewegung eine wichtige Rolle», sagte er lachend. «Da ich von den *Satyagrahis* völlige Enthaltsamkeit verlange, bemühe ich mich immer, die beste Diät für ledige Menschen ausfindig zu machen. Wer den Geschlechtstrieb beherrschen will, muß zuerst den Gaumen beherrschen können. Hungerkuren und einseitige Ernährung sind nicht die richtige Lösung. Wenn der *Satyagrahi* erst einmal die innere *Gier* nach Nahrung überwunden hat, muß er eine vernünftige, vegetarische Kost mit allen lebensnotwendigen Vitaminen, Mineralsalzen, Kalorien usw. zu sich nehmen. Durch innere Einsicht und weise Ernährung kann die Samenflüssigkeit des *Satyagrahis* leicht in Lebensenergie verwandelt werden, die dem ganzen Körper zugute kommt.»

Wir sprachen daraufhin über gute Fleischersatzmittel. «Die Avocado ist ausgezeichnet», sagte ich. «Wir haben mehrere Avocadohaine in der Nähe meines Zentrums in Kalifornien.»

Gandhis Gesicht drückte lebhaftes Interesse aus. «Ob sie nicht auch in Wardha gedeihen würden? Die *Satyagrahis* würden sich bestimmt über ein neues Nahrungsmittel freuen.»

«Ich werde euch auf jeden Fall einige Avocadopflanzen aus Los Angeles schicken», sagte ich und fügte hinzu: «Auch Eier sind eine gute Eiweißquelle. Dürfen die *Satyagrahis* sie essen?»

«Unbefruchtete Eier, ja.» Der Mahatma lachte in Erinnerung an folgendes Erlebnis: «Jahrelang duldete ich keine Eier bei uns, und ich selbst esse sie auch heute noch nicht. Dann aber wurde eine meiner Schwiegertöchter schwer krank; sie war unterernährt, und ihr Leben hing nur noch an einem Faden. Der Arzt bestand darauf, daß sie Eier zu sich nahm. Ich aber wollte meine Einwilligung nicht geben und riet ihm, irgendeinen Ei-Ersatz zu beschaffen.

‹Gandhiji›, sagte der Doktor da, ‹unbefruchtete Eier enthalten keine Lebenskeime; es handelt sich dabei um keine Tötung.›

Daraufhin erlaubte ich meiner Schwiegertochter gern, Eier zu essen; und erfreulicherweise wurde sie bald darauf gesund.»

Am vorherigen Abend hatte Gandhi den Wunsch geäußert, den von Lahiri Mahasaya gelehrten *Kriya-Yoga* zu empfangen. Die geistige Aufgeschlossenheit und Wißbegierde des Mahatma rührten mich zutiefst. Er gleicht in seiner göttlichen Suche einem Kind, und seine reine Empfänglichkeit erinnert mich an die Worte Jesu: «... denn solcher ist das Reich Gottes.»

Als die Stunde der Einweihung gekommen war, betraten mehrere *Satyagrahis* – Herr Desai, Dr. Pingale und einige andere, welche die *Kriya*-Technik empfangen wollten – den Raum.

Zuerst lehrte ich die kleine Gruppe die körperlichen *Yogoda*-Übungen. Dabei stellt man sich den Körper in zwanzig Abschnitte aufgeteilt vor und lädt jeden einzelnen Körperteil kraft seines Willens mit Energie auf. Bald vibrierte jedermann wie ein menschlicher Motor. An Gandhis fast unbekleidetem Körper konnte man deutlich die wellenartigen Bewegungen erkennen. Obgleich er sehr dünn ist, wirkt es bei ihm nicht unschön; denn seine Haut ist weich und ohne Falten.

Später weihte ich die Gruppe in die befreiende Technik des *Kriya-Yoga* ein.

Der Mahatma hat sich ehrfurchtsvoll mit allen großen Weltreligionen beschäftigt. Seine stärksten Anregungen, die viel dazu beigetragen haben, einen überzeugten Vertreter der Gewaltlosigkeit aus ihm zu machen, empfing er aus den heiligen Schriften der Jainas, dem Neuen Testament und den soziologischen Werken Tolstois.[8] Sein Glaubensbekenntnis lautet wie folgt:

> Ich glaube, daß die Bibel, der *Koran* und der *Zend Avesta*[9] ihr Entstehen derselben göttlichen Inspiration verdanken wie die *Veden*. Ich glaube an die Institution der Gurus; in diesem Zeitalter jedoch müssen Millionen Menschen ohne Guru leben, weil nur sehr selten jemand auf die Erde kommt, der höchste Reinheit und

[8] Thoreau, Ruskin und Mazzini sind drei andere westliche Schriftsteller, deren soziologische Werke Gandhi aufmerksam studiert hat.

[9] Die heilige Schrift der Perser, die zwischen 1000 und 600 v. Chr. von Zarathustra verfaßt wurde.

höchstes Wissen in sich vereinigt. Deswegen braucht man jedoch nicht den Mut zu verlieren und zu denken, daß man niemals die Wahrheit über seine Religion erfahren könne, denn die Grundsätze des Hinduismus sind – wie die jeder anderen großen Religion – zeitlos und leicht verständlich.

Ich glaube, wie jeder Hindu, an den einen Gott, an Wiedergeburt und Erlösung ... Ich kann mein Gefühl für den Hinduismus ebensowenig beschreiben wie das Gefühl für meine Frau. Sie bewegt mich, wie keine andere Frau in der Welt es vermag. Das soll nicht heißen, daß sie keine Fehler hat; wahrscheinlich hat sie viel mehr, als ich weiß. Dennoch ist das Gefühl einer unauflöslichen Einheit vorhanden. Und dieses selbe Gefühl habe ich für den Hinduismus – trotz seiner Schwächen und Grenzen. Nichts entzückt mich so sehr wie die melodische Sprache der *Gita* oder des *Ramayana* von Tulsidas. Als ich dachte, meine letzte Stunde sei gekommen, war die *Gita* mein Trost.

Der Hinduismus ist keine exklusive Religion. Er ist so umfassend, daß er Raum für alle großen Propheten der Welt hat.[10] Er treibt keine Mission im eigentlichen Sinne, wenn er auch viele Volksstämme in sich aufgenommen und unter seinem Namen vereinigt hat; doch dies war die Folge eines langsamen Entwicklungsprozesses. Der Hinduismus lehrt, daß jeder Mensch Gott nach seinem eigenen Glauben oder *Dharma*[11] anbeten soll, und lebt daher mit allen anderen Religionen in Frieden.

[10] Im Unterschied zu allen anderen Weltreligionen ist der Hinduismus nicht von einer großen Persönlichkeit gegründet worden, sondern beruht auf den anonymen vedischen Schriften. Aus diesem Grunde kann der Hinduismus die Propheten aller Länder und aller Zeiten verehren und in sich aufnehmen. Die vedischen Schriften enthalten nicht nur religiöse Übungen, sondern auch Vorschriften für das Gemeinschaftsleben, um den Menschen zu helfen, alle ihre Handlungen mit dem göttlichen Gesetz in Einklang zu bringen.

[11] Ein umfassendes Sanskritwort für «Gesetz». Es bedeutet auch: Einhalten der Gesetze, Gerechtigkeit oder die jeweiligen, den Umständen entsprechenden Pflichten des Menschen. Den heiligen Schriften zufolge bedeutet *Dharma* «natürliche, allgemeingültige Gesetze, die der Mensch befolgen muß, um sich Leid und Erniedrigung zu ersparen».

Über Christus hat Gandhi folgendes geschrieben: «Wenn er heute unter den Menschen lebte, würde er zweifellos viele segnen, die vielleicht noch nie seinen Namen gehört haben..., gleichwie geschrieben steht: ‹...nicht alle, die zu mir sagen: Herr, Herr!... sondern die den Willen tun meines Vaters im Himmel.›[12] Jesus gab der Menschheit ein unvergleichliches Beispiel und wies ihr den Weg, der zum einzig erstrebenswerten Ziel führt. Ich glaube, daß er nicht nur der Christenheit, sondern der ganzen Welt – allen Ländern und allen Rassen – gehört.»

An meinem letzten Abend in Wardha sprach ich vor einer großen Versammlung in der Stadthalle. Der Raum war einschließlich der Fensterbretter dicht besetzt. Etwa 400 Menschen waren erschienen, um meinen Vortrag über Yoga zu hören; ich hielt ihn zuerst in Hindi, dann auf englisch. Als wir zum Ashram zurückkehrten, war der Mahatma noch auf und erledigte in tiefem Frieden seine Korrespondenz; wir konnten ihm daher noch gute Nacht sagen.

Als ich mich am folgenden Morgen gegen fünf Uhr erhob, war es noch dunkel; doch das Leben im Dorf begann bereits zu erwachen. Zuerst rollte ein Ochsenwagen am Tor des Ashrams vorbei; dann erschien ein Bauer, der vorsichtig eine große Last auf dem Kopf balancierte. Nach dem Frühstück begaben wir drei uns zu Gandhi, um ihm zum Abschied unser *Pranam* zu bieten. Der Heilige steht jeden Morgen um vier Uhr auf, um seine Morgenandacht zu verrichten.

«Auf Wiedersehen, Mahatmaji!» Ich kniete nieder, um seine Füße zu berühren. «Unter Eurer Führung ist Indien in sicherer Hut.»...

Jahre sind seit jenen idyllischen Tagen in Wardha vergangen. Erde, Himmel und Meer wurden durch eine vom Krieg zerrissene Welt verdunkelt. Als einziger unter den großen Menschheitsführern hat Gandhi anstelle von Waffengewalt die praktische Alternative der Gewaltlosigkeit gewählt. Auf dem Wege des passiven Widerstands protestierte er gegen soziale Ungerechtigkeiten und politisches Unrecht und hat mit dieser Methode immer wieder Erfolg gehabt. Nachstehend seine eigenen Worte, mit denen er seine Lehre umrissen hat:

[12] *Matthäus* 7, 21.

Ich habe festgestellt, daß das Leben inmitten von Zerstörung weiterbesteht. Darum muß es ein höheres Gesetz als das der Zerstörung geben. Nur unter einem solchen Gesetz kann eine wohlgeordnete Gesellschaft sinnvoll bestehen – kann das Leben lebenswert sein.

Wenn dieses Gesetz also maßgebend für unser Leben ist, müssen wir es auch täglich befolgen. Überall, wo Kriege geführt werden, wo wir es mit einem Gegner zu tun haben, müssen wir durch Liebe siegen. Ich habe festgestellt, daß das unfehlbare Gesetz der Liebe in meinem eigenen Leben Dinge bewirkt hat, die das Gesetz der Zerstörung nie vollbringen konnte.

In Indien haben wir bereits in großem Umfang sichtbare Beweise für die Wirksamkeit dieses Gesetzes geliefert. Ich will nicht behaupten, daß die 360 Millionen Inder bereits von der Idee der Gewaltlosigkeit durchdrungen sind, aber ich behaupte, daß sie in unglaublich kurzer Zeit fester als irgendeine andere Lehre Fuß gefaßt hat.

Wer den Geisteszustand der Gewaltlosigkeit erlangen will, braucht eine strenge Schulung. Er muß ein soldatisch hartes, diszipliniertes Leben führen. Der vollendete Zustand ist erst dann erreicht, wenn Gedanken, Handlungen und Worte völlig miteinander übereinstimmen. Jedes Problem läßt sich lösen, wenn wir uns dazu entschließen, das Gesetz der Wahrheit und der Gewaltlosigkeit zum Gesetz unseres Lebens zu machen.

Die verhängnisvollen weltpolitischen Ereignisse haben uns eine bittere Wahrheit vor Augen geführt: eine Menschheit, die kein geistiges Ziel hat, ist dem Untergang geweiht. Nicht nur die Religion, sondern auch die Wissenschaft hat dem Menschen die Unbeständigkeit und Unwirklichkeit aller materiellen Dinge begreiflich gemacht. Wohin soll sich der Mensch in der Tat noch wenden, wenn nicht zu seinem Urquell – dem ihm innewohnenden GEIST?

Gottes Fährmann

Viele Male will ich mein Boot
Über den Abgrund des Todes steuern
Und aus meiner Heimat im Himmel
Zurückkehren zu den Küsten der Erde.
Ich will mein Boot mit allen Wartenden beladen,
Mit allen Durstigen, die zurückgeblieben sind,
Und sie zu den opalblau schimmernden Teichen
Der Freude führen,
Wo mein Vater das Wasser des Friedens verteilt,
Das den Durst aller Wünsche stillt.

Oh, ich will wieder und wieder kommen,
Millionen Klippen des Leids überwinden,
Mit blutenden Füßen will ich kommen,
Wenn es sein muß, Millionen Male,
Solange ich weiß,
Daß ein irrender Bruder zurückblieb.

Ich will Dich besitzen, o Herr,
Damit ich Dich allen schenken kann.
Befreie mich deshalb, o Gott,
Aus der Knechtschaft des Körpers,
Damit ich anderen zeigen kann,
Wie man sich selber befreit.
Deine ewige Seligkeit wünsch' ich mir nur,
Um sie mit andern zu teilen,
Um all meinen Brüdern
Den Weg zu weisen –
Den Weg zum immerwährenden Glück in Dir.

Nachwort

Zum Abschluß dieses Teils möchten wir dem Leser einen kleinen Einblick in die Persönlichkeit des Autors verschaffen. Paramahansa Yogananda war so demütig, daß er nur selten über sich selbst sprach. Deshalb bringen wir hier Auszüge einer Ehrenbezeugung des ehemaligen indischen Botschafters in den Vereinigten Staaten, Dr. Binay Ranjan Sen, aus dem Jahr 1990:

«Vor etwa 40 Jahren wurde mir das große Glück zuteil, Paramahansa Yogananda zu begegnen. Dieses Treffen hat sich meinem Gedächtnis als unvergeßliches Erlebnis eingeprägt. Es war im März 1952. Ende 1951 war ich zum Botschafter Indiens in den Vereinigten Staaten ernannt worden und befand mich auf einer offiziellen Besuchsreise in die verschiedenen Teile des Landes. Als ich in Los Angeles eintraf, war mein vorherrschender Gedanke, Paramahansaji kennenzulernen, dessen Lehre der Selbst-Verwirklichung nicht nur in den Vereinigten Staaten, sondern auch in vielen anderen Ländern der Welt großen geistigen Einfluß gewonnen hatte.

Obgleich ich schon viel über Paramahansaji und sein Werk gehört hatte, war ich nicht eigentlich vorbereitet auf das, was ich im Mt.-Washington-Zentrum der *Self-Realization Fellowship* antraf. Vom ersten Augenblick an fühlte ich mich um dreitausend Jahre in die alten Ashrams zurückversetzt, von denen wir in den heiligen Schriften lesen. Hier war der große *Rishi*, umgeben von seinen Jüngern, die alle in die safrangelbe Farbe der *Sannyasis* (Entsagenden) gekleidet waren. Es erschien mir wie ein Eiland göttlichen Friedens und göttlicher Liebe inmitten eines Meeres, das die Stürme des modernen Zeitalters aufgewühlt hatten.

Paramahansaji stand an der Tür, um meine Frau und mich zu begrüßen. Die Wirkung, die sein Anblick auf mich ausübte, war gewaltig. Ich fühlte mich auf eine Weise emporgehoben wie noch nie in meinem Leben. Als ich in sein Antlitz schaute, waren meine Augen fast geblendet von seinem Glanz – einem Licht der Geistigkeit, das buchstäblich von ihm ausstrahlte. Seine unendliche Liebenswürdigkeit und Güte umhüllten meine Frau und mich wie warmer Sonnenschein.

Während der folgenden Tage widmete der Meister uns jede Minute, die er erübrigen konnte. Ich stellte fest, daß er auch für ganz weltliche Probleme tiefes Verständnis und Einsicht zeigte, obgleich er ein hochgeistiger Mensch war. In ihm sah ich einen wahren Botschafter Indiens, der den Kern der Weisheit des alten Indien in aller Welt verbreitete.

Die letzten Minuten mit ihm während des Banketts im Biltmore-Hotel werden ständig in meiner Erinnerung weiterleben. Es war die Szene eines echten *Mahasamadhi*. Mir war sofort klar, daß ein großer Geist den Körper auf eine Weise verlassen hatte, wie nur er es vermochte. Ich glaube, keiner von uns fühlte so etwas wie Trauer. Es war ein Gefühl, das über alle Gemütserregungen erhaben war. Wir waren Zeugen eines göttlichen Ereignisses geworden.

Seit jener Zeit hat mich meine Aufgabe in viele Länder geführt. In Südamerika, Europa und Indien sind Leute auf mich zugekommen, die vom göttlichen Licht Paramahansajis berührt worden sind, und haben mich gebeten, ihnen etwas über seine letzten Erdentage zu erzählen, die ich miterlebt hatte, denn sie hatten die weithin veröffentlichten Fotografien darüber gesehen. Bei allen, die zu mir kamen, fühlte ich ein Drängen, ein Verlangen nach einer Orientierung, die ihnen in diesen unruhigen Zeiten wegweisend sein könnte. Ich sah, daß das Werk des Meisters keinesfalls in Vergessenheit zu geraten drohte, sondern daß sich sein Licht auf eine stets anwachsende Zahl von Menschen in allen Ländern ausbreitete.

Während sich unsere Welt einem neuen Jahrtausend nähert, fühlen wir uns wie nie zuvor von Finsternis und Verwirrung bedroht. Die alte Methode, bei der ein Land gegen das andere, eine Religion gegen die andere und der Mensch gegen die Natur ankämpfte, muß überwunden werden und einem neuen Geist allumfassender Liebe, Verständigung und Fürsorge weichen. Das ist die ewige Botschaft der indischen Seher – die Botschaft, die Paramahansa Yogananda unserer Zeit und nachfolgenden Generationen brachte. Ich hoffe, daß die Fackel, die er entzündet hat und die nun von Sri Daya Mata[1] weitergetragen wird, richtungweisend für Millionen Menschen sein und ihren Weg erhellen wird.»

Kalkutta 20. Oktober 1990

[1] Seit 1955 geistiges Oberhaupt und Präsidentin der *Self-Realization Fellowship*; eine der ersten und engsten Jüngerinnen Paramahansa Yoganandas.

Quellennachweis

Gott und die Schöpfung

1. Deine Heimkehr: Aus *Songs of the Soul* («Lieder der Seele»).
2. Eine neue Sicht vom Ursprung und Wesen der kosmischen Schöpfung: Auszüge aus einem Vortrag vom 29. 9. 1940, enthalten in *The Divine Romance* («Der Lockruf göttlicher Liebe»).
3. Der Schöpfer: Aus *God Talks with Arjuna* («Gott spricht mit Arjuna»).
4. Was ist Gott?: Aus *Religion als Wissenschaft* (O. W. Barth Verlag).
5. Das unendliche Wesen Gottes: Auszüge aus einem Vortrag vom 28. 1. 1937, enthalten in *Man's Eternal Quest* («Das größte Abenteuer des Menschen»).
6. Das Wesen der Schöpfung: Aus *Wissenschaftliche Heilmeditationen* (O. W. Barth Verlag).
7. Die Unwirklichkeit der Materie: Geschrieben um 1926, enthalten in *Man's Eternal Quest* («Das größte Abenteuer des Menschen»).
8. Der Traumcharakter der Welt: Vortrag vom 23. 12. 1937, enthalten in *Die ewige Suche des Menschen* (O. W. Barth Verlag).
9. Die Gesetzmäßigkeit des Universums: Aus *Autobiographie eines Yogi*, Kapitel 30 (O. W. Barth Verlag).
10. Warum das Böse zu Gottes Schöpfung gehört: Auszüge aus einem Vortrag vom 17. 11. 1946, enthalten in *The Divine Romance* («Der Lockruf göttlicher Liebe»).
11. Das Ende der Welt: Auszüge aus einem Vortrag vom 26. 5. 1940, enthalten in *The Divine Romance* («Der Lockruf göttlicher Liebe»).
12. Gott allein! Aus *Flüstern aus der Ewigkeit* (Self-Realization Fellowship Publishers).

Der Mensch innerhalb der Schöpfung

13. Das Meer Deiner Gegenwart: Aus *Songs of the Soul* («Lieder der Seele»).
14. Entwicklungsstufen des Gottsuchers: Aus *God Talks with Arjuna* («Gott spricht mit Arjuna»).
15. Der unsichtbare Mensch: Vortrag vom 3. 3. 1940, enthalten in *Man's Eternal Quest* («Das größte Abenteuer des Menschen»).
16. Die Reinkarnation: Der Weg der Seele zur Vollkommenheit: Vortrag vom 20. 2. 1944, enthalten in *Die ewige Suche des Menschen* (O. W. Barth Verlag).
17. Gottes Drama: Aus *Worte des Meisters* (O. W. Barth Verlag).

18. Was versteht man unter Geistern?: Auszüge aus einem Vortrag vom 22. 7. 1945, enthalten in *Man's Eternal Quest* («Das größte Abenteuer des Menschen»).
19. Die ewige Suche des Menschen: Auszüge aus einem Vortrag vom 16. 2. 1941, enthalten in *Die ewige Suche des Menschen* (O. W. Barth Verlag).
20. Wie man arbeiten kann, ohne zu ermüden: Auszüge aus einem Vortrag vom 28. 3. 1940, enthalten in *The Divine Romance* («Der Lockruf göttlicher Liebe»).
21. Die «Fliehkraft» des Menschen: Aus *Worte des Meisters* (O. W. Barth Verlag).
22. «Erwirb Einsicht mit allem, was du hast»: Auszüge aus einem Vortrag vom 23. 2. 1939, enthalten in *The Divine Romance* («Der Lockruf göttlicher Liebe»).
23. Das ewige Liebesabenteuer: Auszüge aus einem Vortrag vom 10. 1. 1943, enthalten in *The Divine Romance* («Der Lockruf göttlicher Liebe»).
24. Das herrliche Neue: Aus *Das Gesetz des Erfolges* (Self-Realization Fellowship Publishers).

Der Weg zum Kosmischen Bewußtsein

25. Höhenflug: Aus *Songs of the Soul* («Lieder der Seele»).
26. Sichere Methoden, die zur Befreiung führen: Aus *God Talks with Arjuna* («Gott spricht mit Arjuna»).
27. Die befreite Seele: Aus *God Talks with Arjuna* («Gott spricht mit Arjuna»).
28. Wie man schlechte Launen kuriert: Auszüge aus einem Vortrag vom 5. 3. 1939, enthalten in *Die ewige Suche des Menschen* (O. W. Barth Verlag).
29. Wie man Religion als Wissenschaft betreibt: Auszüge aus einem Vortrag vom 18. 2. 1940, enthalten in *The Divine Romance* («Der Lockruf göttlicher Liebe»).
30. Das Spektrum des geistigen Bewußtseins: Auszüge aus einem Vortrag vom 1. und 3. 8. 1934, enthalten in *The Divine Romance* («Der Lockruf göttlicher Liebe»).
31. Wie man den Weg findet, der zum Sieg führt: Auszüge aus einem Vortrag vom 16. 2. 1939, enthalten in *The Divine Romance* («Der Lockruf göttlicher Liebe»).
32. Die Wissenschaft des Kriya-Yoga: Aus *Autobiographie eines Yogi*, Kapitel 26 (O. W. Barth Verlag).
33. Drei Wege zum Kosmischen Bewußtsein: Auszüge aus einem Vortrag vom 9. 2. 1934, enthalten in *Die ewige Suche des Menschen* (O. W. Barth Verlag).

34. Das wahre Erleben geistiger Ekstase: Vortrag vom 16. 12. 1934, enthalten in *Man's Eternal Quest* («Das größte Abenteuer des Menschen»).
35. Ein Erlebnis im Kosmischen Bewußtsein: Aus *Autobiographie eines Yogi*, Kapitel 14 (O. W. Barth Verlag).
36. Sri Yukteswars Bericht aus der höheren Astralwelt: Auszüge aus dem Bericht, den der Swami am 19. 6. 1936 seinem Jünger Paramahansa Yogananda gab, enthalten in *Autobiographie eines Yogi*, Kapitel 43 (O. W. Barth Verlag).
37. O Wein der Jahrhunderte: Aus *Flüstern aus der Ewigkeit* (Self-Realization Fellowship Publishers).

Begegnungen mit großen Persönlichkeiten

38. Sei du der Präsident einer vereinigten Welt: aus *Flüstern aus der Ewigkeit* (Self-Realization Fellowship Publishers).
39. Indiens großer Wissenschaftler Jagadis Chandra Bose: Aus *Autobiographie eines Yogi*, Kapitel 8 (O. W. Barth Verlag).
40. Ein Gespräch mit Rabindranath Tagore: Aus *Autobiographie eines Yogi*, Kapitel 29 (O. W. Barth Verlag).
41. Luther Burbank, ein amerikanischer Heiliger: Aus *Autobiographie eines Yogi*, Kapitel 38 (O. W. Barth Verlag).
42. Ein Besuch bei Therese Neumann: Aus *Autobiographie eines Yogi*, Kapitel 39 (O. W. Barth Verlag).
43. Begegnung mit Ananda Moyi Ma: Aus *Autobiographie eines Yogi*, Kapitel 45 (O. W. Barth Verlag).
44. Ein Besuch bei Mahatma Gandhi in Wardha: Aus *Autobiographie eines Yogi*, Kapitel 44 (O. W. Barth Verlag).
45. Gottes Fährmann: Aus *Songs of the Soul* («Lieder der Seele»).

Über den Autor

«Das Ideal der Gottesliebe und des Dienstes an der Menschheit fand schönsten Ausdruck im Leben Paramahansa Yoganandas... Obgleich er den größten Teil seines Lebens außerhalb Indiens verbrachte, gehört er zu unseren großen Heiligen. Sein Werk breitet sich mehr und mehr aus und wird zu einem immer helleren Licht, das den Menschen aller Länder auf ihrer Pilgerreise zu Gott den richtigen Weg weist.»

Mit diesen Worten ehrte die indische Regierung den Gründer der *Self-Realization Fellowship/Yogoda Satsanga Society of India* anläßlich der Herausgabe einer Gedenkbriefmarke am 7. März 1977, dem 25. Jahrestag seines Ablebens.

Paramahansa Yogananda begann sein Lebenswerk 1917 in Indien, wo er eine Knabenschule für richtige Lebensweise gründete, in der er moderne Erziehungsmethoden mit Yogaunterricht und geistigen Idealen verband. 1920 wurde er nach Boston eingeladen, wo er als Delegierter Indiens am internationalen Kongreß der religiösen Freidenker teilnahm. Seine darauf folgenden Vorträge in Boston, New York und Philadelphia wurden mit Begeisterung aufgenommen. 1924 trat er eine Vortragsreise durch die ganzen Vereinigten Staaten an.

Während des nächsten Jahrzehnts unternahm Paramahansaji viele Reisen, auf denen er Vorträge und Ansprachen hielt und Tausende in die Yoga-Wissenschaft der Meditation und eine ausgeglichene geistige Lebensweise einführte. 1925 gründete er das internationale Mutterzentrum der *Self-Realization Fellowship* in Los Angeles. Heute wird das von Paramahansa Yogananda begonnene geistige und humanitäre Werk unter der Führung einer seiner größten Jüngerinnen, Sri Daya Matas (der Präsidentin der *Self-Realization Fellowship*), weitergeführt. Neben der Veröffentlichung von Paramahansa Yoganandas Schriften, Vorträgen und Ansprachen (einschließlich einer umfangreichen Serie gedruckter Lehrbriefe über die Wissenschaft der *Kriya-Yoga*-Meditation) verwaltet das Mutterzentrum die Tempel, Stätten der inneren Einkehr und Meditationszentren der *Self-Realization Fellowship* in allen Teilen der Welt und bildet Ordensleute aus. Ein weltweiter Gebetskreis des Mutterzentrums dient dazu, Hilfsbedürftigen heilende Schwingungen zu senden und mehr Frieden und Harmonie zwischen allen Ländern herbeizuführen.

Dr. Quincy Howe jun., Professor für alte Sprachen am Scripps College, schrieb: «Paramahansa Yogananda brachte dem Westen nicht nur Indiens zeitlose Botschaft der Gottverwirklichung, sondern auch eine praktische Methode, mit der Wahrheitssucher aller Gesellschaftsschichten das ersehnte Ziel in absehbarer Zeit erreichen können. Obwohl das geistige Vermächtnis

Indiens im Westen zwar seit jeher geschätzt wurde, jedoch abstrakt und unerreichbar schien, vermittelt es jetzt all denen, die Gott nicht erst im Jenseits, sondern hier und jetzt finden wollen, Übungsmethoden und eigene Erfahrung... Yogananda hat allen den Zugang zu den höchstentwickelten Methoden der Kontemplation geöffnet.»

Leben und Lehre Paramahansa Yoganandas sind in seiner *Autobiographie eines Yogi* beschrieben.

Paramahansa Yogananda
Ein Yogi im Leben und im Tod

Am 7. März 1952 hielt Paramahansa Yogananda in Los Angeles/Kalifornien auf einem Bankett, das zu Ehren des indischen Botschafters, Seiner Exzellenz Binay R. Sen, veranstaltet wurde, eine Ansprache. Unmittelbar danach ging er in den *Mahasamadhi* ein (das ist der endgültige und bewußte Austritt eines Yogis aus seinem Körper).

Der große Weltlehrer bewies nicht nur während seines Lebens, sondern auch im Tode die Wirksamkeit des Yoga (der wissenschaftlichen Techniken, die zur Gottvereinigung führen). Noch mehrere Wochen nach seinem Hinscheiden leuchtete sein Antlitz unverändert in einem göttlichen Glanz – unberührt von jeder Verwesung.

Harry T. Rowe, der Direktor des Friedhofs von Forest Lawn Memorial Park in Los Angeles, wo der Körper des großen Meisters vorübergehend ruht, sandte der *Self-Realization Fellowship* eine beglaubigte Urkunde, der wir hier folgende Auszüge entnehmen:

«Das Ausbleiben jeder Verfallserscheinung am Leichnam Paramahansa Yoganandas stellt den außergewöhnlichsten Fall in allen unseren Erfahrungen dar... Selbst zwanzig Tage nach seinem Tode war kein Zeichen einer körperlichen Auflösung festzustellen... Die Haut zeigte keine Spuren von Verwesung, und im Körpergewebe ließ sich keine Austrocknung erkennen. Ein solcher Zustand von Unverweslichkeit ist, soweit wir aus Friedhofsannalen wissen, einzigartig... Als uns Yoganandas Körper übergeben wurde, erwarteten die Friedhofsbeamten, daß sich allmählich, wie bei jedem Leichnam, die üblichen Verfallserscheinungen einstellen würden. Mit wachsendem Erstaunen sahen wir jedoch einen Tag nach dem anderen verstreichen, ohne daß der in einem gläsernen Sarg liegende Körper irgendeine sichtbare Veränderung aufwies. Yoganandas Körper befand sich anscheinend in einem phänomenalen, unverweslichen Zustand... Kein Verwesungsgeruch konnte während der ganzen Zeit an seinem Körper wahrgenommen werden... Die körperliche Erscheinung Yoganandas war am 27. März, kurz bevor der Bronzedeckel auf den Sarg gelegt wurde, die gleiche wie am 7. März. Er sah am 27. März genauso frisch und vom Tode unberührt aus wie am Abend seines Todes. Es lag also am 27. März keine Veranlassung vor zu behaupten, daß sein Körper auch nur das geringste Zeichen der Zersetzung aufweise. Aus diesem Grunde möchten wir nochmals betonen, daß der Fall Paramahansa Yoganandas unseres Wissens einzigartig ist.»

Ziele und Ideale der Self-Realization Fellowship

dargelegt von ihrem Gründer Paramahansa Yogananda
Sri Daya Mata, Präsidentin

Menschen aller Nationen mit bestimmten, wissenschaftlichen Techniken bekannt zu machen, die zur unmittelbaren, persönlichen Gotteserfahrung führen;

zu lehren, daß der Sinn des Lebens in der Höherentwicklung des begrenzten menschlichen Bewußtseins liegt, bis es sich aus eigener Kraft zum Bewußtsein Gottes erweitert, und zu diesem Zweck Tempel der *Self-Realization Fellowship* in aller Welt zu errichten, in denen wahre Gottverbundenheit gepflegt wird, und die Menschen außerdem anzuregen, sich in ihrem eigenen Heim und Herzen einen Tempel Gottes zu schaffen;

darzulegen, daß das ursprüngliche, von Jesus Christus gelehrte Christentum und der ursprüngliche, von Bhagavan Krishna gelehrte Yoga im wesentlichen völlig übereinstimmen und daß diese Prinzipien der Wahrheit die wissenschaftliche Grundlage aller echten Religionen bilden;

auf den schnellsten Weg zu Gott hinzuweisen, in den alle wahren religiösen Wege schließlich einmünden: den Weg täglicher, wissenschaftlicher und hingebungsvoller Meditation über Gott;

die Menschen von ihrem dreifachen Leiden: körperlicher Krankheit, geistiger Unausgeglichenheit und seelischer Blindheit zu befreien;

die Menschen zu einem einfacheren Leben und tieferen Denken anzuregen und unter allen Völkern den Geist wahrer Brüderlichkeit zu verbreiten, indem ihnen die Erkenntnis vermittelt wird, daß alle Menschen Kinder des einen Gottes sind;

die Überlegenheit des Geistes über den Körper und der Seele über den Geist zu beweisen;

Böses durch Gutes, Leid durch Freude, Grausamkeit durch Güte, Unwissenheit durch Weisheit zu besiegen;

Wissenschaft und Religion durch die Erkenntnis, daß beide auf denselben Gesetzen beruhen, miteinander in Einklang zu bringen;

die geistige Verständigung und den kulturellen Austausch zwischen Morgen- und Abendland zu fördern;

der ganzen Menschheit als dem eigenen, erweiterten Selbst zu dienen.

Die von Paramahansa Yogananda gelehrten wissenschaftlichen Meditationstechniken, einschließlich *Kriya-Yoga*, werden in den Lehrbriefen der *Self-Realization Fellowship* dargelegt. Falls Sie nähere Auskunft darüber wünschen, fordern Sie bitte den einführenden Gratis-Prospekt *Ungeahnte Möglichkeiten* an, den Sie von der *Self-Realization Fellowship*, Laufamholzstraße 369, 90482 Nürnberg, erhalten oder auch vom internationalen Mutterzentrum der Self-Realization Fellowship, 3880 San Rafael Avenue, Los Angeles, CA 90065, USA.

Vom gleichen Autor:

Autobiographie eines Yogi

von Paramahansa Yogananda

Diese Autobiographie, die großen Beifall gefunden hat, ist das faszinierende Lebensbild einer der größten geistigen Persönlichkeiten der heutigen Zeit. Mit gewinnender Offenheit, Erzählkunst und köstlichem Humor schreibt Paramahansa Yogananda seine inspirierende Lebensgeschichte – schildert die Erlebnisse seiner ungewöhnlichen Kindheit, Begegnungen mit vielen Heiligen und Weisen während seiner Jugendjahre, als er in ganz Indien nach einem erleuchteten Lehrer suchte, seine zehnjährige Schulung in der Einsiedelei eines verehrungswürdigen Yoga-Meisters und seinen dreißigjährigen Aufenthalt in Amerika, wo er seine Lehre verbreitete. Außerdem berichtet er über seine Begegnungen mit Mahatma Gandhi, Rabindranath Tagore, Luther Burbank, der katholischen Stigmatisierten Therese Neumann und anderen berühmten geistigen Persönlichkeiten aus Ost und West.

Die *Autobiographie eines Yogi* ist nicht nur eine dichterisch gestaltete und wunderbar geschriebene Lebensgeschichte, sondern auch eine tiefgründige Einführung in die alte Yoga-Wissenschaft und ihre seit alters geschätzten traditionellen Meditationsmethoden. Der Autor erklärt mit aller Genauigkeit die feinen, aber präzisen Gesetze, die sich hinter den alltäglichen Begebenheiten wie auch den außergewöhnlichen Erlebnissen verbergen, die man allgemein als Wunder bezeichnet. Seine fesselnde Lebensgeschichte verschafft daher Gelegenheit, in die letzten Geheimnisse des menschlichen Lebens einzudringen und einen unauslöschlichen Eindruck davon zu empfangen.

Das Buch, das als ein spiritueller Klassiker unserer Zeit gilt, ist in 18 Sprachen übersetzt worden und dient weitgehend als Nachschlagewerk in Hochschulen und Universitäten. Seit 50 Jahren, als die *Autobiographie eines Yogi* zum ersten Male veröffentlicht wurde, ist sie ein Bestseller und hat ihren Weg in die Herzen von Millionen Lesern in aller Welt gefunden.

Mit der im O. W. Barth Verlag erschienenen Ausgabe hat der Leser die Gewißheit, daß das Werk von der Organisation stammt, die Paramahansa Yogananda gründete und die seine echte Lehre enthält – so wie er sie zu veröffentlichen beabsichtigte.

Werke von Paramahansa Yogananda und seinem Meister Sri Yukteswar im Otto Wilhelm Barth Verlag

Paramahansa Yogananda, *Autobiographie eines Yogi,*
überarbeitete Neuausgabe 1993, 528 Seiten, 40 Abbildungen.

Paramahansa Yogananda, *Die ewige Suche des Menschen,*
1995, 320 Seiten.

Paramahansa Yogananda, *Wo Licht ist,*
1996, 224 Seiten.

Paramahansa Yogananda, *Meditationen zur Selbst-Verwirklichung,*
überarbeitete Neuausgabe 1994, 120 Seiten.

Paramahansa Yogananda, *Religion als Wissenschaft,*
überarbeitete Neuausgabe 1993, 120 Seiten.

Paramahansa Yogananda, *Wissenschaftliche Heilmeditationen,*
überarbeitete Neuausgabe 1995, 120 Seiten.

Paramahansa Yogananda, *Worte des Meisters,*
überarbeitete Neuausgabe 1993, 120 Seiten.

Jnanavatar Swami Yukteswar Giri, *Die Heilige Wissenschaft,*
überarbeitete Neuausgabe 1993, 128 Seiten.